PENSE E ORE

DIEGO MENIN

PENSE E ORE

DEVOCIONAIS QUE TIRAM A FÉ DA TEORIA

Vida

Vida
Editora Vida
Rua Conde de Sarzedas, 246 — Liberdade
CEP 01512-070 — São Paulo, SP
Tel.: 0 xx 11 2618 7000
atendimento@editoravida.com.br
www.editoravida.com.br
@editora_vida /editoravida

Direção: Renan Menezes
Editora-chefe: Sarah Lucchini
Editor responsável: Paulo Peres
Assistente editorial: Jaqueline Angélica
Revisão: Paulo Oliveira
Revisão de provas: Jacqueline Mattos
Coordenadora de design gráfico: Claudia Fatel Lino
Projeto gráfico e diagramação: Marcelo Alves de Souza
Capa: Lira Lira

PENSE E ORE

Todas as citações bíblicas e de terceiros foram adaptadas segundo o Acordo Ortográfico da Língua Portuguesa, assinado em 1990, em vigor desde janeiro de 2009.

■

As opiniões expressas nesta obra refletem o ponto de vista de seus autores e não são necessariamente equivalentes às da Editora Vida ou de sua equipe editorial.

Os nomes das pessoas citadas na obra foram alterados nos casos em que poderia surgir alguma situação embaraçosa.

Todos os grifos são do autor, exceto os indicados.

1. edição: out. 2025

Dados Internacionais de Catalogação na Publicação (CIP)
(Câmara Brasileira do Livro, SP, Brasil)

Menin, Diego
Pense e ore : devocionais que tiram a fé da teoria / Diego Menin.
-- 1. ed. -- São Paulo : Editora Vida, 2025.

ISBN 978-65-5584-800-7
e-ISBN 978-65-5584-808-3

1. Devocões diárias - Cristianismo 2. Deus (Cristianismo) 3. Literatura devocional I. Título.

25-288596 CDD-242

Índice para catálogo sistemático:

1. Literatura devocional : Cristianismo 242
Maria Alice Ferreira - Bibliotecária - CRB-8/7964

É sua primeira vez aqui?

Fico muito feliz de poder dar boas-vindas a você. Quero convidá-lo a conhecer mais do meu ministério e a se integrar comigo nas redes sociais e em tudo que Deus tem feito. Para isso, leia o QR Code, e vamos juntos nesta caminhada.

Diego Menin

www.diegomenin.com

DIEGO MENIN

Dedicatória

Dedico este livro a todas as pessoas comprometidas que, diariamente, acompanham-me e me inspiram, não apenas no programa *Pense e ore*, no YouTube, mas também em todas as nossas outras redes e plataformas. É para cada um de vocês que este livro foi escrito. Seu apoio e comprometimento com nossa jornada espiritual são inestimáveis. Vocês me motivaram a escrever esta 3ª edição. É por vocês que ela existe.

Meu objetivo neste livro é continuar ajudando vocês nas batalhas do dia a dia, oferecer palavras de inspiração e consolo que possam iluminar seus caminhos e fortalecer sua fé.

Que estas páginas sejam um guia, um conforto e uma fonte de força em sua jornada espiritual. Que continuemos a crescer juntos, aprofundando nossa fé e fortalecendo nossa conexão com Deus. Obrigado por fazerem parte desta jornada!

Agradecimentos

Quero expressar minha profunda gratidão a todas as pessoas que tornaram possível a jornada até chegarmos a esta nova edição do *Pense e ore*.

Em primeiro lugar, desejo agradecer a Deus, nosso Pai celestial, o Autor da vida e nossa Fonte de inspiração eterna. Toda a honra e glória pertencem a Ele, pois foi por Sua graça e Sua orientação que este projeto foi concebido e cresceu.

À minha amada esposa, Carla Menin, e à minha adorável filha, Julia Menin, que merecem um reconhecimento especial. Elas têm sido meu pilar, compreendendo as demandas do dia a dia e incentivando meu comprometimento com este ministério. A presença e o amor delas são o combustível que me impulsiona.

Aos meus pais, Antonio Carlos Menin e Auredian Menin, a quem devo uma profunda gratidão pelos ensinamentos e valores que moldaram minha vida. A sabedoria e o amor deles têm sido guias preciosos ao longo dos anos.

À equipe que tornou o *Pense e ore* uma realidade, incluindo nossos talentosos roteiristas e editores e todos os envolvidos na produção, minha sincera gratidão. O trabalho árduo e a dedicação deles fizeram do programa algo notável.

Aos nossos queridos alunos do *Pense e ore*, aos quais quero dedicar uma palavra especial de agradecimento. São vocês que tornam esta jornada significativa e inspiradora. Suas perguntas, comentários e participação diária são o coração e a alma deste ministério.

Por onde começar?

Este devocional foi criado para incentivar você a ter um tempo com Deus, meditar na Palavra e aprender com ela. Pensado para uma jornada completa, ele une devocionais diários e um plano de leitura que conduz você por toda a Bíblia do começo ao fim.

Certamente, isso não impede você de começar em qualquer época do ano. Você pode fazer seu devocional diário como preferir. Afinal, o processo é individual, e cabe a cada um, com o auxílio do Espírito Santo, descobrir o que a Palavra tem a dizer e aplicar isso à própria vida.

O importante é separar um tempo com Deus, meditar na Palavra, orar e ouvir o que Ele tem a dizer. Se você ainda não tem esse hábito, vá construindo aos poucos, até que se torne algo primordial em sua rotina.

Ao realizar seu devocional, compartilhe nas suas redes sociais o versículo do dia, uma frase que o impactou ou algo que aprendeu. Dessa maneira, você inspirará outras pessoas a "pensar e orar" sobre o assunto abordado. E não se esqueça de me marcar no Instagram, @diegonmenin, combinado?

Você se surpreenderá com o que Deus fará na sua vida após um tempo de intimidade e relacionamento com Ele! Tenha um ano de muito aprendizado e comunhão, em nome de Jesus! Seja abençoado!

Diego Menin

Meu devocional

Querido aluno, que tal compartilharmos um momento de reflexão e interação?

Estas perguntas foram cuidadosamente pensadas para que você as responda e, no futuro, possa ver o quanto evoluiu e reconhecer as bênçãos que Deus derramou sobre sua vida!

Nome:______________________________________

1 Pontos fortes

____

____

____

2 Pontos a serem melhorados

____

____

____

3 *Hobbies*

____

____

____

4 Em qual(is) área(s) você sente que poderia dedicar mais esforço?

____

____

____

5 **Quais experiências você deseja ter com Deus?**

6 **Quais são seus sonhos?**

7 **Pelo que você é grato?**

8 **O que o inspira a ser uma pessoa melhor?**

9 **Quais lugares você ainda deseja conhecer?**

10 **Quais são os próximos objetivos materiais que você deseja conquistar?**

RECOMEÇAR
NÃO É VOLTAR
AO INÍCIO, É
DECIDIR NÃO SER
MAIS A MESMA
PESSOA.

JANEIRO

1º JAN

ANO-NOVO

VOCÊ QUER MESMO UMA VIDA NOVA OU SÓ GOSTA DA IDEIA?

Ninguém põe remendo de pano novo em roupa velha, pois o remendo forçará a roupa, tornando pior o rasgo. Nem se põe vinho novo em vasilha de couro velha; se o fizer, a vasilha rebentará, o vinho se derramará e a vasilha se estragará. Ao contrário, põe-se vinho novo em vasilha de couro nova; e ambos se conservam.
MATEUS 9.16-17

VAMOS FALAR A VERDADE: TEM GENTE QUERENDO VIVER coisas novas com atitudes velhas. Quer virar a página, mas continua presa no mesmo capítulo. Você precisa abrir mão do vinho antigo. É necessário recalcular a rota e repensar hábitos que não condizem mais com a vida para a qual Cristo tem chamado você.

Jesus foi direto. Vinho novo só funciona em odre novo. Ou seja: não adianta pedir para Deus renovar sua vida se você insiste em manter os mesmos hábitos, os mesmos relacionamentos tóxicos, a mesma mente acomodada. Você quer transformação ou só está querendo aliviar a consciência?

Começar o ano é um desafio. E nada mudará se você não tomar decisões que o levem a um rumo diferente. A vida não se organiza sozinha. Milagre não acontece na zona de conforto. Enquanto você espera por um sinal, Deus já está esperando sua atitude. O jeito antigo de pensar, de reagir, de fugir de confronto. Chegou a hora de fazer diferente. Você precisa de um coração novo, mente nova, postura nova. Só assim o que é de Deus vai caber aí dentro.

Deus tem um futuro e uma esperança para a sua vida (cf. Jeremias 29.11), mas a responsabilidade de abandonar a desculpa, a enrolação e o "eu sou assim mesmo" é sua. Hoje mesmo, troque o vinho velho pelo novo. Deixe que o Senhor tome as rédeas e conduza você em direção à novidade de vida.

PENSE

DEUS QUER DERRAMAR ALGO NOVO, MAS CABE EM VOCÊ?

ORE

Senhor, não quero viver de aparência nem me esconder atrás de desculpas. Quebra em mim toda resistência à mudança. Dá-me coragem para agir com fé e renovar minha vida conforme o Teu propósito. Guia meus passos com verdade. Em nome de Jesus, amém.

PLANO DE LEITURA BÍBLICA

Gênesis 1–2
Mateus 1
Salmos 1

ANOTAÇÕES

APRENDA A DAR O QUE VOCÊ TEM

Jesus sentou-se em frente do lugar onde eram colocadas as contribuições e observava a multidão colocando o dinheiro na caixa de ofertas. Muitos ricos lançavam ali grandes quantias. Então, uma viúva pobre chegou e colocou duas pequeninas moedas de cobre, de muito pouco valor.
MARCOS 12.41-42

VOCÊ ESTÁ ESPERANDO TER MUITO PARA SÓ ENTÃO COMEÇAR A ENTREGAR? Está adiando a obediência porque acha que seu pouco não vale nada? Cuidado. Deus nunca pediu quantidade. Mais importante do que o que você dá a Ele é como o seu coração está ao fazer isso. É por isso que Jesus valorizou mais as duas moedas da viúva do que as grandes quantias depositadas pelos ricos. Afinal, eles davam as sobras enquanto ela ofertava tudo que tinha.

Muitas pessoas vivem reclamando do que não têm, mas não fazem nada com o pouco que têm. E esse é o problema: seu foco está na escassez. Pare e pense: como alguém pode confiar a Deus o futuro se não entrega nem o que tem no presente? A pessoa diz que crê, mas sua prática nega sua fé. Ela quer ver Deus fazer grandes coisas, mas retém o que já deveria estar no altar.

O Senhor deve ser o primeiro na sua vida. Tudo que você tem pertence a Ele. Quando você oferta, não está fazendo um favor a Deus. Está apenas devolvendo uma pequena parcela do que Ele mesmo concedeu. Portanto, não retenha nada. Não adie. Não use a desculpa do pouco para esconder a dureza do coração. Pare de esperar por "mais" para começar a ser fiel. Comece com o que tem.

PENSE

SE VOCÊ NÃO ENTREGA O POUCO, POR QUE DEUS LHE CONFIARIA O MUITO?

ORE

Pai, livra-me da cobrança por ter sempre mais e ensina-me a valorizar o que já tenho. Que meu coração seja leve para Te obedecer sem reservas. Que a fé fale mais alto que o medo. Em nome de Jesus, amém.

PLANO DE LEITURA BÍBLICA

Gênesis 3—5.8
Mateus 2
Salmos 2.1-6

ANOTAÇÕES

03
JAN

VOCÊ ESTÁ ESPERANDO O MEDO PASSAR?

Não fui Eu que ordenei a você? Seja forte e corajoso!
Não se apavore nem desanime, pois o SENHOR,
o seu Deus, estará com você por onde você andar.
JOSUÉ 1.9

PENSE

DEUS JÁ DEU A ORDEM. O QUE VOCÊ ESTÁ ESPERANDO PARA AGIR?

ORE

Senhor, mesmo com medo, escolho obedecer a Ti. Dá-me coragem para agir quando tudo em mim quiser recuar. Lembra-me que Tu estás comigo e que a força virá no caminho. Não quero me esconder. Quero avançar em fé. Em nome de Jesus, amém.

PLANO DE LEITURA BÍBLICA

Gênesis 5.9—7.12
Mateus 3—4.4
Salmos 2.7-12

ANOTAÇÕES

SENTIR MEDO É INEVITÁVEL. CONTUDO, O QUE DEFINE sua vida não é o que você sente; é o que você faz. Não são raras as vezes em que o medo de falhar aparece como uma ameaça. Como consequência, sonhos permanecem engavetados, planos não saem do papel e decisões são adiadas porque você não se sente "pronto". Mas quando é que você estará 100% preparado? Nunca.

Após a morte de Moisés, Josué foi levantado como substituto. Ele teria um desafio e tanto pela frente; precisaria dar continuidade ao legado deixado por seu antecessor e conduzir os israelitas em território inimigo para conquistar a terra prometida. O interessante é que Deus não disse: "Se você se sentir corajoso, vá". Ele ordenou: "*Seja* forte e corajoso".

No decorrer da vida, certas circunstâncias podem exigir além do que você acredita ser capaz de fazer. Independentemente da situação, não se esqueça de que a fonte da sua coragem está no Deus que nunca o abandonará (cf. Deuteronômio 31.6). Ele nunca prometeu que seria fácil ou confortável, mas que estaria com você. Pare de negociar com o medo. A força que você precisa virá no caminho, não no sofá. Portanto, não espere estar pronto. Você já foi chamado. Agora é hora de se levantar e fazer o que precisa ser feito.

VOCÊ SACRIFICARIA SUA PROMESSA?

Passado algum tempo, Deus pôs Abraão à prova, dizendo-lhe: "Abraão!" Ele respondeu: "Eis-me aqui". Então, Deus disse: "Tome seu filho, seu único filho, Isaque, a quem você ama, e vá para a região de Moriá. Sacrifique-o ali como holocausto num dos montes que lhe indicarei".
GÊNESIS 22.1-2

04 JAN

IMAGINE QUE, DEPOIS DE ESPERAR MUITO POR ALGO, você recebe o que tanto queria. Então, de repente, Deus aparece e diz: "Agora me dá de volta". Como assim, Senhor? Deve ser um teste ou um erro de comunicação. É nesse momento que a fé dá uma engasgada. Porque uma coisa é dizer "tudo é Teu" no louvor de domingo; outra bem diferente é abrir mão do que virou o centro do seu mundo. Poucas pessoas teriam coragem de obedecer ao Senhor.

Abraão esperou anos por Isaque, e quando finalmente o filho nasceu, Deus pede para sacrificar aquilo que representava o cumprimento da promessa. O interessante é que, no momento em que Deus ordena que Abraão entregue Isaque no altar, ele não hesita nem questiona. Hoje, Deus pode pedir algo de você. A pergunta é: você está disposto a abrir mão do que ama se Deus pedir?

Se os seus olhos estão só no que Ele deseja dar a você, não se surpreenda quando a frustração bater à porta. Muita gente quer a promessa, mas não quer o altar. Quer a bênção, sem morrer para si mesma. Se tiver de renunciar ao que recebeu, não pense duas vezes. Coloque sua fé no Deus da promessa, não na promessa em si.

PENSE

SE DEUS É SUFICIENTE, POR QUE VOCÊ AINDA SE AGARRA AO RESTO?

ORE

Pai, não quero amar Tuas dádivas mais do que a Ti. Se for preciso renunciar, dá-me coragem para entregar tudo com fé, sem apego. Que meu coração esteja no altar antes de qualquer bênção. Tu és suficiente. Em nome de Jesus, amém.

PLANO DE LEITURA BÍBLICA

Gênesis 7.13–9.23
Mateus 4.5-25
Salmos 3

ANOTAÇÕES

05
JAN

VOCÊ JÁ TEM UMA MISSÃO

Portanto, vão e façam discípulos de todas as nações, batizando-os em nome do Pai, do Filho e do Espírito Santo, ensinando-os a obedecer a tudo o que Eu ordenei a vocês. E Eu estarei sempre com vocês, até o fim dos tempos.
MATEUS 28.19-20

PENSE

DEUS USA QUEM SE MOVE, NÃO QUEM ESPERA SINAL.

ORE

Senhor, que eu não espere o cenário ideal para obedecer ao Teu chamado. Usa-me onde estou, com quem estou e do jeito que estou. Que minha vida fale antes das palavras. Dá-me coragem para viver o Evangelho no cotidiano. Em nome de Jesus, amém.

PLANO DE LEITURA BÍBLICA

Gênesis 9.24–11.19
Mateus 5.1-26
Salmos 4

ANOTAÇÕES

NÃO SEI SE CONTARAM PARA VOCÊ, MAS O MESMO COmissionamento que Cristo deu aos discípulos antes de subir aos Céus ainda vale. Não ficou preso no tempo nem virou peça de museu teológico. Portanto, como filho, é sua responsabilidade levar adiante o Reino de Deus às nações. Agora, muita gente acha que missão só começa quando você embarca num voo internacional com uma mochila nas costas e uma passagem só de ida. Como se evangelizar só fizesse sentido se for em países estrangeiros. Você pode começar agora, exatamente onde está!

Seu chamado se inicia quando você aceita Jesus. Ponto. A partir daí, tudo conta. Mas o que vemos hoje? Gente cheia de discurso sobre "ministério", mas que não dá testemunho no trabalho. Que quer ser usada por Deus, mas não lava um prato na própria casa. Que ora para "ir às nações", mas não dá bom dia para o vizinho. Não fique procurando onde ser útil. Se tem alguém perto de você, pronto; a missão começou. Deus não está esperando você ficar "pronto" do jeito que imagina. Ele está esperando você se mexer. Porque se você é fiel no pouco, é nesse pouco que Deus começa a fazer muito.

PARE DE OLHAR PARA VOCÊ MESMO

Disse também Deus a Moisés: “Diga aos israelitas: O Senhor, o Deus dos seus antepassados, o Deus de Abraão, o Deus de Isaque, o Deus de Jacó, enviou-me a vocês. Este é o Meu nome para sempre, nome pelo qual serei lembrado de geração em geração”.
Êxodo 3.15

Deus não é um assistente pessoal. A vontade d'Ele não gira em torno da sua vida. É óbvio que o Senhor ama você. Mas quando Ele decide incluí-lo nos Seus propósitos, pouco importa o que você sabe ou não fazer. Ele é poderoso para realizar infinitamente mais do que podemos imaginar. E sabe o que é mais curioso? O poder de Deus se aperfeiçoa justamente naquilo em que você se acha um desastre. Então, pare de achar que tudo depende de você.

Quando Moisés tentou escapar de sua responsabilidade dizendo que não sabia falar bem, Deus não deu tapinha nas costas dele nem garantiu que tudo daria certo. Pelo contrário, o Senhor lembrou Moisés de quem Ele era. E é isso que você precisa entender hoje: não é sobre você.

Ao ser chamado para ser participante do que Deus está fazendo, seu objetivo jamais deve ser se afirmar diante das pessoas, mas mostrar a elas quem o Senhor é. Nossas ações e palavras devem apontar para Ele, não para nós mesmos. Se você pauta o sucesso do que faz em suas próprias habilidades, pode até impressionar quem o observa, mas o verdadeiro sucesso está em revelar Cristo ao mundo.

06 JAN

PENSE

SE O QUE VOCÊ FAZ SÓ MOSTRA VOCÊ, ALGO ESTA FORA DO LUGAR.

ORE

Senhor, quebra em mim o orgulho disfarçado de incapacidade. Que eu pare de tentar controlar tudo e aprenda a confiar no Teu poder. Não quero palco, quero propósito. Que a minha fraqueza não sirva de desculpa, mas seja espaço para a Tua glória. Em nome de Jesus, amém.

PLANO DE LEITURA BÍBLICA

Gênesis 11.20–14.7
Mateus 5.27-48
Salmos 5.1-6

ANOTAÇÕES

07
JAN

ESCOLHIDO NÃO VIVE MURMURANDO

Pois o Senhor, o seu Deus, os tem abençoado em tudo o que vocês têm feito. Ele cuidou de vocês na jornada por este grande deserto. Nestes quarenta anos o Senhor, o seu Deus, tem estado com vocês, e não tem faltado coisa alguma a vocês.
Deuteronômio 2.7

VOCÊ FOI ESCOLHIDO POR DEUS, E ISSO, POR SI SÓ, JÁ DEVERIA acender em você a urgência de honrar o nome d'Ele o tempo todo. Portanto, ainda que a situação aperte, não perca tempo reclamando. Você não foi salvo para viver como vítima. Firme seu coração na certeza do seu destino e, principalmente, em quem está guiando você até lá.

Ao se estabelecer e se multiplicar no Egito, o povo de Israel foi escravizado. Quando Moisés foi enviado para libertar os israelitas, eles tiveram de andar pelo deserto até chegarem à terra prometida. Mesmo ali, eles continuavam como o povo escolhido do Senhor e nada faltou a eles.

A bênção concedida aos hebreus foi estendida a nós, para que pudéssemos ser coparticipantes e coerdeiros do Reino de Deus por meio de Cristo. Hoje, você tem a responsabilidade de honrar o legado do Senhor por onde passar. Lembre-se: Deus não chamou você para viver como um coitado. Ele separou você para representar o Céu na Terra. Viva como quem crê, fale como quem confia, viva como quem sabe de onde veio e para onde vai.

PENSE

QUEM FOI CHAMADO POR DEUS NÃO VIVE EMPACADO.

ORE

Pai, que eu nunca esqueça quem sou em Ti, mesmo quando tudo ao redor parecer deserto. Ensina-me a caminhar com fé, falar com coragem e viver como herdeiro do Teu Reino. Que minha vida reflita a honra de Te representar. Em nome de Jesus, amém.

PLANO DE LEITURA BÍBLICA

Gênesis 14.8—17.2
Mateus 6.1-24
Salmos 5.7-12

ANOTAÇÕES

NÃO TIRE OS OLHOS DO PRÊMIO

Irmãos, não penso que eu mesmo já o tenha alcançado, mas uma coisa faço: esquecendo-me das coisas que ficaram para trás e avançando para as que estão adiante, prossigo para o alvo, a fim de ganhar o prêmio do chamado celestial de Deus em Cristo Jesus.
FILIPENSES 3.13-14

TODO ATLETA TEM UM OBJETIVO: VENCER. NÃO É SEMPRE que isso acontece, mas um campeão de verdade entende que, se quiser conquistar mais medalhas e troféus, deve persistir. Não existe segredo ou fórmula mágica. É necessário ter disciplina. Treino todo santo dia. Alimentação controlada quando o corpo só quer besteira. O primeiro lugar não aparece por acaso — ele é construído, repetição por repetição, escolha por escolha. Quem quer a vitória precisa aguentar o processo.

Na vida cristã também é assim. Nem sempre é fácil. Às vezes, tudo à sua volta grita o oposto do que você crê. As circunstâncias podem levá-lo até mesmo a questionar sua fé, mas não deixe que o que está ao redor dite o ritmo da sua caminhada. Ore, leia a Bíblia, busque ao Senhor, mesmo sem vontade. Se sentir resistência, ótimo. É mais um sinal de que deve continuar.

As dificuldades que enfrentamos não são desculpa para parar. É comum acharmos que será tudo "paz, amor e aleluia" depois de dizer "sim" para Jesus. Então, a vida real entra em cena. Crise, dúvida, silêncio de Deus, provação — o pacote completo. Esses perrengues não são punição. São combustível. Eles deveriam empurrar você para mais perto do Senhor, não o contrário. Quando você se deparar com tudo isso, volte seus olhos para Jesus, o Autor e Consumador da sua fé (cf. Hebreus 12.2). Não existe prêmio ou final feliz que se compare a viver com Ele.

08
JAN

PENSE

A PROVA NÃO É O FIM; É O EMPURRÃO PARA VOCÊ BUSCAR MAIS A DEUS.

ORE

Senhor, quando o cansaço me travar e a fé parecer pouca, firma meus olhos em Ti. Ensina-me a perseverar, mesmo sem aplausos, e a confiar, mesmo sem sinal. Que eu não viva por emoção, mas por convicção. Em nome de Jesus, amém.

PLANO DE LEITURA BÍBLICA

Gênesis 17.3—18
Mateus 6.25—7.12
Salmos 6.1-7

ANOTAÇÕES

09

JAN

O IMPOSSÍVEL FAZ PARTE DO PROCESSO

Desde os tempos antigos ninguém ouviu,
nenhum ouvido percebeu, e olho nenhum viu outro Deus,
além de Ti, que trabalha para aqueles que nele esperam.
Isaías 64.4

É bem possível que você já tenha ouvido a frase: "Deus nunca dá mais do que podemos suportar". Bonita, não? Pena que, na prática, não é bem assim. O que a Bíblia realmente diz é que Deus não permite que sejamos tentados além das nossas forças (cf. 1Coríntios 10.13). Ou seja, Ele sempre dá uma rota de fuga. Mas quanto às lutas da vida? Essas podem ser esmagadoras. E isso não é erro de cálculo divino. É intencional. Porque o propósito para o qual fomos criados é maior do que nós.

Faz sentido, então, que situações pareçam impossíveis. Porque são mesmo, impossíveis sem o Senhor. Ele tem um plano para a sua vida. Você foi feito para viver o extraordinário. Você só precisa parar de agir como se fosse pequeno demais para viver isso. Agarre-se a essa verdade e tome posse do que Deus já confiou a você.

A gratidão é um ótimo antídoto para o desânimo. Se você parar para pensar, perceberá que Deus já fez muita coisa por você. Não só na sua vida, mas através dela. Em 1Samuel 7.12, depois de uma vitória contra os filisteus, Samuel ergue uma pedra e a chama de Ebenézer: "[...] 'Até aqui o Senhor nos ajudou'". Talvez você também precise levantar a sua pedra, para você parar de duvidar toda vez que o Céu parece fechado. Gratidão não muda a situação, mas muda a sua postura. E, às vezes, isso já é o suficiente para vencer a guerra.

PENSE

NÃO VIVA COM MEDO DE UMA GUERRA QUE DEUS JÁ VENCEU.

ORE

Pai, mesmo quando tudo parecer pesado demais, escolherei confiar. Tua fidelidade já me sustentou antes e me sustentará de novo. Que a minha memória se encha de gratidão e meu coração permaneça firme. Em nome de Jesus, amém.

PLANO DE LEITURA BÍBLICA

Gênesis 19–20
Mateus 7.13–8.4
Salmos 6.8–7.5

ANOTAÇÕES

ONDE NINGUÉM ESPERA

10
JAN

Mas os seus servos lhe disseram: "Meu pai, se o profeta tivesse pedido alguma coisa difícil, o senhor não faria? Quanto mais quando ele apenas diz que se lave, e será purificado!".
2Reis 5.13

Depois de ouvir sobre os milagres que Deus fazia por meio do profeta Eliseu, Naamã provavelmente esperava que um espetáculo precederia sua cura. Mas o que ele recebeu foi um banho. No rio Jordão. Sete mergulhos. Sem plateia. Resultado? Frustração na certa.

É bem capaz que Naamã tivesse buscado inúmeros tratamentos e já não acreditasse em uma solução para a sua enfermidade. Naquele momento, porém, tudo o que ele precisava era seguir uma instrução. Mergulhar em um rio deveria ser muito pouco perto de tudo que ele já havia tentado!

Assim como Naamã, talvez você ache que precise de algo grandioso para finalmente receber uma resposta de Deus. Um culto épico ou alguém "ungido" impondo as mãos sobre a sua cabeça. Mas aqui vai um choque de realidade: nada disso é necessário. Deus trabalha de formas simples justamente para deixar claro que a glória não é nossa. Ele não depende de igreja lotada, conferência badalada ou pregador com milhões de seguidores. Ao contrário do que pensamos, o Senhor age onde ninguém olha. Não despreze o que Deus está fazendo hoje nem complique as coisas. Apenas obedeça e veja o milagre acontecer!

PENSE

A INSTRUÇÃO QUE VOCÊ IGNORA HOJE PODE SER A PORTA QUE NUNCA MAIS SE ABRIRÁ.

ORE

Deus, quebra em mim o orgulho que exige milagres do meu jeito. Ensina-me a confiar, mesmo quando tudo parecer simples demais. Que eu não rejeite Tua voz por conta da minha vaidade. Obedecer é o meu milagre. Em nome de Jesus, amém.

PLANO DE LEITURA BÍBLICA

Gênesis 21—22
Mateus 8.5-27
Salmos 7.6-17

ANOTAÇÕES

11
JAN

MOLDADO OUTRA VEZ

Então o SENHOR dirigiu-me a palavra: "Ó comunidade de Israel, será que Eu não posso agir com vocês como fez o oleiro?", pergunta o SENHOR. "Como barro nas mãos do oleiro, assim são vocês nas Minhas mãos, ó comunidade de Israel".
JEREMIAS 18.5-6

A SALVAÇÃO NÃO É UM INGRESSO DE CINEMA. MUITOS pensam: "Aceitei Jesus, meu lugar no Céu está garantido. Agora é só viver como eu quiser. Afinal, a graça cobre tudo, né?". Errado. Sim, a graça é suficiente, mas sua salvação não é carta branca para você fazer o que tem vontade. A Cruz não é um enfeite espiritual. É um chamado à renúncia. Uma vez filho de Deus, você carrega a responsabilidade de honrar o Senhor em tudo e de se submeter sempre a Ele, mesmo quando não é conveniente. De escolher o que é certo, não o que é fácil.

O arrependimento é o começo da jornada. O primeiro passo que implica permitir que Deus sonde a sua mente, vasculhe seu coração e acerte aquelas arestas tortas que você finge não ver.

É uma transformação que não ocorre da noite para o dia. Sua mente é renovada à medida que você decide submeter sua vida ao Senhor. Quer se parecer mais com Jesus? Então esteja pronto para renunciar. Velhos hábitos, velhos padrões, velhas desculpas. Dói, exige esforço e constância. E não, não tem nenhuma garantia de que vai ser fácil. Porque não vai. Mas se mantiver seu coração alinhado e seus pensamentos sujeitos a Deus, Ele ajudará você, um passo de cada vez.

PENSE

SER MOLDADO DÓI, MAS FICAR DO MESMO JEITO DESTRÓI.

ORE

Senhor, quebra minha resistência à Tua vontade. Molda-me, ainda que doa. Que eu não use a Tua graça como desculpa, mas me renda à transformação. Renova minha mente, alinha meus passos e esvazia meu orgulho. Em nome de Jesus, amém.

PLANO DE LEITURA BÍBLICA

Gênesis 23—24.33
Mateus 8.28—9.13
Salmos 8

ANOTAÇÕES

DÍVIDA CANCELADA

12 JAN

"Então o senhor chamou o servo e disse: 'Servo mau, cancelei toda a sua dívida porque você me implorou. Você não devia ter tido misericórdia do seu conservo como eu tive de você?'".
MATEUS 18.32-33

PERDOAR NÃO É UMA OPÇÃO. É UM MANDAMENTO. E, SIM, é difícil. Fere o ego e aquela vontade carnal de "dar o troco na mesma moeda". Mas nunca se esqueça de que você já foi perdoado de coisa muito pior. Quando você entende o tamanho da graça que Deus derramou sobre você — mesmo com todo o seu histórico, suas recaídas e aquela hipocrisia disfarçada de religiosidade —, o perdão deixa de ser uma injustiça e passa a ser coerência.

E não existe cláusula de exceção para traição, fofoca, grosseria ou gente insuportável. Somos amados por Deus e precisamos compartilhar esse mesmo amor com quem convivemos. Afinal, foi exatamente o que Cristo fez por nós.

Por mais que você tente, nunca terá uma dimensão do preço que foi pago em seu lugar. Sua mágoa mais profunda não chega nem a 1% do que Jesus suportou na cruz. E se Ele quitou a sua dívida, você também pode, e deve, fazer o mesmo.

É fácil desculpar alguém por um erro bobo. Perdoar quem feriu você de verdade é outra história. E fazer isso não significa virar melhor amigo de quem magoou você. É bem provável, na verdade, que ainda se lembre da situação e até sinta raiva. Mas o que você faz nesses momentos define quem está no controle: sua dor ou o Espírito. Quando isso acontecer, tome a decisão de cancelar as dívidas, como se nunca tivesse acontecido nada. Escolha amar como Deus ama você.

PENSE

QUEM FOI PERDOADO NÃO TEM MORAL PARA GUARDAR RANCOR.

ORE

Pai, não quero guardar no peito o que o Senhor já mandou soltar. Ensina-me a soltar a dívida, a soltar o nome, a soltar a ofensa. Que o meu coração não seja cativeiro de ninguém. Em nome de Jesus, amém.

PLANO DE LEITURA BÍBLICA

Gênesis 24.34—25.28
Mateus 9.14-38
Salmos 9.1-6

ANOTAÇÕES

13
JAN

ONDE VOCÊ DEPOSITA SUA ESPERANÇA?

Por que você está assim tão triste, ó minha alma? Por que está assim tão perturbada dentro de mim? Ponha a sua esperança em Deus! Pois ainda o louvarei; ele é o meu Salvador e o meu Deus.
Salmos 42.11

A Palavra diz que onde o nosso coração está, ali está o nosso tesouro (cf. Mateus 6.21). Em outras palavras: quer saber o que realmente importa para você? Olhe para onde sua mente corre quando não está fazendo nada. Quanto mais tempo e esforço investimos em algo, mais espaço aquilo ocupa em nós. Então, se você passa a maior parte da sua vida se preocupando com coisas da Terra, talvez sua esperança esteja no lugar errado.

Enquanto estiver aqui, você estará sujeito a medos e tristezas. Faz parte. Mas se entender que Deus deve ser sua maior prioridade, tudo mudará. Não negligencie seu tempo de intimidade com o Senhor para correr atrás de "propósitos". Se Ele é mesmo o centro, então cada detalhe precisa passar por Ele antes de virar ação.

Jesus mesmo alerta: "De que vale ganhar o mundo e perder a sua alma?". Mas, convenhamos, vivemos como se Ele nunca tivesse dito isso. Corremos atrás de tudo e tratamos a alma como algo que pode esperar. Só que quando a nossa esperança está nas coisas do mundo, não apenas nos frustramos como colocamos em xeque o que é muito mais precioso. Nada que você conquiste aqui será o suficiente. Por isso, não perca tempo acumulando tesouros na Terra. Preocupe-se em cultivar o que nenhum dinheiro compra e entregue seu coração ao Senhor todos os dias, em tudo que fizer. Deposite sua esperança em Deus, e sua satisfação será completa.

PENSE

SE DEUS NÃO FOR SUFICIENTE, NADA MAIS SERÁ.

ORE

Senhor, que meu coração não se distraia com coisas passageiras. Corrige em mim os afetos desalinhados e planta em mim um desejo constante por Ti. Que minha alma encontre repouso na Tua presença, e não no que o mundo promete. Em nome de Jesus, amém.

PLANO DE LEITURA BÍBLICA

Gênesis 25.29—27.17
Mateus 10.1-20
Salmos 9.7-14

ANOTAÇÕES

SANTIFICADO PELO ESPÍRITO SANTO

Nós, porém, não recebemos o espírito do mundo, mas o Espírito procedente de Deus, para que entendamos as coisas que Deus nos tem dado gratuitamente.
1Coríntios 2.12

Os mistérios de Deus não são acessíveis por lógica humana, argumento teológico ou palpite espiritual. A única maneira de entender um pouco a mente e o coração do Senhor é por meio de um relacionamento com o Espírito Santo. Ele deseja Se revelar a você, mas, para que isso aconteça, você terá de ceder espaço.

Em João 16.8, Jesus disse aos discípulos: "Quando Ele vier, convencerá o mundo do pecado, da justiça e do juízo". O Espírito Santo age trazendo convicção. Ele escancara o pecado que tentamos normalizar, mostra que arrependimento é uma urgência vital, aponta para a justiça de Cristo e nos lembra de que o juízo é real, não simbólico. Assim, somos convencidos de nossas falhas e podemos ser libertos do velho homem para nos tornarmos mais parecidos com Jesus.

Porém, nada acontecerá se você continuar distraído, insensível ou tentando controlar tudo. À medida que você deixar que o Espírito Santo sonde a sua mente e o seu coração, testemunhará o cumprimento de 1Coríntios 2.9: "[...] 'Olho nenhum viu, ouvido nenhum ouviu, mente nenhuma imaginou o que Deus preparou para aqueles que o amam'". Mas repare: isso é para quem ama. Portanto, não perca tempo! Pare de tentar encaixar Deus nos seus horários e comece a entregar a Ele seu coração por completo.

14 JAN

PENSE

NÃO ADIANTA PEDIR DIREÇÃO AO ESPÍRITO SANTO SE VOCÊ SÓ ANDA POR CONTA PRÓPRIA.

ORE

Espírito Santo, quebranta meu coração endurecido e silencia minhas distrações. Sonda o que não enxergo e revela o que vem do Céu. Que eu não Te resista, mas Te receba por inteiro. Leva-me além do que é visível. Em nome de Jesus, amém.

PLANO DE LEITURA BÍBLICA

Gênesis 27.18—29.6
Mateus 10.21-42
Salmos 9.15-20

ANOTAÇÕES

15
JAN

OS PENSAMENTOS DE DEUS

"Pois os Meus pensamentos não são os pensamentos de vocês, nem os seus caminhos são os Meus caminhos", declara o SENHOR. "Assim como os céus são mais altos do que a terra, também os Meus caminhos são mais altos do que os seus caminhos, e os Meus pensamentos, mais altos do que os seus pensamentos".
ISAÍAS 55.8-9

O QUE DEUS PENSA DE VOCÊ É BEM DIFERENTE DO QUE você pensa de você mesmo. Ele conhece tudo a seu respeito. Não só os pontos altos que você gosta de mostrar, mas também os defeitos que tenta esconder. Ele planejou sua existência antes de você ter qualquer forma. Antes de você acertar ou errar. Antes de até pensar em existir. Ele sabia exatamente o que estava fazendo quando decidiu trazê-lo ao mundo.

Quando você olha para o Senhor e procura saber o que Ele pensa, descobre o quanto é amado. Você entende quem você é e, mais importante, quem Deus quer que se torne. Nesse processo, não precisa ter medo. Haverá falhas e tropeços? Com certeza. Mas basta voltar os olhos para o Senhor. Não cancele o futuro por causa de erros do passado. Não jogue fora o que o Senhor está construindo.

PENSE

PARE DE LUTAR CONTRA O OLHAR DE DEUS SOBRE VOCÊ.

ORE

Senhor, que eu não me defina pelos meus erros nem pelas vozes que tentam me limitar. Ensina-me a enxergar minha vida pelos Teus olhos. Que eu não resista ao que estás construindo em mim. Tu sabes quem sou e quem posso ser. Em nome de Jesus, amém.

PLANO DE LEITURA BÍBLICA

Gênesis 29.7—30.28
Mateus 11.1-24
Salmos 10.1-9

ANOTAÇÕES

NÃO SE COMPARE

Miriã e Arão começaram a criticar Moisés porque ele havia se casado com uma mulher etíope. "Será que o Senhor tem falado apenas por meio de Moisés?", perguntaram. "Também não tem Ele falado por meio de nós?" E o Senhor ouviu isso.
Números 12.1-2

A comparação é um dos maiores sabotadores do propósito. Quando você presta mais atenção no que outros estão vivendo, deixa de valorizar o que Deus tem feito na sua vida. Se não tomar cuidado, sua fé será minada aos poucos e o chamado do Senhor vira só mais uma lembrança bonita do que poderia ter sido.

Números 12 relata que Miriã e Arão começaram a falar contra Moisés. Eles não estavam apenas criticando Moisés por conta de seu casamento. Eles questionaram o papel que Deus havia designado a ele como líder. A resposta do Senhor foi curta e grossa; Ele apareceu em uma coluna de nuvem e os repreendeu (cf. Números 12.4-8). Essa situação toda mostra como Ele leva a sério a obediência e o respeito pelas suas designações.

Quando você questiona as escolhas de Deus, está, na verdade, desafiando a vontade divina. Como se Deus precisasse da sua opinião para definir quem deve fazer o quê. É nessa brincadeira que você começa a desprezar o que carrega e acaba prejudicando tanto a você mesmo quanto àqueles à sua volta.

Não desperdice tempo olhando para o lado. Se continuar distraído com o chamado dos outros, acabará enterrando o seu e ainda terá a audácia de dizer que está "passando pelo deserto". Foque no que está adiante e entenda que o que Deus confiou a você é único.

16 JAN

PENSE

FOQUE NO QUE É SEU OU ACABARÁ SEM NADA.

ORE

Deus, cala em mim a voz da inveja disfarçada de opinião. Que eu não despreze meu chamado tentando entender o dos outros. Alinha meu coração ao que vem de Ti e protege meus olhos da distração. Quero ser fiel ao que recebi. Em nome de Jesus, amém.

PLANO DE LEITURA BÍBLICA

Gênesis 30.29—31.42
Mateus 11.25—12.21
Salmos 10.10-18

ANOTAÇÕES

17
JAN

DOMINE A SI MESMO

Mas o fruto do Espírito é amor, alegria, paz, paciência, amabilidade, bondade, fidelidade, mansidão e domínio próprio. Contra essas coisas não há lei.
GÁLATAS 5.22-23

O AUTOCONTROLE É UM CAMPO DE BATALHA, E TODO dia você entra em guerra contra você mesmo. Hoje em dia, muito se fala sobre disciplina e inteligência emocional, mas Deus já ensinava o ser humano a se dominar muito antes de a psicologia existir. O problema é que a gente prefere dominar tudo, menos a própria carne. Então, os sentimentos e as vontades viram senhores e o Espírito fica no banco de trás, esperando sua vez.

Se você quer ser irrepreensível diante do Senhor, não pode permitir que seus sentimentos mandem em você. Não é porque você "se sente assim" que está certo. Autodomínio é mandamento, não sugestão.

Pode parecer complicado, e é mesmo. A boa notícia é que, depois que você se rende a Cristo, pode pedir a ajuda do Espírito Santo. É só pedir. E se você deixar, Ele dará sabedoria e discernimento em cada situação. Contudo, você precisará se manter atento e estar disposto a obedecer. Não adianta pedir direção se já decidiu que só seguirá quando concordar. O Espírito Santo não é um acessório, é quem governa. Mas só governa quem se submete.

PENSE

OBEDIÊNCIA COMEÇA QUANDO VOCÊ DIZ "NÃO" PARA VOCÊ MESMO.

ORE

Senhor, não quero mais ser guiado por impulsos. Ensina-me a calar a carne e dar lugar ao Teu Espírito. Que meu querer se curve diante da Tua vontade. Domina em mim o que insiste em resistir. Reina nos meus sentimentos. Em nome de Jesus, amém.

PLANO DE LEITURA BÍBLICA

Gênesis 31.43—33.12
Mateus 12.22-45
Salmos 11

ANOTAÇÕES

VOCÊ NÃO PRECISA VER, SÓ CONTINUAR

Aqueles que semeiam com lágrimas, com cantos de alegria colherão. Aquele que sai chorando enquanto lança a semente, voltará com cantos de alegria, trazendo os seus feixes.
SALMOS 126.5-6

HÁ DIAS EM QUE O DESÂNIMO APARECE SEM AVISAR E A tristeza se instala como quem quer ficar. Acontece. Nem sempre a vida será leve e as circunstâncias serão justas. Só que, nesses momentos em que tudo parece pesar mais do que você aguenta, há uma verdade que não muda: Deus nunca abandona você. Ele está sempre por perto. Se estiver se sentindo fraco, corra para a Palavra. Abra a Bíblia e alimente-se da verdade. Lembre-se de tudo o que Deus fez na sua vida até o momento.

Você tem fé? Ótimo. Não se esqueça de que ter fé não é ficar olhando para o alto esperando uma notificação celestial dizendo "tempo de colheita". Não está no que enxergamos no mundo natural. Pelo contrário, por definição, "[...] é a certeza daquilo que esperamos e a prova das coisas que não vemos" (Hebreus 11.1). Ou seja, não aja como se nada estivesse acontecendo só porque ainda não viu o resultado. Continue semeando. O fruto nascerá no tempo certo.

18 JAN

PENSE

EM VEZ DE PERGUNTAR "POR QUÊ?", PERGUNTE "PARA QUÊ?".

ORE

Senhor, quando o chão estiver seco e meu coração desanimado, lembra-me da Tua fidelidade. Que eu não desista no meio do processo, mas semeie com fé, mesmo em meio a lágrimas. Tu és o Deus da colheita. Em nome de Jesus, amém.

PLANO DE LEITURA BÍBLICA

Gênesis 33.13—35.18
Mateus 12.46—13.23
Salmos 12

ANOTAÇÕES

19
JAN

NÃO VIVA NO PASSADO

"Esqueçam o que se foi; não vivam no passado. Vejam, estou fazendo uma coisa nova! Ela já está surgindo! Vocês não a reconhecem? Até no deserto vou abrir um caminho e riachos no ermo".
Isaías 43.18-19

Voltar para o passado pode ser tentador, principalmente quando o presente está uma bagunça. É quase como se os dias que se foram ganhassem um filtro dourado, tipo Instagram: tudo parecia melhor, mais fácil e leve. Até os perrengues viram poesia. Os israelitas também caíram nessa cilada. Foram libertos da escravidão no Egito, onde eram chicoteados e tratados como nada, e o que fizeram? Murmuraram.

É exatamente isso que fazemos quando idealizamos o passado e desprezamos o que Deus está fazendo agora. Não caia no mesmo erro. Reclamar sempre foi fácil. Às vezes, abrimos a boca para murmurar por conta de circunstâncias bobas. Qualquer coisinha é como se o mundo tivesse acabado. Essa cultura do negativismo é traiçoeira e pode levar você a um saudosismo barato. Sério mesmo? Esse é o nível da sua fé? Vai mesmo cair na armadilha de romantizar o que já morreu e ignorar o que Deus está tentando fazer agora? Preste atenção no Senhor, e você verá que existe algo novo sendo gerado.

PENSE

NÃO SE DISTRAIA COM LEMBRANÇAS ENQUANTO DEUS CONSTRÓI O FUTURO.

ORE

Deus, livra-me da ilusão do passado que me impede de enxergar o novo que estás fazendo. Que meu coração não murmure, mas se abra ao Teu mover. Ensina-me a discernir Teus caminhos no deserto. Eu Te seguirei, mesmo sem entender. Em nome de Jesus, amém.

PLANO DE LEITURA BÍBLICA

Gênesis 35.19—37.2
Mateus 13.24-52
Salmos 13

ANOTAÇÕES

REJEIÇÃO NÃO DEFINE DESTINO

Labão deu a Raquel sua serva Bila, para que ficasse a serviço dela. Jacó deitou-se também com Raquel, que era a sua preferida. E trabalhou para Labão outros sete anos. Quando o SENHOR viu que Lia era desprezada, concedeu-lhe filhos; Raquel, porém, era estéril.
GÊNESIS 29.29-31

REJEIÇÃO DÓI. NÃO SER ESCOLHIDO, NÃO SER AMADO como esperava, ser invisível onde queria ser visto, tudo isso machuca. Lia foi rejeitada. Pelo marido, Jacó, mas não por Deus. A Bíblia diz que o Senhor viu que ela era desprezada e foi misericordioso em permitir que tivesse filhos enquanto sua irmã permanecia estéril. Apesar de não ter sido amada como esperava, Deus a honrou. Ela se tornou mãe de Judá, a tribo da qual nasceria Jesus.

Essa história mostra como a justiça de Deus não ignora quem é rejeitado. Enquanto a sociedade mede valor por aparência e status, Deus não se confunde com favoritismos humanos.

Talvez você tenha sido rejeitado por alguém. Dói, mas isso não define quem você é, só revela quem as pessoas são. Não procure ser aceito pelos homens; busque a aprovação do Senhor. Ele é mais do que suficiente e não precisa ser convencido a amar você. Em Deus, você é mais do que vencedor. Então, enxugue as lágrimas e levante a cabeça. Se o mundo virou as costas, ótimo; agora tem espaço para Deus abraçar você por inteiro.

20 JAN

PENSE

QUEM VIVE PARA SER APROVADO POR TODOS ACABA SE PERDENDO DE SI MESMO.

ORE

Senhor, quando eu não for visto por ninguém, lembra-me de que Tu me vês. Cura as marcas da rejeição e firma minha identidade em Ti. Que eu não busque aprovação humana, mas viva a honra de ser Teu. Em nome de Jesus, amém.

PLANO DE LEITURA BÍBLICA

Gênesis 37.3—38.24
Mateus 13.53—14.21
Salmos 14

ANOTAÇÕES

21
JAN

SE NÃO FOSSE DEUS

O SENHOR é o seu protetor; como sombra que o protege, Ele está à sua direita. De dia o sol não o ferirá; nem a lua, de noite. O SENHOR o protegerá de todo o mal, protegerá a sua vida. O SENHOR protegerá a sua saída e a sua chegada, desde agora e para sempre.
SALMOS 121.5-8

PENSE

QUEM SE ESCONDE EM DEUS NÃO PRECISA TEMER O AMANHÃ.

ORE

Senhor, guarda minha vida quando me sinto forte demais e esqueço que tudo vem de Ti. Que eu não confie na minha força, mas descanse no Teu cuidado. Tu tens me protegido até aqui, e é em Ti que quero permanecer. Em nome de Jesus, amém.

PLANO DE LEITURA BÍBLICA

Gênesis 38.25–41.4
Mateus 14.22–15.9
Salmos 15–16.2

ANOTAÇÕES

O TEMPO TODO, ESTAMOS SUJEITOS A PERIGOS NO MUNdo. E se você tentar viver confiando só na lógica ou na força do próprio braço, acabará desabando. Ainda bem que o Deus em quem confiamos é forte e poderoso para nos livrar em qualquer situação. Você pode até achar que certas coisas "saíram do rumo", mas Deus não perdeu o controle nem por um segundo.

Muitos dos salmos de Davi foram escritos em meio ao caos — enquanto ele fugia de Saul, enfrentava guerras e era perseguido por inimigos. Em cada uma dessas situações, ele creu que o Senhor estava com ele e que não permitiria que ele fosse abalado.

Seria loucura pensar que Davi não teve crises e não sentiu medo ou vontade de largar tudo. Só que ele não usava o sofrimento como desculpa para abandonar Deus. Os cânticos no livro de Salmos demonstram que ele mantinha um coração humilde e dependente. Ele entendia que sua capacidade não vinha de seu próprio braço, mas d'Aquele que o sustentava.

De nada adianta confiar em si mesmo. Vai nessa de achar que você dá conta, que sua inteligência resolverá tudo, que seu controle emocional segurará as pontas, e logo você descobre o que é colapso em câmera lenta. Ninguém é tão forte quanto pensa. Sua fé deve estar no Senhor, que tem guardado a sua vida até aqui. Quando você descansa nessa verdade, nada mais pode abalar a sua vida.

DEUS PROVEDOR

Isaque disse a seu pai, Abraão: "Meu pai!"
"Sim, meu filho, aqui estou", respondeu Abraão. Isaque perguntou: "As brasas e a lenha estão aqui, mas onde está o cordeiro para o holocausto?" Respondeu Abraão: "Deus mesmo há de prover o cordeiro para o holocausto, meu filho". E os dois continuaram a caminhar juntos.
GÊNESIS 22.7-8

DEUS PEDIU A ABRAÃO QUE SACRIFICASSE O FILHO DA promessa — o tipo de pedido que faria qualquer um surtar. E por quê? Deus queria sangue? Claro que não. O Senhor nunca quis Isaque morto. Ele queria ver se Abraão estava vivo por dentro. Imagine Abraão subindo o monte com um dilema gigante nas costas: confiar na promessa ou em quem prometeu. E ele escolheu confiar em Deus, apesar de tudo.

O Senhor é sempre fiel. O problema é que nós é que somos apressados. Queremos o cumprimento da promessa sem o processo. Queremos o milagre, mas com atalhos. Aí fazemos como Sara: achamos que Deus precisa de "uma ajudinha" para acelerar as coisas. Antes mesmo de a promessa se cumprir, ela já estava cansada de esperar. Então, teve uma "ideia brilhante": mandou Abraão se deitar com a serva, porque, veja só, talvez fosse assim que Deus faria acontecer (cf. Gênesis 16.2). Como se o Céu operasse na base do improviso humano.

Deus não faz promessas esperando que você as cumpra pela sua própria força. O que cabe a você é ser obediente. Mais do que qualquer coisa, seu caráter precisa ser forjado para que consiga permanecer firme. Os desafios que você tem ao longo da sua jornada são o que de fato fortalecerão sua fé. Pare de perguntar se dará certo. Essa não é a questão. A pergunta certa é se você está disposto a confiar, mesmo quando tudo parece dar errado. Porque Deus não falha, Ele cumpre o que promete.

22
JAN

PENSE

SE VOCÊ PRECISA CONTROLAR O PROCESSO, TALVEZ NÃO CONFIE TANTO NA PROMESSA.

ORE

Pai, ensina-me a caminhar, mesmo quando o Teu silêncio pesar mais do que minhas dúvidas. Que eu não tente apressar o Teu agir, mas permaneça fiel enquanto Tu me preparas. Confio em quem Tu és. Em nome de Jesus, amém.

PLANO DE LEITURA BÍBLICA

Gênesis 41.5—42.5
Mateus 15.10-31
Salmos 16.3-11

ANOTAÇÕES

23
JAN

TERRENO ACIDENTADO

Todos os vales serão levantados, todos os montes e colinas serão aplanados; os terrenos acidentados se tornarão planos; as escarpas serão niveladas.
Isaías 40.4

Com certeza, você já andou por uma rua cheia de buracos. O trajeto fica mais instável, o carro balança, e a qualquer momento pode surgir um imprevisto. Já uma rua pavimentada faz toda a diferença. Há dias em que o que você sente por dentro parece um terreno irregular. E, sim, o mundo contribui muito para isso. Pressões por desempenho, comparações, cansaço emocional, ansiedade disfarçada de "correria do dia". Tudo isso cria desníveis internos que você nem sempre percebe. Por isso, é importante ter o coração e a mente transformados a todo momento para que sua vida aponte para Cristo.

As pessoas em volta estão olhando. E, muitas vezes, é por meio de você que terão o primeiro contato com Jesus. Sua vida precisa ser um caminho acessível, não um labirinto.

Ainda hoje, temos a responsabilidade de continuar preparando o caminho para Jesus. As pessoas precisam ver Jesus no jeito como você vive. Gostamos de dizer que estamos "esperando a volta de Cristo", mas será que Ele encontraria uma Igreja pronta ou um grupo de religiosos distraídos, ocupados demais com seus próprios interesses? Ele voltará para buscar uma noiva santa e pura, não um público de crentes. E quando Ele olhar para você, verá alguém que o representou ou passará direto porque não achou nem um resquício do reflexo d'Ele?

PENSE

NÃO BASTA PARECER CRENTE, VOCÊ PRECISA SER UM CAMINHO POR ONDE CRISTO PASSA.

ORE

Senhor, mostra-me o que ainda impede o Teu fluir em mim. Que os buracos da pressa, do orgulho e da vaidade sejam preenchidos com o Teu Espírito. Faz do meu cotidiano um lugar onde outros possam Te encontrar. Em nome de Jesus, amém.

PLANO DE LEITURA BÍBLICA

Gênesis 42.6–43.23
Mateus 15.32–16.20
Salmos 17.1-7

ANOTAÇÕES

NÃO COMA MEL DE CADÁVER

[...] Sansão saiu do caminho para olhar o cadáver do leão, e nele havia um enxame de abelhas e mel. Tirou o mel com as mãos e o foi comendo pelo caminho. Quando voltou aos seus pais, repartiu com eles o mel, e eles também comeram [...].
JUÍZES 14.8-9

SANSÃO FOI UM GRANDE JUIZ, FAMOSO POR SUA FORÇA. Antes de nascer, o Senhor havia ordenado que seus pais o consagrassem como nazireu. Ou seja, nada de álcool ou comida impura. E o cabelo? Jamais deveria ser cortado. Contudo, Sansão resolveu brincar com os limites. Um exemplo? Quando tirou mel do cadáver de um leão. Foi uma quebra de voto. Um passo "inofensivo" na direção errada. E é assim que a queda começa: aos poucos, disfarçada de coisa pequena.

O mais curioso é que o leão cheio de mel era o mesmo que Sansão havia matado meses antes. É provável que ele tenha voltado ali para reviver a sensação de conquista e se sentir invencível de novo. E, claro, ainda pegou um pouco do mel para levar para casa. Afinal, aquele favo era, aos olhos dele, "a recompensa pela sua luta".

Talvez, hoje, você se sinta bem ao olhar para conquistas antigas. E não há nada de errado nisso. O perigo mora em se apegar à força do seu próprio braço e achar que a vitória foi mérito seu. A ruína de Sansão começou quando ele passou a desobedecer a Deus, fazendo pouco caso do seu voto. Fuja desse exemplo. Não troque o seu compromisso com Deus por uma viagem nostálgica ao passado. Você não tem nada para provar lá, e muito a perder. Dê a glória ao Senhor. Reconheça que foi Ele quem sustentou você até aqui e siga em frente sem roubar o crédito que nunca foi seu.

24
JAN

PENSE

A OBEDIÊNCIA É MAIS IMPORTANTE DO QUE A VITÓRIA.

ORE

Senhor, afasta-me do hábito de me alimentar do que já deveria ter deixado para trás. Não quero voltar a caminhos que só parecem doces, mas afastam meu coração de Ti. Dá-me discernimento para escolher o que Te agrada. Em nome de Jesus, amém.

PLANO DE LEITURA BÍBLICA

Gênesis 43.24—45.16
Mateus 16.21—17.13
Salmos 17.8-15

ANOTAÇÕES

25
JAN

O NÃO DE DEUS

E o SENHOR Deus ordenou ao homem: "Coma livremente de qualquer árvore do jardim, mas não coma da árvore do conhecimento do bem e do mal, porque no dia em que dela comer, certamente você morrerá".
GÊNESIS 2.16-17

É NORMAL SE SENTIR REPRIMIDO QUANDO ALGUÉM IMPEDE você de fazer algo. Você já viu uma criança berrando porque o pai não a deixou enfiar o dedo na tomada. Na cabeça dela, aquilo é injustiça. Na cabeça do pai, é proteção. É bem provável que você mesmo já recebeu uma repreensão dos seus pais na infância — por querer pegar uma faca, subir onde não devia ou atravessar a rua sem olhar. Hoje, você sabe que tudo o que eles queriam era mantê-lo seguro.

O "não" de Deus protege. Mas ainda existem pessoas que ouvem um "não" do Céu e reagem como se fosse opressão. Deus diz "não", e o ser humano entende "você está perdendo algo". A velha mentira da Serpente continua viva até hoje: "Se Deus proibiu, é porque está escondendo alguma coisa". Gênesis deixa isso escancarado. A ordem havia sido clara: se o homem e a mulher comessem o fruto, morreriam. Mas, ao se deixarem levar pela ganância, foram rebeldes e desobedeceram a Deus. Como consequência, foram expulsos do Jardim e condenados à morte eterna.

Obedecer a Deus é simples, mas requer que nós aceitemos quando Ele diz "não". Ainda que você não compreenda por que Ele não permite que faça algo, entenda que há uma boa razão. Ele nunca privaria você de algo que parece bom sem um motivo. Nós é que, muitas vezes, achamos que sabemos mais que Deus. Então, acabamos caindo em armadilhas que seriam facilmente evitadas se simplesmente confiássemos no Senhor.

PENSE

NÃO SEJA ALGUÉM QUE PREFERE CAIR A CONFIAR EM UM "NÃO" QUE SALVA.

ORE

Deus, ensina-me a confiar no Teu "não" como expressão do Teu cuidado. Livra-me da ilusão de saber o que é melhor para mim. Dá-me humildade para obedecer, mesmo sem entender, e fé para permanecer no centro da Tua vontade. Em nome de Jesus, amém.

PLANO DE LEITURA BÍBLICA

Gênesis 45.17—47.12
Mateus 17.14—18.9
Salmos 18.1-6

ANOTAÇÕES

ANSIOSO POR QUÊ?

26

JAN

Entregue suas preocupações ao SENHOR, e Ele o susterá; jamais permitirá que o justo venha a cair.
SALMOS 55.22

ENQUANTO VOCÊ ESTIVER NA TERRA, ESTARÁ SUJEITO a problemas. Não existe fé à prova de dor ou vida cristã sem angústias. O próprio Jesus disse: "[...] Neste mundo vocês terão aflições; contudo, tenham ânimo! Eu venci o mundo" (João 16.33). Cristo, o Deus encarnado, suportou a pior dor que um ser humano poderia suportar para que você tivesse a certeza de que é vencedor. Não precisa ter medo. Nada que você possa sofrer tem a última palavra. Jesus já venceu o mundo.

Em Salmos 23.4, Davi declarou: "Mesmo quando eu andar por um vale de trevas e morte, não temerei perigo algum, pois Tu estás comigo; a Tua vara e o Teu cajado me protegem". Jesus é o Pastor que conhece as ovelhas do rebanho e as guia por caminhos seguros. Quer segurança? Conheça a voz do Pastor. Ele continua falando. A questão é se você sabe quando é Ele.

Um dos maiores perigos de quando você passa por momentos difíceis é permitir que o desespero tome conta. Quando o medo assume o controle, acabamos nos distanciando de Deus e das pessoas. Nessas horas, é crucial se apegar ao que a Palavra diz: "Lancem sobre Ele toda a sua ansiedade [...]" (1Pedro 5.7). Não permita que a ansiedade afaste você do rebanho. O melhor a fazer sempre será continuar seguindo o Senhor.

PENSE

PARE DE ALIMENTAR GIGANTES QUE DEUS JÁ REDUZIU A NADA.

ORE

Senhor, quando o medo tentar dominar meu coração, ensina-me a descansar em Ti. Que eu não carregue sozinho o que posso Te entregar. Sustenta-me com Tua presença e firma meus passos no Teu cuidado. Em nome de Jesus, amém.

PLANO DE LEITURA BÍBLICA

Gênesis 47.13 — 49.15
Mateus 18.10-35
Salmos 18.7-19

ANOTAÇÕES

27
JAN

ESPERA ATIVA

Ele fortalece o cansado e dá grande vigor ao que está sem forças. Até os jovens se cansam e ficam exaustos, e os moços tropeçam e caem; mas aqueles que esperam no Senhor renovam as suas forças. Voam alto como águias, correm e não ficam exaustos, andam e não se cansam.
Isaías 40.29-31

Quando falamos de "esperar em Deus", muitos já imaginam alguém parado, estático, olhando para o nada. Só que esperar no Senhor não é ficar inerte. Não é cruzar os braços e dizer "seja o que Deus quiser". Isaías 40.30 diz que "até os jovens se cansam e ficam exaustos, e os moços tropeçam e caem". Ou seja, até quem tem tudo para aguentar, uma hora fraqueja. Mas quando colocamos nossa esperança no Senhor, Ele renova as nossas forças.

Ninguém precisa ter todas as respostas. A fé não exige mapa completo, só um coração disposto a dar um passo de cada vez, mesmo quando o cenário ainda parece nebuloso.

Da mesma forma, ao esperar em Deus, não somos paralisados. Pelo contrário, continuamos andando no caminho que Ele projeta para nós. Enquanto fizer isso, talvez você se surpreenda ao descobrir que, em vez de se cansar e desanimar, encontrará novas forças. Mas, claro, haverá dias em que você sentirá que está perdendo velocidade. O corpo pesa, a mente confunde, o ânimo oscila. E tudo bem. Nesses momentos, não pare, só desacelere. E olhe para o Senhor. Ele poderá renovar seu ânimo.

PENSE

"ESPERAR" NÃO É DESCULPA PARA PREGUIÇA ESPIRITUAL.

ORE

Senhor, quando o cansaço pesar mais do que a fé, renova meu fôlego. Que eu não confunda espera com estagnação, nem silêncio com ausência. Ensina-me a prosseguir sem pressa, com os olhos firmes em Ti. Em nome de Jesus, amém.

PLANO DE LEITURA BÍBLICA

Gênesis 49.16–50
Mateus 19.1-24
Salmos 18.20-30

ANOTAÇÕES

SAIBA A QUEM RECORRER

"Ai dos filhos obstinados", declara o SENHOR,
"que executam planos que não são Meus, fazem acordo sem Minha aprovação, para ajuntar pecado sobre pecado, que descem ao Egito sem Me consultar, para buscar proteção no poder do faraó, e refúgio na sombra do Egito".
ISAÍAS 30.1-2

NA HORA DO DESESPERO, A TENDÊNCIA É NOS AGARRARMOS ao primeiro bote salva-vidas que aparece, mesmo que esteja furado. O medo cega e pode nos levar a confiar em pessoas bem-intencionadas, mas que, sem querer, nos empurram para o caminho errado. Foi exatamente isso que aconteceu com o rei Ezequias. Quando Senaqueribe, rei da Assíria, ameaçou Israel, ele não viu alternativa a não ser se aliar ao Egito. Contudo, o profeta o havia alertado a não fazer acordo com o faraó. Parecia uma saída, mas era cilada.

Por mais absurda que a decisão de Ezequias possa parecer hoje, não somos tão diferentes assim. Quando as coisas apertam, muita gente corre para onde não deveria. É preciso prudência e clareza sobre quem ouvimos quando tudo está desmoronando.

Seu primeiro passo sempre deve ser consultar o Senhor. Você precisa aprender a parar. Ficar quieto e ouvir o que Ele tem a dizer. Até mesmo as pessoas que mais amamos, a quem confiamos nossos segredos, podem falhar. Deus não. Ele nunca erra, atrasa ou dá um conselho pela metade. Ele sabe exatamente o que você precisa e o tempo certo para tudo. A sabedoria que você tanto procura não está no achismo de ninguém, está no Senhor.

PENSE

SE SUA RESPOSTA NÃO ESTÁ EM DEUS, VOCÊ JÁ COMEÇOU ERRADO.

ORE

Senhor, livra-me da pressa que abafa Tua voz. Que eu não confunda solução com fuga, nem conselho com direção. Ensina-me a Te consultar antes de agir e a confiar mais no Teu silêncio do que no barulho das minhas urgências. Em nome de Jesus, amém.

PLANO DE LEITURA BÍBLICA

Êxodo 1—3.10
Mateus 19.25—20.19
Salmos 18.31-42

ANOTAÇÕES

29

JAN

CORPO NENHUM ANDA SEM A CABEÇA

Ele é antes de todas as coisas, e n'Ele tudo subsiste. Ele é a cabeça do corpo, que é a igreja; é o princípio e o primogênito dentre os mortos, para que em tudo tenha a supremacia.
COLOSSENSES 1.17-18

PENSE

CRISTIANISMO SOLO É ILUSÃO DE QUEM NÃO QUER PRESTAÇÃO DE CONTAS.

ORE

Pai, que eu não me isole nem tente viver uma fé solitária. Conecta-me ao Teu corpo com compromisso e verdade. Que minha vida coopere com o que vem do Teu Espírito e Teu governo seja real em mim. Em nome de Jesus, amém.

PLANO DE LEITURA BÍBLICA

Êxodo 3.11–5.14
Mateus 20.20–21.11
Salmos 18.43-50

ANOTAÇÕES

VOCÊ NÃO FOI CRIADO PARA VIVER ISOLADO. ESSA história de "minha fé é só minha", "eu e Deus, mais ninguém" é uma bobeira. Deus criou você para viver em unidade. Não existe cristianismo saudável fora do Corpo. Somos interligados aos nossos irmãos na fé e vivemos sob a direção de Cristo, que é a cabeça. Quando caminhamos em obediência e temor a Ele, usamos nossos dons a serviço do Reino. Você serve, contribui, soma. Porque cada membro tem uma função, e todas apontam para um só fim: glorificar a Cristo.

Cada um possui sua individualidade ao mesmo tempo que depende do outro. E acima de tudo, estamos ligados a Cristo. Não importa quão organizada, carismática ou relevante uma igreja seja, se ela não estiver debaixo do comando do Senhor, está morta. Uma igreja só sobrevive se estiver firmada em Jesus. Pois quando as dificuldades aparecem, Ele é a Rocha que sustenta tudo.

SAIA DO MURO

Feliz é o homem que persevera na provação, porque depois de aprovado receberá a coroa da vida, que Deus prometeu aos que o amam.
TIAGO 1.12

SOMOS SALVOS PELA GRAÇA. MAS ANTES DE USAR ISSO como desculpa para viver de qualquer jeito, entenda que a graça é poder para transformação. Em Tiago, lemos que a fé deve ser acompanhada por obras. Se você diz que crê em Jesus, suas atitudes devem ser coerentes com as suas palavras. Não adianta postar versículo, usar camiseta cristã e dizer que ama a Deus, se na prática você vive como se Ele fosse só um figurante na sua história.

Muitos erram ao pensar que ter fé é suficiente. Embora a fé seja mesmo fundamental, alguns usam essa afirmação como desculpa para alimentar uma vida dupla. Não faça parte desse grupo de pessoas. Quer agradar a Deus? Cultive intimidade. Viva princípios. Persevere naquilo que o Céu aprova.

Há quem se refugie em uma vida morna e confortável por medo de oposição, críticas, rejeição. O problema é que, nessa tentativa de se proteger, acabam se anulando e se acomodando. Deus não se alegra com o sofrimento, mas quando saímos da nossa zona de conforto por amor a Cristo, encontramos alegria até mesmo em situações complicadas.

Deus não tolera neutralidade. Ele vomita os mornos. Aqueles que se recusam a se posicionar, que vivem “em cima do muro”. Não se iluda achando que dá para seguir Jesus e ainda manter uma vida apática. Apaixone-se por Jesus todo dia. Busque a presença do Senhor, porque quem busca de verdade encontra. E quem encontra nunca mais vive morno.

30
JAN

PENSE

A NEUTRALIDADE QUE VOCÊ CHAMA DE "PRUDENCIA" TEM GOSTO DE VÔMITO PARA DEUS.

ORE

Deus, não quero Te seguir pela metade. Desperta em mim um amor que resista ao cansaço, que não se esconda no medo nem negocie convicções. Forja em mim fidelidade no secreto e firmeza na caminhada. Em nome de Jesus, amém.

PLANO DE LEITURA BÍBLICA

Êxodo 5.15–7.19
Mateus 21.12-32
Salmos 19.1-9

ANOTAÇÕES

31
JAN

O QUE O SEU CORAÇÃO DESEJA

Confie no SENHOR e faça o bem; assim você habitará na terra e desfrutará segurança. Deleite-se no SENHOR, e Ele atenderá aos desejos do seu coração. Entregue o seu caminho ao SENHOR; confie n'Ele, e Ele agirá.
SALMOS 37.3-5

DEUS NÃO É UM GÊNIO DA LÂMPADA. ELE NÃO EXISTE para realizar tudo o que você quer. Ele é o seu Pai, e pai de verdade não mima. Claro, o Senhor quer que você seja feliz e tenha paz enquanto viver. A grande questão é que nem sempre o que você quer é o que Deus quer, e Ele não reprogramará o Céu para atender aos seus caprichos. O Senhor quer que você tenha uma vida abundante, mas isso não acontecerá enquanto você insistir em fazer as coisas do seu jeito. Ainda que você tenha um emprego com um bom salário e uma família perfeita, more em uma casa grande e tenha acesso a tudo o que há de melhor, isso nunca será o bastante.

Você precisa do Senhor. É isso que o salmista queria dizer quando escreveu que Ele satisfaz os desejos do coração (cf. Salmos 37.4). Mas tem um detalhe: isso só vale para quem tem prazer na presença d'Ele. Quando o Senhor Se torna seu maior prazer, todo o resto se torna insignificante. O objetivo mais importante da sua vida deve ser buscar o Reino de Deus: "Busquem, pois, em primeiro lugar o Reino de Deus e a sua justiça, e todas essas coisas lhes serão acrescentadas" (Mateus 6.33). Não ao contrário. Primeiro o Reino. Depois, o resto. Você quer tudo? Aprenda a querer Deus antes de qualquer coisa.

PENSE

PARE DE CORRER ATRÁS DO QUE NUNCA VAI PREENCHER SEU VAZIO.

ORE

Pai, ensina-me a desejar o que vem do Teu coração antes de buscar qualquer outra coisa. Que o meu prazer esteja em Ti, não nas promessas. Alinha meus sonhos à Tua vontade e faz do Teu Reino meu maior bem. Em nome de Jesus, amém

PLANO DE LEITURA BÍBLICA

Êxodo 7.20—9.19
Mateus 21.33—22.14
Salmos 19.10-14

ANOTAÇÕES

A PROVA DE QUE
SUA FÉ É VIVA
ESTÁ NO QUE
VOCÊ FAZ COM
O QUE CRÊ.

FEVEREIRO

1º
FEV

DESISTIR ASSIM TÃO FÁCIL?

O homem lhe perguntou: "Qual é o seu nome?" "Jacó", respondeu ele. Então disse o homem: "Seu nome não será mais Jacó, mas sim Israel, porque você lutou com Deus e com homens e venceu".
GÊNESIS 32.27-28

PENSE

MILAGRE NÃO ACONTECE PARA QUEM ORA BONITO, MAS PARA QUEM ORA ATÉ O FIM.

ORE

Deus, quando meu passado pesar e o medo tentar me calar, dá-me coragem para Te buscar com sinceridade. Não quero soltar Tua presença até que algo em mim seja transformado. Marca-me no íntimo e reescreve minha história. Em nome de Jesus, amém.

PLANO DE LEITURA BÍBLICA

Êxodo 9.20—11.10
Mateus 22.15-40
Salmos 20

ANOTAÇÕES

LUTAR COM DEUS POR UMA BÊNÇÃO PARECE UMA IDEIA estranha. Jacó estava quebrado. Literalmente. Fugindo do passado, com medo do irmão e se sentindo culpado. Mesmo assim, ele agarrou aquele homem misterioso, que era o próprio Deus, e não o deixou ir embora até receber uma bênção. Ele não pediu licença, ele se posicionou.

É isso que o Senhor espera de você. O problema é que, muitas vezes, você ora uma vez e já desiste. Pensa que Deus o esqueceu, que a sua dor não importa ou que tem gente mais "espiritual" na fila da bênção. Mentira. O Céu não ignora corações insistentes.

Realmente não merecemos a graça do Senhor. Mas, como filhos, podemos, e devemos, ir até Ele. Jesus contou a história de uma viúva que foi até um juiz corrupto pedir justiça. Ela foi uma, duas, dez vezes. Até que o juiz, cansado, decidiu atendê-la (cf. Lucas 18.1-8). E Jesus deixou claro que se até um homem injusto cede à insistência, imagine Deus. Por que Deus não ouviria um filho que Ele tanto ama?

Pare de esperar o momento certo. Ore quando estiver bem e quando estiver destruído. Clame com lágrimas, com raiva, como for, mas clame. Agarre-se a Deus como Jacó fez. Porque quem não larga o Senhor sai com um novo nome e uma nova história.

UM CORAÇÃO REFINADO PELO FOGO

Se alguém constrói sobre esse alicerce usando ouro, prata, pedras preciosas, madeira, feno ou palha, sua obra será mostrada, porque o Dia a trará à luz; pois será revelada pelo fogo, que provará a qualidade da obra de cada um.
1Coríntios 3.12-13

02
FEV

TODA JOIA PASSA PELO FOGO, NÃO TEM JEITO. É CALOR, pressão, impureza sendo arrancada. E é exatamente isso que Deus faz com nosso coração. Provérbios 17.3 deixa claro: "O crisol é para a prata e o forno é para o ouro, mas o SENHOR prova o coração". Você precisa permitir que Deus trate a sua vida. Se quiser refletir a luz de Cristo, terá de parar de romantizar o processo e aceitar que sujeira não sai com perfume.

O primeiro passo é guardar seu coração no Senhor. Fazemos isso quando jogamos fora tudo que não agrada a Deus. Como Paulo escreveu: "[...] levamos cativo todo pensamento, para torná-lo obediente a Cristo" (2Coríntios 10.5). Todo pensamento. Não só os que combinam com seu humor do dia. Não há desculpa.

Tudo o que ocupa sua mente foi você quem deixou entrar. Não foi o diabo, a sociedade ou a Netflix. Então, se ainda está agarrado a vícios, manias ou hábitos que o arrastam para longe de Deus, sabe o que precisa fazer? Parar de graça e entregar isso ao Senhor hoje. Entenda que, uma vez lavado pelo sangue de Cristo, o pecado não tem mais poder sobre a sua vida. Mas se você ainda vive como escravo, talvez seja hora de rever quem realmente está no trono do seu coração. Ninguém prometeu que seria fácil, mas passar pelo fogo é necessário para que você seja totalmente purificado e se torne uma joia preciosa aos olhos do Senhor.

PENSE

SER MOLDADO DÓI. MAS VIVER DEFORMADO DÓI MAIS.

ORE

Senhor, se o fogo é o que me alinha ao Teu propósito, não me deixes fugir dele. Remove o que contamina, limpa o que escondo, quebra o que resiste. Que minha vida resista à prova e revele o Teu reflexo. Em nome de Jesus, amém.

PLANO DE LEITURA BÍBLICA

Êxodo 11.11–13.8
Mateus 22.41–23.15
Salmos 21.1-7

ANOTAÇÕES

03

FEV

ARRANQUE TODA RAIZ AMARGA

Esforcem-se para viver em paz com todos e para serem santos; sem santidade ninguém verá o Senhor. Cuidem que ninguém se exclua da graça de Deus; que nenhuma raiz de amargura brote e cause perturbação, contaminando muitos.
HEBREUS 12.14-15

VOCÊ, PROVAVELMENTE, JÁ SE DEPAROU COM PESSOAS amargas. Daquelas que entram num lugar e, em cinco minutos, estragam tudo com seu mau humor. Quem sabe esse alguém já tenha sido você. Sim, você mesmo, com o coração gelado e a cara fechada, justificando tudo dizendo: "É que estou passando por muita coisa". O problema é que, quando você finge que está tudo bem por dentro, o que está mal começa a estragar tudo por fora. E acredite, basta uma raiz podre para estragar a árvore inteira.

A frustração faz parte do pacote. Bem-vindo à vida real. Se você acha que viverá sem tomar umas pancadas, é melhor acordar; nem Jesus escapou, imagine você. O desafio está em como lidar com as situações. Você tem aberto a boca para liberar bênção ou para vomitar maldição? Qual tem sido a sua postura? Não precisamos negar as dificuldades ou fingir felicidade, mas podemos, sim, escolher nos posicionar.

A língua tem o poder de gerar morte ou vida (cf. Provérbios 18.21). Então, pare de sair cuspindo tudo o que passa pela sua cabeça como se isso fosse sinceridade. Não é. É falta de filtro mesmo. Não é porque pensou que tem de falar. E se você percebe que precisa de cura na alma, peça para que o Senhor arranque qualquer raiz de amargura. Ore para que Ele ajude você a ter uma nova visão de vida, paz e alegria para que suas palavras e atitudes sejam um canal de bênção para todos à sua volta.

PENSE

VOCÊ FALA COMO ALGUÉM CHEIO DO ESPÍRITO OU COMO QUEM FOI DOMINADO PELA CARNE?

ORE

Senhor, não deixes que a dor se transforme em veneno no meu interior. Arranca de mim toda raiz que contamina e me ensina a reagir com mansidão. Que minha boca não espalhe fardos, mas seja fonte de vida. Cura o que só Tu vês. Em nome de Jesus, amém.

PLANO DE LEITURA BÍBLICA

Êxodo 13.9—15.11
Mateus 23.16-39
Salmos 21.8-13

ANOTAÇÕES

NÃO DESPREZE SUA HERANÇA

[...] e pediu-lhe: “Dê-me um pouco desse ensopado vermelho aí. Estou faminto!” [...] Respondeu-lhe Jacó: “Venda-me primeiro o seu direito de filho mais velho”. Disse Esaú: “Estou quase morrendo. De que me vale esse direito?”.
GÊNESIS 25.30-32

A HISTÓRIA DE ESAÚ E JACÓ PARECE ABSURDA. QUEM em sã consciência trocaria sua herança por um prato de comida? Pois é, você e eu. Fazemos isso o tempo todo. Nossos olhos estão tão fixados no que precisamos agora que, muitas vezes, trocamos o eterno pelo imediato. Não troque as promessas do Senhor para satisfazer necessidades temporárias. Antes de vender sua primogenitura por um capricho, pare e pense se vale mesmo a pena.

Ao trocar seu direito à primogenitura por um prato de lentilhas, Esaú deixou claro que não fazia a menor ideia do que estava jogando fora. Ele não entendia a dimensão do seu direito como primogênito. Resultado? Jacó ficou com tudo.

Não seja o próximo Esaú da fila. Sério. Não jogue no lixo o que Deus prometeu só porque está com “fome”. A necessidade é real? É. Mas não é justificativa para você tomar uma decisão estúpida. Em vez de banalizar o que é eterno, desfrute do que já está disponível e alcance as bênçãos que Deus reservou para você hoje.

04
FEV

PENSE

NÃO RECLAME DA VIDA QUE TEM, SE FOI VOCÊ QUEM TROCOU A BÊNÇÃO POR LENTILHA.

ORE

Pai, livra-me da pressa que me faz ignorar o que é santo. Que a fome pelo agora não roube o que Tu reservaste para mim. Ensina-me a discernir o que tem valor eterno e a dizer não ao que me afasta do Teu propósito. Em nome de Jesus, amém.

PLANO DE LEITURA BÍBLICA

Êxodo 15.12 – 17.7
Mateus 24.1-22
Salmos 22.1-11

ANOTAÇÕES

05
FEV

SEMPRE VIGILANTES

Estejam alertas e vigiem. O diabo, o inimigo de vocês, anda ao redor como leão, rugindo e procurando a quem possa devorar. Resistam-lhe, permanecendo firmes na fé, sabendo que os irmãos que vocês têm em todo o mundo estão passando pelos mesmos sofrimentos.
1Pedro 5.8-9

Quando foi ao Getsêmani, Jesus ordenou que Seus discípulos ficassem acordados e em oração. Só isso. Mas o que eles fizeram? Dormiram. E quando Jesus voltou e viu que haviam dormido, disse: "Vigiem e orem para que não caiam em tentação" (Mateus 26.41). Você precisa fazer o mesmo hoje.

Sabemos que, em Cristo, somos mais do que vencedores e que podemos descansar na certeza de que Deus cuida de nós nos mínimos detalhes. Contudo, não feche os olhos para as artimanhas do inimigo. Sua luta não é física, mas espiritual. Você não luta contra pessoas (cf. Efésios 6.12), mas contra o que pode levá-lo à condenação eterna.

Em guerra, soldado que dorme morre. Oração, jejum e Palavra não são "opções", são armas. Sem elas, você vira alvo fácil, figurante no campo de batalha. Mas quando você se posiciona de verdade, Deus dá convicção, fortalece e empurra para frente. E mesmo quando o mundo desmorona, você fica de pé e avança em território inimigo. Mas para isso, tem de parar de brincar de crente e começar a lutar como filho que sabe quem é.

PENSE

VOCÊ ORA OU SÓ POSTA VERSÍCULO NO STATUS E ACHA QUE ISSO ASSUSTA O INFERNO?

ORE

Senhor, livra-me da apatia. Ensina-me a vigiar e a lutar com as armas que vêm de Ti. Que eu não durma quando deveria orar, nem recue diante do mal. Fortalece minha fé e firma meus pés no Teu poder. Em nome de Jesus, amém.

PLANO DE LEITURA BÍBLICA

Êxodo 17.8–19.20
Mateus 24.23-51
Salmos 22.12-21

ANOTAÇÕES

COMUNHÃO OU MORTE

06 FEV

Como é bom e agradável quando os irmãos convivem em união!
É como o óleo precioso derramado sobre a cabeça, que desce pela barba, a barba de Arão, até a gola das suas vestes.
É como o orvalho do Hermom quando desce sobre os montes de Sião. Ali o SENHOR concede a bênção da vida para sempre.
SALMOS 133

AMOR, COMUNHÃO E UNIDADE NÃO SÃO "ACESSÓRIOS" da vida cristã. E antes que você diga que seu relacionamento é só com Deus, lembre-se de uma coisa: até Jesus tinha um grupo. A Bíblia diz que um ramo, quando arrancado do tronco, não floresce mais e acaba morrendo. Você também não conseguirá crescer se não estiver conectado à Igreja de Cristo.

Permanecer em Cristo implica estar junto a outras pessoas que, assim como você, também estão conectadas à videira. Nossa salvação e fé são individuais, mas ser igreja sozinho é como ser um time de futebol de um jogador só. Mas por que muitos se afastam? Porque se decepcionam com pessoas. Alguns dos argumentos que mais utilizam é que "instituições são humanas, só Jesus salva" ou o clássico: "Por que preciso ir ao culto se Deus é onipresente?".

Ele pode encontrar você no carro, no banho, até no meio do trânsito quando você está a ponto de explodir. Mas não use essa verdade para justificar sua alergia à comunhão. Não subestime as conexões que o aproximam de Deus só porque "preferia ficar na sua". Por mais que todo mundo seja falho, quando você se junta com quem também serve e honra ao Senhor, você cresce em maturidade e frutifica. Porque você não é uma árvore isolada no deserto. É galho, e galho só tem vida quando está ligado ao tronco.

PENSE

O CRENTE SOLITÁRIO É UMA INVENÇÃO DO DIABO.

ORE

Pai, não me deixes viver isolado fingindo maturidade. Planta meu coração onde há vida em comunidade. Que eu não fuja por decepção, mas permaneça por obediência. Ensina-me a frutificar junto ao Teu povo. Em nome de Jesus, amém.

PLANO DE LEITURA BÍBLICA

Êxodo 19.21–21.25
Mateus 25.1-23
Salmos 22.22-31

ANOTAÇÕES

07 FEV

CURADOS PARA SERVIR

Jesus saiu da sinagoga e foi à casa de Simão. A sogra de Simão estava com febre alta, e pediram a Jesus que fizesse algo por ela. Estando Ele em pé junto dela, inclinou-se e repreendeu a febre, que a deixou. Ela se levantou imediatamente e passou a servi-los.
LUCAS 4.38-39

PENSE

SE VOCÊ ESTÁ DE PÉ, É PORQUE TEM ALGO PARA FAZER.

ORE

Deus, não quero ser curado só para me sentir melhor, mas para refletir o Senhor com verdade. Que a graça que me alcança me empurre ao serviço. Usa minhas mãos no que é comum, meu tempo no secreto, e minha vida inteira para Teu Reino. Em nome de Jesus, amém.

PLANO DE LEITURA BÍBLICA

Êxodo 21.26–23.15
Mateus 25.24-46
Salmos 23

ANOTAÇÕES

QUANDO JESUS FOI PARA A CASA DE PEDRO, EM CAFARnaum, Ele já sabia o que encontraria lá. Não foi pego de surpresa com a sogra do discípulo ardendo em febre. Então, lemos na Palavra que ninguém ficou de braços cruzados esperando milagre cair do teto. Foram até Jesus e pediram que Ele curasse a mulher. Jesus a cura, e ela logo se levanta e começa a servir as pessoas que estavam ali na casa.

A impressão que temos é que, quando a sogra de Pedro se recupera, ela volta a fazer o que já estava acostumada a fazer: servir as pessoas de sua casa. O que antes era um problema (uma febre que paralisava tudo) se transforma em bênção.

Pessoas que foram realmente curadas dispõem de sua vida para servir os outros. Milagre é lindo, claro. Todo mundo ama ver Deus agindo. Contudo, o mais incrível não é só o que Deus faz por você, mas o que Ele começa a fazer por meio de você depois do milagre.

Então, depois de curado, sabe o que você faz? Segue firme no propósito, glorificando a Deus até mesmo nas tarefas simples. E a melhor notícia é que você não precisa esperar o cenário ideal; pode começar, hoje mesmo, do jeito que está, onde está. Jesus, o próprio Filho de Deus, decidiu se fazer servo. E você esperando um cargo com crachá para começar a servir? Ele já mostrou o caminho, agora é só seguir o exemplo.

A CERTEZA DO QUE AINDA NÃO EXISTE

08
FEV

[...] Como está escrito: "Eu o constituí pai de muitas nações". Ele é nosso pai aos olhos de Deus, em quem creu, o Deus que dá vida aos mortos e chama à existência coisas que não existem, como se existissem.
ROMANOS 4.16-17

ABRAÃO CREU CONTRA TODA ESPERANÇA. OU SEJA, TUDO dizia "já foi o tempo, aceita que dói menos", mas ele continuou crendo. Não teve sinal nem profeta dizendo que daria tudo certo no fim do culto. Só tinha a promessa e a realidade gritando o oposto. Mesmo assim, ele se manteve obediente. Isso é fé de verdade; permanecer fiel ao Senhor ainda que não tenhamos nada em troca.

Não dê ouvidos a palavras contrárias ao que o Senhor já disse. Diante do impossível, o povo costuma entrar em modo "desânimo coletivo" e começa a espalhar incredulidade como se fosse verdade absoluta. E se você der espaço, logo repetirá o discurso deles. Como filhos de Deus, não nos movemos pelo que conseguimos enxergar no mundo natural. Cremos em quem é maior do que qualquer problema ou obstáculo.

Se a sua fé estiver no Senhor, você se sentirá satisfeito e fará parte de algo que é muito maior do que você mesmo. Quando Isaque nasceu, Abraão não saiu distribuindo cartão de "pai das nações". A profecia foi se cumprindo aos poucos, à medida que o povo hebreu foi crescendo em número. Hoje, nós somos a extensão dessa promessa.

Talvez você não tenha ideia da real dimensão das palavras que foram semeadas na sua vida. Mas se mantiver sua fé firme, terá a certeza de que Deus já está fazendo algo grande. Ele é quem tem o poder de trazer à existência o que ainda não existe, como se já existisse.

PENSE

SE VOCÊ PRECISA VER PARA CRER, AINDA NÃO ENTENDEU O QUE É FÉ.

ORE

Senhor, ensina-me a crer quando tudo disser que não. Que minha fé não dependa de sinais, mas da Tua voz. Firma meu coração no invisível e fortalece minha obediência até que o Teu propósito floresça. Em nome de Jesus, amém.

PLANO DE LEITURA BÍBLICA

Êxodo 23.16 – 25.22
Mateus 26.1-22
Salmos 24

ANOTAÇÕES

09
FEV

NÃO VOLTE AO LUGAR DE SUA ESCRAVIDÃO

Foi para a liberdade que Cristo nos libertou. Portanto, permaneçam firmes e não se deixem submeter novamente a um jugo de escravidão.
GÁLATAS 5.1

UMA VEZ SALVOS, NÃO SOMOS MAIS ESCRAVOS DO PECADO. Isso não quer dizer que a tentação sumiu do mapa, mas o que antes prendia você já não representa mais uma ameaça. Por quê? Porque Jesus já venceu tudo. Ele carregou todas as suas transgressões na cruz, desde as mais insignificantes até aquelas que pareciam não ter perdão.

Você não precisa viver com medo da condenação, mas também não use a graça como desculpa para viver no erro de forma "gourmetizada". Portanto, a liberdade que temos em Cristo não é um aval para você fazer o que tiver vontade, mas a certeza de que, se falhar e se arrepender, Deus continua de braços abertos.

Ninguém está isento de correção. Pelo contrário, se você é filho, pode se preparar; Deus o corrigirá. Não fuja da disciplina nem tenha medo de ser castigado. A correção do Senhor não é para jogar você no inferno, mas para evitar que vá parar lá por conta de suas próprias escolhas. E acredite: é mil vezes melhor ser corrigido por amor hoje do que ser cobrado por justiça amanhã.

PENSE

SE VOCÊ DIZ QUE É LIVRE, ENTÃO PROVE ISSO COM UMA VIDA RENDIDA A DEUS.

ORE

Pai, não me deixes usar Tua graça como desculpa para viver no erro. Livra-me das correntes que já foram quebradas e me ensina a valorizar a liberdade que o sangue de Cristo conquistou. Corrige-me com a verdade e restaura minha caminhada. Em nome de Jesus, amém.

PLANO DE LEITURA BÍBLICA

Êxodo 25.23–26
Mateus 26.23-46
Salmos 25.1-11

ANOTAÇÕES

A REPREENSÃO DE QUEM AMA

Cada um mente ao seu próximo; seus lábios bajuladores falam com segundas intenções. Que o Senhor corte todos os lábios bajuladores e a língua arrogante dos que dizem: "Venceremos graças à nossa língua; somos donos dos nossos lábios! Quem é senhor sobre nós?".
Salmos 12.2-4

Amigo de verdade não elogia tudo que você faz. Quanto mais próximo você é de alguém, mais você percebe os dois lados da moeda — as qualidades e os defeitos. Alguns hábitos não muito saudáveis vêm à tona, e percebemos que precisamos mudar muitas coisas que antes pareciam normais. Talvez seja por isso que casais recém-casados passem por mais crises.

Alinhamento gera conflito, mas no conflito há mais espaço para o amadurecimento. Por isso, desconfie se as pessoas com quem você anda só dizem coisas boas a seu respeito. Provérbios já dizia: "Quem repreende o próximo obterá por fim mais favor do que aquele que só sabe bajular" (28.23).

Todo mundo gosta de um elogio, até quem finge que não. A questão é que existem elogios que escondem más intenções. Do mesmo jeito, a correção, às vezes, pode ser um indício de amor. Quem ama você reconhece seus pontos fortes, mas amor de verdade não é fã-clube. Se de fato existe amor, essas mesmas pessoas também desejarão ver você crescer. Então, em vez de virar o rosto toda vez que alguém o confronta, aprenda a ouvir. Nem toda correção é "ranço disfarçado"; às vezes, é Deus usando a boca dos outros para falar com você.

10 FEV

PENSE

REPREENSÃO NÃO MATA. IGNORÂNCIA SIM.

ORE

Senhor, livra-me da necessidade de aprovação e do medo da correção. Dá-me ouvidos humildes para reconhecer quando falas por meio de alguém. Que eu prefira a verdade que me molda à bajulação que me destrói. Em nome de Jesus, amém.

PLANO DE LEITURA BÍBLICA

Êxodo 27—28.38
Mateus 26.47-68
Salmos 25.12-22

ANOTAÇÕES

11

FEV

QUEM FOGE DA VERDADE VIRA ESCRAVO DE SI

Eles se recusarão a dar ouvidos à verdade, voltando-se para os mitos. Você, porém, seja moderado em tudo, suporte os sofrimentos, faça a obra de um evangelista, cumpra plenamente o seu ministério.
2Timóteo 4.4-5

Vivemos na era do "evangelho Nutella", que aceita tudo, não confronta nada e, claro, não transforma ninguém. Um evangelho que chama pecado de "fase" e permissividade de "amor". É triste, mas cada vez menos as pessoas se interessam pela verdade. Querem ter seus sentimentos validados e seu ego massageado a qualquer custo. Assim, não precisarão assumir responsabilidade. Contudo, se o Evangelho existisse para ser fácil, Jesus teria vindo dar palestra motivacional, não morrer em uma cruz.

Pare de tentar viver "sua verdade" como se isso fosse nobre. Se contradiz a Palavra de Deus, não é verdade, é desculpa. Em nome da tal liberdade e de um "amor" que mais parece autoindulgência, muitos têm vivido para si mesmos, recusando-se a renunciar aos seus pecados de estimação. Fuja desse estilo de vida. Jesus é a única verdade que liberta. E a verdade, muitas vezes, dói e é desconcertante. Não queremos ouvi-la porque sabemos que seremos instigados a ir contra nossos próprios desejos. No entanto, Deus chamou você para que tenha vida em abundância e para viver de forma irrepreensível. Uma vez que você é encontrado por essa verdade, não tem volta. Ou você deixa que ela transforme o seu interior, ou continua escravo de você mesmo, achando que está livre.

PENSE

QUEM CORRE DA VERDADE SE AFUNDA NUM CONFORTO QUE MATA AOS POUCOS.

ORE

Senhor, não quero viver de ilusões que afagam meu ego. Confronta o que em mim resiste à Tua verdade. Que eu não troque renúncia por conforto nem confunda liberdade com rebeldia. Que a Tua Palavra molde meu caráter. Em nome de Jesus, amém.

PLANO DE LEITURA BÍBLICA

Êxodo 28.39—30.5
Mateus 26.69—27.14
Salmos 26.1-5

ANOTAÇÕES

DESISTIR?

Alegres brados de vitória ressoam nas tendas dos justos: "A mão direita do SENHOR age com poder! A mão direita do SENHOR é exaltada! A mão direita do SENHOR age com poder!" Não morrerei; mas vivo ficarei para anunciar os feitos do SENHOR.
SALMOS 118.15-17

NÃO EXISTE ABSOLUTAMENTE NADA QUE DEUS NÃO POSSA fazer, e o diabo sabe disso. Portanto, o maior pesadelo do inferno não é você indo à igreja domingo sim, domingo talvez. É você se entregando totalmente a Deus. Por isso, não estranhe se as lutas apertarem quando estiver buscando ao Senhor de todo o coração. Persevere; ore ainda mais, leia a Palavra, aprofunde-se em um relacionamento pessoal com o Pai. Quanto mais próximo você estiver d'Ele, mais será fortalecido.

Quando você é guiado pela mente de Cristo, as circunstâncias perdem o controle remoto da sua vida. Não é que tudo vira um mar de rosas, é que você aprende a ficar em paz até no meio do caos. Sua satisfação deixa de depender do seu salário e passa a estar só no Senhor. Como Paulo escreveu: "Tudo posso naquele que me fortalece" (Filipense 4.13), uma frase que costumamos interpretar de forma errada. Decoramos esse versículo como um mantra de autoajuda e ignoramos o contexto. A Palavra está falando sobre suportar, sobreviver à escassez e à abundância com o mesmo espírito. É sobre resiliência. Ou seja, mesmo se tudo desabar, Deus sustenta e guarda você o tempo todo.

PENSE

SE A SUA FÉ SÓ FUNCIONA EM DIAS BONS, ENTÃO É SUA EMOÇÃO QUE ESTÁ NO TRONO.

ORE

Senhor, quando a batalha apertar, não me deixes recuar. Que meu ânimo não dependa do que vejo, mas da certeza de que Tua mão me sustenta. Dá-me firmeza para permanecer de pé, mesmo quando tudo balançar. Em nome de Jesus, amém.

PLANO DE LEITURA BÍBLICA

Êxodo 30.6–32.6
Mateus 27.15-44
Salmos 26.6-12

ANOTAÇÕES

13
FEV

PRIMEIRO AMOR

Você tem perseverado e suportado sofrimentos por causa do Meu nome e não tem desfalecido. Contra você, porém, tenho isto: você abandonou o seu primeiro amor. Lembre-se de onde caiu! Arrependa-se e pratique as obras que praticava no princípio.
APOCALIPSE 2.3-5

MUITOS SE EMPENHAM NA OBRA, MAS SE ESQUECEM DO porquê estão ali. Esse é o maior perigo do ativismo. O serviço, antes feito por amor a Deus, torna-se automático. E a pessoa passa a se preocupar mais com o que faz do que para quem faz. A consequência é um evangelho vazio, morno e apático.

Deus ama excelência, sim. Se é para fazer, que seja com zelo e capricho. Esse era um dos pontos fortes da igreja em Éfeso. Eles eram incansáveis; trabalhavam muito, suportavam tudo, sabiam identificar heresia no ar. Contudo, o coração deles havia deixado de queimar por Jesus. Eles precisavam voltar ao primeiro amor. De fato, não podemos negligenciar as obras que foram confiadas a nós. Elas são importantes. Mas de nada vale dar o seu melhor no que faz se você não desfrutar da presença de Jesus.

PENSE

NÃO EMPILHE TAREFAS NO ALTAR ESPERANDO QUE ISSO SUBSTITUA O SACRIFÍCIO.

ORE

Senhor, não quero servir com as mãos e esquecer o coração. Se a rotina apagou o fogo, reacende. Leva-me de volta ao lugar onde tudo era por amor. Que nada tome o Teu lugar em mim. Renova minha paixão por Ti. Em nome de Jesus, amém.

PLANO DE LEITURA BÍBLICA

Êxodo 32.7—34.7
Mateus 27.45-66
Salmos 27.1-6

ANOTAÇÕES

VOCÊ AINDA TEM SEDE POR QUÊ?

14
FEV

No último e mais importante dia da festa, Jesus levantou-se e disse em alta voz: "Se alguém tem sede, venha a Mim e beba. Quem crer em Mim, como diz a Escritura, do seu interior fluirão rios de água viva".
João 7.37

Se ainda há sede aí dentro, é porque você tem bebido da fonte errada.

Jesus não falou baixo. Ele se levantou no meio da festa, no dia mais importante, e gritou. Ele sabia que tinha gente celebrando com o copo vazio. E é sobre isso que Ele estava falando: gente que vive com sede; de sentido, paz, cura e valor. Gente que está cercada de barulho, mas por dentro está em silêncio faz tempo.

A verdade é que você pode estar cercado de bênçãos, mas ainda assim viver sedento. Pode estar na igreja, levantar as mãos, dar glória a Deus e ainda assim não ter sua sede saciada. Porque essa sede só se resolve com Jesus. Não com eventos, pregações eloquentes ou frases motivacionais. Jesus não oferece um copo, Ele promete rios. Mas tem gente tentando sobreviver com gota.

Temos um problema grave: estamos alimentando o corpo, mimando as emoções, distraindo a mente e negligenciando a alma. O resultado? Uma geração sufocada, que sente tudo e não vive nada. Então, deixa eu perguntar uma coisa: você já bebeu mesmo dessa água? Ou só molhou os lábios no domingo e voltou a viver na sequidão durante a semana?

PENSE

SÓ QUEM CONHECE A FONTE PARA DE CORRER ATRÁS DE POÇA.

ORE

Jesus, não quero mais enganar minha alma com distrações vazias. Leva embora a secura e faz jorrar em mim rios de vida. Creio em Ti. Vem preencher os lugares que ninguém vê e sacia o que mais ninguém consegue alcançar. Em Teu nome, amém.

PLANO DE LEITURA BÍBLICA

Êxodo 34.8 – 35.29
Mateus 28
Salmos 27.7-14

ANOTAÇÕES

15
FEV

DEUS É MAIOR DO QUE SUAS GUERRAS

Davi, porém, disse ao filisteu: "Você vem contra mim com espada, com lança e com dardos, mas eu vou contra você em nome do SENHOR dos Exércitos, o Deus dos exércitos de Israel, a quem você desafiou".
1SAMUEL 17.45

ANTES DE MATAR O GIGANTE GOLIAS, DAVI, AINDA MENINO, já tinha protegido suas ovelhas de urso e leão. Porém, mais importante do que isso, o próprio Deus o havia ungido como o próximo rei de Israel. Só que, aos olhos humanos, Davi era fraco, pequeno, improvável. Ainda bem que Deus não precisa da validação de ninguém para usar alguém. Ele já estava colocando Davi em lugares estratégicos onde ele precisaria ser ousado e corajoso.

É interessante pensar que aquele embate com o gigante filisteu era apenas a primeira batalha de Davi. Depois viriam guerras, fugas, traições, pressão política, crise familiar e mais um combo de problemas. Agora, olhe para você: já parou para pensar que o que está vivendo pode ser só o começo do que Deus tem para fazer? Se, assim como Davi, você se posicionar, lembrará que não foi chamado para assistir à vida passar.

Um pouco antes do confronto, Saul tenta convencer Davi a usar sua armadura real, mas ela fica grande e pesada demais. Por isso, o menino decide ir à luta apenas com sua funda e algumas pedrinhas (cf. 1Samuel 17.38-40). Aquilo foi mais do que o suficiente. E você? Está esperando ter "estrutura", diploma e três confirmações proféticas para se mover? Lembre-se de que o Senhor não precisa de estratégias mirabolantes e complexas, o que você tem nas mãos basta.

PENSE

SUA FÉ PRECISA PARAR DE SER TEORIA E VIRAR ATITUDE.

ORE

Pai, não deixes que meu senso de incapacidade silencie o que já colocaste em mim. Que eu não busque aprovação humana para agir em Teu nome. Dá-me ousadia para avançar com fé, mesmo quando tudo em volta diz que não. Em nome de Jesus, amém.

PLANO DE LEITURA BÍBLICA

Êxodo 35.30–37.16
Marcos 1.1-22
Salmos 28

ANOTAÇÕES

RUÍNAS NÃO ASSUSTAM DEUS

16
FEV

Eles reconstruirão as velhas ruínas e restaurarão os antigos escombros; renovarão as cidades arruinadas que têm sido devastadas de geração em geração.
Isaías 61.4

Israel era o povo escolhido. Mesmo assim, teve sua terra invadida e foi parar onde? Na Babilônia. Vivendo como escravo no meio de um povo estranho. Dá para imaginar?

E se na sua vida tudo desmoronasse hoje? Qual seria sua primeira reação? Reclamar no grupo da família? Postar indireta? Procurar o pastor mais próximo? A Bíblia diz que se o povo que se chama pelo nome do Senhor se humilhar, orar, buscar a face d'Ele e abandonar os seus maus caminhos, então Ele ouvirá, perdoará e curará (cf. 2Crônicas 7.14). Ou seja, não adianta maquiar ruína com discurso bonito. Desolação se enfrenta no chão, de joelhos. Quer ver Deus reconstruir os muros da sua vida? Então pare de tentar dar jeitinho humano em crise espiritual. Deixe o Senhor fazer o que só Ele pode fazer: transformar ruínas em testemunho.

PENSE

SE DEUS É SUA ÚLTIMA OPÇÃO, TALVEZ O PROBLEMA SEJA SUA FÉ.

ORE

Deus, não quero insistir em arrumar o que só Tu podes reconstruir. Se algo caiu, é porque precisa ser refeito pelo Senhor. Que eu me renda ao Teu processo e permita que Tu levantes algo novo onde só havia dor. Em nome de Jesus, amém.

PLANO DE LEITURA BÍBLICA

Êxodo 37.17—39.21
Marcos 1.23-45
Salmos 29.1-6

ANOTAÇÕES

PROTEJA SUA PLANTAÇÃO

17
FEV

Os filisteus reuniram-se em Leí, onde havia uma plantação de lentilha. O exército de Israel fugiu dos filisteus, mas Samá tomou posição no meio da plantação, defendeu-a e derrotou os filisteus. O SENHOR concedeu-lhe uma grande vitória.
2SAMUEL 23.11-12

ENQUANTO TODO MUNDO CORRIA DOS FILISTEUS, SAMÁ fez o quê? Defendeu a plantação de lentilhas. O povo havia reservado um pedaço de terra para plantar lentilhas e era a primeira vez que faziam aquilo. Para quem via de fora, podia parecer só um punhado de grãos, mas para eles era algo importante. Existem sonhos de Deus para a sua vida que podem parecer insignificantes para outras pessoas. Mas se foi o Senhor que entregou, é sua responsabilidade proteger, lutar e fazer frutificar.

Mas se nem você sabe a importância do que está fazendo, não espere que alguém saiba por você. Quando não entendemos o valor do que Deus confiou a nós, qualquer carência vira brecha, qualquer elogio, combustível, e qualquer crítica, fim de carreira. Precisamos ser movidos por propósito. Haverá gente do seu lado que perguntará: “Para que tudo isso?”; é aí que você mostra que foi chamado, não contratado.

Antes de crescer e dar frutos, uma semente precisa ser plantada. Uma promessa só se torna visível para os outros quando está prestes a se manifestar. E é fácil receber admiração quando ela finalmente se cumpre. O desafio é permanecer quando nada é visível ainda. Quando o propósito ainda está sendo gerado. Portanto, não desanime. Continue cuidando dos sonhos de Deus. E quando alguém perguntar “cadê o resultado?”, apenas responda: “Fique tranquilo que na hora certa você verá”.

PENSE

NÃO ESPERE RECONHECIMENTO POR AQUILO QUE AINDA ESTÁ GERMINANDO.

ORE

Pai, fortalece minhas mãos para defender o que me confiaste, mesmo quando parecer pequeno demais aos olhos dos outros. Que eu não negocie o propósito por validação. Ensina-me a ser fiel no oculto. Em nome de Jesus, amém.

PLANO DE LEITURA BÍBLICA

Êxodo 39.22–40
Marcos 2.1-22
Salmos 29.7-11

ANOTAÇÕES

PRIORIZE DEUS EM CASA

Se, porém, não agrada a vocês servir ao SENHOR, escolham hoje a quem irão servir, se aos deuses que os seus antepassados serviram além do Eufrates, ou aos deuses dos amorreus, em cuja terra vocês estão vivendo. Mas eu e a minha família serviremos ao SENHOR.
JOSUÉ 24.15

SERVIR AO SENHOR EM FAMÍLIA É UM PRIVILÉGIO. E NÃO estou falando de reunir todo mundo no Natal para cantar "Noite Feliz"; é sobre consagrar a rotina, os dias comuns, os afazeres, as conversas a Deus. A família é o menor núcleo social, mas o que mais impacta a vida de uma pessoa. Quer transformar o mundo? Comece transformando a sala da sua casa.

O inimigo não está brincando. O diabo tenta destruir a família plantando sementes de rejeição, fracasso, imoralidade e pobreza. Por isso, preste atenção. Não feche os olhos achando que "com a minha família isso não acontece".

Ore pela sua casa. Mas ore de verdade. Ame na prática. Observe o que sai da sua boca. Seja cuidadoso nas suas atitudes. E, acima de tudo, coloque Deus no centro. Caso contrário, você continuará dando murro em ponta de faca. Quando o Senhor for a sua prioridade, Ele dará a você sabedoria para lidar com qualquer situação. E se hoje o seu lar ainda não foi encontrado pelo Pai, continue perseverando. Permita que, por meio da sua vida, o Senhor se revele àqueles que você ama.

18
FEV

PENSE

VOCÊ PODE CONQUISTAR O MUNDO, MAS SE PERDER SUA FAMÍLIA, PERDEU TUDO.

ORE

Senhor, faz da minha casa um lugar onde Teu nome é honrado. Que minha fé seja semente, e não discurso. Ensina-me a amar de verdade, a orar com constância e a servir com todo o coração. Que o Teu governo comece em mim. Em nome de Jesus, amém.

PLANO DE LEITURA BÍBLICA

Levítico 1—2
Marcos 2.23—3.19
Salmos 30.1-5

ANOTAÇÕES

19
FEV

CONTRARIANDO O CRONOGRAMA

Ao vê-la, o Senhor se compadeceu dela e disse: "Não chore". Depois, aproximou-se e tocou no caixão, e os que o carregavam pararam. Jesus disse: "Jovem, Eu digo, levante-se!".
LUCAS 7.13-14

QUANDO ESTAVA A CAMINHO DA CIDADE DE NAIM, JESUS se deparou com o velório de um menino. Com tantas outras preocupações e afazeres, talvez parecesse absurdo Cristo parar tudo por causa de um caso perdido. Mas, movido por misericórdia, é exatamente isso que Ele faz (cf. Lucas 7.11-16).

Após realizar o milagre, todos que testemunharam puderam atestar que de fato Jesus era enviado de Deus. Não tinham dimensão de quem Ele era, mas sabiam que aquilo vinha do Senhor. Só que mais do que o milagre em si, o que chama atenção é o motivo: compaixão. Jesus não estava cumprindo um protocolo, distribuindo curas para completar uma meta de trabalho. Pelo contrário, muitas vezes, Ele contrariava o cronograma e quebrava paradigmas para revelar Seu amor às pessoas.

Como filho de Deus, você precisa parar de achar que foi salvo só para distribuir panfleto como se estivesse fazendo propaganda eleitoral. Jesus curou e libertou você para que, agora, você revele às pessoas o amor incondicional de alguém que pararia qualquer programação para trazer um perdido de volta à vida.

PENSE

DE QUE ADIANTA PREGAR EM MIL LUGARES E NÃO PARAR PARA AMAR NINGUÉM?

ORE

Jesus, que meu coração se mova por amor, não por obrigação. Que eu aprenda a enxergar a dor dos outros como Tu enxergaste aquela mãe. Dá-me coragem para parar, estender a mão e levantar quem já perdeu a esperança. Em Teu nome, amém.

PLANO DE LEITURA BÍBLICA

Levítico 3—5.6
Marcos 3.20—4.12
Salmos 30.6-12

ANOTAÇÕES

OLHE POR ONDE ANDA

Olhe sempre para a frente, mantenha o olhar fixo no que está adiante de você. Veja bem por onde anda, e os seus passos serão seguros. Não se desvie nem para a direita nem para a esquerda; afaste os seus pés da maldade.
PROVÉRBIOS 4.25-27

QUEM NUNCA TROPEÇOU NA RUA POR ANDAR DISTRAÍDO? Em situações assim, é comum que quem está com você diga algo como: "Cuidado! Olhe para frente!". Na vida espiritual não é diferente. Você se distrai e se ocupa com o que não devia, tropeça em coisa pequena e nem sabe como foi parar no chão. A grande questão é que no Reino ninguém fica gritando "olhe para frente!". Você precisa vigiar. Não adianta culpar o tropeço depois se foi você quem parou de olhar para o caminho.

No mundo hoje, tudo grita pela sua atenção; e você, claro, acha que tem de dar conta de tudo ao mesmo tempo. Qual é a consequência? Cansaço crônico e prioridades jogadas no canto como se fossem detalhes.

Vivemos dizendo que estamos sem tempo para Deus, mas estamos sempre disponíveis para o que é urgente, ou pelo menos parece ser. Quando você finalmente entender que Deus não é mais um item na sua lista, mas o centro que sustenta tudo, as demais peças se encaixam no devido lugar e você passa a enxergar claramente para onde está indo. Integridade não é mágica, é consequência de quem sabe onde está mirando. E se a sua vida está toda bagunçada, talvez seja porque você ainda não decidiu quem realmente ocupa o primeiro lugar.

20 FEV

PENSE

NEM SEMPRE É O PECADO QUE DERRUBA VOCÊ. ÀS VEZES, É SÓ DISTRAÇÃO MESMO.

ORE

Senhor, livra-me da distração que me afasta do Teu caminho. Ensina-me a focar no que importa, a andar com integridade e a manter o olhar firme na Tua vontade. Que meus passos sigam Teu ritmo, e minha vida reflita Teu governo. Em nome de Jesus, amém.

PLANO DE LEITURA BÍBLICA

Levítico 5.7—7.15
Marcos 4.13-34
Salmos 31.1-5

ANOTAÇÕES

21
FEV

ANTES DE TUDO, FALE COM DEUS

Exclamou, então, o rei de Israel: "E agora? Será que o SENHOR ajuntou a nós, os três reis, para nos entregar nas mãos de Moabe?" Mas Josafá perguntou: "Será que não há aqui profeta do SENHOR, para que possamos consultar o SENHOR por meio dele?".
2REIS 3.10-11

PENSE

FÉ QUE SÓ FUNCIONA NA TEORIA NÃO SUSTENTA NINGUÉM NA PRÁTICA.

ORE

Senhor, ensina-me a confiar antes de reclamar. Que nas crises eu não duvide da Tua soberania, mas busque Tua voz com fé. Que minha primeira reação seja Te consultar, não Te acusar. Guia meus passos, mesmo quando eu não vir saída. Em nome de Jesus, amém.

PLANO DE LEITURA BÍBLICA

Levítico 7.16–8
Marcos 4.35–5.17
Salmos 31.6-13

ANOTAÇÕES

O EXÉRCITO ESTAVA NO SUFOCO, SEM ÁGUA, E O REI DE Israel fez o quê? Em vez de confiar, acusou Deus de conspiração. O rei Josafá, por outro lado, sugeriu buscar a orientação do profeta Eliseu, para saber qual era a vontade do Senhor. Essa é a postura de alguém que sabe a quem serve.

A narrativa continua e, mesmo com todo o chororô do rei de Israel, Deus resolve agir. Ele manda água do nada e ainda garante a vitória contra Moabe. Porque, sim, Deus é tão bom que às vezes responde até a quem só reclama. Essa intervenção divina serve como um lembrete de que, por mais impossível que pareça, Deus pode virar o jogo.

Em tempos difíceis, Ele precisa ser o primeiro a ser consultado, não o "contato de emergência" para quem você liga quando já tentou de tudo e nada funcionou. Qual tem sido a sua postura quando perde o chão? Você confia na soberania do Senhor ou já começa a duvidar como se Ele tivesse tirado folga? Não existe meio-termo. Ou você crê que Deus está no controle, ou está só ensaiando fé no domingo e vivendo no desespero de segunda a sábado.

PARE DE ESPERAR TUDO MELHORAR

[...] sejam sempre bondosos uns para com os outros e para com todos. Alegrem-se sempre. Orem continuamente. Deem graças em todas as circunstâncias, pois esta é a vontade de Deus para vocês em Cristo Jesus.
1TESSALONICENSES 5.15-18

ALEGRIA DE VERDADE NÃO DEPENDE DE CIRCUNSTÂNCIAS. É o que sobra quando o caos bate à porta e você ainda sabe quem é em Deus. Quando você deposita toda a sua esperança no Senhor, aprende a ser grato o tempo todo e começa a entender que até mesmo as dificuldades servem para fortalecer você. A Palavra diz que a alegria do Senhor é nossa força (cf. Neemias 8.10).

Quando observamos a vida dos apóstolos da Igreja primitiva, percebemos que eles se alegravam no sofrimento. Sim, alegravam-se. Para eles, sofrer pelo Evangelho era uma honra, não motivo para crise de fé ou textão de desabafo. Tiago encorajava seus irmãos: "[...] considerem motivo de grande alegria o fato de passarem por diversas provações [...]" (1.2).

Hoje em dia, algumas pessoas só se consideram felizes se tudo estiver bem. Mas nossa alegria não pode estar condicionada ao momento. É a nossa intenção em cumprir o ide de Cristo que deve guiar nossas emoções e pensamentos. Portanto, tire o foco de sofrimentos passageiros e se concentre somente em agradar a Deus.

PENSE

QUER ALEGRIA DE VERDADE? ENTÃO PARE DE ESPERAR QUE TUDO MELHORE PRIMEIRO.

ORE

Senhor, que a minha alegria não dependa de circunstâncias, mas da certeza de quem Tu és. Ensina-me a Te louvar em meio ao caos, a Te servir mesmo na dor e a permanecer firme quando tudo balançar. Que minha vida exale gratidão o tempo todo. Em nome de Jesus, amém.

PLANO DE LEITURA BÍBLICA

Levítico 9 — 11.8
Marcos 5.18-43
Salmos 31.14-18

ANOTAÇÕES

23
FEV

PENSE

VOCÊ JULGA O QUE DEUS FAZ NOS OUTROS PORQUE AINDA NÃO O DEIXOU FAZER EM VOCÊ.

ORE

Jesus, não quero ser alguém que anda Contigo, mas não reconhece Teus passos. Se estou cego, abre meus olhos. Se estou preso à lógica, quebra minhas razões. Quero discernir Tua voz, mesmo quando Tu Te revelas de forma inesperada. Em Teu nome, amém.

PLANO DE LEITURA BÍBLICA

Levítico 11.9–13.8
Marcos 6.1-20
Salmos 31.19-24

ANOTAÇÕES

VOCÊ NÃO ENTENDE, MAS JÁ JULGA

Disse a mulher: "Eu sei que o Messias (chamado Cristo) está para vir. Quando Ele vier, explicará tudo para nós". Então Jesus declarou: "Eu sou o Messias! Eu, que estou falando com você". Naquele momento, os Seus discípulos voltaram e ficaram surpresos ao encontrá-lo conversando com uma mulher. Mas ninguém perguntou: "Que queres saber?" ou: "Por que estás conversando com ela?".
João 4.25-27

Jesus estava Se revelando. Estava mudando a história de uma mulher e, por meio dela, prestes a alcançar uma cidade inteira. Mas os discípulos, que caminhavam com Ele, chegaram, olharam e se calaram. Testemunharam algo fora do padrão e, em vez de perguntar, preferiram não se envolver.

O ponto em questão não é incredulidade, mas uma fé ou espiritualidade que já viu tantos milagres e não sabe o que fazer quando Deus age diferente do esperado. O versículo é sobre seguidores de Jesus que não discernem o que Ele está fazendo e, então, retraem-se, julgam em silêncio ou simplesmente deixam para lá.

Pode ser que você esteja assim: vendo Jesus agir em pessoas ou lugares improváveis, de maneiras que não entende e, em vez de se alinhar com o que Ele está fazendo, você observa com desconfiança. Acha estranho. E então se cala. Não por reverência, mas porque está confuso e com medo de encarar que talvez o problema esteja em você.

Se algo parecer estranho, não julgue como se soubesse tudo. Não aja como um fiscal. Observe com humildade e esteja pronto para ser confrontado. Porque talvez o que está incomodando você não é o que Jesus está fazendo com os outros, mas o que Ele ainda não conseguiu fazer em você.

ENQUANTO NADA ACONTECE

Amem o Senhor, todos vocês, os Seus santos! O Senhor preserva os fiéis, mas aos arrogantes dá o que merecem. Sejam fortes e corajosos, todos vocês que esperam no Senhor!
Salmos 31.23-24

Quando as coisas saem do controle, a reação padrão é aquela novela, bate o desespero, dá vontade de cancelar tudo, sumir ou postar a frase "Deus sabe de todas as coisas" só para disfarçar o colapso. A verdade é que a única forma de um plano dar certo é quando a nossa expectativa está alinhada com o que Deus já preparou para nós.

Tentar dar conta de tudo sozinho é receita certa para a frustração. Porque, como somos limitados, não conseguimos nem enxergar direito o que está diante de nós. O Senhor, por sua vez, é onisciente, onipresente e onipotente; Ele tem o panorama de tudo o que acontece e pode fazer todas as coisas.

Talvez hoje você ainda esteja esperando aquela resposta que parece nunca chegar. Já orou, jejuou, chorou no momento do louvor, e nada. No entanto, não desanime. Só porque Deus não falou ainda não quer dizer que Ele não esteja ouvindo. Ele sabe o que você deseja, mas antes quer ver se você aguenta. Porque bênção na mão de gente imatura vira armadilha. O Senhor quer tratar seu caráter para que seu coração continue a ser moldado. Portanto, enquanto a resposta não vem, mantenha-se fiel.

24 FEV

PENSE

ENQUANTO VOCÊ ESPERA, DEUS TRABALHA. ENQUANTO VOCÊ RECLAMA, NADA MUDA.

ORE

Senhor, fortalece meu coração enquanto espero. Que minha fé não dependa de prazos, mas da Tua Palavra. Ensina-me a confiar no Teu tempo e a amadurecer nos processos, sabendo que a Tua vontade sempre será melhor do que a minha pressa. Em nome de Jesus, amém.

PLANO DE LEITURA BÍBLICA

Levítico 13.9–14.9
Marcos 6.21-44
Salmos 32.1-5

ANOTAÇÕES

25
FEV

DÓI, MAS NÃO É O FIM

Como é feliz o homem a quem Deus corrige; portanto, não despreze a disciplina do Todo-Poderoso. Pois Ele fere, mas trata do ferido; Ele machuca, mas Suas mãos também curam.
Jó 5.17-18

Depois de perder tudo e ficar gravemente doente, Jó ainda teve de lidar com o "apoio" dos amigos. Elifaz foi um deles. Ele disse que Deus tanto fere quanto cura. E, por incrível que pareça, ele não errou. Porque Deus pode permitir o sofrimento, mas também é Ele quem traz cura e restauração. Mesmo quando tudo parece um caos, há esperança.

A intenção de Elifaz era encorajar Jó a enxergar as circunstâncias como algo que Deus havia permitido para um propósito maior. Se conseguisse passar por elas sem perder a fé, o Senhor também traria alívio e cura. Mas até lá, o mais importante era reconhecer que Deus ainda estava ali. E isso vale para você também. Está difícil? Está doendo? Bem-vindo à vida real. Mas não se engane achando que Deus pulou fora. Ele continua presente. Emanuel, Deus conosco, não só quando tudo vai bem.

Jó era um homem íntegro e temente ao Senhor. Não merecia passar por nada do que sofreu. Mas Deus permitiu que ele passasse por aquelas situações para ser testado. É interessante perceber que, mesmo no fundo do poço, ele não surtou ou blasfemou, nem fez escândalo ou amaldiçoou Deus. Às vezes, os testes sugam sua última gota de força, e é justamente aí que sua fidelidade é colocada à prova. E não é para Deus descobrir quem você é, mas para você descobrir. Então, pare de perguntar: "Por que comigo?"; e comece a declarar: "Eu sei em quem tenho crido".

PENSE

QUEM SÓ ADORA QUANDO ESTÁ BEM ADORA A SI MESMO.

ORE

Senhor, mesmo quando eu não entender os Teus caminhos, escolherei confiar. Que cada dor revele o Teu propósito, e que minha fé permaneça firme quando tudo desabar. Ensina-me a crescer na dor e a reconhecer que Tu és bom em todo tempo. Em nome de Jesus, amém.

PLANO DE LEITURA BÍBLICA

Levítico 14.10–15.11
Marcos 6.45–7.13
Salmos 32.6-11

ANOTAÇÕES

SE DEUS PEDIU, NÃO PRECISA FAZER SENTIDO

[...] apareceu-lhe um anjo do Senhor em sonho e disse: "José, filho de Davi, não tema receber Maria como sua esposa, pois o que nela foi gerado procede do Espírito Santo. Ela dará à luz um filho, e você deverá dar-lhe o nome de Jesus, porque Ele salvará o Seu povo dos seus pecados".
MATEUS 1.20-21

26 FEV

IMAGINE A CENA: SUA NOIVA APARECE GRÁVIDA, E VOCÊ sabe que o filho não é seu. Foi o que aconteceu com José. A matemática não batia, e a única saída que ele enxergou foi ir embora. Afinal, como explicar isso para a família e a comunidade? Mas um anjo apareceu em sonho e explicou que aquela gravidez era obra do Espírito Santo. O filho no ventre de Maria era ninguém menos que o Messias.

Cristo viria ao mundo para redimir a humanidade, e José faria parte dessa história. E o que ele fez? Seguiu as instruções do anjo: em vez de ir embora, ele recebeu Maria como sua esposa. Essa passagem escancara a fé e a obediência de José. Agora, pergunto: por que será que a maioria foge dos planos de Deus achando que está "agindo com sensatez"? Muitas vezes, na intenção de fazermos o que é mais apropriado aos olhos humanos, fugimos da vontade do Senhor.

No entanto, Ele não segue a nossa lógica. Nós escolheríamos um palácio, mas Ele escolheu um estábulo. Você procuraria uma família influente da capital, mas Ele escolheu uma virgem anônima de Nazaré. Talvez hoje o Senhor esteja pedindo que você faça algo que parece absurdo. É aí que vem o dilema: você confiará ou tentará "ajustar o plano" para caber na sua lógica limitada? Confie no Senhor e aproveite a oportunidade de fazer parte da história que Ele está construindo.

PENSE

NÃO TENTE AJUSTAR O PLANO DE DEUS À SUA ZONA DE CONFORTO.

ORE

Senhor, quando os Teus caminhos desafiarem minha lógica, dá-me coragem para obedecer. Que eu não recalcule Teus planos, mas confie, mesmo sem entender, porque sei que Teu propósito é maior do que qualquer explicação humana. Em nome de Jesus, amém.

PLANO DE LEITURA BÍBLICA

Levítico 15.12—16
Marcos 7.14-37
Salmos 33.1-5

ANOTAÇÕES

27
FEV

PENSE

O PROBLEMA NÃO É DEUS ESTAR LONGE. É VOCÊ QUE SÓ APARECE QUANDO ESTÁ TUDO RUIM.

ORE

Senhor, mesmo quando tudo parecer ruína e silêncio, que eu não retroceda. Restaura minha fé a cada manhã e renova em mim a coragem de esperar, mesmo sem entender. Tua presença basta, Tua voz me sustenta. Em nome de Jesus, amém.

PLANO DE LEITURA BÍBLICA

Levítico 17—19.8
Marcos 8.1-21
Salmos 33.6-12

ANOTAÇÕES

MEDO NÃO É DESCULPA

Depois do Seu sofrimento, Jesus apresentou-Se a eles e deu-lhes muitas provas indiscutíveis de que estava vivo. Apareceu-lhes por um período de quarenta dias falando-lhes acerca do Reino de Deus.
ATOS 1.3

O MAIOR TESTE DA VIDA CRISTÃ É QUANDO DEUS FAZ diferente do que você planejou. O livro de Atos revela um contexto crítico para os discípulos de Jesus. Imagino que eles esperassem revolução, trono, a queda do Império Romano. E no fim houve cruz, sofrimento e silêncio. Três anos na missão e, de repente, parecia que tudo tinha desmoronado. Toda a situação os fez flertarem com a desistência. O trauma foi tão grande que desejaram voltar para aquilo que viviam no passado.

Mesmo depois de testemunharem milagre atrás de milagre, foram se esconder em um porão, dominados pelo medo. E antes de julgar, olhe para você. Porque muitos hoje fazem exatamente a mesma coisa. Diante das pressões da vida, trancam-se e desistem. O medo paralisa, e se você não vigiar, acabará enterrando o que Deus colocou em você por causa de meia dúzia de ameaças. Lembre-se de que Deus está com você.

Quando Cristo apareceu após ressuscitar, a esperança renasceu. Aquele único momento bastou para que os discípulos se enchessem de fé mais uma vez. Jesus, então, ordenou que eles esperassem até que o Espírito Santo viesse. Mesmo não entendendo exatamente o que aconteceria, eles obedeceram. Com a gente não é diferente; nem todos os dias estamos bem, mas a visita do Senhor precisa ser diária. Por isso, não se deixe abater, mas escolha a presença d'Aquele que esmaga as pressões e muda tudo.

O MOMENTO CERTO

[...] "Não saiam de Jerusalém, mas esperem pela promessa de Meu Pai, da qual falei a vocês. Pois João batizou com água, mas dentro de poucos dias vocês serão batizados com o Espírito Santo".
ATOS 1.4-5

SEGUIR EM FRENTE NÃO É FRIEZA. QUEM FICA OLHANDO para trás perde de vista o que Deus está fazendo agora. Poucos dias depois de Jesus subir aos Céus, os discípulos receberam o fogo do Espírito Santo, algo nunca visto ou sentido até então. Isso aconteceu porque não ficaram presos no passado. A expectativa deles estava naquilo que viria, no que Deus ainda faria de novo.

Deixar o passado não é fácil, mas é o único jeito de abrir espaço para o novo. O Espírito Santo viria para encontrar os discípulos. Para isso, eles precisavam de uma coisa que hoje está em extinção: posicionamento. Era bem provável que, naquele momento, eles estivessem com a cabeça a mil: "E agora? O Mestre foi embora. E a gente aqui esperando?". Porém, Jesus já tinha deixado claro: "Vocês não vão ficar sozinhos".

Hoje, o Espírito Santo está presente no nosso meio. Séculos depois de Atos, você tem o privilégio de recebê-lo em seu coração. Ele é quem o aconselha quando você está perdido, confronta quando você se faz de vítima e consola quando ninguém mais entende. Mas para isso, você precisa abrir espaço. E não dá para encher a casa se ela já está ocupada com entulho emocional e apego ao que já era. O Espírito Santo nunca deixará você sozinho e dará ânimo para seguir a jornada. Mas só quem quer ser transformado é que se entrega de verdade.

28
FEV

PENSE

DEUS QUER TRANSFORMAR, MAS VOCÊ SÓ OFERECE O CÔMODO "MENOS BAGUNÇADO" DA CASA.

ORE

Senhor, não quero só Te sentir, quero ser moldado por Ti. Vem ocupar tudo em mim, até que nada mais fale mais alto do que a Tua voz. Em nome de Jesus, amém.

PLANO DE LEITURA BÍBLICA

Levítico 19.9–20
Marcos 8.22–9.4
Salmos 33.13-17

ANOTAÇÕES

NEM TUDO O QUE VOCÊ SENTE É VERDADE, MAS TUDO O QUE DEUS DIZ É.

MARÇO

1º
MAR

VOCÊ ESTÁ ESPERANDO O QUÊ?

[...] Porque a fé que vocês têm é pequena. Eu asseguro que, se vocês tiverem fé do tamanho de um grão de mostarda, poderão dizer a este monte: "Vá daqui para lá", e ele irá. Nada será impossível para vocês.
MATEUS 17.20

PENSE

CHEGA DE ORAR POR DIREÇÃO SE VOCÊ NÃO ESTÁ DISPOSTO A DAR O PRIMEIRO PASSO.

ORE

Senhor, não quero mais viver esperando sinais. Creio que o que já colocaste em minhas mãos é suficiente. Fortalece minha fé, tira de mim o medo e me ensina a obedecer com ousadia, certo de que o impossível pertence a Ti. Em nome de Jesus, amém.

PLANO DE LEITURA BÍBLICA

Levítico 21—22
Marcos 9.5-27
Salmos 33.18-22

ANOTAÇÕES

DEUS NÃO PRECISA DE VOCÊ PARA ABSOLUTAMENTE NADA. Ele é soberano, faz o que quer, quando quer e com quem quiser. Mas, mesmo assim, escolhe nos incluir. Acredite, é um privilégio, não um favor. Então pare de esperar por trovões do Céu ou anjos com plaquinhas dizendo "seja fiel". Deus já colocou algo na sua mão, e isso é mais que suficiente para começar. Deus faz o milagre; você só precisa parar de atrapalhar.

Um grão de mostarda, que é do tamanho de uma formiga, já é mais que o bastante para mover montanhas. Mas sabe qual é o problema? Muitas vezes, estamos focados demais em nós mesmos. Enxergamos apenas as nossas capacidades, objetivos e desejos. Esquecemos que o Senhor jamais se limita à mente humana. Ele pensa mais alto e vê mais longe. O Senhor não vê como você vê. Enquanto seus olhos se concentrarem nas coisas terrenas, sua fé nunca crescerá.

A Bíblia já deixou claro que a forma como você se posiciona interfere diretamente na sua confiança em Deus. E o que você tem feito? Continua olhando em volta, esperando as circunstâncias mudarem? Mova-se. Tem gente que nem faz parte do "povo escolhido" e ainda assim tem mais fé do que muito crente de carteirinha. O centurião disse: "Só uma palavra do Senhor basta". E pronto. O milagre aconteceu (cf. Mateus 8.5-13). Quando nos levantamos em ousadia, entendendo que Ele vai adiante, nossa fé se fortalece.

PARE DE SÓ SOBREVIVER

Disse Pedro: "Não tenho prata nem ouro, mas o que tenho, isto lhe dou. Em nome de Jesus Cristo, o Nazareno, ande". [...] E de um salto pôs-se em pé e começou a andar. Depois entrou com eles no pátio do templo, andando, saltando e louvando a Deus.
Atos 3.6, 8

Pouco tempo depois de receberem línguas de fogo e serem cheios do Espírito Santo, os apóstolos estavam literalmente virando o mundo de cabeça para baixo. A Bíblia diz que "todos estavam cheios de temor, e muitas maravilhas e sinais eram feitos pelos apóstolos" (Atos 2.43). Eles se moviam em ousadia e poder, e, hoje, essa mesma convocação se estende a você.

Talvez você esteja tão obcecado pelas suas necessidades — boletos, frustrações e o drama de sempre — que esqueceu que foi chamado para viver o extraordinário de Deus. Quando o paralítico viu Pedro e João chegando, ele não cogitou nem por um segundo ser curado; ele só queria umas moedas. Estava tão acostumado a viver de migalhas que já nem sonhava com milagre. Mas Deus não apareceu ali para dar trocado.

É muito fácil entrar em modo automático. Você acorda, paga conta, reclama, repete e chama isso de vida. Aí, no meio dessa rotina robótica, você vai deixando escapar as oportunidades que Deus está jogando na sua frente. Cremos que Deus não deixa faltar nada, mas será que você quer mesmo só o básico? Porque Ele quer mais. Quer tocar justamente naquela área que você já carimbou como causa perdida.

PENSE

ATÉ QUANDO VOCÊ VAI PROTEGER AS FERIDAS QUE DEUS QUER CURAR?

ORE

Senhor, não me deixes viver no raso. Desperta minha fé adormecida, quebra o ciclo da rotina vazia e abre os meus olhos para ver o que Tu queres fazer em mim e por meio de mim. Em nome de Jesus, amém.

PLANO DE LEITURA BÍBLICA

Levítico 23—24.12
Marcos 9.28-50
Salmos 34.1-7

ANOTAÇÕES

03
MAR

O ANTÍDOTO DA ANSIEDADE

Portanto, humilhem-se debaixo da poderosa mão de Deus, para que Ele os exalte no tempo devido. Lancem sobre Ele toda a sua ansiedade, porque Ele tem cuidado de vocês.
1PEDRO 5.6-7

DIFICULDADES? NINGUÉM ESTÁ ISENTO DE PASSAR POR elas. Bem-vindo à vida real! Mas sabe o que dá para fazer? Posicionar-se. A fé é o antídoto da ansiedade. Jesus disse para não nos preocuparmos com o amanhã. E isso é fé; confiar que o Senhor cuida de nós, mesmo quando não conseguimos enxergar uma saída. Pedro, por exemplo, foi preso por pregar o Evangelho. Naquele momento, toda a igreja começou a orar pela sua libertação.

A igreja fez o que muita gente hoje esqueceu como se faz: orar. Eles intercederam pela vida de Pedro. E o resultado? Deus envia um anjo, as algemas caem, e Pedro sai da prisão. Essa deve ser a nossa resposta quando nos vemos diante de impossibilidades. Além disso, Pedro confiava em que o Senhor poderia ajudá-lo, e tinha irmãos tementes a Deus que não hesitaram em clamar por ele quando precisou.

Cerque-se de pessoas que se voltam ao Senhor nas tribulações e pare de perder sono com o que você não pode resolver. A vida já está difícil demais para você ainda gastar energia ruminando problema como se isso fosse solução. Em vez de surtar, ore a Deus. Peça a Ele força, sabedoria e discernimento para parar de chamar de amigo quem só aparece para reclamar junto. E naquilo que estiver fora do seu alcance, apenas confie.

PENSE

OU VOCÊ ORA, OU ENLOUQUECE TENTANDO CONTROLAR O QUE NUNCA ESTEVE NAS SUAS MÃOS.

ORE

Deus, tira de mim esse peso que não consigo carregar. Ensina-me a confiar no Teu tempo, a lançar em Ti minhas angústias e a descansar na Tua fidelidade, mesmo quando tudo parece desabar. Em nome de Jesus, amém.

PLANO DE LEITURA BÍBLICA

Levítico 24.13–25.46
Marcos 10.1-25
Salmos 34.8-14

ANOTAÇÕES

ENCARE A SITUAÇÃO

E o SENHOR disse a Josué: "Não tenha medo deles, porque amanhã a esta hora os entregarei todos mortos a Israel. A você cabe cortar os tendões dos cavalos deles e queimar os seus carros".
JOSUÉ 11.6

DEUS NÃO COLOCOU EM VOCÊ UM ESPÍRITO DE COVARDIA, mas de amor, poder e moderação (cf. 2Timóteo 1.7). Isso significa que em vez de se mover por medo, você age de acordo com o Espírito Santo. Provérbios 28.1 diz que os justos são corajosos como o leão, mas tem crente se comportando como hamster na rodinha: gira, gira e não sai do lugar. Você foi chamado para ser corajoso, mesmo quando dá vontade de fugir pela porta dos fundos.

Daniel que o diga. Ele sabia que continuar orando poderia lhe custar a vida. Mesmo assim, o que ele fez? Fechou a janela e orou escondido? Não. Abriu a janela, ajoelhou e orou como sempre fez. Enquanto você está aí preocupado com o que pensarão se você levantar as mãos no culto, Daniel era caçado por causa da fidelidade dele. Qualquer um que fosse pego prestando culto a outra divindade deveria ser jogado na cova dos leões. Contudo, eles sabiam que Daniel jamais deixaria de adorar o Senhor.

Então, ele foi jogado na cova, não teve negociação, nem "jeitinho". Porém, Deus fechou a boca dos leões como quem diz: "Hoje não. Esse aí é meu". E pronto. Esse é o Deus que você diz servir, lembra? O mesmo que derruba muralhas, para o Sol no céu e faz mar virar estrada. O único que pode livrá-lo de qualquer situação e dar vitória sobre o inimigo. Ele é poderoso para nos resgatar da morte e nos fazer mais que vencedores.

04
MAR

PENSE

OU VOCÊ DEFENDE SUA FÉ, OU ACABARÁ NEGOCIANDO-A AOS POUCOS.

ORE

Pai, quando eu quiser recuar, lembra-me de quem Tu és. Ensina-me a confiar, mesmo diante do impossível, e a crer que nenhum gigante é maior do que a Tua promessa. Fortalece meu espírito com ousadia e fidelidade. Em nome de Jesus, amém.

PLANO DE LEITURA BÍBLICA

Levítico 25.47—26
Marcos 10.26-45
Salmos 34.15-22

ANOTAÇÕES

05
MAR

OU DEUS, OU O MUNDO

Que diremos, pois, diante dessas coisas? Se Deus é por nós, quem será contra nós? Aquele que não poupou Seu próprio Filho, mas o entregou por todos nós, como não nos dará com Ele, e de graça, todas as coisas?
ROMANOS 8.31-32

COMO FILHO DE DEUS, VOCÊ DEVE ANDAR NA CONTRAMÃO do mundo. E não tem meio-termo: ou você serve ao Senhor, ou está no time da oposição. O problema é que, enquanto estiver aqui na Terra, você será pressionado a trocar os caminhos de Deus por alternativas mais confortáveis. O que não contam a você é que os atalhos terminam no abismo. Pode até parecer vantajoso por um tempo, mas, no fim, resultará em morte.

A boa notícia, no entanto, é que você está no time vencedor. Quando Cristo morreu por você, Ele já derrotou o diabo. Então, por mais que o inferno tente espernear, gritar sentença sobre sua vida e fazer cena, nada disso funciona quando você se entrega de verdade ao Senhor. Deus nunca prometeu um passeio no parque. Isso aí é "evangelho Nutella" e não tem nada a ver com a Bíblia. O que Ele prometeu foi que estaria conosco sempre e que, com Ele, seríamos invencíveis. O que cabe a você é resistir ao diabo (cf. Tiago 4.7).

Você é nova criatura, lembra? Então, por que vive tratando pecado de estimação como se fosse bichinho de pelúcia? Aqueles hábitos antigos, aquelas "fraquezas inofensivas" — spoiler: não são inofensivas coisa nenhuma —, estão sabotando você. Se você já tem liberdade em Jesus, não viva como se estivesse de coleira. Tome posse dessa liberdade e deixe as coisas velhas para trás. Avance em direção ao alvo, que é Cristo!

PENSE

NÃO ADIANTA DECLARAR GUERRA AO PECADO NO DOMINGO E ALIMENTÁ-LO DE SEGUNDA A SÁBADO.

ORE

Deus, não quero viver dividido entre Te seguir e ceder às tentações. Que minha fidelidade seja firme, minha mente cativa à Tua verdade e meu coração apaixonado pela Tua presença. Peço que me fortaleças na decisão de Te honrar. Em nome de Jesus, amém.

PLANO DE LEITURA BÍBLICA

Levítico 27
Números 1.1-23
Marcos 10.46–11.14
Salmos 35.1-8

ANOTAÇÕES

O SEGREDO QUE MOVE O CÉU

Mas, quando você orar, vá para seu quarto, feche a porta e ore a seu Pai, que está em secreto. Então seu Pai, que vê em secreto, o recompensará.
Mateus 6.6

Jesus não disse "se você orar", mas "quando você orar". Para Ele, a oração não é uma sugestão ou prática para momentos de desespero, e sim um hábito na vida de quem diz ser de Deus. Oração não é fórmula nem ritual. É um encontro. É no quarto fechado que os Céus se abrem. Porque Deus não se impressiona com performance pública, Ele responde à intimidade cultivada no secreto.

Tem muita gente que só ora quando está aflita. Contudo, os que permanecem em oração, mesmo quando tudo está bem, são os que permanecem de pé quando tudo desaba. A oração é onde guerras invisíveis são vencidas antes de qualquer resposta no campo visível. E quem ora não sai do mesmo jeito; sai com o coração alinhado ao Céu. Como Tiago escreveu: "[...] A oração de um justo é poderosa e eficaz" (Tiago 5.16). Mas não se engane: esse poder e essa eficácia estão em uma vida conectada à Fonte, não em palavras bonitas

Então, quando for orar, não pense só em pedir. Pense em estar com Deus, ouvir, descansar, alinhar o coração. A oração que move o Céu não é a mais alta ou longa; é a mais sincera. O mundo pode estar em caos, o diabo e seus demônios encardidos podem tentar alguma coisa, mas quem cultiva vida no secreto vive em paz.

PENSE

O CÉU RESPONDE NÃO SÓ A QUEM PEDE, MAS A QUEM PERMANECE.

ORE

Senhor, ensina-me a buscar mais Tua presença do que Tuas respostas. Que o secreto seja meu lugar favorito, e que minha alma aprenda a ouvir mais do que falar. Alinha meu coração ao Teu, todos os dias. Em nome de Jesus, amém.

PLANO DE LEITURA BÍBLICA

Números 1.24–2.28
Marcos 11.15–12.2
Salmos 35.9-12

ANOTAÇÕES

07
MAR

DO VALE AO PROPÓSITO

[...] "Farei um espírito entrar em vocês, e vocês terão vida. Porei tendões em vocês e farei aparecer carne sobre vocês e os cobrirei com pele; porei um espírito em vocês, e vocês terão vida. Então, vocês saberão que Eu sou o SENHOR".
EZEQUIEL 37.5-6

QUANDO EZEQUIEL É LEVADO EM VISÃO A UM VALE CHEIO de ossos secos, o Senhor ordena que ele profetize. A primeira ordem era dizer àqueles ossos que escutassem a palavra de Deus. E quando Ezequiel liberou a palavra, os ossos se juntaram e foram cobertos por tendões e pele. Então, Deus o mandou profetizar de novo, agora sobre espírito. E aqueles corpos, antes sem vida, ficaram de pé.

A Palavra tem o poder de gerar vida. Há pessoas que vivem fracas e perdidas, porém passam o dia ouvindo tudo, menos o que realmente edifica. Depois reclamam que a fé está abalada. Sério? Romanos 10.17 já deixou claro que a fé vem pelo ouvir a Palavra. Não é pela última música gospel da moda nem pelo corte da pregação no TikTok. Quer ser fortalecido? Leia a Bíblia. Uma vez abastecido pelas declarações do Senhor a seu respeito, o que parecia morto em você ganhará vida nova.

Declare a Palavra todos os dias sobre a sua casa, família, trabalho. Permita que ela se renove em você e o impulsione em direção ao propósito que o Senhor tem para sua vida. E outra: pare de dar palco para sentenças de morte que jogaram sobre você. Gente frustrada adora prever fracasso dos outros. Desligue a opinião pública, feche a boca do medo e aumente o volume da voz de Deus no seu coração. Porque o mesmo Deus que transformou um vale de ossos secos num exército pode levantar você também.

PENSE

COMECE HOJE A PROFETIZAR O QUE DEUS DIZ, NÃO O QUE VOCÊ SENTE.

ORE

Deus, não aceito mais viver como quem está morto por dentro. Sopra vida sobre mim. Restaura o que se perdeu, fortalece o que ficou fraco e me levanta com propósito. Que a Tua voz seja a única que eu siga. Em nome de Jesus, amém.

PLANO DE LEITURA BÍBLICA

Números 2.29–3
Marcos 12.3-27
Salmos 35.13-18

ANOTAÇÕES

COLUNAS INVISÍVEIS

Baraque disse a ela: "Se você for comigo, irei; mas, se não for, não irei". Respondeu Débora: "Está bem, irei com você [...]".
JUÍZES 4.8-9

EXISTEM GUERRAS QUE SÃO VENCIDAS POR MULHERES que oram quando todos dormem, que cuidam enquanto ninguém vê, que lideram mesmo quando não recebem o crédito. Mulheres como Débora, profetisa, juíza e referência para o povo de Israel. Alguém que decidiu se levantar quando os homens hesitaram. Que não pediu permissão para ser forte; foi porque precisava ser. E por meio da sua coragem, Deus deu vitória aos israelitas.

Mulheres sustentam casas que ainda não ruíram, intercedem por igrejas que ainda não se apagaram e lutam por casamentos que ainda não se quebraram. A mulher sábia edifica o lar (cf. Provérbios 14.1), mas essa sabedoria vai além da administração do dia a dia. É emocional, espiritual, estratégica. É discernimento em tempos de confusão. É fé quando tudo aponta para desistência. É fogo que mantém o altar aceso.

Em tempos de guerra, são colunas que não se quebram. Carregam uma força que, muitas vezes, o mundo ignora, mas sem a qual muita coisa já teria desabado. Mulheres como Débora nos lembram de que Deus levanta vozes femininas para sustentar o que outros deixariam cair. E Ele continua fazendo isso hoje — em cada mãe, filha, esposa, líder, serva — através de colunas invisíveis que sustentam propósitos eternos.

DIA INTERNACIONAL DA MULHER

PENSE

MULHERES SUSTENTAM O INVISÍVEL COM A FÉ QUE O MUNDO DESAPRENDEU A TER.

ORE

Senhor, fortalece minhas mãos para sustentar o que ninguém vê. Que eu tenha discernimento em meio à guerra e coragem para me levantar quando outros recuam. Usa minha vida como coluna do Teu propósito. Em nome de Jesus, amém.

PLANO DE LEITURA BÍBLICA

Números 4–5.4
Marcos 12.28–13.4
Salmos 35.19-22

ANOTAÇÕES

09
MAR

QUEM FAZ É DEUS

[...] ponham em ação a salvação de vocês com temor e tremor, pois é Deus quem efetua em vocês tanto o querer quanto o realizar, de acordo com a boa vontade d'Ele. Façam tudo sem queixas nem discussões.
FILIPENSES 2.12-14

VOCÊ PODE TER O MELHOR PLANO, A ESTRATÉGIA PERFEITA, mas se Deus não der o crescimento, nada acontecerá. Nenhum processo flui se Ele não estiver no controle. Em sua caminhada, você precisa entender que depende do Senhor. Ele é quem dá todo o sustento necessário e direciona os seus passos. O que cabe a você é confiar e obedecer sem reclamar. Se você tem passado por dificuldades, coloque-as diante do Senhor em oração. Peça força, sabedoria, disposição e então se levante e aja como alguém que crê em Deus.

Deus ouve quando clamamos a Ele por ajuda. Nós é que precisamos estar mais atentos ao que Ele tem falado e feito. Tudo o que o Senhor requer de você é fidelidade e obediência. Não há segredo. Seja excelente no que já é sua responsabilidade – estudar, trabalhar, cuidar da família. Não adianta querer "viver o propósito" se não consegue nem lavar uma louça. Uma dica? Pare de correr atrás de missão que Deus nunca deu a você e comece a fazer bem feito o que Ele já deixou claro.

Basta a cada dia o seu próprio mal. Portanto, não se renda à insatisfação nem se deixe levar por qualquer ansiedade em relação a processos que ainda estão em curso, mas se esforce em obedecer às orientações que tem hoje. Apenas descanse e faça a sua parte.

PENSE

FIDELIDADE É FAZER BEM FEITO O QUE JÁ FOI CONFIADO A VOCÊ.

ORE

Senhor, alinha meus desejos aos Teus. Que eu não tente controlar o que só Tu podes realizar. Ensina-me a obedecer sem murmurar, a servir com alegria e a confiar, mesmo quando não entendo. Que a Tua vontade guie cada passo que eu der. Em nome de Jesus, amém.

PLANO DE LEITURA BÍBLICA

Números 5.5–7.5
Marcos 13.5-27
Salmos 35.23-28

ANOTAÇÕES

LOUVOR NÃO É PARA QUANDO DÁ CERTO

Por volta da meia-noite, Paulo e Silas estavam orando e cantando hinos a Deus; os outros presos os ouviam. De repente, houve um terremoto tão violento que os alicerces da prisão foram abalados. Imediatamente todas as portas se abriram, e as correntes de todos se soltaram.
Atos 16.25-26

10
MAR

A adoração tem poder para quebrar cadeias e calar o inferno. Quando você entende que o segredo para uma vida livre de verdade está na adoração, tudo muda. Paulo e Silas foram presos e jogados em um buraco fedorento só porque estavam pregando o Evangelho. Lá, oraram e cantaram. Uma atitude aparentemente simples, mas tão poderosa que fez o chão tremer.

Um coração grato e rendido a Deus muda o ambiente. Paulo e Silas tinham todos os motivos do mundo para se sentirem injustiçados e tristes (e talvez até estivessem), mas isso não os impediu de render louvor ao Senhor. De repente, a prisão virou culto, e até os outros presos foram impactados e libertos. E você? Está esperando tudo melhorar para só então adorar com "alegria"? Se for o caso, não é alegria, é conveniência emocional. O que Deus quer é gente que ora e canta apesar das circunstâncias.

Não permita que lutas desanimem você, mas, em meio a situações difíceis, que tal agir como Paulo e Silas e tomar uma atitude que vá na contramão do caos? Escolha adorar quando tudo em volta grita "desista". Adote a perspectiva do Céu, não a da sua *timeline*, porque quem vive pelo que vê morre sufocado pelo que sente. E entenda: quando você muda sua postura, o impacto não é só em você. Outros começarão a notar que tem algo diferente. Você verá que muitas prisões serão quebradas e vidas transformadas por meio da sua postura de adoração.

PENSE

ESCOLHA LOUVAR QUANDO O CAOS CHAMAR VOCÊ PARA RECLAMAR.

ORE

Senhor, ensina-me a Te adorar mesmo quando tudo parece ruir. Que meu louvor não dependa das circunstâncias, mas da certeza de quem Tu és. Que minha adoração liberte, transforme e glorifique Teu nome. Em nome de Jesus, amém.

PLANO DE LEITURA BÍBLICA

Números 7.6-59
Marcos 13.28–14.11
Salmos 36.1-6

ANOTAÇÕES

11
MAR

AINDA HÁ ESPERANÇA

Por que se dá vida àquele cujo caminho é oculto e a quem Deus fechou as saídas? Pois me vêm suspiros em vez de comida; meus gemidos transbordam como água. O que eu temia veio sobre mim; o que eu receava me aconteceu.
Jó 3.23-25

Jó É CONHECIDO POR SUA PACIÊNCIA E FIDELIDADE EM meio ao sofrimento. Ele perdeu tudo — filhos, bens, saúde — e ainda assim não chutou o balde da fé. Continuou reconhecendo a soberania de Deus, mesmo afundado na miséria. Mas, em determinado ponto, a vida de Jó se tornou tão difícil que ele amaldiçoou até mesmo o dia em que nasceu.

Você passará por angústia. Haverá dias em que acordará se arrastando e pensando: "Não dá mais". E sabe o que é pior? Talvez tenha razão; você não dá conta mesmo. Mas a Palavra não diz que sua força viria de você. Ela diz que há esperança. Basta se manter conectado ao Senhor. Quando olhamos para a vida de Jó, podemos não entender por que ele teve de passar por toda aquela tribulação. Mas sua história demonstra que Deus permitiu aquelas circunstâncias para que ele fosse testado. No fim, Jó teve sua saúde restaurada e a restituição em dobro de tudo o que havia perdido e ainda viveu muitos anos.

Não há garantias de que a vida será fácil, mas se um tronco seco tem chance de brotar de novo (cf. Jó 14.7-9), imagine você, que ainda respira e tem uma Bíblia na mão. Se você se firmar em Cristo — não em motivações passageiras ou conselhos de internet —, a angústia não matará você. Porque só quem está ligado na Água da Vida floresce, mesmo depois de ter sido podado até o toco.

PENSE

NÃO É PRECISO ENTENDER TUDO PARA CRER.

ORE

Senhor, quando me faltar força e tudo parecer perdido, lembra-me de que ainda há esperança em Ti. Sustenta-me na dor, fortalece minha fé e faz brotar vida dos meus cacos. Confio em Ti, mesmo sem entender. Em nome de Jesus, amém.

PLANO DE LEITURA BÍBLICA

Números 7.60—8.26
Marcos 14.12-31
Salmos 36.7-12

ANOTAÇÕES

O QUE VOCÊ DÁ DIZ QUEM VOCÊ É

12 MAR

“Não julguem, e vocês não serão julgados [...]. Perdoem e serão perdoados. Deem e será dado a vocês: uma boa medida, calcada, sacudida e transbordante será dada a vocês. Pois a medida que usarem será usada para medir vocês”.
LUCAS 6.37-38

QUANDO JESUS DISSE QUE SERÍAMOS JULGADOS DO MESMO jeito que julgamos, Sua intenção não era amedrontar ninguém. Ele estava basicamente dizendo: “Cuidado quando você aponta o dedo”. Mas tem crente que vive de lupa na vida dos outros e não percebe o lixo debaixo do próprio tapete. Da mesma forma que o Senhor nos estendeu graça, somos chamados a perdoar, a viver em paz uns com os outros e a entregar o que temos, até quando o outro não merece.

A Palavra diz que melhor é dar do que receber. Quando você aprende a servir, começa a se desapegar do que tem e a tirar o foco de você mesmo para fazer o que Cristo fez enquanto viveu aqui na Terra. Jesus não veio fazer tour de autoridade. Ele se fez servo. E se o Rei dos reis e Senhor dos senhores se esvaziou por amor, quem é você para continuar acumulando títulos e desculpas?

Não seja mesquinho com o que tem. Você não foi abençoado para viver guardando tudo num cofre invisível esperando “o momento certo”. O momento é agora. Ofereça o seu melhor — não o resto, o que sobra, o que é conveniente. Deus sabe do que você precisa, então pode relaxar: você não falirá por ajudar alguém. Mas ajude sem esperar algo de volta. Nem sempre você será retribuído pelos homens, mas aprenda a olhar para os outros da mesma forma que o Senhor olhou para você. Sua maior recompensa é saber que tem honrado a Jesus com a sua vida.

PENSE

QUEM VIVE PARA RETRIBUIÇÃO NÃO ENTENDEU O EVANGELHO.

ORE

Senhor, livra-me da comparação, do julgamento e do egoísmo. Ensina-me a perdoar com sinceridade, a servir com alegria e a dar com generosidade. Que minha vida seja um reflexo da Tua graça. Em nome de Jesus, amém.

PLANO DE LEITURA BÍBLICA

Números 9—10
Marcos 14.32-52
Salmos 37.1-7

ANOTAÇÕES

13
MAR

PENSE COMO QUEM CRÊ

Quando ouviu falar de Jesus, chegou por trás d'Ele, no meio da multidão, e tocou em Seu manto, porque pensava: "Se eu tão somente tocar em Seu manto, ficarei curada". Imediatamente cessou sua hemorragia e ela sentiu em seu corpo que estava livre do seu sofrimento.
MARCOS 5.27-29

PENSE

DOMINE SUA MENTE ANTES QUE ELA DOMINE SUA FÉ.

ORE

Pai, renova minha mente para que eu não viva guiado pelo medo ou pelo cansaço. Ensina-me a Te buscar com fé, mesmo quando tudo parecer impossível. Que eu toque o invisível com confiança. Em nome de Jesus, amém.

PLANO DE LEITURA BÍBLICA

Números 11–13.2
Marcos 14.53-72
Salmos 37.8-15

ANOTAÇÕES

SUAS MAIORES VITÓRIAS, E SEUS PIORES FRACASSOS, começam aí dentro da sua cabeça. E o que não falta é pensamento gritando o tempo todo. Existem pessoas vivendo derrotadas, não porque o diabo fez algo, mas porque decidiram dar atenção a pensamentos errados. A quais pensamentos você tem dado ouvidos?

Em Marcos 5, lemos sobre uma mulher que estava havia 12 anos sofrendo com uma hemorragia. Ela já tinha feito de tudo: gastou dinheiro com médicos, tentou todos os tratamentos da época. Zero resultado. Quando ouviu falar de Jesus, ela não disse: "Ah, já tentei de tudo, não adiantará nada". Ela decidiu ir. Só para tocar na roupa d'Ele, porque ela acreditava que um toque bastava. Agora pense: você que está aí, cansado de orar dois dias e já querendo desistir, reclamando que "as coisas não mudam", será que seu problema é a situação ou sua fé que só funciona quando tudo está fácil?

Jesus percebeu o que havia acontecido, pois quando ela encostou no Seu manto, sentiu sair poder. E Ele fez questão de olhar nos olhos dela e dizer: "Foi a sua fé que curou você". Uma mulher doente, falida, ignorada pela sociedade, mas cheia de fé, conseguiu parar Jesus. Assim como ela, não perca tempo analisando a crise, o saldo bancário ou o que outros pensarão. Decida hoje agir em cima de pensamentos que levarão você em direção a Jesus.

NÃO DEIXE O MEDO FALAR POR VOCÊ

[...] "A criança não está morta, mas dorme". Mas todos começaram a rir de Jesus. Ele, porém, ordenou que eles saíssem, tomou consigo o pai e a mãe da criança e os discípulos que estavam com ele e entrou onde se encontrava a criança.
MARCOS 5.39-40

QUANDO JAIRO FOI ATRÁS DE JESUS, AINDA HAVIA UMA fagulha de esperança no coração. Só que bastou dar meia-volta para casa para jogarem a bomba: "Sua filha morreu. Esquece". Talvez seja exatamente assim que você se sinta hoje, rodeado de pessoas dizendo que não tem mais jeito. Olhando para sua dor e rindo, do mesmo jeito que riram de Jesus quando Ele disse que a menina só dormia.

E o que Jesus fez? Mandou todo mundo para fora. Porque milagre e incredulidade não dividem o mesmo espaço. Não dá para viver a promessa cercado de gente que só sabe dizer "aceita que dói menos". Quer ver Deus agir? Então faça o que Jesus fez: tire da sua volta tudo o que desacredita do que Deus pode fazer. Troque o lamento pela oração, o desespero pela fé, a dúvida pela presença do Senhor que é a própria vida. Quando Jesus entra, até o que parecia morto levanta.

Não dê brechas para coisas que tentam minar a sua fé. Ao menor sinal de medo, corra para Cristo. Afaste-se de tudo que coloca um ponto de interrogação onde Deus já colocou um ponto-final. Tem gente que aceita qualquer palavra negativa como se fosse profecia e ainda diz que é realista. Realista? Não. É só alguém que esqueceu quem Deus é. Chega de passividade espiritual. Deus chamou você para se posicionar no meio da incredulidade, para declarar vida onde só se vê morte e para restaurar o que todo mundo já jogou fora.

14
MAR

PENSE

SE O MEDO TEM SEMPRE A ÚLTIMA PALAVRA, SUA FÉ JÁ FICOU MUDA FAZ TEMPO.

ORE

Pai, silencia em mim tudo o que nega o Teu agir. Remove o peso da incredulidade, limpa meu coração da desesperança e renova em mim a fé que traz vida onde só havia dor. Creio no Teu poder que restaura. Em nome de Jesus, amém.

PLANO DE LEITURA BÍBLICA

Números 13.3—14.25
Marcos 15.1-20
Salmos 37.16-22

ANOTAÇÕES

15

MAR

O PASSADO É UM BARCO FURADO

"Vou pescar", disse-lhes Simão Pedro. E eles disseram: "Nós vamos com você". Eles foram e entraram no barco, mas naquela noite não pegaram nada. Ao amanhecer, Jesus estava na praia, mas os discípulos não o reconheceram.
João 21.3-4

QUANDO A VIDA APERTA, A PRIMEIRA COISA QUE FAZEMOS é nos agarrar ao passado como se ele fosse uma boia de salvação. Nossa tendência é pensar no "tempo bom que não volta mais". O problema é que, ao romantizar o que passou, acabamos ressuscitando ciclos que Deus já encerrou, na esperança de que as coisas aconteçam exatamente da mesma forma que antes.

Depois que Jesus foi crucificado, os discípulos quiseram voltar para a velha vida, como se nada tivesse acontecido. Parecia que tinham esquecido todos os milagres que haviam testemunhado e que Cristo havia dito que ressuscitaria dos mortos. Contudo, no instante em que reconheceram Sua voz na praia, quando os orientou a jogar a rede para o outro lado do barco, Pedro pulou no mar e correu em Sua direção.

Não há nada de errado em olhar para tudo o que você passou. Relembrar vitórias, contar testemunhos de arrepiar, tudo isso é ótimo. Só que certos cristãos parecem ter virado um museu ambulante de milagres. Vivem presos ao que Deus fez e não percebem que estacionaram no "era uma vez". Então, na primeira crise, já flertam com o passado. O Senhor tem planos extraordinários para você, mas será necessário largar o saudosismo e parar de tratar o ontem como o seu teto espiritual. Relembre tudo o que Deus fez, mas saiba que Ele ainda pode fazer muito mais e deseja usar a sua vida para isso.

PENSE

QUEM VIVE DE MEMÓRIA MORRE DE FOME ESPIRITUAL.

ORE

Senhor, livra-me da tentação de voltar ao que já passou. Não quero viver de memórias, mas seguir a Tua voz hoje. Desapega meu coração do ontem e desperta em mim a fé para viver o novo que vem de Ti. Em nome de Jesus, amém.

PLANO DE LEITURA BÍBLICA

Números 14.26—15
Marcos 15.21-41
Salmos 37.23-31

ANOTAÇÕES

VOCÊ NÃO É UM ERRO

Tu criaste o íntimo do meu ser e me teceste no ventre de minha mãe. Eu Te louvo porque me fizeste de modo especial e admirável. Tuas obras são maravilhosas! Digo isso com convicção.
SALMOS 139.13-14

NÃO IMPORTA SUA ORIGEM. DEUS PLANEJOU CADA DETALHE da sua existência. Você não é fruto do acaso, de um "descuido" ou de um "foi sem querer" da vida. Foi criado à imagem e semelhança do próprio Deus e nada do que disserem para você pode mudar esse fato. Em algum momento da sua vida você pode ter escutado que não é amado, que ninguém se importa ou até mesmo que não deveria ter nascido. Não aceite essas mentiras do inimigo.

A Palavra diz claramente que Deus tem pensamentos de paz a seu respeito. Ele deseja dar a você um futuro e uma esperança. O Senhor já deixou claro: Ele quer que você tenha uma vida abundante. Mas aí vem o porém: você precisa guardar no coração o que Ele diz sobre você, não o que a cultura diz, o que seu passado grita ou o que a comparação tenta enfiar goela abaixo. É hora de parar de viver como órfão espiritual enquanto o Céu já carimbou seu nome como filho.

Assuma logo o seu lugar no Reino. Enquanto estiver aqui na Terra, você representa o Rei dos reis, o Senhor dos senhores, que arquitetou cada centímetro do Universo, que chama as estrelas pelo nome e sabe exatamente quantos são os fios de cabelo na sua cabeça. Não espere alguém para reafirmar quem você é. Rejeite o que não vem de Deus e se posicione como quem entendeu que foi escolhido.

16 MAR

PENSE

SE DEUS JÁ FALOU QUEM VOCÊ É, POR QUE INSISTE EM SE DEFINIR POR RÓTULOS?

ORE

Senhor, apago do meu coração toda voz que tentou me diminuir. Que eu veja com clareza o valor que Tu me deste ao me formar com intenção, detalhe e propósito. Que minha vida revele Tua autoria em tudo. Em nome de Jesus, amém.

PLANO DE LEITURA BÍBLICA

Números 16—17.7
Marcos 15.42—16
Salmos 37.32-40

ANOTAÇÕES

17
MAR

NÃO QUEIRA AGRADAR TODO MUNDO

Assim, Herodias o odiava e queria matá-lo. Mas não podia fazê-lo, porque Herodes temia João e o protegia, sabendo que ele era um homem justo e santo; e, quando o ouvia, ficava perplexo. Mesmo assim gostava de ouvi-lo.
MARCOS 6.19-20

O EVANGELHO É PODEROSO, TRANSFORMADOR E INDIGESTO para muita gente. Por quê? Porque seguir Jesus não é só levantar a mão no apelo e postar versículo no *story*. É se arrepender, abandonar o pecado e negar a si mesmo todo santo dia. E se você acha que ser cristão é fácil, é porque ainda não entendeu o que significa carregar o nome d'Ele de verdade. Se fosse moleza, não teria gente sendo perseguida, morta, presa por causa da fé em pleno século 21. E aqui no Brasil, onde há liberdade religiosa, ainda assim basta abrir a boca para falar de santidade ou verdade que já chamam você de fanático.

Seguir Jesus, de verdade, nunca foi sinônimo de popularidade. Quem de fato seguia a Jesus estava bem longe de agradar as pessoas. Pelo contrário, levava mensagem de arrependimento e renúncia. É muito fácil pregar sobre o amor de Deus. Todo mundo topa ouvir que é amado. Mas experimente falar sobre a santidade do Senhor. Sobre viver em pureza, integridade, negar a si mesmo, discipular nações, batizar em nome do Pai, do Filho e do Espírito Santo. Aí o auditório esvazia. Porque o Evangelho que confronta e incomoda ninguém quer. Mas é esse que transforma, cura e salva. A questão é: você continuará escolhendo o que é cômodo ou decidirá viver o Evangelho como ele é?

PENSE

OU VOCÊ PREGA A VERDADE, OU ACABARÁ SERVINDO À APROVAÇÃO ALHEIA.

ORE

Senhor, fortalece meu espírito para viver a verdade que liberta. Que eu não me envergonhe do Teu Evangelho nem tente suavizá-lo para agradar homens. Dá-me ousadia, firmeza e um coração rendido. Em nome de Jesus, amém.

PLANO DE LEITURA BÍBLICA

Números 17.8—19
Lucas 1.1-22
Salmos 38.1-8

ANOTAÇÕES

QUANDO TUDO PARECE PERDIDO

E houve trevas sobre toda a terra, do meio-dia às três horas da tarde. Por volta das três horas da tarde, Jesus bradou em alta voz: "Eloí, Eloí, lamá sabactâni?", que significa: "Meu Deus! Meu Deus! Por que Me abandonaste?"
MARCOS 15.33-34

PARA QUEM ASSISTIA À CENA, PARECIA O FIM DE TUDO. Mas o que ninguém entendia — e muitos ainda parecem não compreender hoje — é que era só o começo. Jesus não estava sendo derrotado. Estava cumprindo, até o último detalhe, o plano da redenção. Foi na cruz que Ele quitou a dívida da humanidade. Carregou sobre si o peso de todas as nossas transgressões. E essa carga era tão densa e manchada pelo pecado que até mesmo o próprio Deus virou as costas para Jesus.

Felizmente, conhecemos o fim da história. Cristo venceu o inferno, ressuscitou depois de três dias e hoje vive ao lado do Pai. Hoje, você não tem nenhum motivo para ter medo. Claro que haverá dias difíceis. Jesus avisou, mas também garantiu: "Eu venci o mundo". Portanto, quando se deparar com dificuldades, lembre-se disso. Você já é mais do que vencedor em Jesus!

Não deixe circunstâncias esmagarem você como se fosse um coitado sem saída. Levante a cabeça e olhe para quem realmente tem a última palavra: o Senhor. Ele é o Autor e Consumador da sua fé, ou você acha que foi salvo para viver tropeçando em dúvida? Em Cristo, tudo é possível. Continue perseverando nessa certeza de que, ainda que você passe por momentos em que Deus pareça estar em silêncio, Ele tem um propósito para tudo.

18 MAR

PENSE

PARE DE VIVER COMO SE JESUS TIVESSE SIDO DERROTADO NA CRUZ.

ORE

Pai, quando tudo parecer escuro, lembra-me de que a Cruz não foi o fim, mas o começo. Dá-me fé para confiar nos Teus propósitos, mesmo quando não vejo saída. Sustenta meu coração no silêncio. Em nome de Jesus, amém.

PLANO DE LEITURA BÍBLICA

Números 20—21.30
Lucas 1.23-45
Salmos 38.9-16

ANOTAÇÕES

19
MAR

CHAMADOS PARA UM PROPÓSITO

[...] porque o Espírito intercede pelos santos de acordo com a vontade de Deus. Sabemos que Deus age em todas as coisas para o bem daqueles que o amam, dos que foram chamados de acordo com o Seu propósito.
ROMANOS 8.27-28

NÃO É NOVIDADE NENHUMA QUE FOMOS CHAMADOS para um propósito. E embora, no meio da correria da vida, às vezes nos perguntemos: "Mas qual é exatamente o meu chamado?", todos temos a missão de honrar e glorificar a Deus em tudo quanto fazemos. Essa é a missão comum a todo cristão, não importa se você canta, prega, serve café ou limpa cadeira da igreja. Contudo, muitos ficam perdidos, sem saber o que precisam fazer na prática.

A Palavra é simples e direta. Jesus disse: "Ide por todo o mundo e pregai o Evangelho a toda criatura" e "fazei discípulos de todas as nações". Ponto. Mas, na prática, muita gente interpreta isso como um chamado exclusivo para abandonar tudo, atravessar oceanos e evangelizar em algum país distante. E sim, missões internacionais são importantes. Só que se você não consegue falar de Jesus na sua casa, entre os seus amigos, na sala de aula ou no ambiente de trabalho, que autoridade você tem para achar que fará isso no exterior?

Pare de esperar um convite celestial com passagem internacional inclusa para começar a obedecer a Deus. Cumpra o ide exatamente onde está agora, nos lugares que frequenta e com as pessoas próximas a você. Faça da sua vida um testemunho vivo do agir de Deus para que outros encontrem Cristo.

PENSE

O CAMPO MISSIONÁRIO MAIS IGNORADO PELAS PESSOAS É A RUA DA CASA DELAS.

ORE

Senhor, quero viver o Teu propósito onde estou. Que minha vida fale mais alto que meus discursos e que, em cada lugar, eu seja um reflexo do Teu amor. Usa-me com coragem e constância. Em nome de Jesus, amém.

PLANO DE LEITURA BÍBLICA

Números 21.31—23.10
Lucas 1.46-66
Salmos 38.17-22

ANOTAÇÕES

O QUE VOCÊ PEDIRIA?

Quando todo o Israel ouviu o veredicto do rei, passou a respeitá-lo profundamente, pois viu que a sabedoria de Deus estava nele para fazer justiça.
1Reis 3.28

Salomão tinha a faca e o queijo na mão. Deus basicamente disse: “Peça o que quiser”. E vamos combinar: a maioria de nós já teria feito a lista — carro, casa, seguidores, fama, tudo no pacote. Mas não. Ele foi na contramão do óbvio e pediu sabedoria. Ele sabia que estava assumindo a responsabilidade de governar uma nação. Para isso, precisaria da ajuda do Senhor.

Em 1Reis 3, Salomão é colocado em uma situação difícil: duas mulheres, um bebê vivo, outro morto. As duas moravam juntas, e uma delas, depois de sufocar o próprio filho enquanto dormia, resolveu trocar o morto pelo vivo como se ninguém fosse notar. Jogo sujo. Elas decidiram levar o caso até o rei, e Deus dá a Salomão uma estratégia que hoje seria considerada loucura: cortar o bebê no meio. A mãe falsa aceitou. A verdadeira implorou pela vida da criança. Salomão foi, então, capaz de descobrir quem era a mãe de verdade e devolver a criança a ela.

Essa história ilustra o quanto precisamos da sabedoria de Deus. No próprio livro de Provérbios, escrito pelo rei Salomão, lemos que o temor do Senhor é o princípio da sabedoria. Não adianta encher a cabeça de curso, acumular diploma, seguir perfil motivacional e achar que isso resolverá a vida. Sem temor ao Senhor, mesmo que você tenha muitas riquezas, jamais será bem-sucedido.

20 MAR

PENSE

SEM DEUS NA EQUAÇÃO, ATÉ BOAS IDEIAS PODEM DAR RUIM.

ORE

Senhor, não quero viver guiado por achismos ou impulsos. Dá-me sabedoria que vem do Alto, para que eu seja sensível à Tua voz e firme em Teus princípios. Ensina-me a decidir com temor e discernimento. Em nome de Jesus, amém.

PLANO DE LEITURA BÍBLICA

Números 23.11–25.13
Lucas 1.67–2.7
Salmos 39.1-6

ANOTAÇÕES

21
MAR

NÃO É POR MÉRITO

Ao ouvirem isso, os discípulos ficaram perplexos e perguntaram: "Neste caso, quem pode ser salvo?" Jesus olhou para eles e respondeu: "Para o homem é impossível, mas para Deus todas as coisas são possíveis".
MATEUS 19.25-26

A SALVAÇÃO NÃO VEM POR MÉRITO, CURRÍCULO OU BOAS intenções. É pela graça. É só pela graça. Os discípulos ficaram perplexos quando Jesus afirmou que era mais fácil um camelo passar pelo meio de uma agulha do que um rico entrar no Reino de Deus. Para eles, era difícil enxergar além dos fatores terrenos.

Vamos deixar algo claro de uma vez por todas. Dinheiro é útil? Sim. Com dinheiro, você paga boleto, compra comida e até financia missões. É uma bênção quando está no lugar certo. Mas quando o assunto é salvação, nem um bilhete dourado com seu nome gravado em ouro abrirá a porta do Céu. Não é sobre o que você faz ou deixa de fazer. O profeta Isaías já deixou claro que nossas ações são como trapos de imundícia diante da santidade do Senhor (cf. Isaías 64.6). Isso choca você? Acontece. E antes de usar isso como desculpa para viver de qualquer jeito, lembre-se do que Tiago escreveu: fé sem obras é morta (cf. Tiago 2.17).

Quer garantir sua salvação? Pare de complicar e olhe para a direção certa: Cristo. Não existe atalho ou rota alternativa. É Ele ou nada. E quem fixa os olhos em Cristo ajusta todo o resto. Hábitos mudam, decisões ganham critério e desculpas perdem força. Mas há um detalhe: tudo isso só funciona se você parar de brincar de crente e começar a levar a vida espiritual a sério.

PENSE

SUA FÉ PRECISA PESAR MAIS DO QUE SUA LISTA DE BOAS AÇÕES.

ORE

Deus, nada em mim merece salvação, mas ainda assim Tu me chamaste. Ensina-me a confiar na Tua graça e a viver uma fé sincera, com obras que reflitam quem Tu és. Em nome de Jesus, amém.

PLANO DE LEITURA BÍBLICA

Números 25.14–26.51
Lucas 2.8-32
Salmos 39.7-13

ANOTAÇÕES

NÃO PARE POR NADA

[...] Terá gerou Abrão, Naor e Harã. E Harã gerou Ló. Harã morreu em Ur dos caldeus, sua terra natal, quando ainda vivia Terá, seu pai. [...] Mas, ao chegarem a Harã, estabeleceram-se ali. Terá viveu 205 anos e morreu em Harã.
GÊNESIS 11.27-28, 31-32

A VIAGEM ERA PARA CANAÃ, NÃO HARÃ. MAS BASTOU uma perda, e Terá estacionou. Parou no meio do caminho. Curiosamente (ou nem tanto assim), o lugar onde ele resolveu ficar levava o nome do filho morto. Coincidência? Duvido. A Bíblia não fala exatamente por que ele desistiu de seguir seu caminho, mas o cenário gritava o óbvio: ele havia se acomodado no luto.

Na vida, o luto faz parte. Dói, pesa, bagunça tudo. E sim, há momentos em que a única coisa sensata a fazer é parar, respirar, chorar, deixar ser cuidado. O problema é quando a pausa vira moradia. Quando o sofrimento vira zona de conforto disfarçada de "processo". E se você insiste em se enterrar emocionalmente com aquilo que perdeu, acabará chamando de "vontade de Deus" o que, na verdade, é só medo de recomeçar.

Você tem o direito de chorar por quem partiu e pelo que perdeu, só não permita que essa angústia o domine. Entregue suas emoções ao Senhor. Procure a presença e direção d'Ele. Se for necessário, tudo bem dar uma desacelerada, apenas não invente de estacionar. Deus não tem prazer em ver você se arrastando como se tivesse abandonado tudo. Ele deseja tratar e curar suas feridas emocionais. As promessas continuam valendo. É só você voltar a caminhar.

---

22 MAR

PENSE

NÃO TRANSFORME A DOR EM DESCULPA PARA NÃO SEGUIR EM FRENTE.

ORE

Senhor, cura o que ainda sangra em mim e me dá coragem para continuar o caminho que comecei. Escolho seguir a Tua direção. Em nome de Jesus, amém.

PLANO DE LEITURA BÍBLICA

Números 26.52–28.25
Lucas 2.33-52
Salmos 40.1-8

ANOTAÇÕES

23

MAR

MAIS CONFIANÇA, MENOS EXPLICAÇÃO

Então o SENHOR disse a Abrão: "Saia da sua terra, do meio dos seus parentes e da casa de seu pai, e vá para a terra que Eu lhe mostrarei. [...] por meio de você todos os povos da terra serão abençoados".
GÊNESIS 12.1, 3

NA MAIORIA DAS VEZES, AS PROMESSAS EXIGIRÃO CONfiança para seguirmos em frente mesmo sem vermos o que está adiante. Foi exatamente o que aconteceu com Abraão. Deus disse para ele sair da terra dos pais. Nenhum GPS, nenhum "vire à direita depois da rocha", nada. E o mais louco? Abraão obedeceu sem questionar. Ele não conhecia o destino, mas conhecia o Senhor. E, convenhamos, isso já basta.

Abraão ficou conhecido mais tarde como "amigo de Deus". Ele tinha tanta intimidade com o Senhor que não pedia por explicações. Deus mandava, ele fazia. Essa é a verdadeira definição de alguém que se declara amigo do Senhor. Hoje em dia, tem gente se autoproclamando íntimo do Céu, mas na prática não ouve nem um "não" sem emburrar. Jesus foi bem claro ao dizer aos discípulos que Seus amigos são aqueles que fazem o que Ele ordena (cf. João 15.14).

Se você quer ter intimidade com Deus, pare de esperar "sentir no coração" e comece a ser fiel. Então, conforme se aproximar do Senhor, sentirá cada vez menos necessidade de questioná-lo. Você começará a andar nos passos d'Ele porque aprendeu a confiar; e confiança não se constrói com discursos bonitos, mas com prática.

PENSE

OBEDECER QUANDO É FÁCIL NÃO PROVA NADA.

ORE

Pai, se for preciso sair do que é familiar para viver os Teus planos, que eu não hesite. Quero Te obedecer mesmo sem entender, pois estar Contigo vale mais do que saber para onde vou. Em nome de Jesus, amém.

PLANO DE LEITURA BÍBLICA

Números 28.26–30.9
Lucas 3.1-20
Salmos 40.9-17

ANOTAÇÕES

PREPARE-SE PARA PAGAR O PREÇO

24 MAR

O rei Davi, porém, respondeu a Araúna: "Não! Faço questão de pagar o preço justo. Não darei ao Senhor aquilo que pertence a você, nem oferecerei um holocausto que não me custe nada".
1Crônicas 21.24

É óbvio que tudo que tem valor custa caro. Você quer um carro bom? Terá de trabalhar, economizar, cortar o supérfluo. Por que com Deus seria diferente? Algumas pessoas querem viver os planos do Senhor pagando preço de liquidação. Querem fazer parte do propósito eterno, mas não aguentam orar 15 minutos sem olhar o celular. A verdade é uma só: se você realmente quer fazer parte do que Deus está construindo, terá de investir tempo e recursos na missão que Ele confiou a você.

Servir exige renúncia e sacrifício. E perto do que Cristo pagou na cruz, qualquer esforço é pouco. Deus não está nem aí para o tamanho do que você entrega. Ele está olhando sua disposição. Davi é prova de que podemos dar o nosso melhor em qualquer circunstância. Muito antes de se tornar rei, ele servia onde estava, como pastor de ovelhas. Quando foi ungido rei, teve a ousadia de arriscar sua vida enfrentando um gigante. Ele sabia da importância de ter um coração voltado para o Senhor.

Mesmo que você tenha de renunciar alguns confortos, não deixe de dedicar sua vida a Deus. A Bíblia nos diz que um dia na presença do Senhor vale mais do que mil anos em qualquer outro lugar. Portanto, não se faça de vítima se tiver de abrir mão do seu tempo ou de algo que você jura ser insubstituível. Gaste cada fôlego seu para servir ao Senhor com alegria. Nada chega perto da honra de viver para Ele.

PENSE

NÃO TEM COMO VIVER PARA DEUS SEM ABRIR MÃO DE NÓS MESMOS.

ORE

Pai, quebra em mim todo comodismo. Que eu jamais trate como comum aquilo que é santo. Ensina-me a Te servir com entrega real, mesmo quando for difícil. Que minha devoção custe algo, como expressão do meu amor. Em nome de Jesus, amém.

PLANO DE LEITURA BÍBLICA

Números 30.10—31
Lucas 3.21—4.2
Salmos 41.1-7

ANOTAÇÕES

25
MAR

PERDER PARA VIVER

Quem ama seu pai ou sua mãe mais do que a Mim não é digno de Mim; quem ama seu filho ou sua filha mais do que a Mim não é digno de Mim; e quem não toma a sua cruz e não Me segue, não é digno de Mim.
MATEUS 10.37-38

PENSE

SUA CRUZ NÃO É SIMBÓLICA; É PARA SER CARREGADA.

ORE

Jesus, ensina-me a Te amar acima de tudo. Que nada nem ninguém ocupe o lugar que é só Teu. Quero carregar minha cruz com fidelidade e viver para Ti, custe o que for. Em nome de Jesus, amém.

PLANO DE LEITURA BÍBLICA

Números 32–33.4
Lucas 4.3-22
Salmos 41.8-13

ANOTAÇÕES

De que adianta ganhar o mundo e perder a única coisa que importa: a alma? Tudo o que você ama não pode ocupar o lugar que deveria ser só de Deus. E se, por acaso, o Senhor pedir para você deixar tudo para trás, você pedirá tempo para pensar?

Em 1Reis 19, Eliseu estava arando a terra, vivendo sua vida pacata, até Elias aparecer. No mesmo instante, ele deixou sua parelha e correu atrás do profeta. Depois se despediu da família e foi embora. Esse deve ser o seu posicionamento. Sem plano B, sem "E se...". Siga a Jesus mesmo que isso signifique largar casa, conforto, reputação ou aquele emprego dos sonhos. Nada do que você acumula aqui na Terra se compara com a recompensa de servir a Deus. Lembre-se do que Paulo disse: viver é Cristo, morrer é lucro. Simples assim. O Senhor não está pedindo seu currículo, diplomas ou seguidores nas redes sociais, só a sua obediência. O resto vira acessório barato quando você finalmente entende o que significa viver só para Ele.

AINDA DÁ TEMPO DE SE RENDER

Todo o povo, até os publicanos, ouvindo as palavras de Jesus, reconheceram que o caminho de Deus era justo, sendo batizados por João. Mas os fariseus e os peritos na lei rejeitaram o propósito de Deus para eles, não sendo batizados por João.
LUCAS 7.29-30

O PROBLEMA NUNCA FOI FALTA DE ACESSO À VERDADE. Foi, e ainda é, o "bendito" do orgulho. Enquanto Jesus falava ao povo, quem se quebrantava? Os publicanos. Isso mesmo, os corruptos e malvistos, que viviam à custa dos outros. Já os "certinhos", religiosos, entendidos da Bíblia cruzavam os braços e torciam o nariz. Rejeitavam o próprio Deus na frente deles. Por quê? Porque estavam ocupados demais sendo os donos da razão. Sabiam tanto que desaprenderam a se render.

Você fala de Deus, posta versículo no Instagram, frequenta o culto, mas foge do confronto como o diabo foge da cruz. Como? Escondendo-se atrás da sua pose de crente. Fingindo que está tudo certo enquanto o Espírito Santo grita dentro de você faz semanas. Os fariseus rejeitaram o batismo e perderam a chance de zerar o jogo. E você? Quantas vezes já recusou quando Deus bateu à porta com restauração nas mãos? Não adianta parecer limpo por fora quando o coração continua sujo. Deus não transforma quem vive defendendo a própria razão. Ele transforma quem se rende.

Pare de racionalizar o que precisa ser confessado. O maior empecilho entre você e o propósito de Deus não é o diabo, é o seu orgulho. Está esperando o que para se render de verdade? Ainda dá tempo.

PENSE

NÃO HÁ LIBERDADE SEM RENDIÇÃO TOTAL.

ORE

Senhor, quebra o meu orgulho e me ensina a me render. Que eu não rejeite Tua voz nem fuja do confronto que transforma. Limpa meu coração, arranca o que me afasta de Ti e faz em mim Tua vontade. Em nome de Jesus, amém.

PLANO DE LEITURA BÍBLICA

Números 33.5–34.15
Lucas 4.23-44
Salmos 42.1-5

ANOTAÇÕES

27
MAR

NÃO SE ILUDA COM O SUCESSO SEM DEUS

[...] se o seu coração for sábio, o meu coração se alegrará. [...] Não inveje os pecadores em seu coração; melhor será que tema sempre o SENHOR. Se agir assim, certamente haverá um bom futuro para você, e a sua esperança não falhará.
PROVÉRBIOS 23.15, 17-18

PENSE

NÃO QUEIRA O SUCESSO DE QUEM CAMINHA PARA O ABISMO.

ORE

Senhor, guarda meu coração da comparação e do engano do mundo. Que eu valorize Tua presença mais do que qualquer aplauso. Ensina-me a confiar no Teu tempo e a viver com integridade. Em nome de Jesus, amém.

PLANO DE LEITURA BÍBLICA

Números 34.16–36
Lucas 5.1-21
Salmos 42.6-11

ANOTAÇÕES

VOCÊ COM CERTEZA JÁ OUVIU A PERGUNTA: "POR QUE os bons sofrem e os pilantras se dão bem?". Porque, convenhamos, o perverso deveria ser castigado e quem se mantém íntegro precisaria ter uma recompensa. Contudo, nem sempre é isso que acontece. O que vemos, muitas vezes, é o contrário; imoralidade, corrupção e maldade sendo aplaudidas enquanto quem caminha direito é ignorado, rejeitado ou chamado de bobo.

A verdade é que se Deus resolvesse fazer justiça sem um pingo de misericórdia, não sobraria ninguém. Porque, diante da santidade do Senhor, todo mundo é réu: corrupto, impuro, falido moral. A única saída foi (e sempre será) a graça. Quando decidimos seguir Jesus, a vida velha tem de morrer. Então, sinceramente, para que invejar o que já sabemos que é um atalho direto para a morte? É esse senso de realidade que nos mantém de pé: não porque somos bons, mas porque fomos alcançados. E isso nos dá autoridade para abrir a boca e falar de Jesus para quem ainda está perdido achando que está tudo bem.

Não romantize o Egito que escravizava sua vida. Você já caminhou demais para dar meia-volta agora. Pare de flertar com o passado como se lá tivesse algo que prestasse. Olhe para frente. Cristo é o seu norte. N'Ele está a vida de verdade, e não essa ilusão reciclada que o mundo tenta vender.

SEU ORGULHO NÃO É FRUTO DO ESPÍRITO

"Vejam, Eu enviarei a vocês o profeta Elias antes do grande e temível dia do SENHOR. Ele fará com que os corações dos pais se voltem para seus filhos, e os corações dos filhos para seus pais; do contrário, Eu virei e castigarei a terra com maldição".
MALAQUIAS 4.5-6

CRISTO NÃO MORREU NA CRUZ PARA VOCÊ SAIR POR AÍ alimentando ranço. Como filho, sua missão não é bancar o justiceiro, mas ser pacificador, mesmo quando o outro merece um sermão de três horas. Se você foi perdoado, não faz sentido guardar rancor. E outra coisa: vigie suas palavras e atitudes. Quem carrega o nome de Cristo não pode sair deixando rastro de discórdia.

Jesus disse que os pacificadores herdarão o Reino. Não podemos perder tempo com brigas inúteis. Paz não é só ausência de guerra, é marca de quem é cheio do Espírito Santo. E o pacote completo do fruto inclui amor, domínio próprio, mansidão, tudo aquilo que não dá para fingir por muito tempo. Deixe o Espírito moldar seu caráter e desenvolver em você um coração que não se ofende por qualquer coisa.

Não se desgaste com discussões que não levarão você a lugar algum. A sua identidade está firmada em Jesus. Então, em vez de querer vencer debates, peça sabedoria para saber quando se calar, quando falar e, principalmente, quando perdoar. Seja humilde para pedir perdão também, porque ninguém aqui é o Espírito Santo de ninguém. Cristo voltará, e não vem buscar um bando de gente melindrada jogando pedra uns nos outros, mas uma igreja unida.

28
MAR

PENSE

QUEM VIVE FERIDO DEMAIS ACABA FERINDO OS OUTROS TAMBÉM.

ORE

Senhor, limpa meu coração de toda mágoa e ensina-me a buscar reconciliação. Que minha vida seja ponte, não muro. Molda-me com Teu Espírito e que eu seja resposta, não ruído. Em nome de Jesus, amém.

PLANO DE LEITURA BÍBLICA

Deuteronômio 1–2.9
Lucas 5.22–6.4
Salmos 43

ANOTAÇÕES

29
MAR

NÃO VIVA DE FASES

Portanto, também nós, uma vez que estamos rodeados por tão grande nuvem de testemunhas, livremo-nos de tudo o que nos atrapalha e do pecado que nos envolve e corramos com perseverança a corrida que nos é proposta.
HEBREUS 12.1

TODO ATLETA PRECISA DE DISCIPLINA. E A VIDA NÃO É diferente. Qualquer um que queira sair do lugar precisa de consistência. É muito bom quando começamos um projeto empolgados, dando nosso melhor, mas dificilmente a emoção do início será o suficiente para nos sustentar até o fim. Por isso, não podemos depender dos nossos sentimentos para seguirmos nossa jornada.

Em nossa vida com Deus, assim como em outros relacionamentos, passamos por altos e baixos. Existem períodos em que estamos mais apaixonados e outros em que não sentimos tanta vontade de orar ou ler a Bíblia. O erro é quando achamos que ausência de emoção é falta de fé. Pensamos que o fato de não estarmos sempre com o mesmo ânimo é um sinal da distância de Deus. A realidade que vivemos, porém, é muito diferente da que idealizamos. É verdade que passamos por fases diferentes, mas cabe a nós não nos conformarmos e seguirmos firmes na busca por Deus, independentemente do que sentimos.

Não permita que a rotina roube o brilho dos seus olhos. Seja responsável e intencional em se colocar na presença de Deus todos os dias, não importa o seu humor e a sua disposição. Vá como estiver: com sono, cansado, entediado ou até irritado. Lembre-se de que o Senhor está sempre esperando por você!

PENSE

NÃO TRATE DISCIPLINA ESPIRITUAL COMO OPCIONAL.

ORE

Senhor, fortalece meu coração para que eu não dependa das emoções, mas da Tua verdade. Dá-me sede pela Tua presença, mesmo nos dias de desânimo. Em nome de Jesus, amém.

PLANO DE LEITURA BÍBLICA

Deuteronômio 2.10—3
Lucas 6.5-23
Salmos 44.1-8

ANOTAÇÕES

“VOCÊ ME AMA?”

Pela terceira vez, Ele lhe disse: “Simão, filho de João, você Me ama?” Pedro ficou magoado por Jesus lhe ter perguntado pela terceira vez “Você Me ama?” e lhe disse: “Senhor, Tu sabes todas as coisas e sabes que Te amo”.
João 21.17

Pedro havia falhado. E ele sabia disso. Tinha jurado que nunca abandonaria Jesus, mas bastou a pressão aumentar para ele negar o Mestre três vezes. Fez exatamente o que disse que nunca faria. Como a gente, que ora no culto e tropeça no dia seguinte. Que promete fidelidade, mas volta a cair no mesmo erro. A dor de Pedro era a dor do arrependido que não sabe mais se pode ser chamado de discípulo.

Então, Jesus aparece e pergunta: “Você me ama?”. Uma, duas, três vezes. Não porque tinha dúvidas, mas porque Pedro precisava se escutar e encarar a ferida que ele mesmo tinha aberto.

A pergunta que Jesus fez para Pedro, Ele faz para você hoje: “Você me ama?”. Então, por que continua vivendo como se não amasse? Por que continua fugindo do que Ele chamou você para fazer? Por que ainda coloca o passado como desculpa para não cuidar de quem precisa? Se ama, cuide das minhas ovelhas, foi o que Ele disse. Em outras palavras: mostre que ama com atitude.

Chega de viver na culpa. Pedro foi perdoado. E você também já foi. Agora é hora de levantar e sacudir a poeira. Você não foi chamado para viver lamentando o que não deu certo. Jesus não está perguntando se você sente algo por Ele. Está perguntando se você fará algo por Ele. E aí, você o ama?

30 MAR

PENSE

NÃO BASTA DIZER QUE AMA, TEM DE VIVER COMO QUEM AMA.

ORE

Jesus, sei que já falhei muitas vezes, mas ainda assim Tu me chamas. Eu Te amo e quero Te amar com tudo o que sou. Restaura o que quebrei e me usa com graça. Em Teu nome, amém.

PLANO DE LEITURA BÍBLICA

Deuteronômio 4–5.5
Lucas 6.24-45
Salmos 44.9-16

ANOTAÇÕES

31

MAR

PENSE

DE QUE ADIANTA CRER NA RESSURREIÇÃO E VIVER COMO SE ELE ESTIVESSE MORTO?

ORE

Senhor, ensina-me a não depender do que vejo, mas a perceber Tua presença, mesmo no silêncio. Que eu reconheça Tua voz, mesmo quando tudo ao redor parecer perdido. Fortalece minha fé para que eu jamais duvide de que estás comigo. Em nome de Jesus, amém.

PLANO DE LEITURA BÍBLICA

Deuteronômio 5.6–6
Lucas 6.46–7.17
Salmos 44.17-26

ANOTAÇÕES

VER ALÉM DO ÓBVIO É FÉ

Eles lhe perguntaram: "Mulher, por que você está chorando?" "Levaram embora o meu Senhor", respondeu ela, "e não sei onde o puseram". Nisso ela se voltou e viu Jesus ali, em pé, mas não o reconheceu.
João 20.13-14

É ESTRANHO AFIRMAR ISSO, MAS NÃO SABEMOS RECO-nhecer Jesus nas coisas simples. Ficamos esperando manifestação com anjo, trovão e harpa celestial e tropeçamos quando o Senhor aparece nos detalhes. E não é de hoje. Quando lemos os relatos após a ressurreição, percebemos que os próprios discípulos não reconheceram Jesus logo de cara. Sabiam que Ele era o Cristo; contudo, bastou a crucificação para se esquecerem de tudo. Jesus avisou que Ele ressuscitaria no terceiro dia, mas quando Seu corpo desapareceu do túmulo, isso nem passou pela mente deles.

Em vez de procurar por Jesus, Maria, por exemplo, saiu do sepulcro vazio e chorou. E quando Cristo apareceu diante dela, ela só o reconheceu quando Ele a chamou pelo nome. Mas antes que você ria da cena achando tudo absurdo, olhe para sua vida. Quantas vezes você já fez a mesma coisa e preferiu se afundar no desespero, como se Jesus tivesse desaparecido. No entanto, Ele está sempre presente, mesmo quando você não o vê.

Chega de se mover de acordo com circunstâncias que você vê com olhos naturais e aprenda a ver Cristo, mesmo nos piores cenários. Ele prometeu que estaria com você e não o deixaria órfão. O "Deus conosco" jamais nos abandona, mas os seus olhos precisam estar treinados, e sua visão, apurada para reconhecê-lo.

O CRISTO QUE
MORREU POR
VOCÊ TAMBÉM
ESPERA QUE VOCÊ
MORRA POR ELE
TODOS OS DIAS.

ABRIL

1º
ABR

VER PARA CRER?

A seguir, Simão Pedro, que vinha atrás dele, chegou, entrou no sepulcro e viu as faixas de linho, bem como o lenço que estivera sobre a cabeça de Jesus. Ele estava dobrado à parte, separado das faixas de linho.
João 20.6-7

Pedro viu o túmulo vazio. Tudo estava lá, menos o corpo de Jesus. Mesmo assim, ele duvidou. E você? Quantas vezes já leu, ouviu, teve provas de que Deus cuida, direciona, sustenta, mas quando a vida aperta, quando o casamento entra em crise, falta dinheiro, os filhos se rebelam ou o desânimo o atinge, você quer ver antes de crer. Você espera um "sinal claro", uma "prova visível", uma "confirmação divina". E quando isso não vem do jeito que quer, você desanima. Dobra o joelho num dia, mas duvida no outro.

Fé que precisa de evidência não é fé. É insegurança.

Jesus é fiel para cumprir o que prometeu. O problema é que você está atolado em seus medos, frustrações e lógicas humanas. Não espere ver para crer. Confie nas promessas do Senhor, mesmo quando tudo à sua volta grita o contrário. Abra os olhos, porque os sinais estão aí, para lembrar que tudo é sobre Ele. E nunca se esqueça de que as promessas de Deus passam por você, mas não param em você. Se o Céu se move, é para glória de Deus.

PENSE

ESTÁ ESPERANDO O QUE PARA CRER? O TÚMULO JÁ ESTÁ VAZIO.

ORE

Senhor, perdoa minha incredulidade. Ensina-me a confiar nas Tuas promessas mesmo quando não entendo os Teus caminhos. Que eu nunca precise ver para crer, mas tenha fé para reconhecer os Teus sinais e seguir com coragem. Em nome de Jesus, amém.

PLANO DE LEITURA BÍBLICA

Deuteronômio 7—9.12
Lucas 7.18-39
Salmos 45.1-5

ANOTAÇÕES

NÃO PERCA O BRILHO NOS OLHOS

O SENHOR está longe dos ímpios, mas ouve a oração dos justos. Um olhar animador dá alegria ao coração, e as boas notícias revigoram os ossos.
PROVÉRBIOS 15.29-30

POUCAS COISAS SÃO TÃO SATISFATÓRIAS QUANTO COMEMORAR uma vitória com quem amamos. Com certeza, você já ficou feliz ao receber uma boa notícia. Quando algo bom acontece, a gente logo quer contar para todo mundo, esperando que sintam a mesma alegria.

Por isso, quando somos alcançados por Cristo e conhecemos Seu amor, temos vontade de compartilhá-lo com quem conhecemos, na esperança de que também se alegrem. Contudo, nem todo mundo se empolgará com isso. Muita gente não faz ideia do privilégio que é seguir Jesus todos os dias. E não se engane, quando você tenta compartilhar essa salvação com alguém e recebe uma cara de tédio, um "legal, né?" ou, pior, um deboche, vem aquele balde de água fria que desanima até o mais fervoroso. É nessa hora que precisamos fazer como o salmista: clamar para Deus devolver a alegria da salvação.

Continue pregando as Boas-Novas, mesmo que a maioria olhe para você como quem está vendendo enciclopédia em 2025. Não dependa de boas reações para ser obediente ao chamado de Deus. Mantenha nos olhos o brilho de quem recebeu o presente mais precioso possível: a vida eterna. Não deixe que nada nem ninguém roube isso de você.

PENSE

NÃO DEIXE QUE A INDIFERENÇA ALHEIA CALE O QUE VOCÊ SABE SER VERDADE.

ORE

Deus, que eu jamais perca o brilho nos olhos por causa da apatia dos outros. Restaura em mim a alegria da salvação e me dá coragem para compartilhar Teu amor com fidelidade. Em nome de Jesus, amém.

PLANO DE LEITURA BÍBLICA

Deuteronômio 9.13–11.17
Lucas 7.40–8.8
Salmos 45.6-12

ANOTAÇÕES

03

ABR

PAIXÃO DE CRISTO

A CRUZ NÃO É UM SÍMBOLO, É UMA SENTENÇA

Fui crucificado com Cristo. Assim, já não sou eu quem vive, mas Cristo vive em mim. A vida que agora vivo no corpo, vivo-a pela fé no filho de Deus, que me amou e Se entregou por mim.
GÁLATAS 2.20

PENSE

QUEM CRÊ EM JESUS PRECISA APRENDER A DIZER: "ESTÁ CONSUMADO" PARA A VIDA DE ANTES.

ORE

Jesus, deixo na Cruz quem eu fui para viver quem sou em Ti. Que não reste em mim nada que o Teu sangue já venceu. Ensina-me a morrer todo dia para viver de verdade. Em nome de Jesus, amém.

PLANO DE LEITURA BÍBLICA

Deuteronômio 11.18—13.11
Lucas 8.9-29
Salmos 45.13-17

ANOTAÇÕES

A CRUZ NUNCA FOI PENSADA PARA SER UM ACESSÓRIO bonito, logotipo de igreja ou peça de decoração. Era um instrumento de tortura, uma sentença lenta, humilhante e cruel. Nela, os piores criminosos eram pendurados. E foi exatamente ali que Jesus morreu. Não por ter feito algo errado, mas porque tomou o nosso lugar. A cruz que era nossa, Ele assumiu. A paixão de Cristo é o ponto de ruptura da velha humanidade. Naquele dia, o Céu silenciou, a terra tremeu e o véu se rasgou.

Jesus não apenas morreu por nós. Ele morreu como nós. O orgulho que carregamos, as mentiras que contamos, as decisões erradas que tomamos — tudo foi lançado sobre Ele. E quando Ele disse: "Está consumado", foi o anúncio de que a dívida foi paga. O inferno perdeu. O pecado foi vencido. A porta da graça se escancarou.

Mas aqui está algo que muitos evitam considerar: quem crê em Jesus morre com Ele. Existe uma consequência prática: viver de outro jeito. Se você ainda está agarrado às mesmas práticas, pensamentos e desculpas de antes, talvez ainda não tenha passado pela cruz, só tenha circulado em volta dela. A boa notícia é que a cruz não é o fim. É o começo. A morte que ela exige dá lugar à vida que só Deus pode oferecer.

E SE FOSSE VOCÊ?

[...] Se alguém o ferir na face direita, ofereça-lhe também a outra. E, se alguém quiser processá-lo e tirar de você a túnica, deixe que leve também a capa. Se alguém o forçar a caminhar com ele uma milha, vá com ele duas.
Mateus 5.39-41

Dar a outra face para quem nos fere está longe de ser fácil. Vai muito além de "esquecer" o mal que foi feito contra nós ou bancar o maduro que "não guarda mágoa". Envolve amar de verdade quem machucou você. Isso mesmo, amar quem traiu, desprezou ou apunhalou você pelas costas. Isso significa aproveitarmos toda oportunidade que tivermos para demonstrar o amor de Deus. Foi exatamente o que Cristo fez por nós.

Jesus não só decidiu se fazer homem, mas escolheu amar justamente no momento em que mais o desprezamos. Quer um exemplo parecido? José, em Gênesis. Foi vendido pelos próprios irmãos como escravo. Seria compreensível se, anos depois, com o poder nas mãos, ele dissesse: "Agora é a minha vez". Mas não. Ele perdoou. Sem escândalo, sem teatrinho de vingança.

Se hoje existem pessoas na sua vida que você precisa perdoar, faça isso. Mas perdão de verdade. Não é uma questão de tolerar quem fez mal a você, nem só engolir o orgulho e fingir que não doeu. Perdoar significa tratar quem feriu você como Cristo tratou você. Lembra? Quando você mais precisou, Ele não jogou nada na sua cara, não se afastou, mas permaneceu ao seu lado.

04
ABR

PENSE

JESUS NÃO VIROU O ROSTO PARA VOCÊ. POR QUE VOCÊ AINDA VIRA PARA O OUTRO?

ORE

Pai, ensina-me a amar como Tu amas. Dá-me graça para perdoar quem me feriu, não com palavras bonitas, mas com atitudes verdadeiras. Que eu reflita Teu coração, mesmo quando for difícil. Em nome de Jesus, amém.

PLANO DE LEITURA BÍBLICA

Deuteronômio 13.12—15.18
Lucas 8.30-51
Salmos 46.1-6

ANOTAÇÕES

05

ABR

PÁSCOA

PENSE

O EVANGELHO É VIOLENTO COM O PECADO ANTES DE SER DOCE COM O PECADOR.

ORE

Jesus, obrigado por derramar Teu sangue por mim. Que eu nunca trate como comum o que custou Tua vida. Ensina-me a viver com gratidão, temor e reverência diante da Cruz. Em nome de Jesus, amém.

PLANO DE LEITURA BÍBLICA

Deuteronômio 15.19—18.12
Lucas 8.52—9.17
Salmos 46.7-11

ANOTAÇÕES

A MESA QUE EXIGE SANGUE

Em seguida tomou o cálice, deu graças e o ofereceu aos discípulos, dizendo: "[...] Isto é o Meu sangue da aliança, que é derramado em favor de muitos, para perdão de pecados".
MATEUS 26.27-28

A PÁSCOA COMEÇA COM SANGUE NAS PORTAS, NÃO COM pão na mesa. Antes da refeição em família, houve morte no quintal. Um cordeiro foi imolado, e seu sangue, exposto, porque sem sangue não haveria livramento. Foi assim no Egito. E foi assim no Calvário. Jesus, ao celebrar a ceia com os discípulos, ergueu o cálice e disse: "Isto é o Meu sangue da aliança, que é derramado em favor de muitos, para perdão de pecados" (Mateus 26.28).

A mesa do Evangelho não é um banquete para celebrar boas intenções humanas. É uma mesa na qual a cruz fica no centro. Ali, não se come sem antes lembrar que alguém morreu. Afinal, não existe ressurreição sem morte. Não existe vida nova sem que o pecado tenha sido tratado com a seriedade que merece. Deus não minimizou a gravidade do pecado; Ele a expôs, confrontou, puniu e perdoou.

Celebrar a Páscoa é mais do que lembrar que Jesus venceu a morte. É lembrar que Ele sangrou por isso. Que houve custo. Que a salvação é gratuita para nós, mas não foi barata. E quem se assenta à mesa com Cristo precisa reconhecer isso com gratidão e viver como quem não trata esse sangue como algo comum. Nós fomos poupados, mas não isentos. Fomos alcançados, mas não por mérito algum. E agora, somos chamados a viver como quem entende o preço do que foi derramado.

NÃO SE SERVE DE QUALQUER JEITO

Logo um dos serafins voou até mim trazendo uma brasa viva, que havia tirado do altar com uma tenaz. Com ela tocou a minha boca e disse: "Veja, isto tocou os seus lábios; por isso, a sua culpa será removida, e o seu pecado será perdoado".
Isaías 6.6-7

06
ABR

Você quer servir a Deus, mas ainda guarda mágoa de irmãos da igreja, mente no trabalho e ora como quem cumpre tabela? Não funciona assim. Isaías só pôde dizer "Eis-me aqui" depois que uma brasa viva tocou sua boca. Antes de ser enviado, ele foi exposto. A culpa foi removida, e o pecado, perdoado.

Deus não chama quem faz pose. Ele chama quem se deixa ser moldado. Na vida real, isso significa rever como você trata quem o irrita, o que você vê no celular quando está sozinho, como você age quando ninguém está olhando. Significa parar de empurrar suas falhas para debaixo do tapete, achando que o serviço no ministério cobre a sujeira da alma.

Servir a Deus não é só cantar no culto, liderar célula ou postar versículo na internet. Envolve também encarar as áreas da sua vida que estão fora do controle, arrepender-se de verdade, pedir perdão, cortar vícios, escolher o certo mesmo quando é difícil e deixar o Espírito Santo mexer onde mais dói.

Talvez você esteja se oferecendo a Deus, mas do seu jeito, sem passar pelo altar. Só que Deus não usa "qualquer jeito". Ele transforma e purifica. A brasa ainda queima. Então, antes de levantar a mão dizendo "Eis-me aqui", pergunte a você mesmo se já deixou Deus tocar na parte mais suja da sua vida. Chega de fugir. Admita o que precisa mudar e permita que Deus comece por dentro. Só depois disso é que vem o "Eis-me aqui" com autoridade e verdade.

PENSE

SUA BOA INTENÇÃO NÃO SUBSTITUI PURIFICAÇÃO.

ORE

Senhor, vem com Tua chama purificadora e revela o que escondi no meu coração; consome toda impureza, restaura minha integridade e me capacita a servir com sinceridade e entrega total. Em nome de Jesus, amém.

PLANO DE LEITURA BÍBLICA

Deuteronômio 18.13—21.9
Lucas 9.18-41
Salmos 47.1-5

ANOTAÇÕES

07
ABR

ENTREGUE SEUS PLANOS

Ao homem pertencem os planos do coração, mas do SENHOR vem a resposta da língua. Todos os caminhos do homem lhe parecem puros, mas o SENHOR avalia o espírito. Consagre ao SENHOR tudo o que você faz, e os seus planos serão bem-sucedidos.
PROVÉRBIOS 16.1-3

NÃO ADIANTA FAZER MIL PLANOS E IGNORAR O FATO DE que só dará certo se forem consagrados a Deus. Você pode até tentar do seu jeito, mas não reclame depois se tudo desandar. Antes de dar qualquer passo, a pergunta não é: "Será que funcionará?"; é: "Deus está nisso?". Porque não basta alcançar bons resultados aos olhos humanos se o Senhor não aprovou. Ele está mais preocupado em tratar e cuidar do nosso coração do que em nos dar qualquer sucesso a olhos humanos.

Quando o povo hebreu vagava pelo deserto depois de sair do Egito, Deus os guiava de dia com uma nuvem e de noite com uma coluna de fogo. Nessa ocasião, Moisés, que os liderava, disse: "Se não fores conosco, não nos envies" (Êxodo 33.15). Traduzindo: "Pode até ser a Terra Prometida, pode ter leite e mel, mas se o Senhor não for junto, não vale nada". O que esse episódio deixa claro é que até mesmo as promessas que o Senhor nos dá perdem o valor se o deixamos de lado.

Você pode e deve fazer planos. Porém, antes, peça direção a Deus. Ele não deseja apenas ser incluído em sua vida, mas precisa ser o dono da sua mente, do seu coração e, sim, até daquela ideia "genial" que você teve. Portanto, nunca tente entrar na terra que Ele prometeu a você sem entregar tudo a Ele. Faça dos planos do Senhor os seus, não o contrário. Confie na vontade d'Ele e permita que Ele guie os seus passos.

PENSE

SE DEUS NÃO ESTÁ NO PLANO, O RESULTADO É ILUSÃO.

ORE

Senhor, quero Te entregar cada plano antes de qualquer passo. Não quero andar sem Tua presença. Guia minha mente, corrige minhas intenções e dirige meu coração. Que os Teus caminhos sejam os meus. Em nome de Jesus, amém.

PLANO DE LEITURA BÍBLICA

Deuteronômio 21.10–23.14
Lucas 9.42-62
Salmos 47.6-9

ANOTAÇÕES

AME COMO CRISTO AMOU

08
ABR

No amor não há medo; ao contrário o perfeito amor expulsa o medo, porque o medo supõe castigo. Aquele que tem medo não está aperfeiçoado no amor. Nós amamos porque Ele nos amou primeiro.
1João 4.18-19

Você já se pegou evitando pessoas? Fingindo que está tudo bem só para não ter de encarar uma conversa difícil? Talvez você diga que está "de boa", que "não vale a pena o estresse" ou que "está tentando manter a paz". Mas o nome disso, muitas vezes, é medo.

O amor expulsa o medo. Mas, na prática, o que vemos hoje são pessoas travadas; evitando conversa, desconfiando de tudo, fechadas emocionalmente. Gente machucada, com medo de não ser valorizada ou de não dar conta. E o pior: muitos usam a fé como escudo para não lidar com isso. Vão à igreja, mas em casa vivem pisando em ovos. No trabalho, procrastinam. No casamento, calam-se.

Não é isso que Jesus ensinou sobre amor. Ele veio para nos libertar dessas prisões internas. Amor não tem a ver com aparência. É uma decisão diária de se manter vulnerável, mesmo com risco de doer. Você precisa parar de se esconder atrás de justificativas e admitir que tem dificuldade de amar. Tem medo de se entregar e ser rejeitado, de não receber na mesma medida. E tudo bem sentir isso. Mas não dá para viver assim para sempre.

Cristo amou você primeiro, apesar de todas as suas falhas e crises. Você não precisa viver em modo de defesa o tempo todo, como se o amor fosse sempre uma ameaça. Não precisa levantar muros para se proteger de todo mundo. Amar é arriscado, sim, mas se fechar é mais perigoso ainda.

PENSE

JESUS NÃO SE PROTEGEU DE VOCÊ. POR QUE VOCÊ VIVE SE BLINDANDO DOS OUTROS?

ORE

Senhor, quero amar como Tu amas. Arranca de mim o medo, o ego e os julgamentos. Ensina-me a ver com compaixão, agir com justiça e viver um amor que transforma. Em nome de Jesus, amém.

PLANO DE LEITURA BÍBLICA

Deuteronômio 23.15—26.5
Lucas 10.1-22
Salmos 48.1-8

ANOTAÇÕES

09
ABR

NEM TODA LIBERDADE LIBERTA

Disse Jesus aos judeus que haviam crido nele: "Se vocês permanecerem firmes na minha palavra, verdadeiramente serão meus discípulos. E conhecerão a verdade, e a verdade os libertará".
João 8.31-32

Hoje em dia, é comum dizerem por aí que não existe certo e errado. Cada um vive do jeito que quer, cria suas próprias regras e chama isso de autenticidade. O problema dessa tal "liberdade" é que a pessoa acha que está livre, mas continua aprisionada. E somente Cristo pode libertá-la. Ele é a verdade que liberta, por mais que tentem encontrar outra saída.

Todas as vezes que alguém tenta resolver as coisas longe dos caminhos de Deus, até pode ter uma alegria momentânea, o famoso "está dando certo". Mas é só questão de tempo até a culpa bater na porta e lembrar que esse "certo" tem prazo de validade. E preste atenção: Deus não acusa ninguém, mas com amor corrige e traz de volta para o lugar seguro. A Bíblia é clara: o Senhor corrige quem ama (cf. Provérbios 3.12), e, como Seus filhos, nada é mais gratificante do que sermos exortados a caminhar na verdade, ainda que isso possa custar o nosso orgulho.

Não caia na armadilha de ideologias que só servem para massagear seu ego enquanto afastam você de Deus. Lembre-se de que "liberdade" não é fazer o que quiser, mas seguir a voz do Senhor. E pode acreditar: não existe satisfação maior do que viver a vontade d'Ele e, todo dia, experimentar a verdade que realmente liberta.

PENSE

NÃO TROQUE A VERDADE POR UMA FALSA IDEIA DE LIBERDADE.

ORE

Senhor, não quero viver preso a mentiras disfarçadas de liberdade. Que Tua Palavra seja meu guia. Corrige-me com amor e firma meus passos na verdade que liberta. Em nome de Jesus, amém.

PLANO DE LEITURA BÍBLICA

Deuteronômio 26.5–28.14
Lucas 10.23-42
Salmos 48.9-14

ANOTAÇÕES

FRAQUEZA NÃO É DESCULPA

10 ABR

E disse o Senhor: "Isso é para que eles acreditem que o Deus dos seus antepassados, o Deus de Abraão, o Deus de Isaque, o Deus de Jacó, apareceu a você".
Êxodo 4.5

Quando Deus ordenou que Moisés fosse até o Egito libertar o povo de Israel, ele, é claro, questionou o Senhor porque não se sentia capaz de enfrentar a autoridade do faraó. Moisés não entendia que o poder do Altíssimo era maior. Mas o Senhor, em Sua bondade (e muita paciência, diga-se de passagem), deu a ele os sinais que deveria apresentar como prova.

Deus não depende de milagre nenhum para provar quem é, mas faz sinais, sim, para que sejamos fortalecidos n'Ele. Se Ele quisesse, poderia ter libertado os israelitas com Suas próprias mãos. No entanto, Ele quis levantar Moisés como autoridade sobre os hebreus para mostrar o Seu poder. E nós? Também fomos chamados para apontar para Deus, porque a glória é d'Ele e de ninguém mais.

Se você acha que é incapaz de chegar ao lugar para o qual Deus o chamou, parabéns; você finalmente entendeu que não é sobre a sua capacidade. E só para reforçar, o Senhor já sabia de todas as suas falhas, inseguranças e desculpas antes de incluí-lo nos planos d'Ele. Mesmo assim, Ele o chamou. O poder d'Ele se aperfeiçoa justamente na sua fraqueza, não na sua autoconfiança. E não existe obstáculo grande o bastante para barrar o agir de Deus. Portanto, faça o que Ele mandou.

PENSE

SUA LIMITAÇÃO NÃO ANULA A ORDEM DE DEUS.

ORE

Senhor, sei que não sou capaz por mim mesmo, mas foste Tu quem me chamaste. Usa minha fraqueza para revelar Teu poder. Que minha vida aponte sempre para Tua glória. Em nome de Jesus, amém.

PLANO DE LEITURA BÍBLICA

Deuteronômio 28.15-68
Lucas 11.1-28
Salmos 49.1-6

ANOTAÇÕES

11
ABR

SEU CORAÇÃO NÃO É SEU GUIA

O coração é mais enganoso que qualquer outra coisa e sua doença é incurável. Quem é capaz de compreendê-lo? "Eu sou o SENHOR que sonda o coração e examina a mente, para recompensar a cada um de acordo com a sua conduta, de acordo com as suas obras".
JEREMIAS 17.9-10

NEM SEMPRE O QUE TRAZ "PAZ" VEM DE DEUS; ÀS VEZES, é só o alívio de fazer exatamente o que você queria. Do mesmo jeito, nem sempre as decisões tomadas em Deus geram alívio imediato. Por mais bem intencionados que pareçamos, nosso coração dificilmente nos levará para o caminho certo. Sempre escolheremos o conforto, a conveniência e, óbvio, aquela justificativa bonita para dizer que "foi Deus que falou", quando, na realidade, foi só o nosso ego querendo mais uma validação.

Jesus foi claro: a porta que leva à vida é estreita, e a da perdição, larga (cf. Mateus 7.13-14). O problema é que muitos amam o caminho largo, desde que venha com uma pitada de versículo fora de contexto, claro. Aí fica fácil justificar o conforto, a vontade própria, tudo embalado com a frase: "senti paz".

Se a sua "paz" apareceu do nada só porque ninguém mais confronta você, sinto informar: isso não é paz, é alívio. E alívio não é confirmação divina. A verdadeira paz nasce de uma consciência rendida. Obedecer dói, sim, mas é justamente aí que começa a liberdade de fato. Então, antes de dizer "foi Deus quem mandou", pergunte se foi Ele mesmo ou você. Porque o Senhor sonda o seu coração e sabe exatamente quando você está atrás de desculpa espiritual para fugir da Cruz.

PENSE

SEU CORAÇÃO MENTE BEM. POR ISSO DEUS EXIGE RENDIÇÃO.

ORE

Senhor, sonda meu coração e quebra toda ilusão que me afasta da Tua vontade. Que eu não confunda alívio com Tua paz, nem ego com direção. Ensina-me a obedecer, mesmo quando dói. Em nome de Jesus, amém.

PLANO DE LEITURA BÍBLICA

Deuteronômio 29—31.8
Lucas 11.29-54
Salmos 49.7-12

ANOTAÇÕES

ENTRE O QUE VOCÊ QUER E O QUE DEUS DIZ

Conheço as suas obras, sei que você não é frio nem quente. Melhor seria que você fosse frio ou quente! Assim, porque você é morno, não é frio nem quente, estou a ponto de vomitá-lo da minha boca.
APOCALIPSE 3.15-16

VOCÊ QUER PAZ, MAS ALIMENTA RANCORES QUE JÁ VIRARAM móveis fixos na sua alma. Quer direção, mas continua insistindo em controlar tudo. Quer cura, mas vive reabrindo feridas com atitudes que você mesmo escolhe repetir. Sabe o que é isso? Vida morna. Essa neutralidade emocional e espiritual contamina tudo. Seus relacionamentos, que vivem em ciclos de mágoa e reconciliação superficial. Sua mente, sempre confusa, ansiosa, sobrecarregada de pensamentos que você nunca filtra. Seu psicológico, que vive à beira do colapso. Aí, a pergunta que ninguém gosta de ouvir: até quando você continuará se sabotando?

Ou você muda de verdade, ou continua andando em círculos, frustrado com a vida, com os outros e até com Deus, quando, na verdade, o problema está em você. Hoje, delete aquele contato que só puxa você de volta para o que faz mal. Diga "não" para alguém a quem você sempre diz "sim" por medo de desagradar. Tire do seu celular o que expõe você ao que deveria estar lutando para superar. Organize sua mente como quem limpa um quarto: jogue fora o que não serve e coloque cada coisa no lugar. A vida exige decisões conscientes que sejam condizentes com o que você diz querer. Então, faça isso hoje. Não perca mais um dia.

12
ABR

PENSE

SE SUA FÉ NÃO EXIGE RENÚNCIA, É SÓ CONVENIÊNCIA.

ORE

Senhor, desperta em mim um arrependimento que transforma. Que o Teu fogo consuma toda apatia e cada escolha que me distancia da Tua vontade. Ensina-me a decidir com coragem, viver com amor e verdade. Em nome de Jesus, amém.

PLANO DE LEITURA BÍBLICA

Deuteronômio 31.9—32.35
Lucas 12.1-21
Salmos 49.13-20

ANOTAÇÕES

13

ABR

COVARDIA NÃO É FRUTO DO ESPÍRITO

Pois Deus não nos deu espírito de covardia, mas de poder, de amor e de equilíbrio.
2Timóteo 1.7

A covardia nem sempre tem cara de fuga ou desistência. Às vezes, ela se disfarça de passividade, de conformismo, de frases como "deixa pra lá", "é melhor evitar" ou "é assim mesmo". Mas viver assim não é prudência, é paralisia espiritual.

É covardia continuar fingindo que está tudo bem quando você já sabe que precisa buscar ajuda. É covardia continuar se anulando em nome de uma suposta paz, quando, por dentro, seu emocional está à beira de um colapso. É covardia achar que orar é suficiente, mas não tomar nenhuma atitude concreta para organizar a casa, o casamento, o coração, a vida.

Não aceite mais viver como quem anda pelas beiradas. Olhe de frente para o que está errado e comece a corrigir o que é possível. A coragem que você espera sentir não virá do nada. Ela aparecerá quando você der o primeiro passo, mesmo com medo. Deus deu tudo o que você precisa. Agora é sua vez de viver como quem acredita nisso.

PENSE

A COVARDIA QUE VOCÊ CHAMA DE "PAZ" O AFASTA DA TRANSFORMAÇÃO QUE DEUS QUER FAZER.

ORE

Pai, renova em mim Teu espírito de coragem, amor e domínio próprio. Que eu não me renda ao medo velado, mas enfrente minhas fraquezas, dê o primeiro passo e viva a liberdade que recebi em Cristo. Em nome de Jesus, amém.

PLANO DE LEITURA BÍBLICA

Deuteronômio 32.36—34
Lucas 12.22-41
Salmos 50.1-6

ANOTAÇÕES

SE ATÉ JESUS FOI REJEITADO...

14
ABR

E, enquanto estavam comendo, ele disse: "Digo que certamente um de vocês me trairá". Eles ficaram muito tristes e começaram a dizer-lhe, um após outro: "Com certeza não sou eu, Senhor!".
MATEUS 26.21-22

AS PESSOAS EM QUE MAIS CONFIAMOS SÃO, QUASE SEMPRE, as que mais nos machucam. E o pior: às vezes, podemos até ser traídos ou rejeitados por quem fazia parte de nosso círculo de amigos mais próximos. Mas quando passamos por isso, a primeira ordem não é se vingar: é perdoar. Depois, permanecer firmes em Deus. Porque, ao contrário dos "leais até o momento oportuno", o Senhor não nos abandona.

Enquanto estivermos aqui na Terra, estaremos sujeitos à rejeição. E antes de apontar o dedo, vale lembrar que nós mesmos já viramos as costas para Deus muitas vezes. Se até Jesus foi desprezado, você achou que com você seria diferente? Cristo já avisou que seríamos odiados e perseguidos por causa d'Ele. E, ainda assim, tem gente surpresa quando isso acontece. Mas não precisa entrar em pânico. Ele prometeu estar conosco e nos orientar (cf. Lucas 21.12-19). E quando a decepção o atingir, aproveite para fazer o que poucos fazem: ore por quem feriu você e siga em frente.

As rejeições que enfrentamos em nome de Jesus são, na verdade, selos de autenticidade do nosso testemunho. Então, não desanime quando alguém virar a cara; isso só mostra que você está fazendo as coisas do jeito certo. Lembre-se de que o Senhor está com você o tempo todo, passo a passo, minuto a minuto.

PENSE

O PROBLEMA NÃO É SER REJEITADO, É COMEÇAR A MENDIGAR ACEITAÇÃO.

ORE

Senhor, sei como dói ser rejeitado, mas também sei que Tu nunca me abandonas. Cura meu coração, fortalece minha fé e me ensina a perdoar de verdade. Escolho seguir firme Contigo. Em nome de Jesus, amém.

PLANO DE LEITURA BÍBLICA

Josué 1—3
Lucas 12.42—13.9
Salmos 50.7-15

ANOTAÇÕES

15
ABR

SIRVA COMO SE FOSSE PARA DEUS

[...] "Meu senhor, se mereço o seu favor, não passe pelo seu servo sem fazer uma parada. Mandarei buscar um pouco d'água para que lavem os pés e descansem debaixo desta árvore. Vou trazer a vocês também o que comer [...]".
GÊNESIS 18.3-5

A HOSPITALIDADE E A GENEROSIDADE SÃO PRINCÍPIOS básicos para quem diz seguir a Cristo. Em Gênesis 18, Abraão não pensou duas vezes: ele viu três homens passando e já correu para oferecer estadia, comida e até água para lavarem os pés. Ele entendeu que quem estava ali vinha da parte do Senhor e quis honrar como se fosse o próprio Deus entrando em sua casa.

Quer ver Deus Se mover? Sirva alguém. Milagre não visita casa trancada ou coração ocupado demais com si mesmo. Jesus disse que receber alguém é receber Ele mesmo. Mas muitos hoje querem ser servidos por Deus sem mover um dedo por ninguém. Querem promessas cumpridas, profecias liberadas, bênçãos caindo do Céu, mas não param nem para oferecer um copo d'água.

Quem tem passado pela sua porta? Quantas visitas você já ignorou porque "não era um bom momento"? Abraão não fazia ideia de quem eram aqueles homens; mesmo assim, honrou-os. Nunca se esqueça de que o seu milagre pode estar no próximo prato que você servir. Ou no simples gesto de parar para ouvir alguém. Quem aprende a honrar prepara o terreno fértil para o sobrenatural.

PENSE

SE JESUS BATESSE À SUA PORTA HOJE, VOCÊ O SERVIRIA OU MANDARIA ESPERAR?

ORE

Senhor, não quero viver fechado em mim mesmo. Abre meus olhos para enxergar quem precisa, e meu coração para servir com alegria. Que minha casa e minha vida estejam sempre prontas para Te receber. Em nome de Jesus, amém.

PLANO DE LEITURA BÍBLICA

Josué 4–6.19
Lucas 13.10-35
Salmos 50.16-23

ANOTAÇÕES

NÃO DUVIDE DO IMPOSSÍVEL

16
ABR

[...] "Como posso ter certeza disso? Sou velho, e minha mulher é de idade avançada". [...] "Agora você ficará mudo. Não poderá falar até o dia em que isso acontecer, porque não acreditou em minhas palavras [...]".
LUCAS 1.18, 20

DUVIDAMOS DAS PROMESSAS DE DEUS NÃO PORQUE ELE falha, mas porque a nossa fé é míope e só enxerga o que cabe em nossa lógica. Em vez de confiarmos no sobrenatural, preferimos a segurança da nossa planilha mental. E aí, assumimos o controle, como se soubéssemos o que estamos fazendo. O resultado disso é bagunça. Entramos para "ajudar" e só atrapalhamos. Transformamos processos simples em novelas dramáticas, tudo porque achamos que Deus precisa da nossa inteligência estratégica para cumprir o que prometeu.

Foi o caso de Zacarias, que recebeu um recado do anjo Gabriel. Sua esposa, já idosa, engravidaria. E o que ele fez? Duvidou e ainda quis discutir com o mensageiro de Deus. Zacarias fica, então, mudo. Literalmente. Ele passa nove meses sem falar nada porque argumentou com o anjo em vez de crer.

Deus é fiel para cumprir o que prometeu, disso você já sabe. No entanto, você precisa combater as dúvidas que ameaçam afastá-lo desse lugar de confiança no Senhor. Quando você permite que os questionamentos dominem sua mente, acaba flertando com a tentação de resolver tudo sozinho. Mas tem coisa que só Deus resolve, e quanto mais você tenta "ajudar", mais atrasa o processo. Entregue o controle nas mãos do Senhor e mantenha seus olhos n'Aquele que faz o extraordinário possível.

PENSE

VOCÊ SÓ ACREDITA NO QUE FAZ SENTIDO?

ORE

Senhor, perdoa minha incredulidade. Não quero mais tentar controlar o que só Tu podes fazer. Silencia minha ansiedade e fortalece minha fé para confiar, mesmo quando não entendo. Em nome de Jesus, amém.

PLANO DE LEITURA BÍBLICA

Josué 6.20 – 8.23
Lucas 14.1-24
Salmos 51.1-6

ANOTAÇÕES

17
ABR

QUEM JESUS É PARA VOCÊ?

[...] "Quem os outros dizem que o Filho do homem é?" Eles responderam: "Alguns dizem que é João Batista; outros, Elias; ainda outros, Jeremias ou um dos profetas". "E vocês?" [...] "Quem vocês dizem que eu sou?".
MATEUS 16.13-15

TODO MUNDO TEM UMA OPINIÃO SOBRE JESUS. MUITOS até dizem que creem, mas esse "crer" não muda nada no cotidiano. É uma fé de palavras soltas, sem prática. Para alguns, Cristo virou uma espécie de "guru social": ajudou os pobres, disse umas coisas bonitas aqui e ali e foi embora. Soberania? Milagre? Autoridade? Isso já é pedir demais para quem só quer uma fé decorativa.

Quando Jesus pergunta quem os discípulos pensavam que Ele era, Pedro responde, inspirado pelo Espírito Santo, que Ele era o Cristo. Jesus, então, declara sobre a vida de Pedro uma nova identidade. Interessante, não? Quando reconhecemos quem Jesus é, descobrimos quem nós somos.

Se, para você, Jesus é só alguém que "resolve problemas" ou "melhora o seu dia", sua identidade continuará remendada por opiniões alheias, traumas e expectativas frustradas. Mas quando reconhece que Ele é o Cristo, você começa a entender quem você é de verdade: um filho, chamado, capacitado, posicionado com autoridade e propósito.

Então, não se descreva mais com base em dores ou fracassos. Troque o "eu sou assim mesmo" por "quem eu sou no Senhor?". Volte para a Palavra e veja o que Deus já declarou sobre você. Liste hoje o que tem guiado sua autoimagem e confronte cada mentira com a verdade. Porque quanto mais claro Jesus se torna para você, mais firme você se torna em quem nasceu para ser.

PENSE

SE JESUS É SÓ UMA FIGURA BONITA NO SEU IMAGINÁRIO, TALVEZ AINDA NÃO SEJA SEU SENHOR.

ORE

Senhor, não quero Te conhecer só de ouvir falar. Revela quem Tu és e mostra quem sou em Ti. Que minha vida reflita Tua autoridade e leve Teu Reino onde eu pisar. Em nome de Jesus, amém.

PLANO DE LEITURA BÍBLICA

Josué 8.24—10.19
Lucas 14.25—15.10
Salmos 51.7-15

ANOTAÇÕES

VOCÊ É FIEL NO POUCO?

Para tudo há uma ocasião certa; há um tempo certo para cada propósito debaixo do céu: Tempo de nascer e tempo de morrer, tempo de plantar e tempo de arrancar o que se plantou, tempo de matar e tempo de curar, tempo de derrubar e tempo de construir [...].
ECLESIASTES 3.1-3

NÃO É PORQUE O TEMPO ESTÁ PASSANDO QUE VOCÊ DEVE viver feito desesperado. A ansiedade de "ter que resolver tudo agora" tem adoecido a mente de muitos, roubado sua paz e sabotado suas decisões. As pessoas acordam cansadas, dormem preocupadas e sentem que estão sempre devendo algo a alguém. Mas a verdade é que você está tropeçando não por falta de tempo, e sim por falta de direção.

O problema não é o quanto você tem, mas o que está fazendo com isso. Muita gente diz que quer mudanças, mas não cuida nem do básico. Não cuida da saúde, mas pede a Deus por anos de vida. Não cuida do casamento, mas ora por reconciliação. Não cuida da mente, mas reclama que vive estressado. Está tudo na superfície.

Deus não fará por você o que é sua responsabilidade. Na parábola dos talentos, um dos servos enterrou o talento porque achou pouco. E você? Está enterrando sua fé porque não vê resultado? Está enterrando seu casamento porque "já tentou de tudo"? Está enterrando seu chamado porque "ninguém reconhece"?

A pergunta não é o que falta, e sim o que você está fazendo com o que já tem? Está cuidando da sua casa? Do seu emocional? Do seu tempo com Deus? Está sendo intencional ou só esperando que algo mude? Seja fiel no pouco. Leia aquele livro esquecido, marque a conversa difícil que tem evitado, volte a orar. O tempo certo é agora, e o pouco que você fizer com fidelidade Deus transforma em muito.

---

18 ABR

PENSE

"É POUCO" VIROU DESCULPA PARA QUEM NÃO QUER SER FIEL.

ORE

Senhor, ensina-me a confiar no Teu tempo perfeito, a usar com sabedoria o que me deste, vivendo com propósito e serenidade em cada estação da vida. Em nome de Jesus, amém.

PLANO DE LEITURA BÍBLICA

Josué 10.20–12.6
Lucas 15.11-32
Salmos 51.16-19

ANOTAÇÕES

19

ABR

NADA É EM VÃO

Indo um pouco mais adiante, prostrou-se e orava para que, se possível, fosse afastada d'Ele aquela hora. E dizia: "*Aba*, Pai, tudo Te é possível. Afasta de Mim este cálice; contudo, não seja o que Eu quero, mas sim o que Tu queres".
MARCOS 14.35-36

PENSE

PARE DE PROCURAR SAÍDAS ONDE NÃO HÁ NADA.

ORE

Pai, mesmo quando eu não entender, quero confiar. Se não for possível desviar da dor, que eu tenha coragem de obedecer. Que a Tua vontade prevaleça sobre a minha. Em nome de Jesus, amém.

PLANO DE LEITURA BÍBLICA

Josué 12.7–14.5
Lucas 16.1-21
Salmos 52.1-5

ANOTAÇÕES

NO AUGE DA ANGÚSTIA, ATÉ JESUS PEDIU PARA NÃO TER de passar pelo pior. Sim, o Filho de Deus — perfeito, santo, soberano — também disse: "Pai, se possível, afasta de Mim este cálice". Contudo, Ele não correu, não barganhou, nem tentou negociar outra rota. Ele confiava que, mesmo que não houvesse livramento, a vontade do Pai ainda era o melhor caminho. E era. Porque sem cruz não haveria redenção.

Existem momentos em que não compreendemos por que o Senhor permite o sofrimento. Mas só porque não entendemos o motivo não quer dizer que Ele perdeu o controle. As angústias e tribulações que enfrentamos, muitas vezes, contribuem para o propósito de Deus. Afinal, a missão que temos aqui na Terra não gira em torno do nosso bem-estar. Isso significa que nossa obediência e devoção muitas vezes nos conduzirão a lugares onde teremos de passar por momentos difíceis.

A boa notícia é saber que nada do que você passa é à toa. Não existe redenção e vitória sem o Getsêmani e a Cruz. E se você acha que viverá o propósito escapando da dor, está enganado. Em Cristo, dá para encarar o que vier, porque Ele já venceu tudo. Saber dessa verdade deve ser mais que suficiente para motivá-lo a encarar qualquer provação.

VOCÊ PODE ENTRAR

20
ABR

E o véu do santuário rasgou-se em duas partes, de alto a baixo.
MARCOS 15.38

QUANTAS VEZES VOCÊ JÁ SE SENTIU TRAVADO? DIANTE da porta, mas sem coragem de girar a maçaneta? Pode ser um relacionamento que não deu certo e você nunca mais conseguiu confiar em ninguém. Talvez um projeto engavetado há anos porque alguém disse que não era para você. Ou aquele medo absurdo de falhar, de tentar mais uma vez e ouvir o famoso “eu avisei”.

A vida vai criando “véus” invisíveis entre você e aquilo que importa: segurança emocional, reconciliação, recomeço, paz. E esses véus não rasgam sozinhos. Eles se tornam muros quando você começa a acreditar que não merece mais ser feliz, que não dará conta, que é tarde demais.

Mas veja bem: o véu rasgou. O que impede você hoje é a falta de decisão. Você está esperando permissão de quem para se levantar? A vergonha que você sente, a culpa que carrega, os traumas que esconde; tudo isso está aí, mas nenhum tem mais poder do que sua escolha de ir adiante.

Você continuará vivendo à margem da própria vida? Enquanto você se sabota, o tempo passa, e você segue sentado na plateia do que deveria ser o palco da sua história. Pare de pedir desculpas por existir. Pare de alimentar o sentimento de que precisa sofrer mais um pouco antes de merecer algo bom. A vida não parará para você se decidir. A porta está aberta; ou você entra, ou passará mais um ano à espera de um sinal que já foi dado há muito tempo.

PENSE

SE A PORTA JÁ FOI ABERTA, POR QUE VOCÊ AINDA VIVE COMO QUEM NÃO PODE ENTRAR?

ORE

Pai, rasga o véu que me impede, liberta minha mente e dá-me coragem para atravessar a porta que abriste, fazendo-me viver plenamente a liberdade que a morte de Cristo conquistou. Em nome de Jesus, amém.

PLANO DE LEITURA BÍBLICA

Josué 14.6—15.47
Lucas 16.22—17.10
Salmos 52.6-9

ANOTAÇÕES

21

ABR

TIRADENTES

PENSE

DEUS NÃO SE FEZ CARNE E MORREU EM UMA CRUZ PARA FORMAR MILITANTES

ORE

Senhor, livra-me de lutar por fora e me perder por dentro. Transforma primeiro meu coração, para que tudo o que eu defenda nasça do Teu Espírito. Que eu nunca troque minha alma por nenhuma causa. Em nome de Jesus, amém.

PLANO DE LEITURA BÍBLICA

Josué 15.48–18.10
Lucas 17.11-37
Salmos 53

ANOTAÇÕES

CAUSAS CERTAS, CORAÇÕES ERRADOS

Pois, que adianta ao homem ganhar o mundo inteiro e perder a sua alma?
MARCOS 8.36

LUTAR POR JUSTIÇA É ALGO NOBRE. DEFENDER O OPRImido, combater abusos, exigir liberdade; tudo isso condiz com o coração de Deus. Mas se tem algo que a História nos ensina — e não estou falando a respeito da figura de Tiradentes — é que até as melhores causas desmoronam quando quem as defende continua dominado pelo ego, pela sede de poder ou pela falta de amor ao próximo. Sem transformação interior, toda revolução acaba reproduzindo o mesmo mal que tentou combater.

Jesus apresentou outro caminho. Ele também confrontou estruturas sociais injustas, mas foi além. Ele morreu não só para mudar o cenário, mas para dar ao ser humano uma libertação eterna. Enquanto revoluções tentam consertar o mundo por fora, o Evangelho começa do lado de dentro. Seguir a Cristo envolve mais do que aderir a causas.

Não adianta gritar por justiça pública e ignorar a injustiça privada que você tolera dentro de você mesmo. Defender causas certas com um coração corrompido é como tentar limpar uma cidade jogando lixo para debaixo do tapete. Antes de levantar uma bandeira, pergunte: isso nasce do Espírito ou do meu ego? Não adianta ganhar visibilidade, influência ou até uma causa vitoriosa e perder a alma no processo. O Evangelho nos chama, sim, para lutarmos por liberdade, mas também para vivermos como quem já foi libertado.

PARE DE FINGIR ARREPENDIMENTO

"Muitas vezes castiguei os seus jardins e as suas vinhas, castiguei-os com pragas e ferrugem. Gafanhotos devoraram as suas figueiras e as suas oliveiras, e mesmo assim vocês não se voltaram para mim", declara o SENHOR.
AMÓS 4.9

DEUS NÃO ESTÁ INTERESSADO EM ENCENAÇÕES. ELE responde à mudança real. Aquele arrependimento que muda suas conversas, seus hábitos e sua forma de agir. Que muda o que você assiste, o que você tolera, com quem você anda e até o que você justifica.

Você diz estar arrependido, mas ainda alimenta mágoas passadas, faz vista grossa para padrões que estão destruindo sua casa e afins. Isso não é arrependimento. É só discurso, e discurso não muda vida nenhuma.

Quantas vezes o Senhor já mexeu nas suas estruturas? No seu casamento? Nas suas emoções? No seu emprego? E mesmo assim você não se voltou para Ele de verdade. Só chorou, pediu perdão, e assim que a crise passou, voltou para o mesmo buraco. Arrependimento não é um sentimento. É uma decisão. É quando você reconhece que está errado e decide nunca mais seguir naquele caminho. É como um pai que tira o celular do filho porque ele não sabe usar com responsabilidade. A intenção não é punir, mas ensinar. Deus faz o mesmo com a gente. Mas tem alguns que, em vez de aprender, só fingem que entenderam.

Sua transformação começará no dia em que você parar de justificar seu comportamento e começar a se humilhar diante de Deus. Você quer a bênção do Senhor sobre sua casa? Então pare de brincar de cristão. Feche as brechas. Corte o que precisa ser cortado. Arrependa-se de verdade.

22
ABR

PENSE

ARREPENDIMENTO SEM MUDANÇA É SÓ TEATRO BARATO.

ORE

Senhor, dá-me um arrependimento que transforme minhas atitudes e me livre das desculpas. Purifique minhas escolhas e restaure minha comunhão Contigo. Que eu me humilhe de verdade e caminhe em santidade. Em nome de Jesus, amém.

PLANO DE LEITURA BÍBLICA

Josué 18.11—19.39
Lucas 18.1-21
Salmos 54

ANOTAÇÕES

23
ABR

LUZ OU SÓ MAIS UM?

Disse o SENHOR: "Farei desaparecer da face da terra o homem que criei, os homens e também os animais, grandes e pequenos, e as aves do céu. Arrependo-me de havê-los feito". A Noé, porém, o SENHOR mostrou benevolência.
GÊNESIS 6.7-8

DEUS NOS CHAMOU PARA SERMOS SAL E LUZ. FILHOS que fazem a diferença, não cópias baratas do mundo. Quando quem diz servir a Deus começa a agir igual a quem não serve, o impacto é zero. E isso revela desobediência. Fomos chamados para agradar a Deus, não as pessoas. Se alguém se incomodar com suas escolhas, paciência. Desde que estejam alinhadas com os princípios do Céu, pode deixar o resto nas mãos do Senhor. O mundo já tem gente demais tentando agradar todo mundo.

Noé e sua família foram os únicos poupados quando Deus resolveu fazer uma limpa geral na humanidade, porque Noé não se vendeu à maldade generalizada. Quando o Senhor mandou construir uma arca porque viria um dilúvio, ele obedeceu imediatamente. E detalhe: nunca tinha caído uma gota de chuva na Terra. Ou seja, para todo mundo ele era o "maluco da arca". Mesmo assim, ele a construiu.

Você foi chamado para ser luz, e luz que fica escondida é inútil. Não queira copiar e se mesclar a quem está no mundo. E se você abrir espaço, por menor que seja, para culturas que se opõem a Deus, não se espante quando ninguém mais enxergar Jesus em você. Afinal, se você age igual a todo mundo, por que alguém acreditaria que você serve a um Deus diferente? A verdadeira diferença está em se posicionar, mesmo que pareça o único lúcido numa geração que aplaude o absurdo.

PENSE

SE NINGUÉM NOTA DIFERENÇA EM VOCÊ, ALGO ESTÁ ERRADO.

ORE

Senhor, não quero ser mais um na multidão. Dá-me coragem para obedecer, mesmo que ninguém entenda. Que minha vida mostre quem Tu és, com verdade, firmeza e luz. Em nome de Jesus, amém.

PLANO DE LEITURA BÍBLICA

Josué 19.40–21.33
Lucas 18.22-43
Salmos 55.1-8

ANOTAÇÕES

SUA FÉ RESISTE AO DESERTO

[...] Deus não o guiou pela rota da terra dos filisteus, embora esse fosse o caminho mais curto [...]. Assim, Deus fez o povo dar a volta pelo deserto, seguindo o caminho que leva ao mar Vermelho. Os israelitas saíram do Egito preparados para lutar.
Êxodo 13.17-18

Você está irritado porque o que era para ser uma fase virou rotina? Talvez Deus esteja protegendo você de um caminho curto demais para sua maturidade. O que hoje parece demora é, na verdade, preservação. Você chama de "deserto", mas o nome disso é processo. E o processo dói porque revela o quanto estamos apegados a uma vida que já deveria ter sido deixada para lá. E o pior: quando a resposta atrasa, você começa a sentir falta até daquilo que fazia mal. Igual gente que termina um relacionamento tóxico e, por carência, começa a lembrar só das coisas boas. Como se um buquê de flores apagasse anos de controle, frieza e manipulação.

A fé de verdade resiste ao deserto. Deus não entregará a você um destino novo se sua mentalidade ainda é velha. Se a sua fé desmorona toda vez que as coisas saem do seu controle, talvez você esteja mais apegado à comodidade do que a um propósito. Então, respire. Se está difícil, é porque você está avançando. Só tropeça quem está andando, não? A terra prometida não é para quem anda rápido. É para quem suporta o processo sem retroceder.

24 ABR

PENSE

CORAÇÃO PRESO AO PASSADO NÃO SUPORTA AS EXIGÊNCIAS DO FUTURO.

ORE

Senhor, concede-me força para abraçar o deserto que me lapida, confiar na rota que traçaste e resistir ao atalho que promete rapidez, mas rouba meu crescimento. Que eu caminhe com fé e firmeza. Em nome de Jesus, amém.

PLANO DE LEITURA BÍBLICA

Josué 21.34—23.10
Lucas 19.1-23
Salmos 55.9-19

ANOTAÇÕES

25

ABR

E SE O CHÃO SUMIR?

Tu és o Deus que realiza milagres; [...] Com o Teu braço forte resgataste o Teu povo, os descendentes de Jacó e de José. As águas Te viram, ó Deus, as águas Te viram e se contorceram; até os abismos estremeceram.
Salmos 77.14-16

PENSE

SE O CHÃO SUMIU, TALVEZ DEUS QUEIRA AJUSTAR ONDE VOCÊ PISA.

ORE

Senhor, Tu és meu alicerce quando tudo desaba. Sustenta-me com Teu braço forte, acalma meu coração inquieto e revela Teus prodígios na minha vida. Em nome de Jesus, amém.

PLANO DE LEITURA BÍBLICA

Josué 23.11–24
Lucas 19.24-48
Salmos 55.20-23

ANOTAÇÕES

Há dias em que a vida faz barulho demais. O chão desaparece, e é como se tudo que dava a você um mínimo de segurança tivesse se dissolvido. E o pior é que ninguém preparou você para dias assim. Disseram que era só fazer o certo que tudo daria certo. Mas o certo virou um conceito elástico, relativo. Você tenta ser justo, mas é ignorado. Tenta ser bom, mas é explorado. Tenta se preservar, mas é taxado de frio. De repente, você não sabe mais onde pisa. É nesse momento que o coração busca sustentação em tudo quanto é lugar, mas nada resolve a questão.

Se até os fundamentos da natureza estremecem, quem você pensa que é para manter tudo no eixo o tempo inteiro? Sua saúde emocional não depende de controlar tudo. Seu equilíbrio mental não está em calcular todos os riscos. Chega uma hora em que o controle não é mais opção, e sim uma ilusão.

Há momentos em que a vida ficará instável. E nessas horas, o que mantém você inteiro não é a ausência de problemas, mas a clareza de que sua estrutura não depende só do que está sob seus pés. Às vezes, o chão some para que você repare no que vinha ignorando. Talvez esse seja o momento de rever o que você anda chamando de normal. Porque se o seu normal é viver sobrecarregado, em guerra com sua própria cabeça, tentando parecer bem para salvar aparências, então o chão que sumiu pode ser a melhor coisa que já aconteceu.

QUEM MANDA EM VOCÊ?

[...] sabemos que a tribulação produz perseverança; a perseverança, um caráter aprovado; e o caráter aprovado, esperança. E a esperança não nos decepciona, porque Deus derramou Seu amor em nossos corações [...].
Romanos 5.3-5

Existem dias em que tudo parece conspirar para tirar você do eixo, e você se perde: no humor, nas palavras, nas reações. No fim do dia, só sobra aquela sensação de ter sido engolido por tudo o que estava fora de você. Mas preste atenção: o que acontece à sua volta não pode definir o que você pensa. Se tudo o que você sente e pensa depende de como o mundo está, você está sendo guiado por circunstâncias. E se o seu interior sempre for uma resposta ao exterior, você dificilmente terá paz. Porque sempre haverá um problema, uma crise, aqui e ali.

Pessoas maduras espiritualmente são as que conseguem manter a mente em ordem quando o ambiente está um caos. Elas não reagem a tudo nem vivem conforme o barulho da rua, a opinião dos outros ou a loucura da sociedade. Afinal, aprenderam a filtrar. Sabem que nem todo comentário merece resposta, nem todo pensamento merece atenção.

Deus não quer que você seja alguém que vive refém do que sente ou do que vê. Ele deseja formar em você um caráter resistente e equilibrado. E esse caráter só se constrói quando você decide submeter sua mente a Ele. Pense nisto: quem governa os seus pensamentos? A situação que o rodeia ou a verdade que o sustenta?

26 ABR

PENSE

FILTRAR O QUE VOCÊ PENSA OU SENTE É TÃO ESPIRITUAL QUANTO ORAR.

ORE

Senhor, molda meu caráter para que as tribulações gerem perseverança em mim. Fortalece minha mente para eu não ser refém das circunstâncias e derrama em meu coração uma esperança viva que resista ao caos. Em nome de Jesus, amém.

PLANO DE LEITURA BÍBLICA

Juízes 1—2
Lucas 20.1-26
Salmos 56.1-7

ANOTAÇÕES

27
ABR

SUA LÓGICA TEM ROUBADO SUA OBEDIÊNCIA?

Confie no SENHOR de todo o seu coração e não se apoie em seu próprio entendimento; reconheça o SENHOR em todos os seus caminhos, e Ele endireitará as suas veredas. Não seja sábio aos seus próprios olhos; tema ao SENHOR e evite o mal.
PROVÉRBIOS 3.5-7

A SABEDORIA DE DEUS NÃO TEM NADA A VER COM A HUMANA, e isso incomoda quem acha que entende tudo. Se você quer ser realmente sábio, terá de abandonar essa mania de achar que sua opinião é referência. É a perspectiva do Céu que define o que é certo, não a sua visão limitada do mundo. O Senhor não está interessado em validar o que você "acha". Ou você se alinha aos princípios d'Ele, ou continua vivendo do seu jeito.

Quando nos guiamos pelo que pensamos, sem consultar a Deus, isso tem um nome: desobediência. Ainda que julguemos ter a melhor das intenções. Um exemplo disso foi quando Saul contrariou a orientação divina dada por meio do profeta Samuel e não exterminou todos os amalequitas. Ele resolveu fazer do jeito dele e poupou o que era para ser destruído. Como consequência, perdeu a unção, o trono e entrou para a História como o rei que trocou obediência por opinião.

Não vale a pena bancar o esperto e perder o que Deus quer derramar sobre sua vida só para fazer o que você acha que é certo. Nossa lógica é limitada, frágil e muitas vezes contaminada pelo nosso orgulho. Então pare de tomar decisões no impulso e aprenda a colocar suas decisões diante do Senhor. Lembre-se: quanto mais sua vida se alinhar com os princípios divinos, mais sabedoria você terá.

PENSE

SER SÁBIO É FAZER O QUE DEUS ORDENA, NÃO O QUE VOCÊ JULGA APROPRIADO.

ORE

Senhor, não quero viver guiado pela minha lógica, mas pela Tua vontade. Corrige meu orgulho, alinha meus passos Contigo e ensina-me a confiar, mesmo quando não entendo. Em nome de Jesus, amém.

PLANO DE LEITURA BÍBLICA

Juízes 3–4
Lucas 20.27-47
Salmos 56.8-13

ANOTAÇÕES

O QUE OS OLHOS NÃO VEEM

Pela fé entendemos que o universo foi formado pela palavra de Deus, de modo que aquilo que se vê não foi feito do que é visível.
HEBREUS 11.3

VOCÊ ESTÁ ACOSTUMADO A CONFIAR NO QUE VÊ? TALVEZ a vida inteira tenham ensinado você que "ver é acreditar". Mas o Reino de Deus segue outra lógica: é crendo que você passa a ver.

Essa é a diferença entre quem espera ver para crer e quem avança. Quem segue decide com base em convicção. Gente assim não precisa de confirmação ou certeza. Caminha porque sabe quem está guiando, mesmo sem enxergar tudo, mesmo sem ter todas as respostas.

Mas sejamos honestos: quantas vezes você paralisou porque a situação parecia sem saída? Você evitou decisões porque não queria correr riscos. Se o salário não estava certo, não dava o passo. Se o cenário não mudava, você congelava. Se o emocional não aliviava, você se entregava à dúvida. O problema é este: você está esperando o natural confirmar o que já foi definido no invisível.

Só que o mundo visível é sempre o último a reagir. Tudo o que realmente importa começa no invisível. O Universo foi formado pela Palavra. Não por diagnósticos, contas ou circunstâncias. Se você está esperando ver mudança para acreditar que algo está acontecendo, viverá estagnado. A transformação começa antes da prova. O resultado só aparece depois que você decide se mover. A realidade mais importante não é a que os olhos mostram; é a que foi declarada por Deus.

PENSE

O SOBRENATURAL NÃO É ALCANÇADO COM LÓGICA HUMANA.

ORE

Senhor, pela fé que ultrapassa o visível, ensina-me a confiar na Tua Palavra antes de ver o resultado. Que eu avance guiado pelo Teu Espírito, firme em convicção e coragem. Em nome de Jesus, amém.

PLANO DE LEITURA BÍBLICA

Juízes 5—6.26
Lucas 21.1-24
Salmos 57.1-6

ANOTAÇÕES

29
ABR

SAIBA QUANDO DEVE IR EMBORA

"[...] Você bem sabe quanto trabalhei para você". Mas Labão lhe disse: "Se mereço sua consideração, peço-lhe que fique. Por meio de adivinhação descobri que o SENHOR me abençoou por sua causa".
GÊNESIS 30.26-27

PENSE

VOCÊ NÃO NASCEU PARA VIVER À SOMBRA DE NENHUM LABÃO.

ORE

Senhor, abre meus olhos para reconhecer quando é hora de partir. Não quero viver preso ao que já terminou. Guia meus passos com coragem e verdade. Leva-me para onde Tua vontade floresce. Em nome de Jesus, amém.

PLANO DE LEITURA BÍBLICA

Juízes 6.27—8.17
Lucas 21.25—22.6
Salmos 57.7-11

ANOTAÇÕES

VOCÊ ESTÁ SE DOANDO DEMAIS PARA QUEM SÓ SABE explorá-lo? Gente que se beneficia do seu esforço, mas nunca reconhece de verdade quem você é? Foi exatamente o que aconteceu com Jacó. Labão sabia que prosperava porque Jacó estava ali. Mas, mesmo assim, enganou Jacó por anos. E o mais cínico? Quando Jacó finalmente decidiu sair dali, Labão teve a audácia de implorar para ele ficar.

Há momentos em que ficar dói mais do que ir embora. Contudo, Deus não chamou você para viver como refém do medo, da chantagem emocional ou da conveniência alheia. Você não está acorrentado a emprego nenhum, a amizade tóxica nenhuma, nem a situação que o enfraqueça "só porque sempre foi assim".

Se você perceber que o ambiente já não é coerente com a direção de Deus hoje, saia daí. Deus tem novidade de vida, mas é necessário parar de insistir em ficar em um lugar cujo prazo de validade já está vencido. Siga em frente sem olhar pelo retrovisor. Deus ainda tem bênçãos reservadas para você.

VOCÊ ESTÁ DESMORONANDO?

O Deus de toda a graça, que os chamou para a Sua glória eterna em Cristo Jesus, depois de terem sofrido por pouco tempo, os restaurará, os confirmará, os fortalecerá e os porá sobre firmes alicerces.
1PEDRO 5.10

VOCÊ NÃO ESTÁ DESMORONANDO. SÓ CONSTRUIU DEMAIS em cima de pouco. Chamou de "chamado" o que era só empolgação. Chamou de "paz" o que, na verdade, era uma fuga da decisão. Empilhou expectativas em cima de pessoas instáveis e se apoiou mais na emoção do que na direção. Agora tudo está balançando, e não, não é culpa do diabo, nem de inveja ou olho gordo. É só o reflexo de um cálculo mal feito.

Pedro não está dizendo que Deus impedirá o sofrimento. Ele está dizendo que depois do baque, Deus restaurará, confirmará, fortalecerá e firmará você. Não antes. Ou seja, o sofrimento não é um erro de percurso; é parte do processo. Deus permite o colapso do que foi mal construído não por crueldade, mas por misericórdia. Ele não faz acabamento em estrutura torta. Às vezes, o que você chama de ataque é Deus derrubando o que você insistiu em construir sem Ele. E até isso é graça.

A escolha é sua. Ou continua vivendo de aparência, ou se lança de uma vez sobre quem é, de fato, a sua base. Quando Cristo é o alicerce, você pode chorar ou se sentir exausto, até tropeçar, mas sabe que o "pouco tempo" de sofrimento não é o ponto-final. É Deus limpando o entulho e dizendo: "Agora sou Eu que construo".

30
ABR

PENSE

VOCÊ ESTÁ DESMORONANDO OU SÓ COLHENDO O QUE PLANTOU SEM A DIREÇÃO DE DEUS?

ORE

Senhor de toda graça, confio em Tua restauração. Prepara-me para renascer sobre alicerces firmes, entrego a Ti meus entulhos e recebo Tua misericórdia que reconstrói. Em nome de Jesus, amém.

PLANO DE LEITURA BÍBLICA

Juízes 8.18—9.41
Lucas 22.7-26
Salmos 58

ANOTAÇÕES

QUER AGRADAR A "CAPETOLÂNDIA"? BASTA SEGUIR TUDO O QUE SUAS EMOÇÕES MANDAM.

MAIO

1º
MAIO
DIA DO TRABALHO

CANSAR POR COISAS ETERNAS VALE A PENA

Enquanto é dia, precisamos realizar a obra d'Aquele que Me enviou. A noite se aproxima, quando ninguém pode trabalhar.
João 9.4

PENSE

O CÉU VÊ SENTIDO ONDE, MUITAS VEZES, O MUNDO SÓ ENXERGA ROTINA.

ORE

Senhor, ensina-me a valorizar o tempo e a usar cada dia com propósito. Que meu trabalho revele Teu amor, mesmo nos detalhes. Não me deixes perder tempo com o que não edifica. Usa-me como instrumento Teu, onde quer que eu esteja. Em nome de Jesus, amém.

PLANO DE LEITURA BÍBLICA

Juízes 9.42–11.27
Lucas 22.27-53
Salmos 59.1-5

ANOTAÇÕES

Todo mundo está construindo alguma coisa. Alguns investem em uma carreira, outros acumulam bens, outros correm atrás de reconhecimento. Mas Jesus nos lembrou de que existe outro tipo de esforço que realmente vale a pena: realizar a obra do Senhor enquanto é dia. Porque o tempo é curto, e o que é eterno não espera.

Trabalhar duro nunca foi o problema. O problema é gastar o tempo com coisas que não durarão. Servir ao Reino não significa abandonar sua profissão. No entanto, o serviço exige consciência. É importante enxergar missão até nos detalhes. E estou falando sobre entender que seu escritório pode ser um campo, sua empresa pode ser seu ministério, seu esforço pode ser uma semente. Missão não é só pregar; é viver de forma que revele Deus. Paulo não disse que nosso trabalho seria reconhecido; ele disse que não seria em vão (cf. 1Coríntios 15.58). E isso já muda tudo.

Talvez ninguém aplauda o que você faz. Talvez pareça pequeno, cansativo, repetitivo. Mas aos olhos do Senhor não passa despercebido. Deus usa gente comum, em tarefas comuns, para fazer diferença onde poucos estão olhando. E no fim das contas, o que Ele constrói por meio do seu esforço ninguém pode derrubar.

SEU AMOR É IGUAL AO DE CRISTO?

02
MAIO

[...] "Ame o Senhor, o seu Deus, de todo o seu coração, de toda a sua alma, de todas as suas forças e de todo o seu entendimento" e "Ame o seu próximo como a si mesmo". Disse Jesus: "Você respondeu corretamente. Faça isso e viverá". Mas ele, querendo justificar-se, perguntou a Jesus: "E quem é o meu próximo?".
LUCAS 10.27-29

AMAR É UM MANDAMENTO. Ao contrário do que muitos pensam, o amor não é consequência de boas impressões. Ou seja, quando a outra pessoa é legal, cheirosa ou tem a mesma opinião política. Pelo contrário, amar consiste em estender graça a todos à nossa volta, sem exceção. Não dá para selecionar pessoas, como se estivesse montando uma playlist. O amor de Cristo não é seletivo, então por que o seu seria? O verdadeiro teste é olhar com compaixão para quem irrita, desafia ou ignora você.

Quando um perito da Lei perguntou quem ele deveria amar, Jesus contou a história de um viajante que foi surpreendido por ladrões, que o roubaram e o deixaram quase morto na estrada. Três homens passaram por ali: um sacerdote, um levita e um samaritano, mas este foi o único que parou para socorrer o ferido.

Judeus e samaritanos se odiavam. Portanto, a intenção de Cristo era justamente demonstrar a importância de amar os mais improváveis, em especial nossos inimigos. O Senhor é misericordioso com a gente até nos momentos em que viramos as costas para Ele. Como filho, você precisa fazer o mesmo. Se você diz amar a Deus, mas não ama as pessoas, está mentindo. Amar é a única escolha possível para quem se declara cristão.

PENSE

SE O SEU AMOR TEM FILTRO, ENTÃO ELE NÃO TEM NADA DE CRISTÃO.

ORE

Senhor, ensina-me a amar além das minhas preferências. Que eu veja com Teus olhos, estenda misericórdia onde há resistência e escolha o perdão, mesmo quando for difícil. Que meu amor revele quem habita em mim. Em nome de Jesus, amém.

PLANO DE LEITURA BÍBLICA

Juízes 11.28—13
Lucas 22.54—23.5
Salmos 59.6-13

ANOTAÇÕES

03

MAIO

NÃO VOLTE PARA O LUGAR DE ONDE DEUS O TIROU

E Ele morreu por todos para que aqueles que vivem já não vivam mais para si mesmos, mas para Aquele que por eles morreu e ressuscitou. [...] Portanto, se alguém está em Cristo, é nova criação.
2Coríntios 5.15, 17

EM CRISTO, SOMOS NOVAS CRIATURAS. ISSO SIGNIFICA que o que você fez antes já não define quem você é agora. Deus não faz meia faxina na alma, Ele limpa tudo. Apaga o histórico, deleta os rastros e diz: "Comece do zero". Só que isso não é licença para viver uma fé preguiçosa, sem entrega. Viver para Jesus não é apenas escapar da condenação; é viver como quem queimou a ponte com o passado.

A Bíblia, diferentemente de muitos por aí, não passa pano para erro. Ela escancara. Mostra gente quebrada, gente que errou feio, gente que, pela lógica humana, estaria cancelada para sempre. Mas ali está o contraste: de um lado, o pecado explícito do homem, e do outro, a graça de Deus. E não se engane: cada história registrada tem um propósito: lembrar-nos de que o problema nunca foi o erro em si, mas a decisão de continuar nele.

Quer um exemplo? Jesus diante de uma mulher pega no flagra do adultério. Pela Lei, ela deveria ser apedrejada. Mas Jesus muda o roteiro. Em vez de pedradas, oferece perdão. Em vez de condenação, uma nova chance. Mas Ele não termina com "fica em paz", Ele diz: "Vá e não peque mais" (cf. João 8.1-11). Você foi perdoado, agora se comporte como tal. Se você já foi alcançado pela graça do Senhor, não viva como se ainda estivesse condenado. Deus já o libertou; o que você ainda está fazendo preso às coisas velhas?

PENSE

DEIXE O PASSADO NO TÚMULO ONDE CRISTO O ENTERROU.

ORE

Senhor, obrigado por me tornar uma nova criação, por apagar cada falha minha e renovar meu coração. Que eu queime as pontes com o passado, viva em santidade e reflita Tua graça, rejeitando o pecado. Em nome de Jesus, amém.

PLANO DE LEITURA BÍBLICA

Juízes 14—16.15
Lucas 23.6-25
Salmos 59.14-17

ANOTAÇÕES

ESCOLHA BEM QUEM OUVE VOCÊ

Quem muito fala trai a confidência, mas quem merece confiança guarda o segredo. Sem diretrizes a nação cai; o que a salva é ter muitos conselheiros.
Provérbios 11.13-14

Em momentos de aflição, temos vontade de conversar. Queremos desabafar, encontrar alívio, ouvir conselhos, como se isso, por si só, fosse resolver alguma coisa. Mas nem toda conversa ajuda. Aliás, algumas só aumentam o peso. Muitos poderão até acabar atrapalhando mais, mesmo que sejam bem-intencionados. Sim, precisamos de pessoas ao lado. Mas não qualquer uma. Algumas pessoas, em vez de nos aproximar de Deus, só nos afastam. E a culpa não é delas; é nossa, por buscarmos apoio em quem não tem direção nem discernimento espiritual.

É verdade que Provérbios nos orienta a buscar conselhos. Mas não está escrito "ouça qualquer um que fale bonito". Até Jesus, o próprio Filho de Deus, fazia uma triagem entre os discípulos. Em certos momentos, Ele só levava Consigo os mais íntimos. Se até Ele foi seletivo, por que você insiste em trazer todos para perto? Nem todo mundo tem maturidade para andar com você quando o assunto é vulnerabilidade.

Quando o desespero bate, a tendência é se apoiar no primeiro ombro disponível. Cuidado. Nem todo ombro é confiável. Tem gente que ouve e depois espalha ou opina como se soubesse o que está dizendo. Você precisa de pessoas que oram, que discernem, que o apontam para Cristo. Se for para caminhar com alguém, que seja com quem já andou mais que você e sabe que sem Deus nada dá certo.

04
MAIO

PENSE

ABRA O CORAÇÃO SÓ PARA QUEM SABE DOBRAR OS JOELHOS.

ORE

Senhor, no silêncio do meu coração, clamo por sabedoria. Ensina-me a discernir quem ouve com sinceridade, a guardar segredos e a acolher conselhos que edifiquem minha alma. Fortalece-me contra a fofoca e me guia em uma comunhão verdadeira. Em nome de Jesus, amém.

PLANO DE LEITURA BÍBLICA

Juízes 16.16 – 18.26
Lucas 23.26-49
Salmos 60.1-5

ANOTAÇÕES

05
MAIO

LOUVE O TEMPO TODO

[...] e disse: "Saí nu do ventre da minha mãe, e nu partirei. O SENHOR o deu, o SENHOR o levou; louvado seja o nome do SENHOR". Em tudo isso Jó não pecou e não culpou a Deus de coisa alguma.
Jó 1.21-22

PENSE

MURMURAR É FÁCIL. FICAR FIRME, NEM TANTO. ESCOLHA O QUE EDIFICA.

ORE

Pai soberano, diante do incompreensível reconheço que tudo vem e vai de acordo com Tua vontade. Fortalece minha fé para Te louvar em meio à perda, aceitar Tua soberania sobre minha vida e descansar em Tua graça imutável. Em nome de Jesus, amém.

PLANO DE LEITURA BÍBLICA

Juízes 18.27–20.18
Lucas 23.50–24.16
Salmos 60.6-12

ANOTAÇÕES

VOCÊ NÃO TEM CONTROLE SOBRE O CLIMA, NEM SOBRE o que as pessoas fazem. Às vezes, nem sobre a própria vida. E ainda insiste em querer controlar tudo? Por mais saudável fisicamente, equilibrado e bem-resolvido que você pense ser, o fim é o mesmo para todos. Isso assusta você? Talvez o problema não seja o medo da morte, e sim o fato de você ainda não ter entendido quem realmente está no controle.

Jó entendeu. Ele perdeu tudo. Mesmo assim, manteve a fé. Qualquer um no lugar dele teria surtado. A esposa dele, por exemplo, surtou e o aconselhou a amaldiçoar a Deus e morrer. Foi essa a "ajuda" que ele recebeu em casa. Mas Jó fez diferente. Ele permaneceu firme. Íntegro. Fiel. Sem se vitimizar.

As dificuldades vêm, querendo você ou não. E aqui vai um choque de realidade: você decide como as enfrentará. Pode escolher a rota da murmuração ou do louvor. Se optar por reclamar, prepare-se para andar em círculos. Mas quando você escolhe louvar, não está fingindo que está tudo bem, mas guerreando do jeito certo. É assim que se vence: com fé e adoração em meio ao caos.

NÃO CORRA DO PROCESSO

[...] Embora exteriormente estejamos a desgastar-nos, interiormente estamos sendo renovados dia após dia, pois os nossos sofrimentos leves e momentâneos estão produzindo para nós uma glória eterna que pesa mais do que todos eles.
2Coríntios 4.16-17

A dor faz parte do crescimento. Sim, é desconfortável. Mas sem ela você não sai do lugar. É como na academia: se você termina o treino sem suor, talvez não tenha treinado nada. Se não sente seu músculo esticar, precisa se questionar se está se exercitando do jeito certo ou se já não está na hora de aumentar a carga. A vida espiritual funciona do mesmo jeito.

Os desafios diários não surgem por acaso. Deus não desperdiça sofrimento. Em muitos momentos, Ele permite o aperto para forjar em você o que não seria moldado no conforto. E a verdade é que quem não aprende a caminhar no deserto jamais suportará a terra prometida. Se você quer promessa, esteja pronto para o processo.

Só que tem mais. Deus se importa mais com o que um sonho pode fazer com você do que em realizá-lo. Deus não está interessado em promover você se isso significar perdê-lo no processo. E sabe o que muda tudo? Quando você para de resistir e começa a deixar Deus transformar sua mente com a Palavra. A dor não some, mas pesa menos. Porque você percebe que está sendo cuidado. É nesse ponto que a chave vira. Em vez de perguntar: "Por que está demorando?"; você começa a perguntar: "O que o Senhor quer tratar em mim antes?".

PENSE

QUEM FOGE DO DESERTO PERDE A TERRA PROMETIDA.

ORE

Pai amado, fortalece-me no aperto diário para que minha fé seja provada e meu coração renovado a cada dor. Que eu reconheça Tua obra cuidadosa em cada desafio e converta sofrimento em esperança eterna. Em nome de Jesus, amém.

PLANO DE LEITURA BÍBLICA

Juízes 20.19 — 21
Lucas 24.17-35
Salmos 61

ANOTAÇÕES

07

MAIO

FAÇA SUA PARTE, DEUS FARÁ A DELE

Quando foi dito a Tamar: "Seu sogro está a caminho de Timna para tosquiar suas ovelhas", ela trocou suas roupas de viúva, cobriu-se com um véu para se disfarçar e foi sentar-se à entrada de Enaim, que fica no caminho de Timna.
GÊNESIS 38.13-14

QUANDO UMA MULHER FICAVA VIÚVA ANTES DE ENGRAVIDAR, segundo a Lei, ela deveria se casar com o irmão do falecido para garantir descendência à família. Simples e objetivo. Tamar, nora de Judá, viu seu marido morrer sem deixar filhos. Então, o próximo da fila, o irmão, deveria cumprir seu papel. Mas ele também morreu. Coincidência? Talvez. Mas o que não é coincidência é o descaso que veio depois.

Tamar foi deixada de lado. Esquecida. Como se não tivesse direito a nada. Como se sua dor, espera e história não importassem. Porém, quando ela percebeu que a justiça estava sendo adiada de propósito, não ficou parada, mas fez o que precisava ser feito para reivindicar o que era seu.

A história de Tamar não é a queridinha das pregações. Talvez porque confronta. Porque mostra que, às vezes, não é o diabo lá fora que tenta roubar sua herança, é gente "de dentro" mesmo. Pessoas que dizem "espere mais um pouco", quando já está claro que é hora de se posicionar.

Você tem promessas. Tem uma herança em Deus. E não é por mérito, é por graça. Mas isso não quer dizer que você ficará de braços cruzados enquanto o inimigo tenta sabotar tudo. Chega de assistir ao caos de camarote. Levante-se. Ore. Jejue. Lute. Apresente sua causa ao Juiz. Ele vê, ouve e age. Mas você precisa fazer a sua parte.

PENSE

QUEM SE CALA DIANTE DA INJUSTIÇA ASSINA SUA PERDA.

ORE

Senhor justo e fiel, desperta em mim a ousadia de Tamar, que não se curvou diante da demora. Concede-me coragem para reivindicar minha herança e confiar na Tua intervenção. Em nome de Jesus, amém.

PLANO DE LEITURA BÍBLICA

Rute 1—2
Lucas 24.36-53
Salmos 62.1-6

ANOTAÇÕES

DEUS JÁ SABE, MAS AINDA ASSIM QUER OUVIR VOCÊ

08 MAIO

Não sejam iguais a eles, porque o seu Pai sabe do que vocês precisam, antes mesmo de o pedirem. Vocês, orem assim: "Pai nosso, que estás nos céus! Santificado seja o Teu nome. Venha o Teu reino; seja feita a Tua vontade, assim na terra como no céu".
MATEUS 6.8-10

DEUS CONHECE A SUA MENTE E O SEU CORAÇÃO MELHOR do que você mesmo. Ainda assim, Ele deseja que você vá até Ele e fale. Não porque precise ouvir você, mas porque você precisa reconhecer quem Ele é. Não entregamos os nossos pedidos ao Senhor como uma lista de desejos feita a um gênio da lâmpada, mas expressamos aquilo que queremos ou precisamos como uma criança que está diante de seu pai. Você tem liberdade para se aproximar, mas nunca se esqueça: a vontade d'Ele continua soberana, não a sua.

Se Deus ainda não deu o que você tanto espera, continue persistindo em oração. Mas pare de orar como quem está tentando forçar Deus. Ore para se aproximar mais do seu Pai. Ele Se importa com você e quer que você alcance todas as promessas que tem reservado para a sua vida. Contudo, mais importante do que receber o que você quer é ter intimidade com o Senhor.

Ore todos os dias. Não dependa de circunstância nenhuma para buscar a Deus. Ore quando tudo estiver bem e ore quando tudo parecer desabar. Porque oração não é resposta ao caos, é relacionamento com o Pai. Ele conhece seu coração. E à medida que você caminha com Ele, vai aprendendo a depender, a confiar, a se jogar nos braços de um Pai que não falha. Não trate a oração como último recurso. Quem ora caminha com segurança.

PENSE

ORE ANTES QUE A VIDA OBRIGUE VOCÊ A ORAR.

ORE

Pai eterno, que meu clamor não seja apenas um pedido, mas um momento de encontro com o Senhor. Aproxima-me de Ti, desperta meu coração para reconhecer Tua vontade e caminhar na confiança, não guiado por circunstâncias, mas pelo amor que sustenta. Em nome de Jesus, amém.

PLANO DE LEITURA BÍBLICA

Rute 3—4
João 1.1-28
Salmos 62.7-12

ANOTAÇÕES

09

MAIO

CHEGOU A HORA DE CRESCER

Quando eu era menino, falava como menino, pensava como menino e raciocinava como menino. Quando me tornei homem, deixei para trás as coisas de menino.
1Coríntios 13.11

PENSE

DEUS NÃO CHAMOU VOCÊ PARA ETERNIZAR O BERÇÁRIO DA FÉ.

ORE

Pai soberano, renova meu entendimento, faz-me abandonar imaturidades e alimentar-me da Tua Palavra viva. Capacita-me a agir com discernimento e responsabilidade. Em nome de Jesus, amém.

PLANO DE LEITURA BÍBLICA

1Samuel 1—2.26
João 1.29-51
Salmos 63.1-4

ANOTAÇÕES

À MEDIDA QUE CRESCEMOS, DEIXAMOS PARA TRÁS HÁBITOS que não combinam mais com a nossa idade. Ninguém espera ver um adolescente de 15 anos brincando de esconde-esconde ou chorando porque perdeu o brinquedo. Assim também é com a vida adulta: o pensamento amadurece e a postura muda. É assim que deveria ser. Mas será que é?

Na caminhada espiritual, o processo é o mesmo, ou, pelo menos, deveria ser. No começo, é normal sentir insegurança, buscar direção de Deus para tudo, até para escolher a cor da meia. Começamos com os versículos mais simples, e está tudo certo. O problema é quando essa fase é permanente. Muitos andam com Deus há anos, mas ainda vivem de migalhas. Estão estacionados na infância espiritual, brigando por doutrina, polemizando versículos, enquanto o mundo sangra e as pessoas à volta desmoronam. Já era hora de estarem alimentando outros, mas ainda estão reclamando do sabor do leite.

Crescimento espiritual não acontece por acidente. Se você quer mesmo largar a mamadeira e comer um alimento sólido, não perca tempo com picuinhas religiosas. Aprofunde-se. Assuma sua fé com seriedade. E, por favor, pare de brincar de ser cristão. Chegou a hora de agir como filho maduro. Ou você quer continuar com as rodinhas na bicicleta espiritual até Jesus voltar?

O ÚTERO QUE FORMA DESTINOS

Recordo-me da sua fé não fingida, que primeiro habitou em sua avó Loide e em sua mãe, Eunice, e estou convencido de que também habita em você.
2Timóteo 1.5

10
MAIO
DIA DAS MÃES

ANTES DE QUALQUER DIPLOMA, TÍTULO OU CONQUISTA, todo ser humano já foi alguém embalado nos braços de uma mãe. A figura materna molda seus filhos com o que diz e influencia o jeito como olham o mundo, lidam com frustrações, respeitam limites e reagem à dor. Ela é guardiã espiritual da casa, ambiente que pode incubar profetas, proteger vocações, abrigar chamados e formar gigantes.

Moisés, por exemplo. Antes de se tornar libertador de Israel, ele foi escondido por sua mãe, Joquebede. Não era possível mudar o decreto do faraó, mas ela podia proteger seu filho, o que acabou preservando o propósito dele. E Timóteo? Paulo reconheceu que a fé dele tinha raízes na vida de sua mãe, Eunice, e de sua avó, Loide. Uma fé herdada. Ensinada em casa, não em um seminário.

Ser mãe é mais do que cuidar; é preparar. É discernir que aquela criança que hoje tropeça nas palavras pode ser um pregador ou professor amanhã, um líder que carrega valores do Reino onde quer que esteja. Que a menina tímida de hoje pode se tornar uma missionária ou uma empresária que honra a Deus com sua conduta profissional. É perceber que não existem acasos, porque uma conversa casual pode semear identidade, uma correção pode impedir uma tragédia e uma oração antes de dormir pode gerar algo eterno. O secreto de uma mãe temente a Deus pode ser o terreno onde Deus planta o futuro de uma geração.

PENSE

O FUTURO DE UMA NAÇÃO PODE COMEÇAR COM UMA ORAÇÃO DE MÃE.

ORE

Deus, obrigado pelas mulheres que semeiam fé no silêncio do lar. Fortalece cada mãe que Te honra nos bastidores da rotina. Que o fruto da sua entrega floresça em filhos que caminham Contigo. Usa suas mãos para moldar destinos. Em nome de Jesus, amém.

PLANO DE LEITURA BÍBLICA

1Samuel 2.27—4
João 2.1-22
Salmos 63.5-11

ANOTAÇÕES

11
MAIO

VOCÊ ESQUECEU QUEM ESTÁ COM VOCÊ?

Jesus estava na popa, dormindo com a cabeça sobre um travesseiro. Os discípulos o acordaram e clamaram: "Mestre, não Te importas que morramos?" Ele Se levantou, repreendeu o vento e disse ao mar: "Aquiete-se! Acalme-se!" O vento se aquietou, e fez-se completa bonança.
Marcos 4.38-39

Quando estamos ansiosos demais, fazemos o quê? Perdemos horas remoendo o mesmo problema, como se pensar mais fosse resolver. Entramos em pânico, como se Jesus estivesse dormindo no volante, como se Ele tivesse esquecido da nossa existência. E foi exatamente isso que aconteceu em Marcos 4.

Os discípulos não eram amadores no mar. Muitos ali viviam da pesca. Mesmo assim surtaram. Esqueceram que o próprio Criador das águas estava no barco. Jesus já tinha feito milagre atrás de milagre, mas bastou o vento soprar mais forte para todos duvidarem. Se soubessem quem estava ali com eles, o medo não teria tido espaço. Mas não sabiam.

Enquanto gritavam, Jesus dormia. Não por descaso, mas porque o problema já estava resolvido. O que você aprende com essa passagem é que também precisa parar de surtar. Desafios são reais, mas Deus é mais. Ele sabe do que você precisa antes mesmo de você abrir a boca para pedir. Então, pare de correr feito desesperado e aprenda a descansar. A entrega é sua. O milagre é do Senhor.

PENSE

SE JESUS ESTÁ NO BARCO, POR QUE VOCÊ AINDA ESTÁ PREOCUPADO?

ORE

Senhor soberano, quando as tempestades da alma me envolverem, concede-me o descanso da fé. Eu Te entrego meus medos e confio no Teu cuidado que não falha, pois sei que Tu acalmas meu coração. Em nome de Jesus, amém.

PLANO DE LEITURA BÍBLICA

1Samuel 5–8.5
João 2.23–3.21
Salmos 64.1-6

ANOTAÇÕES

DESCANSO VS. PREGUIÇA

Observe a formiga, preguiço, reflita nos caminhos dela e seja sábio! Ela não tem nem chefe, nem supervisor, nem governante, e ainda assim armazena as suas provisões no verão e na época da colheita ajunta o seu alimento.
PROVÉRBIOS 6.6-8

O TEMPO QUE VOCÊ TEM PARA DESCANSAR PRECISA SER bem aproveitado. Caso contrário, acabará perdendo de vista o que é importante por estar cansado demais. Descansar não significa abandonar a vida. Se você dorme demais, cochila demais e ainda diz estar "sobrecarregado", talvez o problema não seja o peso, mas a sua falta de direção. Existe hora certa para tudo, até para levantar e fazer o que precisa ser feito. O descanso não pode nos impedir de tirar do papel os planos do Senhor para a nossa vida.

Muitos cometem o erro de descansar quando deveriam estar trabalhando e trabalham feito loucos quando deveriam estar descansando. Aí vem o ciclo vicioso de preguiça seguida de culpa e ativismo extremo. Esse é o perigo da procrastinação. Uma preguiça disfarçada de "pensarei melhor", seguida de uma tentativa desesperada de recuperar o tempo perdido. O resultado é exaustão.

Quem vive adiando o que Deus mandou fazer hoje acaba tentando empurrar tudo goela abaixo amanhã. Mas nem sempre dará tempo. Seja fiel com o que está em suas mãos agora. A vontade do Senhor não é ver filhos sobrecarregados, mas também não é sustentar filhos irresponsáveis. A bênção está na diligência. Tempo bem-administrado é semente plantada no terreno certo. E quem planta colhe. Simples assim.

12 MAIO

PENSE

A PROCRASTINAÇÃO ADORA ROUBAR CHAMADOS.

ORE

Pai, ensina-me a discernir o tempo de repousar e o de agir. Que eu administre bem cada momento, seja diligente e colha frutos na estação certa, cumprindo Teu propósito em minha vida. Em nome de Jesus, amém.

PLANO DE LEITURA BÍBLICA

1Samuel 8.6–10.12
João 3.22–4.8
Salmos 64.7-10

ANOTAÇÕES

13
MAIO

DEUS NÃO CHAMOU VOCÊ PARA FICAR PARADO

Digo a verdade: Aquele que crê em Mim fará também as obras que tenho realizado. Fará coisas ainda maiores do que estas, porque Eu estou indo para o Pai. E Eu farei o que vocês pedirem em Meu nome, para que o Pai seja glorificado no Filho.
João 14.12-13

ENQUANTO VIVEU AQUI NA TERRA, JESUS REALIZOU muitos milagres. Muitos acreditam, porém, que hoje isso não é mais possível. Se você crê na Palavra, então precisa entender que o chamado de Cristo não foi arquivado com os apóstolos. Ele ainda está ativo. E se você é discípulo, a missão é clara: tornar o nome de Jesus conhecido não com discursos vazios, mas com vida, com autoridade, com sinais.

Após subir ao Céu, Cristo enviou o Espírito Santo para capacitar os discípulos a irem até os confins da Terra pregar o Evangelho. E funcionou. Por quê? Porque eles creram e se moveram. Hoje, os tempos são outros, mas Jesus é o mesmo. As pessoas é que continuam achando mais seguro viver no modo neutro da fé. Contudo, o poder ainda está disponível. E se você tiver coragem, pode obtê-lo agora mesmo.

Não espere o momento ideal. Seja ousado. Obedeça ao que o Senhor já ordenou. Pregue. Cure. Sirva. Deixe de ser um acumulador de promessas e comece a ser um canal de milagres. Tem gente chorando do seu lado, e você aí, indeciso. Coloque sua vida nas mãos de Deus e se mova. O mundo ainda está cheio de almas sedentas por um toque do Céu. E talvez o Céu queira alcançar alguém por meio de você.

PENSE

NÃO TRATE COMO SUGESTÃO O QUE DEUS JÁ ORDENOU.

ORE

Pai, capacita-me a operar milagres com fé. Que eu obedeça ao Teu chamado e seja canal do Teu poder, levando cura e esperança. Que minha vida glorifique Teu nome. Em nome de Jesus, amém.

PLANO DE LEITURA BÍBLICA

1Samuel 10.13–12
João 4.9-30
Salmos 65.1-8

ANOTAÇÕES

AUTOEXAME

Se alguém se considera alguma coisa, não sendo nada, engana-se a si mesmo. Cada um examine os próprios atos, e então poderá orgulhar-se de si mesmo, sem se comparar com ninguém, pois cada um deverá levar a própria carga.
Gálatas 6.3-5

Pare de correr atrás de sucesso no dinheiro, na fama, na carreira ou até mesmo na família. Quer ser bem-sucedido de verdade? Comece colocando o coração no lugar certo, e esse lugar é no centro da vontade de Deus. Você pode até ser aplaudido por gente importante, ganhar tapinha nas costas, subir em palcos e ser chamado de referência. Mas se lá de cima Deus estiver olhando e dizendo "não aprovei", adivinha? Todo esse prestígio não vale nada.

Quando você realmente lê a Bíblia, percebe que o seu maior confronto não é com o diabo, é com você mesmo. A Palavra não é um livro de autoajuda, ela revela se seus pensamentos, emoções e atitudes estão alinhados com Deus. Davi, que foi considerado um homem segundo o coração de Deus, apesar de todas as suas falhas, aprendeu essa lição. Ele clamava ao Senhor, pedindo que sondasse seu coração e os seus caminhos (cf. Salmos 139.22-23).

Deus está à procura de filhos que se coloquem diante d'Ele dessa forma. Pare de achar que o Senhor está impressionado com suas conquistas ou decepcionado com seus tombos. Ele está de olho é no seu coração. Sabe o que Ele quer? Fazer uma faxina completa aí dentro, para transformar você. Porque, no fim das contas, o objetivo nunca foi fazer de você uma versão evangélica de você mesmo, mas alguém cada vez mais parecido com Cristo.

PENSE

NEM TUDO QUE VOCÊ SENTE VEM DE DEUS.

ORE

Deus, confronta meu ego e quebra todo orgulho disfarçado de espiritualidade. Que minha vida não seja medida por aplausos, mas pela obediência. Transforma meu interior até que só Cristo seja visto em mim. Em nome de Jesus, amém.

PLANO DE LEITURA BÍBLICA

1Samuel 13—14.32
João 4.31-54
Salmos 65.9-13

ANOTAÇÕES

15
MAIO
DIA INTERNACIONAL DA FAMÍLIA

QUANDO A CASA VIRA ALTAR

Então Noé saiu da arca com sua mulher e seus filhos e as mulheres deles [...]. Depois Noé construiu um altar dedicado ao Senhor e, tomando alguns animais e aves puros, ofereceu-os como holocausto, queimando-os sobre o altar.
Gênesis 8.18, 20

Família vai muito além de laço de sangue. É onde Deus deseja habitar, transformar e deixar marcas que atravessam gerações. Noé entendeu isso. Por conta da sua fé e temor, sua casa inteira foi salva ao entrar na arca. E quando as águas baixaram, antes de construir qualquer coisa, ele ergueu um altar ao Senhor. Quando a fé é vivida dentro de casa, o lar deixa de ser apenas um abrigo físico para se tornar um espaço onde o Céu toca a Terra.

Josué também fez a mesma escolha. Quem não conhece sua frase: "[...] eu e a minha família serviremos ao Senhor" (Josué 24.15)? Essa famosa frase foi uma declaração de guerra espiritual. Enquanto o povo hesitava entre servir a Deus ou os ídolos, Josué decidiu: na minha casa quem manda é o Senhor. E essa decisão não é tomada uma vez na vida. Ela precisa ser reafirmada todos os dias.

E isso começa com decisões diárias: o tom de voz quando se fala com o cônjuge, a paciência com os filhos, o que se escolhe assistir na televisão e internet, o que se comenta à mesa e como os conflitos são resolvidos. Tudo comunica fé ou a falta dela. Transformar a casa em um altar significa incluir Deus no cotidiano, em vez de tratá-lo como um visitante. Famílias firmadas no Senhor resistem, mesmo que tudo no mundo lá fora mude. Porque lares construídos sobre a rocha da presença de Deus permanecem de pé.

PENSE

SE VOCÊ QUER UM LAR FORTE, COMECE COM UM ALTAR. O RESTO, DEUS EDIFICA.

ORE

Senhor, que a minha casa não seja apenas abrigo, mas altar. Ensina-nos a Te incluir em cada detalhe do dia, a viver com reverência e amor, e a firmar nosso lar na Tua presença. Habita entre nós. Em nome de Jesus, amém.

PLANO DE LEITURA BÍBLICA

1Samuel 14.33—15
João 5.1-20
Salmos 66.1-7

ANOTAÇÕES

NÃO É POR ACASO

A mulher que está dando à luz sente dores [...]; mas, quando o bebê nasce, ela esquece a angústia, por causa da alegria de vindo ao mundo. Assim acontece com vocês: agora é hora de tristeza para vocês, mas Eu os verei outra vez, e vocês se alegrarão, e ninguém tirará essa alegria de vocês.
JOÃO 16.21-22

O AMOR DE UMA MÃE É SACRIFICIAL. ELA PASSA NOVE meses gerando um filho no ventre, enfrentando alterações hormonais, mudanças físicas e, no momento do parto, encara a dor, o esforço, o desconforto, o esgotamento. Então, quando o bebê nasce, ela esquece tudo, porque a alegria que toma conta do seu coração é maior do que tudo. Foi exatamente isso que Jesus disse.

Quando Jesus fez essa analogia, Ele não estava falando sobre maternidade apenas. Estava falando sobre mim e você, sobre a vida real. Porque temos a certeza de que todo sofrimento se transforma em alegria quando vivemos por Ele e para Ele. Nada que Deus gera é à toa. Precisamos apenas perseverar na Palavra e caminhar em obediência o tempo todo.

Se os processos estão esmagando você, que bom; isso significa que tem algo sendo moldado. E, convenhamos, fácil nunca foi. Mas se você persistir, a sua fé no Senhor se tornará cada vez mais inabalável. Não deixe que as lutas tirem seu foco de Deus e continue até o fim com a certeza de que a vitória já está garantida.

16
MAIO

PENSE

TODA DOR QUE GERA ALGO ETERNO VALE A PENA.

ORE

Senhor, sustenta-me nas dores do Teu processo e faz brotar em mim a alegria que ultrapassa cada lágrima. Que eu persevere na obediência, crendo que a vitória e a celebração plena virão de Ti. Em nome de Jesus, amém.

PLANO DE LEITURA BÍBLICA

1Samuel 16—17.33
João 5.20-40
Salmos 66.8-15

ANOTAÇÕES

17

MAIO

VOCÊ FICA CALADO QUANDO ZOMBAM DE DEUS?

Davi perguntou aos soldados que estavam ao seu lado: "O que receberá o homem que matar esse filisteu e salvar a honra de Israel? Quem é esse filisteu incircunciso para desafiar os exércitos do Deus vivo?".
1SAMUEL 17.26

VOCÊ TEM FICADO CALADO DEMAIS? TEM ENGOLIDO SApos, disfarçado sua fé, baixado a cabeça quando zombam do que você acredita? Você sente, mas não reage? Tem medo do que podem pensar? Medo de parecer "fanático", "retrógrado", "radical"? Veja o que Davi fez. Ele não era um guerreiro experiente, não tinha armadura, nem a aprovação dos outros. Mas viu um homem afrontando o nome de Deus, e isso o incomodou. Davi não suportou o silêncio da multidão e decidiu ser a voz que ninguém teve coragem de ser. Ele defendeu a honra do Senhor.

Agora pense: quem você tem deixado zombar do seu Deus? O medo de perder aceitação vale mais do que sua lealdade a Ele? Davi não venceu Golias por causa de músculos, mas porque sabia quem era o seu Deus. Ele não foi movido por vaidade, mas por uma indignação santa.

Hoje, o gigante pode não ser um soldado de três metros, mas sim a zombaria, a afronta disfarçada de "opinião", o desprezo pela fé cristã em nome do "progresso". E você precisa decidir se continuará quieto ou se você se posicionará com coragem. Não seja conivente com a atitude de quem escarnece o nome do Senhor nem fique calado. Posicione-se. Seja o primeiro a encarar as afrontas do inimigo. Quando se deparar com situações em que o nome do Senhor é posto em xeque, não disfarce, não abaixe a cabeça. Deixe a vergonha de lado e assuma quem você é: filho do Deus Altíssimo.

PENSE

FICAR CALADO É COMO DIZER "AMÉM" COM A BOCA FECHADA.

ORE

Pai, inflama meu coração para defender Teu nome, que minha voz não se perca no medo, mas ecoe Tua verdade com ousadia e fé. Que eu me recorde de que confio em Ti e me levante contra toda zombaria. Em nome de Jesus, amém.

PLANO DE LEITURA BÍBLICA

1Samuel 17.34–18
João 5.41–6.21
Salmos 66.16-20

ANOTAÇÕES

VOCÊ ESTÁ CHEIO OU SÓ NO RESTO?

Esteja sempre vestido com roupas de festa, e unja sempre a sua cabeça com óleo. [...] O que as suas mãos tiverem que fazer, que o façam com toda a sua força [...].
ECLESIASTES 9.8, 10

JESUS JÁ MORREU PELOS NOSSOS PECADOS, E PODEMOS desfrutar da presença do Senhor sem impedimentos. Mas o que adianta ter acesso a Deus e viver como quem está trancado do lado de fora? A verdade é que precisamos ser renovados todos os dias. Afinal, óleo velho não sustenta fogo novo. Cristo prometeu o Consolador, o Espírito Santo (cf. João 14.16-17), mas tem gente tratando o Espírito como visita que só aparece em evento especial. Ele está aí, pronto para agir. Só que unção não se compra nem se copia.

Na parábola das dez virgens, Jesus contou que, enquanto cinco moças foram prudentes em reservar óleo para que não faltasse luz quando o Noivo chegasse, as outras cinco se esqueceram ou não fizeram questão de ter uma porção extra. As dez moças tinham óleo, mas metade não deu a devida importância. Talvez pensassem que dava para correr atrás na última hora. Essa história é um alerta de que buscar a presença do Espírito Santo é urgente. Todo dia.

Quando o Noivo finalmente chegou, adivinha? As mulheres despreparadas ficaram de fora. Não tinha como pegar óleo emprestado. Cada uma precisava ter o seu (cf. Mateus 25.1-13). Pois é, a unção não é transferível. É fruto de relacionamento pessoal com Deus. E se você está esperando faltar óleo para correr atrás, mude sua postura.

18
MAIO

PENSE

UM DIA SEM ÓLEO PODE DEIXAR VOCÊ FORA DA FESTA.

ORE

Senhor, renova-me com Tua unção a cada manhã. Reveste-me de pureza e força para cumprir com excelência tudo o que eu fizer. Que eu seja sempre guiado pelo Teu Espírito. Em nome de Jesus, amém.

PLANO DE LEITURA BÍBLICA

1Samuel 19—20.31
João 6.22-46
Salmos 67

ANOTAÇÕES

19
MAIO

VOCÊ É O QUE PENSA

Finalmente, irmãos, tudo o que for verdadeiro, tudo o que for nobre, tudo o que for correto, tudo o que for puro, tudo o que for amável, tudo o que for de boa fama, se houver algo de excelente ou digno de louvor, pensem nessas coisas.
FILIPENSES 4.8

PENSE

MENTE CHEIA DE LIXO RESULTA EM ALMA SEM DIREÇÃO.

ORE

Senhor, ensina-me a filtrar meus pensamentos. Que minha mente seja terra fértil para o que é puro, justo e verdadeiro. Livra-me do que contamina e molda em mim uma mente alinhada com o Céu. Em nome de Jesus, amém.

PLANO DE LEITURA BÍBLICA

1Samuel 20.32–23.6
João 6.47-65
Salmos 68.1-6

ANOTAÇÕES

OS SEUS PENSAMENTOS MOLDAM A REALIDADE QUE VOCÊ enxerga. Portanto, evite tratar sua mente como terra de ninguém. Aquilo que você permite entrar na sua cabeça define o que sai da sua boca e como você interpreta a vida. Não dá para controlar tudo que acontece, mas você tem, sim, o poder de escolher com que olhos enxergará as coisas. E a melhor maneira de ajustar isso é colocando sua mente diante de Deus.

As mudanças mais profundas começam dentro da gente. Isso você já sabe. Mas o que talvez você ainda não tenha entendido é que dificilmente algo mudará se você continuar se alimentando de porcaria. Como você quer impactar o mundo se tudo o que entra na sua alma são séries de TV, filmes e músicas que não servem para nada? Não dá para colher vida enquanto se planta perda de tempo. O que você ouve, assiste e repete molda seu mundo interior, e o seu mundo interior define o externo.

Se você realmente quer ser um agente de transformação, comece pela sua mente. Adquira hábitos que sustentem sua fé. Submeta seus pensamentos à vontade de Deus. E, pelo amor de tudo o que é santo, pare de dar palco para o que só arrasta você para longe d'Ele. Procure alimentar sua mente com o que é puro, bom e eterno. O resto, jogue fora.

VOCÊ VIVE COMO FILHO OU AINDA BUSCA APROVAÇÃO?

Contudo, aos que o receberam, aos que creram em Seu nome, deu-lhes o direito de se tornarem filhos de Deus, os quais não nasceram por descendência natural, nem pela vontade da carne nem pela vontade de algum homem, mas nasceram de Deus.

João 1.12-13

Você vive tentando agradar todo mundo? Talvez por isso se sinta julgado e exausto por tentar dar conta de tudo. Mas aqui vai uma verdade que muda tudo: Deus não está esperando você ser perfeito para amá-lo. Ele já chamou você de filho. E não é qualquer filho, mas um com acesso direto ao Pai, propósito e identidade.

A Bíblia diz que, ao crer em Jesus, você recebeu autoridade para ser chamado filho de Deus. Isso não depende da opinião de ninguém nem do seu desempenho. Não foi sua origem familiar, seu histórico ou suas falhas que definiram seu lugar. Foi Deus. Ele escolheu você. Por que você vive como se fosse um estranho tentando agradar para ser aceito? Por que insiste em buscar validação em quem não conhece seu valor? Quando você esquece quem é em Cristo, começa a mendigar atenção em lugares que só geram insegurança.

Filho que sabe quem é descansa. Não precisa forçar para pertencer. Afinal, sabe seu lugar. E mais: vive com propósito. Deus não chamou você para sobreviver emocionalmente, mas para viver com clareza, direção e segurança.

Hoje, Deus está lembrando você: "Você é Meu filho. Pare de se comportar como escravo". Não viva mais perdido em comparações nem se sabote tentando se encaixar naquilo para o qual não foi chamado. Busque a presença do Pai. Escute a voz que afirma quem você realmente é. Pare de buscar o que você já tem. Viva como quem pertence, porque você pertence.

20 MAIO

PENSE

SUA IDENTIDADE VEM DO CÉU, NÃO DA OPINIÃO DOS OUTROS.

ORE

Senhor, obrigado por me chamares de filho e me concederes autoridade em Teu nome. Restaura minha identidade em Cristo, liberta-me da busca por aprovação humana e me faz descansar na segurança do Teu amor e propósito eterno. Em nome de Jesus, amém.

PLANO DE LEITURA BÍBLICA

1Samuel 23.7–25.11
João 6.66–7.15
Salmos 68.7-16

ANOTAÇÕES

21
MAIO

VOCÊ ESTÁ EVITANDO A TEMPESTADE?

Logo em seguida, Jesus insistiu com os discípulos para que entrassem no barco e fossem adiante d'Ele para o outro lado, enquanto Ele despedia a multidão.
MATEUS 14.22

CONFORTO DEMAIS PARALISA. VOCÊ PODE NÃO PERCEBER, mas quando tudo está funcionando do jeito que você quer, é fácil cair na armadilha da estagnação. A vida "fácil" raramente forma alguém forte. Pelo contrário, ela acomoda e dificulta o crescimento.

Jesus sabia disso. Ele insistiu para que os discípulos entrassem no barco, porque sabia que a travessia era necessária, mesmo que no meio dela houvesse uma tempestade. E com você não é diferente. Haverá momentos em que Deus mexerá em tudo: rotina, relacionamentos, certezas. O Senhor tirará você do previsível e cômodo. Mas é nessa travessia que seu caráter é forjado e seu propósito começa a tomar forma.

Os discípulos não tinham ideia da tempestade que estava por vir. E você também não tem. Mas aqui está o ponto: Jesus sabia. E mesmo assim, mandou que eles fossem. Por quê? Porque Ele também estaria lá. Você pode não saber o que está por vir, mas pode ter certeza de uma coisa: Cristo sempre vem ao seu encontro. E quando Ele pisa no barco, o vento se cala, o mar se aquieta e o coração encontra paz.

PENSE

SE ESTÁ TUDO CALMO DEMAIS, TALVEZ VOCÊ TENHA PARADO DE SE MOVER.

ORE

Deus, se for preciso atravessar a tempestade para crescer, que eu vá com o coração firme em Ti. Não me deixes me apegar ao conforto que paralisa, mas leva-me aonde Tua vontade me molda. Se Tu estás comigo, o medo não me vence. Em nome de Jesus, amém.

PLANO DE LEITURA BÍBLICA

1Samuel 25.12–26
João 7.16-36
Salmos 68.17-23

ANOTAÇÕES

VOCÊ É AMADO

Foi assim que Deus manifestou o Seu amor entre nós: enviou o Seu Filho Unigênito ao mundo, para que pudéssemos viver por meio d'Ele. Nisto consiste o amor: não em que nós tenhamos amado a Deus, mas em que Ele nos amou e enviou Seu Filho como propiciação pelos nossos pecados.
1João 4.9-10

Já se sentiu como se tivesse falhado tanto que Deus não teria mais motivos para amar você? Pois é. Essa sensação de rejeição depois do erro, esse peso de culpa que isola, é mais comum do que você imagina e é uma das mentiras mais eficazes do diabo. Contudo, hoje você precisa ouvir a seguinte verdade: você é amado por Deus.

Ele não ama você porque você acerta. Ele não desiste quando você erra. O amor do Senhor é incondicional. Isso significa que Ele permanece o mesmo, independentemente do que você faça. O que Ele quer é um coração quebrantado, não uma ficha limpa.

Talvez você esteja enfrentando pressões nos relacionamentos, uma bagunça emocional ou um esgotamento espiritual. E, no meio disso tudo, vem o pensamento: "Não tem mais volta". Mas tem. Sempre tem. A graça não expulsa nem exclui ninguém. Não somos aceitos por mérito, mas pela fidelidade e bondade do Senhor. E isso muda tudo.

Quando se sentir rejeitado ou abandonado, lembre-se de que você é amado. Mesmo que pareça que não há mais caminho, Deus continua oferecendo uma nova chance. Sua vida é preciosa para Ele. Portanto, pare de ouvir a voz da condenação. Em vez disso, aproxime-se do seu Pai e entregue sua vida. Você não será desamparado. Deus não muda. O que Ele pensa sobre você também não.

22
MAIO

PENSE

PARE DE TENTAR MERECER O AMOR DE DEUS E COMECE A VIVER COMO QUEM JÁ É AMADO.

ORE

Pai, cura as feridas que a culpa deixou em mim. Lembra-me de que sou precioso aos Teus olhos. Envolve-me com Tua graça que não falha e renova minha fé no amor que me escolheu. Em nome de Jesus, amém.

PLANO DE LEITURA BÍBLICA

1Samuel 27—29
João 7.37—8.6
Salmos 68.24-31

ANOTAÇÕES

23
MAIO

"O DEUS QUE ME VÊ"

Este foi o nome que ela deu ao SENHOR, que lhe havia falado: "Tu és o Deus que me vê", pois dissera: "Teria eu visto Aquele que me vê?".
GÊNESIS 16.13

HÁ FASES DA VIDA EM QUE TUDO O QUE VOCÊ QUER É SER tratado com respeito. Ouvido sem ser interrompido. Visto sem ser comparado. Considerado sem precisar implorar por espaço. Só isso. Você até aguenta a pressão, encara o dia, dá conta do que pode. Mas o que destrói você por dentro é ser ignorado, usado, descartado ou diminuído por quem você mais esperava compreensão. E em meio a tudo isso, você começa a acreditar que sua dor não importa. Que ninguém nota. Que se você sumisse, faria pouca diferença.

Às vezes, tudo o que você precisa é de alguém que valide o que você está sentindo. Porque há dias em que você está exausto, mas precisa sorrir no trabalho. Em casa, todos contam com você, mas ninguém pergunta como você está.

Esse foi o caso de Hagar, uma mulher usada, descartada e enviada ao deserto como se sua dor não valesse nada. Mas foi ali, no meio do nada, que as circunstâncias mudaram. O deserto não foi o fim. Foi onde ela percebeu que sua dor era real, e a situação, injusta. Já parou para pensar que você não precisa continuar fingindo que está tudo certo? Você pode admitir quando está no limite e que precisa respirar. Sem precisar dar explicações. Você pode dizer: "Hoje está difícil"; "Não sei mais o que fazer". Não há nada de errado ou ruim nisso. Hagar não estava no plano de ninguém. Mas ela foi vista. Então, teve um reencontro com a dignidade. E isso já foi um começo.

PENSE

DE QUE ADIANTA SER NOTADO POR TODOS E IGNORAR AQUELE QUE REALMENTE VÊ VOCÊ?

ORE

Pai que me vê no secreto e em cada momento de dor, revela Tua presença quando me sinto invisível, cura minhas feridas de rejeição e me faz florescer em valor e amor. Em nome de Jesus, amém.

PLANO DE LEITURA BÍBLICA

1Samuel 30–31
João 8.7-38
Salmos 68.32-35

ANOTAÇÕES

O QUE VOCÊ TEM OLHADO?

24
MAIO

Os olhos são a candeia do corpo. Quando os seus olhos forem bons, igualmente todo o seu corpo estará cheio de luz. Mas, quando forem maus, igualmente o seu corpo estará cheio de trevas.
Lucas 11.34

Muita coisa que você chama de "inofensiva" só parece assim porque ainda não mostrou o estrago. Você diz que é só uma piada, só uma música, só um comentário, só um *crush*, só um app. Só que, com o tempo, esse "só" vira um ponto cego. E quando percebe, o que parecia nada já está ocupando um espaço considerável.

Jesus disse que quando os olhos são bons, todo o corpo se enche de luz, e quando não são, tudo escurece por dentro. E o escuro não chega de uma vez. Ele vai tomando espaço aos poucos nas brechas que você normaliza. Um vídeo a que você assiste "só por zoeira". Um perfil que você segue "porque é bonito de ver". Um comportamento que você repete porque "todo mundo faz". O problema não é que essas coisas têm cara de pecado; é que elas tiram você do foco, anestesiam sua consciência e, devagar, mudam o que você tolera.

Se algo tem puxado você para longe da luz, não espere se perder completamente para notar. Cuidado com o que você considera como algo sem importância. Às vezes, o que mais enfraquece sua fé não é o escândalo, é o hábito escondido que você já parou de questionar. Jesus não morreu para você aprender a conviver com certas coisas. Então, jogue para fora da sua vida o que nunca deveria ter entrado.

PENSE

A ILUSÃO COMEÇA NO OLHAR.

ORE

Senhor, ilumina meus olhos para que eu enxergue o que tenho chamado de "normal", mas tem me afastado de Ti. Não permitas que o que é pequeno se torne uma brecha. Enche meu interior com Tua luz e limpa tudo que não combina Contigo. Em nome de Jesus, amém.

PLANO DE LEITURA BÍBLICA

2Samuel 1—2
João 8.39-59
Salmos 69.1-8

ANOTAÇÕES

25
MAIO

PENSE DUAS VEZES

O ensino dos sábios é fonte de vida e afasta o homem das armadilhas da morte. O bom entendimento conquista favor, mas o caminho do infiel é áspero. Todo homem prudente age com base no conhecimento, mas o tolo expõe a sua insensatez.
PROVÉRBIOS 13.14-16

SABE AQUELE MOMENTO EM QUE VOCÊ EXPLODE E DEPOIS diz: "Ah, foi mais forte do que eu"? Já pensou se Deus também resolvesse agir assim com você?

A Bíblia é clara: prudência é proteção. Mas insistimos em viver no modo automático, reagindo ao primeiro impulso, como se o Espírito Santo não estivesse dentro de nós. E depois ainda perguntamos por que tudo está dando errado. Não é falta de oração, e sim bom senso mesmo.

Viver com Deus não significa virar um robô espiritual, todo engessado, com medo de pecar. A vida espiritual implica entender que, quando o Senhor dirige sua vida, até suas reações mudam. Você começa a pensar antes de abrir a boca. Você recua antes de explodir. Você aprende que nem tudo precisa de resposta. E que, muitas vezes, o silêncio é mais sensato do que qualquer argumento bem-construído.

Só que, para isso, é necessário rendição. Você precisa parar de achar que você sabe tudo, que sua raiva é "justa". Deus não quer controlá-lo; Ele deseja conduzir você. Mas, para isso, você terá que abrir mão da sua vontade e das respostas prontas que o fazem parecer sábio, mas só revelam tolice. Pense duas vezes antes de falar ou reagir. Porque quem vive baseado na própria vontade se enrosca nas armadilhas da vida. Mas quem se alinha com Deus vive em paz.

PENSE

NEM TUDO O QUE VOCÊ SENTE PRECISA VIRAR ATITUDE.

ORE

Senhor, concede-me a sabedoria que me desvia das armadilhas. Ensina-me a dominar meus impulsos, a pensar antes de agir e a alinhar minhas reações ao Teu Espírito. Em nome de Jesus, amém.

PLANO DE LEITURA BÍBLICA

2Samuel 3—5.8
João 9.1-23
Salmos 69.9-15

ANOTAÇÕES

QUEM CONFIA NÃO TENTA RESOLVER TUDO SOZINHO

O Senhor é o meu pastor; de nada terei falta. Em verdes pastagens me faz repousar e me conduz a águas tranquilas; restaura-me o vigor. Guia-me nas veredas da justiça por amor do Seu nome.
Salmos 23.1-3

Quando todo pensamento seu é um "e se" — E se faltar dinheiro? E se eu perder o emprego? E se der tudo errado? —, fica claro que sua mente está mais ocupada com tragédias imaginárias. A verdade é que você não confia totalmente. Você ora, mas depois fica espionando a situação para ver se Deus está mesmo fazendo alguma coisa. E quando nada muda no seu tempo, você corre para resolver do seu jeito. Aí cansa, acaba frustrado e diz que está esgotado. Porém, na prática, só está colhendo o que plantou.

O problema é que quanto mais você foca no que não tem, menos você vê o que já tem. E sabe o que isso revela? Ingratidão. É duro dizer isso, mas sim: existem pessoas que pedem mais enquanto ignoram as respostas que já receberam.

Deus nunca prometeu luxo, mas garantiu sustento. E Ele cuida. Só que você precisa parar de agir como se estivesse sozinho no mundo. O salmo 23 não é só bonito para colocar no quadro da sala, é um estilo de vida para quem crê de verdade. "De nada terei falta", não porque você tem tudo, mas porque sabe em quem confia. Então, chega de orar da boca para fora. Escolha confiar de verdade. Quantas vezes o Senhor já sustentou você quando parecia que não daria mais? Pois é. Confie mais e se desespere menos.

PENSE

VOCÊ REALMENTE CONFIA NO SENHOR OU ESTÁ TENTANDO MANIPULAR A RESPOSTA QUE QUER?

ORE

Senhor, livra-me da ansiedade disfarçada de controle. Ensina-me a descansar na Tua fidelidade e a lembrar que, Contigo, nada me faltará. Que minha fé fale mais alto que meus medos. Cuida de mim, como sempre cuidaste. Em nome de Jesus, amém.

PLANO DE LEITURA BÍBLICA

2Samuel 5.9–7.17
João 9.24–10.5
Salmos 69.16-23

ANOTAÇÕES

27
MAIO

A ESPERA TAMBÉM FAZ PARTE DO PROPÓSITO

Melhor é o homem paciente do que o guerreiro, mais vale controlar o seu espírito do que conquistar uma cidade.
PROVÉRBIOS 16.32

PENSE

NÃO É SOBRE QUANDO ACONTECERÁ, MAS SOBRE QUEM VOCÊ ESTÁ SE TORNANDO ENQUANTO ESPERA.

ORE

Senhor, ensina-me a esperar em Ti, a cultivar domínio próprio quando o tempo aperta e a trabalhar com dedicação enquanto confio no Teu calendário. Que minha paciência reflita Tua sabedoria e minha vitória seja fruto do Teu agir. Em nome de Jesus, amém.

PLANO DE LEITURA BÍBLICA

2Samuel 7.18–10.14
João 10.6-30
Salmos 69.24-30

ANOTAÇÕES

ÀS VEZES, ACHAMOS QUE A ESPERA É PASSIVA QUANDO, na verdade, deve ser o oposto. Esperar dá trabalho; requer controle emocional, domínio próprio e um senso de responsabilidade que muitos preferem ignorar. Existem pessoas que até dizem estar esperando em Deus, mas estão é se escondendo atrás de oração para não fazer nada.

Na Bíblia, aqueles que esperaram nunca ficaram ociosos. José, por exemplo. Ele teve um sonho na adolescência e depois foi direto para o fundo do poço, vendido como escravo, injustiçado, preso. Mesmo assim, não parou. Trabalhou, serviu, manteve o coração no lugar certo. Ele entendeu que o processo era parte do plano. E você? Quer a posição de governador do Egito sem nem passar pelo calabouço?

Verdade seja dita, a espera nos confronta com uma realidade desconfortável: Deus não segue o nosso cronograma emocional. Nós é que devemos nos submeter a Ele. Então, pare de romantizar a pressa e a passividade como se fossem sinônimos de fé. É melhor ser paciente do que valente, controlar o coração do que conquistar qualquer coisa. Enquanto você se move no tempo certo, Deus move o impossível a seu favor.

NÃO SUBESTIME AS COISAS SIMPLES

28 MAIO

Tu, Senhor, guardarás em perfeita paz aquele cujo propósito está firme, porque em Ti confia. Confiem para sempre no Senhor, pois o Senhor, somente o Senhor, é a Rocha eterna.
Isaías 26.3-4

Nem todo dia vem com um sinal claro de Deus. Nem toda oração tem uma resposta imediata. E nem toda fase da vida parece ter um porquê estampado. Mas isso não significa que seja tempo perdido. A verdade é que existe sim valor na rotina. Nas tarefas chatas. Naquela sequência cansativa de dias aparentemente inúteis. Porque Deus não age só nos momentos extraordinários. Ele também constrói no comum.

Veja Jesus: antes dos milagres, antes dos discípulos, antes da cruz, foram 30 anos de vida simples. Trabalho, anonimato. E nada disso foi desperdício. A Bíblia não relata muito sobre esse período porque talvez o mais importante ali não era o que Ele fazia, mas quem Ele estava se tornando. Não subestime os ciclos repetitivos. Eles estão formando quem você precisará ser quando a oportunidade chegar.

Você não precisa entender tudo agora. Só precisa ser fiel com o que tem hoje. Deus usa o café da manhã, o e-mail respondido com paciência, o chão varrido pela terceira vez no dia, o relatório entregue com capricho. Você pode não estar mudando o mundo hoje, mas está arrumando a cama, cuidando das contas, sendo honesto no que faz. E tudo isso conta. Porque viver com Deus significa permanecer com Ele também nos dias normais.

PENSE

SE VOCÊ NÃO É FIEL NO COMUM, POR QUE DEUS CONFIARIA A VOCÊ ALGO EXTRAORDINÁRIO?

ORE

Senhor, ensina-me a Te enxergar no simples. Que eu seja fiel nos dias comuns, constante quando nada parece grandioso. Fortalece meu propósito na rotina e guarda minha mente em paz, porque confio em Ti. Em nome de Jesus, amém.

PLANO DE LEITURA BÍBLICA

2Samuel 10.15—12.25
João 10.31—11.10
Salmos 69.31-36

ANOTAÇÕES

29
MAIO

DEIXE DEUS SER O PRIMEIRO

Todavia, lembro-me também do que me pode dar esperança: Graças ao grande amor do SENHOR é que não somos consumidos, pois as Suas misericórdias são inesgotáveis. Renovam-se cada manhã; grande é a Sua fidelidade!
LAMENTAÇÕES 3.21-23

VOCÊ JÁ DEVE TER OUVIDO POR AÍ QUE DEVEMOS VIVER um dia de cada vez. Mas viver isso de verdade? Aí complica. Porque, na prática, a maioria tenta viver o dia de hoje controlando o de amanhã, o da semana que vem e até o do outro mês. Ninguém vive no mundo da fantasia; tem conta vencendo e responsabilidades batendo à porta. E todos se deparam com duas opções: carregar tudo sozinho até desabar ou entregar tudo para o Senhor e viver em paz.

Colocar as preocupações diante de Deus não significa cruzar os braços e esperar que o Céu resolva tudo como num passe de mágica. Pelo contrário, é sua responsabilidade fazer o que está ao seu alcance. Contudo, o Senhor pode e deseja cuidar do que está fora do seu controle.

Seja fiel à sua agenda, claro. Mas, antes de tudo, permita que Deus seja o centro da sua vida. Porque, sinceramente, tem crente que faz de tudo, menos buscar a presença de Deus. A mente está tão ocupada com "o que tem para fazer" que não sobra nem dez minutos para orar. Depois reclama que o dia foi um caos.

Antes de sair salvando o mundo com sua produtividade, entre no quarto, dobre os joelhos e entregue o dia a quem realmente tem controle sobre ele. E quando o cansaço bater, lembre-se de que não é a cama que renovará sua alma, é descansar nos braços de quem nunca dorme ou falha.

PENSE

A AGENDA CHEIA NÃO JUSTIFICA UM CORAÇÃO VAZIO DE DEUS.

ORE

Senhor, eu Te entrego este dia e tudo o que não consigo controlar. Renova minhas forças, alinha meu coração com o Teu e me ajuda a confiar na Tua fidelidade. Em nome de Jesus, amém.

PLANO DE LEITURA BÍBLICA

2Samuel 12.26–14.12
João 11.11-32
Salmos 70

ANOTAÇÕES

QUEM VOCÊ QUER IMPRESSIONAR?

Porque outrora vocês eram trevas, mas agora são luz no Senhor. Vivam como filhos da luz, pois o fruto da luz consiste em toda bondade, justiça e verdade; e aprendam a discernir o que é agradável ao Senhor.
Efésios 5.8-10

Você já reparou como gostamos de aplauso? Pode admitir. A gente faz, ajuda, serve, ora, mas lá no fundo espera que alguém perceba. Que, no mínimo, reconheçam nossa espiritualidade. Contudo, o apóstolo Paulo acaba com esse teatro. Ele não fala sobre reputação ou visibilidade, mas fruto, e detalhe: fruto que, muitas vezes, ninguém vê. Sim, porque viver como filho de Deus nem sempre dá ibope. Você pode fazer tudo certo e mesmo assim ser ignorado, criticado ou pior: esquecido. Bem-vindo ao caminho de Cristo.

Sabe Jesus? Pois é. Ele não se importava em "parecer bom", Ele era bom. Trocou o Céu por uma cruz, esvaziou-se da glória para viver com gente ingrata e ainda assim não se ofendia.

A verdade é que luz de verdade não precisa fazer escândalo ou forçar nada para ser anunciada, ela simplesmente ilumina. É visível mesmo quando você não está tentando aparecer. Então, vale a pergunta: você serve porque deseja ser visto ou para fazer a vontade do Senhor? Você ama quando convém ou quando ninguém nota? Você ajuda esperando retorno ou porque já entendeu que foi salvo pela graça?

30 MAIO

PENSE

VOCÊ SERVE A DEUS OU AO PRÓPRIO EGO?

ORE

Senhor, livra-me da vaidade de querer aplausos por fazer o bem. Ensina-me a viver como luz que reflete Tua bondade, mesmo quando ninguém vê. Que minha vida agrade a Ti mais do que impressione os outros. Em nome de Jesus, amém.

PLANO DE LEITURA BÍBLICA

2Samuel 14.13—15
João 11.33-54
Salmos 71.1-7

ANOTAÇÕES

31
MAIO

NÃO É TARDE, MAS TAMBÉM NÃO É PARA DEPOIS

O Senhor não demora em cumprir a Sua promessa, como julgam alguns. Ao contrário, Ele é paciente com vocês, não querendo que ninguém pereça, mas que todos cheguem ao arrependimento.
2Pedro 3.9

PENSE

RECONHEÇA O ERRO ENQUANTO AINDA HÁ CAMINHO DE VOLTA.

ORE

Senhor, que eu não confunda Tua paciência com permissividade. Dá-me coragem para parar, reconhecer meus desvios e voltar. Que a luz do arrependimento me mostre o caminho de volta para Ti. Em nome de Jesus, amém.

PLANO DE LEITURA BÍBLICA

2Samuel 16–17
João 11.55–12.19
Salmos 71.8-16

ANOTAÇÕES

O QUE É ARREPENDIMENTO PARA VOCÊ? O MOMENTO em que você para, encara a verdade e admite: "Eu estava indo na direção errada", não? É difícil? É. Mas também é libertador. Porque ficar usando máscaras cansa e continuar insistindo em caminhos tortos só aumenta o peso nos ombros.

Às vezes, empilhamos desculpas. Colocando novos nomes no mesmo erro. Chamando de "fase", "consequência", "complexidade emocional". Só que Deus não está esperando você colapsar para intervir. Ele não precisa que sua vida desmorone para, então, estender a mão. Ele já viu o que você esconde. Já conhece o que você tenta maquiar. E ainda assim, continua oferecendo um caminho de volta.

O arrependimento não é castigo. É como acender a luz em um quarto onde você estava tropeçando no escuro. De repente, tudo fica claro. Você enxerga onde está, e mais importante: para onde deve ir. E não precisa ser algo místico ou dramático. Pode ser uma mensagem que você manda para se consertar com alguém ou quando você reconhece que não deveria ter cruzado certo limite. A boa notícia é que Deus não fecha a porta. Ele ainda espera por você. Com paciência, mas também urgência. Porque embora ainda dê tempo de voltar, esse tempo é hoje. E é você quem precisa dar o próximo passo.

O SENHOR NÃO FARÁ POR VOCÊ O QUE ELE JÁ ENSINOU VOCÊ A FAZER.

JUNHO

1º
JUN

SONHAR NÃO É SUFICIENTE

Quando o Senhor trouxe os cativos de volta a Sião, foi como um sonho. Então a nossa boca encheu-se de riso e a nossa língua de cantos de alegria. Até nas outras nações se dizia: "O Senhor fez coisas grandiosas por este povo".
Salmos 126.1-2

Às vezes, temos a impressão de que a vida está no modo pausa. Você olha para o lado, e parece que todo mundo está vivendo algo incrível: comprando casa, casando, tendo filhos, sendo promovido, abrindo empresa. E você? Está esperando alguma coisa acontecer. E nessa espera, corre o risco de cair na ilusão de que sonhar é o suficiente. Como se só o fato de desejar alguma coisa fosse fazer o Céu abrir e o sonho cair no seu colo.

Sonhar não é para quem vive com a cabeça nas nuvens, achando que o tempo resolve tudo sozinho. Deus não é fada madrinha. Ele chama você para ser participante do que Ele quer realizar na sua vida; e isso exige ação e, veja só, responsabilidade. Quer uma colheita? Então, em vez de namorar a ideia do que poderia ser, vá cuidar da sua terra. Plante. Regue. Trabalhe. Porque quem só observa o vento e vive de previsão de nuvem, como diz Eclesiastes 11.4, não planta e, adivinha? Também não colhe.

E tem mais: pare de se distrair olhando para o lado, medindo sua vida pela régua dos outros. Cada um tem o seu tempo. Seu foco precisa estar no Senhor, não em tentar imitar o enredo alheio. Mesmo que, aos seus olhos, pareça que nada está acontecendo, continue plantando. Não é tempo perdido. Pelo contrário, é investimento. No tempo certo, os frutos aparecerão. E não, não será coincidência.

PENSE

QUEM VIVE SONHANDO NÃO PERCEBE QUE A TERRA ESTÁ SECA.

ORE

Deus, que eu não viva de comparações, mas de confiança em Ti. Ensina-me a agir com propósito até ver Tua promessa se cumprir. Em nome de Jesus, amém.

PLANO DE LEITURA BÍBLICA

2Samuel 18 – 19.25
João 12.20-41
Salmos 71.17-24

ANOTAÇÕES

DEUS NÃO É COMO ELES, NEM COMO VOCÊ

[...] "Levante-se, Balaque, e ouça-me; escute-me, filho de Zipor. Deus não é homem para que minta, nem filho de homem para que Se arrependa. Acaso Ele fala e deixa de agir? Acaso promete e deixa de cumprir?
NÚMEROS 23.18-19

É COMUM TER AQUELE RECEIO DE QUE DEUS NOS ESQUEÇA ou desista de nós. Afinal, temos a tendência de nos guiar por modelos humanos. Depois, o que fazemos? Projetamos no Senhor as referências que temos aqui na Terra. A verdade é que a frustração vem porque, em algum momento, você foi ingênuo o bastante para colocar suas expectativas em pessoas imperfeitas. Você se decepcionou porque apostou alto demais em quem nunca teve ficha para isso. Ninguém — leia de novo: *ninguém* — conseguirá chegar nem perto do que Cristo já fez por você. Ele é fiel e não falha. Ao contrário de todo o resto.

Tentar encaixar Deus no nosso molde limitado é o cúmulo da presunção. E se nem você consegue viver com a santidade e fidelidade que Deus espera, por que acha que alguém conseguirá no seu lugar? Estou falando de quem ama e quer ver você bem. Essas pessoas também erram, e está tudo bem, porque são humanas. Pare de jogar nas costas dos outros uma responsabilidade que nem você aguentaria. O único que trabalha por você, incansavelmente e sem erro de cálculo, é o Senhor.

Os padrões de Deus estão em um patamar inalcançável à capacidade humana. A única forma de mirar nessa direção é fixando os olhos n'Ele. Nas promessas que Ele fez. Porque essas Ele cumpre. Portanto, se você quer parar de colecionar decepções, comece por mudar sua perspectiva: não exija de humanos o que só Deus pode oferecer.

02 JUN

PENSE

VOCÊ SE DECEPCIONOU? QUE SURPRESA... ERA SÓ MAIS UM SER HUMANO SENDO HUMANO.

ORE

Pai, ensina-me a tirar meus olhos do que é falho e fixá-los em Ti, que nunca muda. Que eu aprenda a confiar nas Tuas promessas acima das minhas projeções. Cura minha visão, alinha meu coração e firma minha esperança em Ti. Em nome de Jesus, amém.

PLANO DE LEITURA BÍBLICA

2Samuel 19.26–21.14
João 12.42–13.12
Salmos 72.1-8

ANOTAÇÕES

03 JUN

DEUS NÃO PEDE A SUA OPINIÃO

Confiamos no Senhor que vocês estão fazendo e continuarão a fazer as coisas que ordenamos. O Senhor conduza o coração de vocês ao amor de Deus e à perseverança de Cristo.
2TESSALONICENSES 3.4-5

SE VOCÊ DIZ QUE AMA JESUS, ENTÃO SIGA O QUE ELE manda. Sem "mas", sem "só que", sem "eu acho". A vontade do Senhor não precisa da sua aprovação para ser perfeita. E sim, muitas vezes ela tirará você do seu conforto e virará seu mundo do avesso. E sabe o que isso significa? Que você está no caminho certo. Porque quando é Deus que guia, o destino nunca é ruína.

Mas, verdade seja dita, as pessoas querem seguir Jesus desde que Ele diga exatamente o que querem ouvir. Mas viver os propósitos do Senhor exige um mínimo de desapego aos seus caprichos de estimação. À medida que você for fiel à voz de Deus — mesmo quando ela bate de frente com os seus sonhos mimados —, Ele coloca você onde deve estar. E quer saber? Às vezes, Deus ignora os seus pedidos mais dramáticos, não porque Ele é insensível, mas porque está ocupado demais moldando seu caráter para algo melhor. Afinal, Deus não faz questão de nos fazer felizes, mas de nos transformar para algo eterno.

Portanto, pare de viver para agradar seu próprio ego. Isso nunca dá certo e ainda custa caro. Esforce-se para honrar a Deus, mesmo quando a vontade for dizer "não estou a fim". Coloque-o em primeiro lugar, mesmo quando parecer que você está ficando por último. Confie no Senhor, porque Ele não falha e ama você. Mas será que você ama a Deus o suficiente para abrir mão do que for preciso para segui-lo?

PENSE

SEGUIR A CRISTO É NEGAR A SI MESMO, NÃO PEDIR QUE ELE SE ADAPTE A VOCÊ.

ORE

Senhor, quebra em mim toda resistência disfarçada de razão. Que eu Te ame mais do que amo meus planos e esteja disposto a Te obedecer, mesmo quando for difícil. Conduze meu coração à rendição que transforma. Em nome de Jesus, amém.

PLANO DE LEITURA BÍBLICA

2Samuel 21.15–22
João 13.12-30
Salmos 72.9-14

ANOTAÇÕES

A PRESENÇA QUE NOS ENGOLE POR DENTRO

Moisés, Arão, Nadabe, Abiú e setenta autoridades de Israel subiram e viram o Deus de Israel, sob cujos pés havia algo semelhante a um pavimento de safira, como o céu em seu esplendor. Deus, porém, não estendeu a mão para punir esses líderes do povo de Israel; eles viram a Deus, e depois comeram e beberam.
Êxodo 24.9-11

04
JUN

No monte, os líderes de Israel viram a Deus e comeram em Sua presença. O interessante é que, até então, o Senhor falava em meio a trovões, relâmpagos e nuvens densas. A montanha fumegava, o chão tremia, e o povo ficava à distância. Era o tipo de manifestação que revelava a santidade absoluta d'Ele e a completa inadequação humana. Mas ali, naquele momento, algo mudou. O mesmo Deus que antes gerava medo estava chamando para perto. O mesmo monte que antes provocava tremor agora abrigava uma refeição.

Séculos depois, Jesus foi além. Ele não só convidou para comer com Ele, mas para comer d'Ele. "Todo aquele que come a Minha carne e bebe o Meu sangue permanece em Mim e Eu nele" (João 6.56). Isso não é religião. É fusão. Jesus não veio apenas alimentar nossa fé. Veio habitar em nosso interior. Ele quer fazer morada.

A ceia não é uma tradição fria nem um costume de calendário. É uma mesa viva, na qual o pão representa alguém. Participar dela é deixar Cristo entrar nos cômodos escuros da alma. Ele não deseja ocupar um cantinho da sua vida, mas o centro. O Senhor da ceia não aceita viver como hóspede. Ele quer ser dono da casa. Lembre-se de que não "comemos" um símbolo. "Comemos" uma presença. E essa presença é viva, poderosa, santa. É o próprio Cristo Se tornando parte de nós.

PENSE

NÃO TRATE COMO TRADIÇÃO O QUE EXIGE TRANSFORMAÇÃO.

ORE

Senhor, não quero Te ver de longe nem Te servir com reservas. Que a Tua presença invada cada espaço em mim, sem limites e horários. Toma meu coração por inteiro e faz de mim Tua casa. Em nome de Jesus, amém.

PLANO DE LEITURA BÍBLICA

2Samuel 23–24
João 13.31–14.10
Salmos 72.15-20

ANOTAÇÕES

05
JUN

QUANDO O FIM SUPERA O INÍCIO

O fim das coisas é melhor que o seu início, e o paciente é melhor que o orgulhoso. Não permita que a ira domine depressa o seu espírito, pois a ira se aloja no íntimo dos tolos.
Eclesiastes 7.8-9

A ideia de que o fim é melhor que o início soa meio torta à primeira vista, não? Afinal, quem termina uma corrida com mais pique do que começou? Cruzar a linha de chegada geralmente envolve cansaço, dor nas pernas e a tentação de desistir faltando poucos metros. Mas a lógica de Deus é outra. Ele não se impressiona se você começa bem. Claro, começar bem é ótimo, mas o que realmente importa é como você termina. É fácil ter ânimo quando ainda estamos nos primeiros passos e temos energia de sobra, mas é no trajeto que somos testados até o limite.

Então, se você está naquele ponto em que a vontade é jogar tudo para o alto e fingir que nem começou, calma. Respire. Ore. E peça forças. Não para recomeçar, mas continuar. Porque se tem uma coisa que o Senhor curte fazer é surpreender no fim. Ele tem o costume de virar o jogo quando a torcida já está indo embora do estádio. Firme-se em Deus. Termine o que começou, e termine bem. Porque, no Reino, a medalha não é para quem correu melhor no início ou durante a corrida, mas para quem cruzou a linha de chegada com fé nos pés, mesmo que cambaleando.

PENSE

QUEM VIVE RECOMEÇANDO NUNCA CONSTRÓI NADA.

ORE

Pai, quando minhas forças faltarem, sustenta-me com a Tua mão. Dá-me coragem para continuar, mesmo cansado, e fidelidade para terminar o que comecei. Que eu não desista no processo, mas persevere até o Teu fim glorioso. Em nome de Jesus, amém.

PLANO DE LEITURA BÍBLICA

1Reis 1
João 14.11-31
Salmos 73.1-10

ANOTAÇÕES

O CHORO PODE DURAR, MAS A ALEGRIA VEM

Cantem louvores ao SENHOR, vocês, os Seus fiéis; louvem o Seu santo nome. Pois a Sua ira só dura um instante, mas o Seu favor dura a vida toda; o choro pode persistir uma noite, mas de manhã irrompe a alegria.
SALMOS 30.4-5

DEUS É UM BOM PAI. ELE É JUSTO, MAS TAMBÉM É BONDOSO. O problema é que, quando o bicho pega, a primeira coisa que muitos fazem é se esquecer disso. Parece que tem gente que, no fundo, acha que o Senhor é um ser carrancudo no Céu, sentado com um caderno de anotações, pronto para dar uma lição toda vez que você tropeça. Parece até que Ele se diverte assistindo a nossos tropeços como quem vê um reality-show.

Sim, Deus disciplina. Mas não é vingança disfarçada de "lição de moral". É amor, que corrige, mas traz para perto. Quando você abaixa a guarda e vai até o Senhor, Ele abre os braços, recebe, perdoa e restaura. E faz isso com prazer. A Bíblia afirma que as misericórdias do Senhor se renovam todo santo dia. Literalmente. Se você está vivo hoje, é porque Ele ainda não desistiu de você.

Pare de achar que você precisa "se consertar" para depois ir até o Senhor. Isso é religião; e religião só atrasa a sua vida. Não se confunda: reverência não é pavor. Temor não é terror. Respeitar a grandeza d'Ele não é o mesmo que viver apavorado achando que será atingido por um raio a qualquer momento. É possível sim ter temor e, mesmo assim, jogar-se sem reservas nos braços de um Pai que ama de verdade. Talvez você esteja vivendo a "noite do choro", achando que Deus virou o rosto. Mas essa noite tem hora para acabar. A alegria virá pela manhã.

06
JUN

PENSE

VOCÊ ESTÁ VIVO? ENTÃO AINDA DÁ TEMPO DE PARAR DE FUGIR E SE VOLTAR PARA DEUS.

ORE

Deus, quando a dor parecer longa demais, lembra-me de que o Teu favor dura a vida toda. Ensina-me a confiar no Teu abraço, mesmo em meio às lágrimas. Que eu não fuja, mas corra para Ti. Renova-me com Tua alegria. Em nome de Jesus, amém.

PLANO DE LEITURA BÍBLICA

1Reis 2–3.9
João 15.1-20
Salmos 73.11-14

ANOTAÇÕES

07
JUN

DESCARTE O QUE É IRRELEVANTE

Dirige-me pelo caminho dos Teus mandamentos, pois nele encontro satisfação. Inclina o meu coração para os Teus estatutos, e não para a ganância. Desvia os meus olhos das coisas inúteis; faze-me viver nos caminhos que traçaste.
SALMOS 119.35-37

NEM TUDO QUE ATRAI NOSSOS OLHOS MERECE NOSSA atenção e o que parece urgente nem sempre é, de fato, importante. A gente vive tropeçando em desejos que o coração alimenta como se fossem promessas divinas. Quantas decisões você já tomou porque "parecia bom"? Relacionamentos que eram "de Deus" até darem ruim, empregos que eram "oportunidades do Alto" até virarem burnout. Pois é. Nem toda porta aberta é bênção. Às vezes, é só teste. Ou cilada.

Ganância, orgulho, pressa, tudo isso disfarçado de "fé". A verdade é que muitas pessoas estão orando para Deus abençoar planos que Ele nunca mandou executar. Não é à toa que, depois, elas colhem frustração. E o pior: ainda culpam o diabo, o chefe, o tempo, o horóscopo, menos o próprio coração, que vive dando ideia errada.

Quer um conselho? Desconfie do que agrada demais aos olhos. O que é bom nem sempre é o certo. E o que é de Deus nem sempre é confortável. Seu coração pode enganá-lo, mas a direção do Senhor é certeira. Ele não chama ninguém para confusão. Ele não abre porta para você cair do outro lado. Ele abre caminho para que Seu nome seja glorificado, e não só para você postar que "deu certo". Confie menos no seu instinto e mais na soberania do Senhor. Porque quando Deus abre, ninguém fecha. Mas quando você força algo, até o que era bênção pode virar lição.

PENSE

A DÚVIDA NEM SEMPRE VEM DO DIABO. ÀS VEZES, É DEUS DIZENDO: "NÃO É POR AÍ".

ORE

Senhor, livra-me das distrações que parecem bênçãos, mas me desviam do Teu caminho. Alinha meu coração com a Tua vontade e cala todo desejo que me afasta de Ti. Guia-me com clareza, mesmo quando for contra o que quero. Em nome de Jesus, amém.

PLANO DE LEITURA BÍBLICA

1Reis 3.10–4
João 15.21–16.16
Salmos 73.15-25

ANOTAÇÕES

A VERDADE NÃO PEDE LICENÇA PARA SER VERDADE

08
JUN

Jesus Cristo é o mesmo, ontem, hoje e para sempre.
Não se deixem levar pelos diversos ensinos estranhos.
HEBREUS 13.8-9

A CADA NOVA GERAÇÃO SURGEM TENTATIVAS DE ATUALIZAR a Bíblia como se ela fosse uma tecnologia defasada ou um código moral desatualizado. Troca-se doutrina por sentimento, e, pouco a pouco, o que era verdade passa a ser tratado como ultrapassado. Contudo, as verdades de Cristo são imutáveis, eternas e não precisam da aprovação de ninguém para continuarem sendo verdade.

A Palavra não precisa de revisão. O que Deus chamou de pecado há dois mil anos ainda é pecado hoje, não porque Deus é inflexível, mas porque Ele é santo. A tentativa de adaptar as Escrituras ao gosto da cultura é uma rebelião disfarçada de modernidade. E toda vez que alguém tenta moldar a verdade ao gosto do freguês, o que acontece, na prática, é que se cria um "evangelho" vazio de poder.

Você não precisa de um Deus que concorde com tudo o que você pensa. Você precisa de um Deus que confronte, corrija e transforme você. A Palavra continua viva e afiada. Não precisa ser reembalada, e sim lida com reverência. Segui-la pode custar algumas vontades, mas sempre trará vida. Porque verdade que muda com o tempo nunca foi verdade de verdade.

PENSE

NÃO ADAPTE A VERDADE AO SEU GOSTO. ADAPTE-SE À VERDADE.

ORE

Senhor, livra-me das verdades que me agradam e aproxima-me da Tua que liberta. Que eu ame Tua Palavra mais do que minhas opiniões. Corrige o que for necessário e reina em mim com verdade. Em nome de Jesus, amém.

PLANO DE LEITURA BÍBLICA

1Reis 5–6
João 16.17–17.5
Salmos 73.25-28

ANOTAÇÕES

09

JUN

VOCÊ ACHA QUE AMAR É FÁCIL?

Acima de tudo, porém, revistam-se do amor, que é o elo perfeito. Que a paz de Cristo seja o juiz em seu coração, visto que vocês foram chamados para viver em paz, como membros de um só corpo. E sejam agradecidos.
COLOSSENSES 3.14-15

FOMOS CHAMADOS PARA AMAR, E ISSO VAI ALÉM DE dizer "eu amo você" em uma conversa no WhatsApp. Amar, de verdade, muitas vezes significa colocar o outro acima de nós. Significa parar de achar que o mundo gira em torno do seu umbigo. Claro, isso não quer dizer que você precisa virar um capacho emocional, perder a identidade ou anular quem você é. Mas se você só ama enquanto for conveniente, talvez o nome disso não seja amor. Afinal, amar custa caro. Custa orgulho, preferências e, às vezes, até razão. E se você acha tudo isso muito radical, basta olhar para Jesus. O homem que tinha todos os motivos para virar as costas escolheu lavar pés sujos.

A Bíblia não dá margem para debate: quem não ama o outro não ama a Deus. Pesado? Sim. Então talvez seja hora de não racionalizar mais a sua frieza, colocar o orgulho no bolso e começar a enxergar o seu próximo. Peça a Deus para trocar a sua lente por uma mais parecida com a d'Ele. Amar é uma ordem celestial; e é o combustível que move tudo no Reino. É o que transforma gente quebrada em inteira, é o que muda ambientes, restaura lares e cura feridas. Amar é, sem exagero, o único jeito de realmente parecer com Jesus.

PENSE

NÃO É AMOR SE VOCÊ AINDA É O CENTRO DE TUDO.

ORE

Deus, tira de mim o amor que é só discurso e planta em mim o amor que age, que renuncia, que cura. Que eu veja o outro com os Teus olhos e escolha amar, mesmo quando doer. Ensina-me a parecer Contigo. Em nome de Jesus, amém.

PLANO DE LEITURA BÍBLICA

1Reis 7–8.5
João 17.6-26
Salmos 74.1-8

ANOTAÇÕES

O SILÊNCIO DIZ MAIS DO QUE VOCÊ PENSA

10
JUN

Quem tem conhecimento é comedido no falar, e quem tem entendimento é de espírito sereno. Até o insensato passará por sábio se ficar quieto e, se contiver a língua, parecerá que tem discernimento.
PROVÉRBIOS 17.27-28

EM TEMPOS EM QUE TODO MUNDO QUER TER RAZÃO, vencer no grito ou responder com ironia, quem aprende a ficar em silêncio já está um passo à frente. Porque discutir com certas pessoas é como tentar apagar fogo com gasolina. Não preciso explicar o que acontece.

A verdade é que, em meio a brigas e acusações, nossa primeira reação quase sempre é revidar. Afinal, “quem ele ou ela pensa que é para falar comigo assim?”, não? Só que, nesses momentos, o melhor que você pode fazer é segurar a língua. Literalmente. Respire fundo, conte até dez (ou até mil, se for preciso) e espere. Não porque você é fraco, mas porque gastar palavras com quem não está disposto a ouvir é um desperdício de tempo.

Jesus deu uma aula sobre isso quando foi levado até Pilatos. Sendo o Filho de Deus, Ele poderia ter feito um sermão ali que deixaria todo mundo de boca aberta. Mas escolheu o silêncio. Ele sabia o momento certo de falar e Se calar.

Você não precisa entrar em toda discussão nem se justificar para todo mundo. Pare de viver no “modo defesa”. Às vezes, o melhor argumento é não dizer nada. Quem precisa entender entenderá. Fale menos e observe mais. Espere a hora certa. Porque quando Deus defende você, nenhuma acusação prevalece. E Ele, ao contrário de nós, nunca perde uma discussão.

PENSE

SE ATÉ JESUS SOUBE SE CALAR, QUEM É VOCÊ PARA QUERER TER A ÚLTIMA PALAVRA?

ORE

Senhor, ensina-me a responder menos com a boca e mais com sabedoria. Dá-me domínio sobre minhas reações e silêncio onde o barulho não edifica. Que minha paz venha de Ti, e não da necessidade de ter razão. Em nome de Jesus, amém.

PLANO DE LEITURA BÍBLICA

1Reis 8.6-66
João 18.1-21
Salmos 74.9-17

ANOTAÇÕES

11
JUN

NÃO DÊ LUGAR À RAIVA

"Quando vocês ficarem irados, não pequem". Apaziguem a sua ira antes que o sol se ponha e não deem lugar ao diabo.
EFÉSIOS 4.26-27

PENSE

A RAIVA NÃO É LICENÇA PARA PECAR. NEM PARA SER GROSSEIRO EM NOME DA "VERDADE".

ORE

Deus, ensina-me a dominar a minha raiva antes que ela me domine. Que eu não perca a Tua promessa por causa de reações impensadas. Dá-me sabedoria para responder com equilíbrio e firmeza, sem ferir o Teu coração. Em nome de Jesus, amém.

PLANO DE LEITURA BÍBLICA

1Reis 9–10
João 18.22–19.3
Salmos 74.18-23

ANOTAÇÕES

SENTIR RAIVA QUANDO SOMOS INJUSTIÇADOS OU SOFREMOS qualquer tipo de ataque é normal. A questão, no entanto, não é a raiva em si, e sim o que escolhemos fazer com ela. Não devemos dar lugar à ira. Isso não quer dizer que você tenha de baixar a cabeça para tudo, mas sim que precisa pensar duas vezes antes de sair distribuindo patadas por aí. Posicionar-se é uma coisa. Perder a cabeça é outra. E adivinha? Você ainda é responsável pelas suas reações.

Você pode, e deve, defender seus limites. Mas deixar que a raiva empurre você para a desobediência é um risco que não precisa correr. Lembra de Moisés? Em um momento de fúria, depois de tanto aguentar as reclamações do povo, ele desobedeceu a uma instrução de Deus. Em vez de falar com a rocha, bateu nela. A água saiu, sim. Mas o preço foi amargo: Moisés não entrou na Terra Prometida.

Todo mundo será provocado alguma hora, receberá uma mensagem atravessada, ouvirá uma crítica injusta ou lidará com pessoas difíceis. Nessas horas, nossa primeira vontade é explodir. Porém, crescer espiritualmente também é aprender a lidar com esse tipo de emoção sem deixar um rastro de destruição. Então aqui vai um exercício prático: da próxima vez que sentir raiva, respire fundo. Diga a Deus exatamente o que você está sentindo. E só depois disso decida como reagir.

RELACIONAMENTOS QUE NÃO DEFORMAM

Acima de tudo, guarde o seu coração, pois dele depende toda a sua vida.
PROVÉRBIOS 4.23

O AMOR NÃO SUFOCA, NÃO CONTROLA, NÃO APAGA QUEM você é. Quando é de Deus, fortalece, encoraja e respeita. Não tenta moldar você à força para caber em expectativas humanas. Relacionamentos saudáveis são aqueles em que você continua sendo você, enquanto Cristo continua sendo o centro. Quando você precisa se apagar para que o outro brilhe ou esconder suas convicções para manter alguém por perto, isso não é amor. É manipulação emocional. Quando o namoro é uma resposta de Deus, ele não consome, mas soma. Não enfraquece, mas edifica. Não isola você, mas o aproxima do que importa.

Então, se você está em um relacionamento, pergunte a você mesmo: isso está me deixando mais confuso e pressionado? Está me ajudando a crescer ou me fazendo andar em círculos? E se você está esperando alguém, ore para o Senhor enviar uma pessoa que ajude você a crescer no que Ele o chamou para ser. Porque o relacionamento certo não é aquele que exige que você se anule para funcionar, é o que permite que você floresça sem deixar Cristo de lado. Lembre-se: amor de verdade preserva em vez de distorcer.

12 JUN

DIA DOS NAMORADOS

PENSE

RELACIONAMENTOS SAUDÁVEIS NÃO PEDEM CONCESSÕES ESPIRITUAIS.

ORE

Senhor, guarda meu coração de amores que ferem e relacionamentos que me afastam de Ti. Ensina-me a esperar o que vem das Tuas mãos, que edifica sem apagar quem sou em Ti. Que o Teu amor seja meu padrão. Em nome de Jesus, amém.

PLANO DE LEITURA BÍBLICA

1Reis 11–12.11
João 19.4-27
Salmos 75.1-6

ANOTAÇÕES

13
JUN

VOCÊ NÃO FOI CHAMADO PARA SE VINGAR

Amados, nunca procurem vingar-se, mas deixem com Deus a ira, pois está escrito: "Minha é a vingança; Eu retribuirei", diz o Senhor. Ao contrário: "Se o seu inimigo tiver fome, dê-lhe de comer; se tiver sede, dê-lhe de beber. Fazendo isso, você amontoará brasas vivas sobre a cabeça dele".
ROMANOS 12.19-20

PENSE

VINGANÇA NÃO CURA NADA; SÓ TRANSFORMA VOCÊ NA CÓPIA DO QUE O FERIU.

ORE

Pai, guarda meu coração da vingança disfarçada de justiça. Que eu não devolva dor com dor, mas com a graça que recebi de Ti. Ensina-me a vencer o mal com o bem e a Te confiar a minha causa. Em nome de Jesus, amém.

PLANO DE LEITURA BÍBLICA

1Reis 12.12–13
João 19.28–20.10
Salmos 75.7-10

ANOTAÇÕES

DEUS CONHECE SEU CORAÇÃO. ANTES MESMO DE VOCÊ ensaiar o discurso sobre "o que fizeram comigo", Ele já sabe: a mágoa engasgada, o ranço acumulado, o nó no estômago, a vontade de dar resposta atravessada ou sumir do mapa. Ele, curiosamente, não autoriza você a se vingar nem recomenda que se afunde em ressentimento. Pelo contrário, Ele insiste que você aja com bondade. Sim, bondade. Parece piada, não? Mas não é.

Quer um exemplo? Davi foi ungido rei e, mesmo assim, passou anos fugindo de Saul. Ele teve chances reais de matá-lo e acabar com tudo e não o fez. Por quê? Porque reconhecia a autoridade que Deus havia colocado sobre Saul. Davi não só poupou a vida dele como também chorou sua morte. E ainda confrontou quem ajudou a matá-lo.

A lógica de Deus não é a do "pague na mesma moeda", mas "ame quem não merece, estenda graça a quem não faria o mesmo por você". Foi o que Jesus fez. Então, o que fazer hoje? Comece assumindo a sua parte. Não mande indireta. Não responda. Não alimente o ciclo. Se for preciso se afastar, faça isso sem ódio no coração. Escolha não se tornar igual àquilo que o feriu. Você não precisa provar nada para ninguém. O que você precisa é manter o coração alinhado com o Senhor. Caso contrário, você só continuará se perdendo de si mesmo.

VOCÊ TEM AS ARMAS, SÓ NÃO ESTÁ USANDO

A mentalidade da carne é morte, mas a mentalidade do Espírito é vida e paz; a mentalidade da carne é inimiga de Deus porque não se submete à Lei de Deus, nem pode fazê-lo. Quem é dominado pela carne não pode agradar a Deus.
ROMANOS 8.6-8

SE VOCÊ ACHA QUE VENCERÁ CERTAS BATALHAS NA BASE do "vai dar tudo certo", é melhor repensar. Nossa carne, essa fábrica ambulante de vontades egoístas, está em pé de guerra com o espírito o tempo todo. A Bíblia é clara quando diz que a briga é com principados e potestades, não com pessoas ou circunstâncias (cf. Efésios 6.12). E você tenta vencer essa guerra com estratégias humanas e se pergunta por que continua sem sair do lugar. Porque o problema nunca foi só o problema, é o que ele revela em você. Seu orgulho, sua carência, sua pressa.

Quando os discípulos não conseguiram expulsar um demônio, Jesus basicamente disse: "Isso aqui exige jejum e oração". Ou seja: tem batalha que só se resolve quando você cala o corpo. Quando você se abstém de comida, distrações e desculpas. Sim, você se sentirá fraco. Ficará irritado, talvez até de mau humor. Mas no meio da sua fraqueza o espírito ganhará musculatura.

Aprenda a guerrear no espírito, com as armas que o Senhor já deu a você. Não trate o jejum e a oração como "últimas alternativas". Essa é sua linha de frente. Você já tem as armas. Só precisa começar a guerrear de verdade. Porque o inimigo não tem medo da sua opinião, mas treme quando vê alguém de joelhos. E o Céu se move por quem se move no secreto.

14
JUN

PENSE

ESTÁ DIFÍCIL VENCER? TALVEZ VOCÊ ESTEJA LUTANDO ERRADO.

ORE

Senhor, ensina-me a lutar com as armas certas. Que eu não dependa da minha força, mas viva guiado pelo Teu Espírito. Dá-me disciplina para jejuar, orar e vencer no secreto o que me paralisa em público. Em nome de Jesus, amém.

PLANO DE LEITURA BÍBLICA

1Reis 14–15.24
João 20.11-31
Salmos 76.1-6

ANOTAÇÕES

15
JUN

DEUS NÃO FORÇARÁ A MUDANÇA QUE É SUA

Gerações vêm e gerações vão, mas a terra permanece para sempre. O sol se levanta e o sol se põe e depressa volta ao lugar de onde se levanta. O vento sopra para o sul e vira para o norte; dá voltas e voltas, seguindo sempre o seu curso.
ECLESIASTES 1.4-6

PENSE

NÃO ADIANTA ORAR POR MUDANÇA E VIVER DO MESMO JEITO.

ORE

Pai, livra-me dos ciclos que eu mesmo alimento. Mostra onde preciso mudar e dá-me coragem para agir. Que eu não confunda Tua paciência com permissão. Leva-me ao novo, sem que eu leve comigo o que já deveria ter deixado. Em nome de Jesus, amém.

PLANO DE LEITURA BÍBLICA

1Reis 15.25–17.6
João 21
Salmos 76.7-12

ANOTAÇÕES

A VIDA É FEITA DE CICLOS. E UMA COISA É CERTA: VOCÊ NÃO pode continuar esperando que tudo volte a ser como era. O tempo e os cenários mudam, mas os padrões de erro voltam se você não se posicionar. É só olhar para a Bíblia que isso fica escancarado. Sansão é um exemplo de como ser forte e ao mesmo tempo emocionalmente burro. Ele sabia que não devia se envolver com mulheres estrangeiras. Mas foi lá e se enrolou com Dalila. E como se não bastasse o erro, ainda entregou de bandeja o segredo da sua força. Resultado? Virou piada para os inimigos, perdeu tudo, literalmente.

Agora, traga isso para você. O que tem feito você tropeçar sempre no mesmo ponto? Em qual área você está esperando que Deus faça algo, enquanto você mesmo continua alimentando o padrão antigo? Talvez o que esteja travando sua vida seja sua indecisão. Quer viver o novo? Mude. Saia de grupos que só servem para besteiras. Bloqueie o número que prende você num ciclo emocional doentio. Delete aquele conteúdo que só o contamina. Reorganize seu tempo. Diga "não" para o que afasta você do que realmente importa. Mexa-se. Porque sua vida só mudará quando você parar de achar que é vítima do que, na verdade, já deveria estar resolvido.

OCUPE-SE COM O QUE É DO ALTO

16
JUN

Amados, visto que temos essas promessas, purifiquemo-nos de tudo o que contamina o corpo e o espírito, aperfeiçoando a santidade no temor de Deus.
2Coríntios 7.1

Viver em santidade não é virar um monge enclausurado nem andar com uma auréola imaginária. É, basicamente, amar tanto a Deus que você começa a levar a sério o que importa para Ele. Simples assim. Um filho que honra o pai não vive discutindo regra ou negociando limite. Então, se você diz que quer viver no centro da vontade de Deus, mas continua agarrado a distrações, talvez ainda não tenha entendido o básico.

Costumamos reduzir a santidade àquilo que deixamos de fazer, mas ela começa bem antes: no que pensamos. Achamos que pureza é só "não cair em pecado", mas a real é que o que mais nos atrasa é rolar o *feed* por horas, alimentar comparações, procrastinar decisões, manter conversinhas inúteis. Tudo isso parece inofensivo, mas vai afastando você, milímetro por milímetro, do propósito do Senhor.

Sabe o que acontece quando você começa a andar de verdade com o Espírito Santo? Você enxerga mais rápido os ruídos, os atalhos duvidosos, os convites disfarçados de "é só uma vez". Sua tolerância ao superficial diminui. Quando Deus ocupa a sua mente, não sobra espaço para o que só serve para roubar tempo, envenenar o coração e maquiar o pecado de "normalidade". Então, quer viver em santidade? Lembre-se de que não é só "não fazer", é estar tão cheio de Deus que não dá vontade nem de se distrair com o que não presta.

PENSE

VOCÊ QUER SANTIDADE OU SÓ QUER PARECER UM CRISTÃO NA INTERNET?

ORE

Deus, que o Teu Espírito preencha tanto meu coração que não haja mais espaço para o que me contamina. Ensina-me a amar o que Tu amas e a renunciar com alegria tudo o que me afasta de Ti. Faz-me santo no pensamento e na prática. Em nome de Jesus, amém.

PLANO DE LEITURA BÍBLICA

1Reis 17.7 – 18.35
Atos 1
Salmos 77.1-10

ANOTAÇÕES

17
JUN

FAÇA O QUE DÁ PARA FAZER

Se alguém tiver recursos materiais e, vendo seu irmão em necessidade, não se compadecer dele, como pode permanecer nele o amor de Deus? Filhinhos, não amemos de palavra nem de boca, mas em ação e em verdade.
1João 3.17-18

Muita gente fala sobre fé com eloquência e autoridade, mas trava na hora de ajudar com o básico. Se você vê alguém em necessidade, ou você age, ou está mentindo para você mesmo. A incoerência nem sempre está no erro escandaloso. Às vezes, está no silêncio, ou omissão, de quem poderia fazer algo e prefere talvez "orar depois".

É fácil dizer que está com alguém; até que ajudar custe espaço na agenda ou dinheiro. Mas se você tem o que alguém precisa e escolhe ignorar, você está claramente tomando uma decisão. E a pergunta que fica é: do que adianta ser cristão se, quando alguém precisa, você some? A vida com Deus nunca foi sobre dizer as coisas certas, mas sobre praticar o que se acredita. E, na prática, o que você deixa de fazer, provavelmente por egoísmo, tem mais peso do que aquilo que você diz por educação.

Talvez você não consiga resolver tudo. Mas se você pode pagar uma conta, preparar uma marmita, fazer um Pix, ouvir sem julgar, abrir a porta ou dividir o que tem, faça. Deus não deu a você recursos só para organizar sua vida. Ele fez isso para que outros também tenham uma chance. Quem vive de verdade não espera a oportunidade perfeita, só precisa enxergar a necessidade. E aí, você continuará só falando?

PENSE

SE VOCÊ PODE FAZER ALGO E NÃO FAZ, NÃO CULPE A FALTA DE TEMPO.

ORE

Senhor, não me deixes ser alguém que apenas fala de amor, mas não o vive. Que meu coração se mova com compaixão e minhas mãos nunca neguem ajuda quando puder agir. Usa o que tenho para ser uma resposta. Em nome de Jesus, amém.

PLANO DE LEITURA BÍBLICA

1Reis 18.36–20.25
Atos 2.1-21
Salmos 77.11-15

ANOTAÇÕES

NÃO ANDE EM CORDAS BAMBAS

[...] não se desviem, nem para a direita, nem para a esquerda. Andem sempre pelo caminho que o SENHOR, o seu Deus, ordenou a vocês, para que tenham vida, tudo vá bem com vocês e os seus dias se prolonguem na terra da qual tomarão posse.
DEUTERONÔMIO 5.32-33

18
JUN

A VIDA CRISTÃ NÃO É MALABARISMO DE CIRCO, E DEUS não chamou você para viver em cima de uma corda bamba tentando equilibrar vontade própria com "o que convém espiritualmente". Ou você se firma, ou acabará escorregando na primeira "verdade" que aparecer por aí. Vivemos em um tempo em que todo mundo tem uma opinião, uma "nova revelação", um vídeo de três minutos que tenta desconstruir o que a Bíblia diz. E se você não conhecer a verdade, será facilmente levado por qualquer discurso que soe bonito.

Não dá para ficar ajustando princípios. O que você precisa é firmar seus pés em Cristo. E o que isso significa, na prática? Significa reavaliar o que você anda consumindo: o que você assiste, lê e ouve. Isso tudo influencia quem você está se tornando. Não faz sentido encher a mente de conteúdos que alimentam confusão, imoralidade e depois querer uma fé fortalecida. Chega de construir castelos de areia em cima de achismos. Se Jesus é a sua base, então chegou a hora de viver como quem realmente constrói sobre essa rocha.

PENSE

REAVALIE O QUE VOCÊ CONSOME ANTES QUE ISSO CONSUMA VOCÊ.

ORE

Senhor, firma meus passos na Tua verdade. Que eu não seja levado pelo que é bonito aos olhos, mas permaneça fiel ao que vem de Ti. Livra-me dos desvios sutis e molda minha mente para andar com firmeza no Teu caminho. Em nome de Jesus, amém.

PLANO DE LEITURA BÍBLICA

1Reis 20.26–22.5
Atos 2.22-47
Salmos 77.16-20

ANOTAÇÕES

19
JUN

ESCOLHIDO, MAS NÃO ISENTO

Vocês, porém, são geração eleita, sacerdócio real, nação santa, povo exclusivo de Deus, para anunciar as grandezas d'Aquele que os chamou das trevas para a Sua maravilhosa luz.
1Pedro 2.9

PENSE

CARREGAR O NOME DO REI EXIGE POSTURA DE QUEM ENTENDEU ISSO.

ORE

Deus, que eu nunca me esqueça do privilégio e da responsabilidade de Te representar. Dá-me coragem para viver como luz, com atitudes que apontem para Ti, mesmo quando ninguém estiver vendo. Que o Teu nome brilhe através de mim. Em nome de Jesus, amém.

PLANO DE LEITURA BÍBLICA

1Reis 22.6-53
Atos 3
Salmos 78.1-4

ANOTAÇÕES

Ser escolhido por Deus é uma honra, mas não é um ingresso VIP para um clube exclusivo. É uma convocação. Um "parabéns, agora há trabalho a fazer". E não é qualquer trabalho. Você precisará viver de um jeito que faz as pessoas olharem para você e pensarem: "Tem algo diferente aí"; e esse "algo" deve ser Jesus.

Ser salvo não coloca você em um degrau acima dos outros. Pelo contrário, só revela como você era um desastre sem Deus. Paulo, o apóstolo que escreveu boa parte do Novo Testamento, descreveu a si mesmo como "o pior dos pecadores". E não era exagero espiritual. Era consciência. Porque ser escolhido não é sobre se achar melhor, mas sobre lembrar que tudo de valor em você foi enxertado pela graça.

Então, se você foi incluído nessa missão, trate isso com seriedade. Você carrega o nome do Rei. E por mais que isso soe poético, a prática é bem mais pé no chão: dizer "não" quando dá vontade de dizer "sim"; servir quando ninguém quer; recusar aquela "mentirinha estratégica" no trabalho, pedir perdão sem justificar o erro, evitar conversas que espalham fofoca ou malícia. Ser luz, na prática, é isso: pequenas decisões diárias que revelam quem de fato governa sua vida. Em resumo: menos pose de escolhido, mais atitude de quem entendeu o peso do chamado.

DEUS SE LEMBRA DE VOCÊ

E fez um voto, dizendo: "Ó SENHOR dos Exércitos, se Tu deres atenção à humilhação de Tua serva, Te lembrares de mim e não Te esqueceres de Tua serva, mas lhe deres um filho, então eu o dedicarei ao SENHOR por todos os dias de sua vida, e o seu cabelo e a sua barba nunca serão cortados".
1SAMUEL 1.11

TODO MUNDO JÁ PASSOU PELO LIMBO IRRITANTE CHAMADO "espera". Você manda o currículo, faz a entrevista, escuta o clássico "entraremos em contato" e nunca recebe uma resposta. Ou se inscreve para uma bolsa de estudos, um processo seletivo, mas nada acontece. Então você pensa: "Será que Deus me esqueceu?". A resposta, com toda certeza, é não.

A Bíblia conta que Ana queria muito um filho. Porém, os anos passaram, o ventre permaneceu vazio e, com ele, veio a dor, o vexame, o peso de não ter o que todo mundo já tinha. Na cultura da época, engravidar não era só sonho de maternidade; era status, aceitação social, dignidade. Então, sim, a dor dela era real. E talvez você conheça essa circunstância: a de esperar por algo justo, legítimo, e mesmo assim, nada. Não é fácil. No entanto, não permita que isso leve você a pensamentos de derrota.

Se a resposta está demorando, não significa que Deus saiu para almoçar e esqueceu seu nome em cima da mesa. Ana, mesmo na angústia, continuava indo até a presença de Deus. Porque ela sabia que ali ainda havia esperança. E é exatamente isso que você precisa fazer: não se afundar no drama, não fazer check-in na autopiedade, mas se voltar para quem realmente pode fazer alguma coisa. Deus não Se esqueceu de você. Mas talvez você precise começar a se lembrar de quem Ele é.

20
JUN

PENSE

LEMBRE-SE: A ESPERA DE HOJE PREPARA O MILAGRE DE AMANHÃ.

ORE

Senhor, quando a espera pesar, que eu me lembre de quem Tu és. Sustenta minha fé nos dias de silêncio e fortalece meu coração com esperança. Que minha dor me leve à Tua presença, e não à dúvida. Em nome de Jesus, amém.

PLANO DE LEITURA BÍBLICA

2Reis 1–3.13
Atos 4.1-22
Salmos 78.5-8

ANOTAÇÕES

21
JUN

NEM SEMPRE PARECE, MAS É

"Com ele está somente o poder humano, mas conosco está o SENHOR, o nosso Deus, para nos ajudar e para travar as nossas batalhas". E o povo ganhou confiança com o que disse Ezequias, rei de Judá.
2CRÔNICAS 32.8

HÁ MOMENTOS EM QUE VOCÊ OLHA À SUA VOLTA E PARECE que todo mundo tem mais estrutura, mais apoio, mais estabilidade. Uns têm dinheiro sobrando, influência, mais recurso. Você, não. Você tem planilhas, boletos vencendo, mensagens não respondidas, ansiedade e um monte de coisa pendurada. Aí bate a sensação de que você perderá. Que não tem o suficiente. Que não tem com o que competir. Só que nem sempre o que parece menor é mais fraco.

A cena de Ezequias era parecida: ele estava cercado, o exército inimigo era maior, mais forte, mais preparado. Aos olhos humanos, estava acabado. E o que ele disse, no fundo, foi: "Eles têm números, nós temos o que importa". Ou seja, nem sempre o que parece pequeno é fraco. Nem sempre quem tem mais por fora tem mais por dentro.

Porque existe uma força que não se vê. É aquela conversa que reorganiza você por dentro, o amigo que ouve sem criticar, a fé que você carrega mesmo quando já não consegue orar direito. Não parece muita coisa, mas é. A vida não é medida por quem tem mais. Muitos parecem fortes por fora, mas estão ocos por dentro. Já quem carrega o essencial continua firme. Então, se tudo o que você tem agora parece pouco, talvez seja hora de mudar o jeito de olhar as coisas. O que está com você pode não ser muito aos olhos dos outros, mas é suficiente para manter você de pé.

PENSE

SERÁ QUE VOCÊ TEM IGNORADO A FORÇA QUE JÁ TEM?

ORE

Deus, quando me sinto cercado e menor, lembra-me de que Contigo tenho forças para continuar. Que eu não me guie pelo que falta, mas pelo que tenho em Ti. Em nome de Jesus, amém.

PLANO DE LEITURA BÍBLICA

2Reis 3.14–4
Atos 4.23–5.6
Salmos 78.9-16

ANOTAÇÕES

A PRESENÇA DE DEUS É O QUE MAIS IMPORTA

Então Moisés Lhe declarou: "Se não fores conosco, não nos envies".
Êxodo 33.15

Muitas vezes, o que você mais quer é chegar lá, mas, na pressa de entrar na tal "terra prometida", corre o risco de esquecer o mais importante. Essa foi exatamente a tensão que Moisés enfrentou. Depois de tantas falhas do povo, o Senhor disse que cumpriria a promessa de levar Israel até Canaã, mas que não iria junto. A reação de Moisés foi imediata: "Se o Senhor não for conosco, não nos faça sair daqui". Nenhum lugar vale a pena se o Senhor não estiver lá.

Você pode conquistar o emprego dos sonhos, a casa, o título, a oportunidade que parecia impossível. Se Deus não estiver nisso, será em vão. Então, antes de tudo, pare e pense: Deus está nisso? Ou você está tentando puxá-lo para algo que decidiu sozinho? Não siga só porque parece certo, seguro ou promissor. E se você está em um momento no qual não faz ideia de aonde está indo, mas está com Deus, fique tranquilo. Quem caminha com o Senhor não vive perdido, mesmo sem saber o destino. O foco não é "lá"; é Ele aqui e agora. Se você está com Deus, já está no melhor lugar possível, mesmo que ainda pareça longe da promessa.

22
JUN

PENSE

DE NADA ADIANTA CONQUISTAR TUDO SEM A PRESENÇA DE DEUS.

ORE

Senhor, que eu não me preocupe em chegar onde Tu não estás. Ensina-me a valorizar Tua presença mais do que qualquer conquista. Se for para caminhar, que seja Contigo, mesmo sem saber o destino. Em nome de Jesus, amém.

PLANO DE LEITURA BÍBLICA

2Reis 5 – 6.31
Atos 5.7-24
Salmos 78.17-20

ANOTAÇÕES

23
JUN

DEUS TRANSFORMA MALDIÇÃO EM BÊNÇÃO

Naquele dia, o Livro de Moisés foi lido em alta voz diante do povo, e nele achou-se escrito que nenhum amonita ou moabita jamais poderia ser admitido no povo de Deus, pois eles, em vez de darem água e comida aos israelitas, tinham contratado Balaão para invocar maldição sobre eles. O nosso Deus, porém, transformou a maldição em bênção.
NEEMIAS 13.1-2

EM ALGUM MOMENTO, VOCÊ TERÁ DE LIDAR COM PESSOAS que não entendem o que você carrega. Pode ser no trabalho, na família ou até dentro da igreja. E não é por maldade, às vezes é só limitação. O problema é que isso não impede essas pessoas de opinarem como se soubessem exatamente o que você deveria fazer com a sua vida. A verdade? Nem todo mundo torcerá por você. E, sim, alguns até atrapalharão você. Mas é aí que vem o desafio: não transformar essas pessoas em inimigos. Porque, apesar dos pesares, elas são alvo do mesmo amor que alcançou você.

Deus é poderoso para transformar e restaurar até mesmo o coração mais resistente. Ele pode converter maldição em bênção, assim como fez com Paulo, que, de perseguidor de cristãos, tornou-se o maior pregador da sua época. Se isso não é prova de que Deus não Se assusta com corações duros, não sei o que é. Quando o atrito tiver nome e sobrenome — aquele colega sarcástico, o parente que critica tudo, o chefe que desacredita você —, confie que o Senhor está no controle de tudo. Ore por quem se opõe a você. Quem sabe a pessoa que hoje atrapalha você vire parte da solução amanhã?

PENSE

NÃO VIRE INIMIGO SÓ PORQUE A PESSOA NÃO ACREDITA EM VOCÊ.

ORE

Senhor, dá-me um coração humilde para não revidar, mas confiar que tudo está sob Teu controle. Em nome de Jesus, amém.

PLANO DE LEITURA BÍBLICA

2Reis 6.32—8
Atos 5.25—6.4
Salmos 78.21-31

ANOTAÇÕES

NÃO CONFUNDA UM DIA RUIM COM UMA VIDA RUIM

24 JUN

Pois vejam! Criarei novos céus e nova terra, e as coisas passadas não serão lembradas. Jamais virão à mente!
ISAÍAS 65.17

HAVERÁ UM DIA EM QUE TUDO O QUE VIVEMOS DE RUIM na Terra será só uma lembrança distante. Mas, até lá, a vida continua. E Deus não nos chamou para viver como quem está apenas "aguentando firme até a glória". Ele nos convida a viver agora. Sim, agora mesmo, neste caos, nesta rotina puxada, neste mundo esquisito.

Isso significa que o que você faz hoje, mesmo nas pequenas coisas, importa. Esperança não é só esperar "um dia melhor" lá na frente, é enxergar Deus atuando na forma como você escolhe responder ao que acontece hoje.

Então, da próxima vez que um dia ruim tentar definir o tom da sua vida, faça escolhas simples: feche a boca antes de reagir no impulso, respire fundo antes de falar algo do qual se arrependerá, ore no carro, no ônibus ou enquanto lava a louça. Pequenas atitudes que, juntas, treinam seu coração para lembrar: a história não termina aqui. Há um futuro certo, mas até ele chegar, viva de modo que esse futuro comece a influenciar suas decisões agora.

PENSE

VIVA COMO QUEM SABE QUE A HISTÓRIA NÃO TERMINA AQUI.

ORE

Senhor, que minhas escolhas revelem fé, mesmo nos dias difíceis. Que eu não apenas resista, mas floresça. Em nome de Jesus, amém.

PLANO DE LEITURA BÍBLICA

2Reis 9—10.17
Atos 6.5—7.10
Salmos 78.32-37

ANOTAÇÕES

25
JUN

O QUE VOCÊ ESTÁ ESPERANDO?

De vez em quando descia um anjo do Senhor e agitava as águas. O primeiro que entrasse no tanque, depois de agitadas as águas, era curado de qualquer doença que tivesse. Um dos que estavam ali era paralítico fazia trinta e oito anos.
João 5.4-5

Muita gente passa a vida inteira esperando o momento ideal, seja lá o que isso signifique. Como consequência, anos se acumulam e nada muda. A pessoa se vê presa no mesmo ciclo: vê os outros avançarem, faz planos que nunca saem do papel, encontra justificativas que a deixam menos responsável pelo próprio atraso. O pior é que ela se acostuma e aprende a viver na beirada, como se isso fosse viver de verdade.

A verdade é simples: nada muda sem ação. A vida acontece enquanto você se arrisca. É por isso que mais importante do que planejar um começo impecável é se mover. Pequenos passos, todos os dias, valem mais do que uma ideia brilhante que nunca sai do lugar.

Então, se existe uma área da sua vida que está parada, faça um teste: escolha algo que depende só de você e tome uma atitude. Não precisa ser algo grande, mas precisa ser hoje. Ligue para alguém. Comece a ler um capítulo da Bíblia. Termine aquela tarefa que vem adiando. Escreva uma linha do projeto que Deus colocou no seu coração. Porque chega uma hora em que parar de esperar deixa de ser uma opção e passa a ser a única saída para uma vida que não quer mais ser vivida no rascunho. No fim das contas, não é o tamanho do passo que muda a história. É a coragem de não ficar parado.

PENSE

NÃO EXISTE AVANÇO PARA QUEM SÓ OBSERVA.

ORE

Senhor, livra-me da paralisia da espera. Que eu não viva mais na beirada do que o Senhor sonhou para mim. Dá-me coragem para agir, mesmo com medo, e fé para sair do lugar. Em nome de Jesus, amém.

PLANO DE LEITURA BÍBLICA

2Reis 10.18 – 12.16
Atos 7.11-29
Salmos 78.38-55

ANOTAÇÕES

O QUE SUAS REAÇÕES REVELAM?

Examinem-se para ver se vocês estão na fé; provem a vocês mesmos. Não percebem que Cristo Jesus está em vocês?
2Coríntios 13.5

Todo mundo enfrenta contratempos. Uma reunião que atrasa, um ônibus que não passa, alguém que fala mais do que deveria. Não dá para controlar tudo o que acontece, mas dá para escolher o que fazer com o que acontece. Dá para respirar antes de responder, não descontar em quem não tem culpa, reconhecer que o problema não está só no outro. Pequenos atrasos, erros e incômodos fazem parte do dia. A diferença está em quem se permite ser engolido pelo caos e quem escolhe não virar refém dele.

Talvez a pergunta de hoje seja simples: quando as coisas não saem do jeito que você quer, o que os outros veem em você? Mais do que qualquer discurso, é nesses instantes que sua postura fala mais alto: na forma como você trata quem não pode oferecer nada em troca. No tom da sua voz quando a paciência está por um fio. No modo como você lida com atrasos, dinheiro e críticas, por exemplo. Vale a pena prestar atenção, porque é justamente na contramão da reação automática que muita coisa pode começar a mudar.

26 JUN

PENSE

O QUE SUAS ATITUDES DIZEM QUANDO SUA BOCA SE CALA?

ORE

Senhor, ensina-me a não reagir no automático. Que meu coração reflita Tua presença até nos dias bagunçados. Que os outros vejam Cristo em mim, mesmo quando tudo sai do controle. Em nome de Jesus, amém.

PLANO DE LEITURA BÍBLICA

2Reis 12.17 – 14
Atos 7.30-53
Salmos 78.56-64

ANOTAÇÕES

27
JUN

VOCÊ ESTÁ ARMADO OU SÓ ENFEITADO?

Vistam toda a armadura de Deus, para poderem ficar firmes contra as ciladas do Diabo.
Efésios 6.11

PENSE

NÃO É O DIABO QUE ESTÁ FORTE. É VOCÊ QUE ESTÁ FRACO DEMAIS.

ORE

Senhor, fortalece minhas mãos para a guerra e meu coração para permanecer. Que eu não confunda conforto com vitória nem paz com distração. Quero estar pronto, vigilante e revestido de Ti. Em nome de Jesus, amém.

PLANO DE LEITURA BÍBLICA

2Reis 15–16
Atos 7.54–8.17
Salmos 78.65-72

ANOTAÇÕES

Se você acha que encarará a vida espiritual na raça, boa sorte, porque sozinho você virará alvo fácil. A realidade é que muitos estão indo para a guerra de camiseta e chinelo, achando que um versículo do dia e uma oração antes de dormir resolverão tudo. A batalha é séria. E se você quer lutar, precisa estar armado.

E estar armado não tem nada a ver com pose de santidade. A "couraça da justiça" é quando você alinha suas atitudes com o que é certo aos olhos de Deus. O "cinto da verdade" não é só sobre dizer a verdade, mas viver com integridade. O "escudo da fé" é o que bloqueia setas quando você começa a duvidar de tudo. O "capacete da salvação" protege sua mente das mentiras do diabo. Os "calçados do evangelho da paz" são o que mantêm você firme quando tudo à sua volta é instabilidade. E, por fim, a "espada do Espírito", a Palavra que guia, sustenta e confronta você antes de confrontar o mundo.

Essa armadura precisa estar nas entrelinhas do seu dia. Esqueça "estar sempre bem" e se preocupe em "estar sempre pronto". Porque o dia mau não avisa quando chegará. No fim, quem vence a batalha não é quem peca menos, ora mais alto, tem fama de crente ou sabe mais Bíblia. É quem não tira a armadura. Porque se a guerra é constante, o uso dela também precisa ser.

VOCÊ JÁ CONTOU PARA DEUS O QUE ESTÁ SENTINDO?

O Senhor é bom, um refúgio em tempos de angústia. Ele protege os que n'Ele confiam, mas com uma enchente devastadora dará fim a Nínive; expulsará os Seus inimigos para a escuridão.
NAUM 1.7-8

ANSIEDADE NÃO COMEÇA COM UM SURTO. COMEÇA COM uma resposta que não chegou, um problema que você ainda não sabe como resolver, uma conta que vence antes de o salário cair. É o pensamento que corre antes de você conseguir frear. A sensação de que está tudo por um fio. Às vezes, é só uma preocupação boba, mas quando você percebe, já está com o coração acelerado, a respiração curta, os músculos tensos e a mente girando. E o pior é que por fora você até funciona, mas por dentro está tentando não desmoronar.

Se hoje sua cabeça está pesada e seu corpo tenso, que tal desligar o celular um pouco? Respire fundo. Anote o que você está sentindo. Talvez falar com alguém ajude. E comer algo? Quando foi a última vez que você comeu uma boa refeição? Vá dormir mais cedo. Se puder, mova o corpo nem que seja por cinco minutos. Faça algo que lembre sua mente que você está aqui, agora. Você só precisa passar pelas próximas horas com um pouco mais de gentileza com você mesmo. E não se esqueça de que o que você sente não define quem Deus é. Ele continua sendo bom e um refúgio, mesmo quando você está esgotado demais para entender o que está acontecendo.

PENSE

VOCÊ TEM BUSCADO REFÚGIO EM DEUS OU SÓ DISTRAÇÃO EM OUTRAS COISAS?

ORE

Senhor, quando minha mente for longe demais e meu peito pesar, traz-me de volta ao Teu descanso. Seja meu abrigo quando o mundo apertar. Confio em Ti, mesmo quando não entendo. Em nome de Jesus, amém.

PLANO DE LEITURA BÍBLICA

2Reis 17–18.16
Atos 8.18-40
Salmos 79.1-4

ANOTAÇÕES

29
JUN

VOCÊ NÃO FOI RISCADO DA LISTA

[...] nem morte nem vida, nem anjos nem demônios, nem o presente nem o futuro, nem quaisquer poderes, nem altura nem profundidade, nem qualquer outra coisa na criação será capaz de nos separar do amor de Deus [...].
Romanos 8.38-39

Alguma vez você já se pegou achando que ultrapassou o limite da graça? Que errou demais? Que vacilou no que já tinha prometido mudar? Quando isso acontece, a tendência é se afastar. Você pensa que decepcionou Deus, que não é mais "digno", que talvez seja melhor dar um tempo. Você se pergunta: será que Deus ainda está comigo? A resposta é a mesma de antes: sim, Ele está. Existem coisas que quebram, desgastam e desaparecem. O vínculo com Deus não é uma delas. Não importa o que aconteceu: o que você disse, deixou de fazer ou sente. A Bíblia diz que nada pode separá-lo do Senhor. E essa verdade não depende do seu humor ou do seu desempenho espiritual.

Você pode estar todo bagunçado por dentro. Deus, não. Ele continua o mesmo quando você perde o foco ou não tem nenhuma resposta, até quando você duvida de você mesmo. E isso não é desculpa ou justificativa para viver de qualquer jeito, é segurança para não viver em pânico. Porque se nem o pior dia da sua vida é capaz de afastar você do Senhor, então há algo em você que ninguém nem nada pode roubar. Deus não fica riscando e reescrevendo seu nome no Livro da Vida toda hora. Ele não desiste quando você falha aqui e ali. Você pode até desacreditar de você mesmo de vez em quando, mas o Senhor não. Ele sabe quem você é e, ainda assim, continua com você.

PENSE

QUEM DISSE QUE SUA FALHA ANULA O AMOR DE DEUS?

ORE

Senhor, quando me sentir indigno, inseguro ou distante, lembra-me de que Teu amor não tem ponto-final. Sustenta-me quando tropeço e reafirma em mim o que Tu jamais deixaste de ver. Em nome de Jesus, amém.

PLANO DE LEITURA BÍBLICA

2Reis 18.17–19
Atos 9.1-22
Salmos 79.5-10

ANOTAÇÕES

VOCÊ NÃO É DAQUI

A nossa cidadania, porém, está nos céus, de onde esperamos ansiosamente o Salvador, o Senhor Jesus Cristo. Pelo poder que o capacita a colocar todas as coisas debaixo do Seu domínio, Ele transformará os nossos corpos humilhados, tornando-os semelhantes ao Seu corpo glorioso.
FILIPENSES 3.20-21

COMO CRISTÃO, É NORMAL QUE, DE VEZ EM QUANDO, VOCÊ se sinta o esquisito da roda. Piadas que antes pareciam inofensivas agora incomodam você. Certas conversas, atitudes e "normalidades" do mundo já não fazem sentido, e isso pode dar a sensação de estar deslocado. É porque você está mesmo. Uma vez chamado filho de Deus, você não pertence mais a um mundo corrompido. Agora você tem uma cidadania celestial.

Às vezes, o sentimento de não se encaixar pode machucar. Dá vontade de voltar a ser "só mais um" para não lidar com olhares tortos, julgamentos e solidão. Mas é aí que você precisa levantar a cabeça e se lembrar do Senhor. Além disso, você também pode se voltar para as pessoas que também escolheram seguir Jesus. Junte-se a elas. Fortaleça-se com quem o entende. Você não precisa resistir a tudo sozinho.

Na próxima vez que bater o sentimento de "não pertenço mais a lugar nenhum", lembre-se de que isso é um sinal de que você parou de caber num molde que não era seu para começo de conversa. Você foi comprado por um preço alto demais para agora viver mendigando aceitação. O que você carrega é eterno. E mesmo que pareça fora de moda ou "demais" para alguns, ainda é o que mantém você inteiro. Não abra mão disso só para se encaixar em um mundo que nem sabe para onde está indo.

30
JUN

PENSE

SER UM ESTRANHO NO MUNDO É UM SINAL DE QUE VOCÊ ENTENDEU O SEU DESTINO.

ORE

Senhor, quando eu me sentir deslocado neste mundo, lembra-me de que pertenço a Ti. Fortalece minha identidade em Cristo e dá-me coragem para permanecer firme, mesmo quando isso me custar aceitação. Que eu nunca troque o eterno pelo passageiro. Em nome de Jesus, amém.

PLANO DE LEITURA BÍBLICA

2Reis 20 – 22.7
Atos 9.23-43
Salmos 79.11-13

ANOTAÇÕES

VOCÊ JÁ PASSOU DA METADE DO ANO E ESTÁ VIVO, ENTÃO PARE DE RECLAMAR.

JULHO

1º
JUL

FUJA DAS PAIXÕES

Fuja dos desejos malignos da juventude e siga a justiça, a fé, o amor e a paz, com aqueles que, de coração puro, invocam o Senhor.
2Timóteo 2.22

Nossas paixões frequentemente impedem que vejamos a verdade. Principalmente quando somos jovens, parece que vivemos no modo "tudo ou nada", e se não tomarmos cuidado, tudo sai do controle. Mesmo depois de adultos, ainda tropeçamos nisso. A diferença é que agora temos a obrigação de aprender a colocar essas emoções no lugar certo, para que elas não assumam o volante da vida. Porque, quando entendemos quem somos em Cristo, não dá mais para sermos guiados por aquilo que sentimos; é Ele quem passa a dar as coordenadas.

Quando somos dominados por emoções, não existe equilíbrio. Em um momento estamos eufóricos, e no outro, tristes. E por quê? Porque permitimos que as circunstâncias à nossa volta decidam como agiremos. Claro, sentir é parte de ser humano — ninguém está dizendo que é para virar um robô —, mas tudo tem de passar pelo filtro da Palavra.

Você não pode viver como um eterno adolescente. Quanto antes aprender a dominar a si mesmo colocando tudo aos pés de Deus, mais perto você estará de viver o que Ele tem para sua vida. Não seja refém dos momentos que vive; olhe adiante para Aquele que planejou a sua existência. Ele tem as respostas que você precisa.

PENSE

SUBMETA SEUS SENTIMENTOS A DEUS ANTES QUE ELES ASSUMAM O CONTROLE.

ORE

Senhor, não quero mais ser guiado por emoções instáveis, mas pela Tua voz. Ensina-me a filtrar tudo por meio da Tua Palavra e a entregar o controle ao Teu governo. Em nome de Jesus, amém.

PLANO DE LEITURA BÍBLICA

2Reis 22.8—23
Atos 10.1-23
Salmos 80.1-6

ANOTAÇÕES

VOCÊ ESTÁ LUTANDO SOZINHO POR QUÊ?

**Eu, porém, clamo a Deus, e o Senhor me salvará.
À tarde, pela manhã e ao meio-dia choro angustiado,
e Ele ouve a minha voz.**
Salmos 55.16-17

Existem momentos em que escondemos nossas aflições atrás de sorrisos para que ninguém perceba o que está acontecendo. E no meio dessa atuação toda, sabe qual é o erro que cometemos? Esquecer quem é que realmente sustenta a nossa vida. Deus vê tudo o que se passa dentro de você, até aquilo que você mesmo finge que não está sentindo. Com Ele, não tem máscara que funcione. Pelo contrário: a presença d'Ele é justamente o lugar para tirar a armadura e assumir: "Não dou conta sozinho". É nessa fraqueza que a força d'Ele é revelada.

A Bíblia está cheia de exemplos de gente que entendeu isso. Heróis da fé que, no momento mais pesado, foram buscar força na fonte certa: o Senhor. Quer um exemplo? Davi. Um homem chamado "segundo o coração de Deus" não tinha vergonha de abrir o coração e dizer: "Senhor, só Tu podes me livrar disso aqui". Basta ler os salmos para ver como ele se jogava na dependência total de Deus, e foi assim que ele venceu as maiores crises da vida.

E, adivinha, com você não é diferente. Deus não é enganado por um sorriso forçado ou por uma frase ensaiada de "tá tudo bem". Não precisa fingir para Ele. Pode desabar, porque enquanto você pensa que cairá, Ele está segurando. Então, mesmo no dia mais difícil, pode ter certeza: Ele ouve a sua voz e não soltará a sua mão.

PENSE

TROQUE A APARÊNCIA DE FORÇA POR UM ENCONTRO REAL COM DEUS.

ORE

Deus, ensina-me a depender de Ti, sem máscaras ou defesas, porque é na minha fraqueza que a Tua força se revela. Em nome de Jesus, amém.

PLANO DE LEITURA BÍBLICA

2Reis 24—25
Atos 10.23-43
Salmos 80.7-18

ANOTAÇÕES

03
JUL

QUANTO VALE A SUA VIDA?

[...] em nada serei envergonhado. Ao contrário, com toda a determinação de sempre, também agora Cristo será engrandecido em meu corpo, quer pela vida, quer pela morte; porque para mim o viver é Cristo e o morrer é lucro.
FILIPENSES 1.20-21

SUA VIDA É VALIOSA PARA CRISTO. ELE PAGOU UM PREÇO de sangue por ela. É justamente por isso que Ele agora convida você a abrir mão dela. É nesse lugar de entrega que a vida encontra sentido. Cada renúncia começa a fazer sentido quando você entende que a direção de Deus é muito melhor do que qualquer plano que você possa ter para você mesmo.

As dificuldades que vêm quando você decide viver pelo Reino não são sinais de azar, mas de recompensa eterna. A Igreja primitiva sabia disso e se alegrava quando a coisa apertava, porque via nas lutas uma prova de que estava pregando o Evangelho certo. Olhe para a Igreja hoje: basta um desconforto que já começa a reclamar e pedir para Deus blindá-la de qualquer dor. Hoje, há tanta preocupação com o próprio conforto que o crente ora por segurança, sucesso e muitas outras coisas antes de considerar que tudo isso é computado como perda por causa de Cristo (cf. Filipenses 3.7).

Absolutamente nada do que você fizer jamais poderá se comparar ao que Jesus fez. Mas isso não deve servir como um peso. Afinal, o jugo e o fardo do Senhor são suaves e leves (cf. Mateus 11.30). Então, se o dia a dia parece pesado, talvez seja porque você está carregando coisas que Ele nunca pediu para você carregar. Submeta-se a Ele. Jesus não deixará que falte algo na sua vida, mas nada pode ser mais importante do que gastar seus dias servindo ao Senhor.

PENSE

VIVA COMO QUEM ENTENDE QUE JÁ NÃO PERTENCE A SI MESMO.

ORE

Jesus, lembra-me todos os dias que minha vida não é minha, é Tua. Ensina-me a abrir mão do controle e a crer que viver para o Teu Reino vale mais do que qualquer conquista pessoal. Em nome de Jesus, amém.

PLANO DE LEITURA BÍBLICA

1Crônicas 1
Atos 10.44—11.18
Salmos 80.19

ANOTAÇÕES

PRECISA MESMO SER AGORA?

04 JUL

Não é bom ter zelo sem conhecimento, nem ser precipitado e perder o caminho. É a insensatez do homem que arruína a sua vida, mas o seu coração se ira contra o Senhor.
Provérbios 19.2-3

Você já se arrependeu de ter agido por impulso quando o mais sensato seria ter ficado quieto e esperado? Pois é. Uma atitude fora de hora pode ter consequências permanentes e até atingir quem não tem nada a ver com a coisa.

O impulso é traiçoeiro porque vem acompanhado da sensação de urgência. Parece que, se não falarmos ou fizermos agora, perderemos algo. E nessa pressa de resolver tudo no calor da emoção, acabamos criando problemas maiores do que aqueles que queríamos evitar. A palavra atravessada machuca, e a decisão precipitada abre portas para dores que poderiam ter sido evitadas.

É como dirigir sem freio: cedo ou tarde você bate o carro. No entanto, quem aprende a dar um passo atrás antes de reagir consegue perceber o que está realmente em jogo. No fim, muitas situações não precisam de uma resposta imediata; precisam de lucidez. Porque o preço da impulsividade quase sempre é mais alto do que imaginamos. Hoje, antes de dizer alguma coisa ou agir, pergunte a si mesmo se a sua reação construirá algo ou só aliviará um incômodo momentâneo. Isso pode parecer insignificante, mas é o que separa decisões que trazem paz daquelas que deixam marcas difíceis de apagar.

PENSE

O AUTOCONTROLE DE HOJE PODE EVITAR CICATRIZES DE AMANHÃ.

ORE

Senhor, ensina-me a frear o impulso antes que ele machuque quem eu amo. Que a minha reação não seja movida pela pressa, mas pela sabedoria que vem de Ti. Dá-me lucidez para gerar paz, não cicatrizes. Em nome de Jesus, amém.

PLANO DE LEITURA BÍBLICA

1Crônicas 2
Atos 11.19 – 12.9
Salmos 81.1-5

ANOTAÇÕES

05
JUL

VOCÊ PODE TER TUDO, MAS SERÁ QUE ISSO BASTA?

Pois quem quiser salvar a sua vida a perderá; mas quem perder a sua vida por Minha causa e pelo Evangelho a salvará. Pois, que adianta ao homem ganhar o mundo inteiro e perder a sua alma? Ou, o que o homem poderia dar em troca de sua alma?
MARCOS 8.35-37

SUCESSO, BENS, DINHEIRO E FAMA NÃO SE COMPARAM à vida que Jesus tem para você. Quando você inverte os seus valores para tentar encaixar o Evangelho em seus moldes, coloca em jogo o que tem de mais precioso, que é a vida eterna. Você deve ser íntegro, mesmo que aos olhos dos outros pareça que você não tem nada para mostrar.

Quando tudo gira em torno do que possuímos, começamos a medir nosso valor por coisas que não têm peso nenhum na eternidade. Essa busca por aprovação e acúmulo nunca sacia, porque sempre haverá algo a mais para querer, alguém a mais para superar. É um ciclo que cansa e esvazia, até que você percebe que nada disso realmente importa.

Escolher o que vale de verdade é um ato diário. Significa rever prioridades, deixar o que é supérfluo para lá e viver de forma consciente. Não é sobre ter menos, mas sobre não deixar que nada seja maior do que aquilo que é eterno. No fim das contas, a vida não é sobre o que mostramos aos outros, mas sobre quem nos tornamos ao longo do caminho.

PENSE

NÃO NEGOCIE SUA ALMA POR CONTA DE UM SUCESSO QUE EXPIRA.

ORE

Pai, livra-me da ilusão de que sucesso e aplausos definem quem eu sou. Ensina-me a escolher, todos os dias, o que tem peso na eternidade. Que nada ocupe o lugar que é só Teu. Em nome de Jesus, amém.

PLANO DE LEITURA BÍBLICA

1Crônicas 3—4.33
Atos 12.10—13.3
Salmos 81.6-10

ANOTAÇÕES

POR QUE NÃO ESPERAR O TEMPO CERTO?

[...] se você for íntegro e puro, Ele Se levantará agora mesmo em seu favor e o restabelecerá no lugar que por justiça cabe a você. O seu começo parecerá modesto, mas o seu futuro será de grande prosperidade.
Jó 8.6-7

EXISTEM FASES NA VIDA EM QUE VOCÊ FICA PREOCUPADO demais com coisas alheias. Mas é exatamente nessas horas que você precisa se lembrar de que todas as coisas cooperam para o bem de quem ama a Deus (cf. Romanos 8.28).

Fruto tem hora certa para nascer. Sua parte é continuar plantando e sendo fiel onde Deus colocou você. Não são as circunstâncias que ditam o seu comportamento. Então, pare de ficar roendo unha com medo do futuro. Jesus já está no seu amanhã, antes mesmo de você chegar lá. Ele é o dono do tempo, das estações e do seu destino.

Ninguém segura um homem tomado pela esperança que vem da Palavra de Deus. Hoje, silencie as distrações. Não ouça ninguém nem a sua própria voz. Direcione toda a sua atenção para Aquele que não falha, não trai, não muda. No tempo certo, Ele fará com que aquilo que Ele plantou em você dê fruto. No momento exato, nem antes nem depois. E quando esse dia chegar, você perceberá que não precisava ter provado nada para ninguém. Porque o que vale, no fim, não é agradar à expectativa dos outros, mas viver de um jeito que faça sentido diante de Deus.

PENSE

PARE DE APRESSAR O FRUTO. VIVA NA ESTAÇÃO EM QUE ESTÁ.

ORE

Senhor, acalma minha ansiedade e me ensina a confiar no Teu tempo. Quero viver com esperança, sem tentar provar nada para ninguém, apenas ser fiel a Ti. Em nome de Jesus, amém.

PLANO DE LEITURA BÍBLICA

1Crônicas 4.34—6.15
Atos 13.4-22
Salmos 81.11-16

ANOTAÇÕES

07
JUL

VOCÊ CONSEGUE PERGUNTAR EM VEZ DE SÓ PEDIR?

Faze-me discernir o propósito dos Teus preceitos;
então meditarei nas Tuas maravilhas.
A minha alma se consome de tristeza;
fortalece-me conforme a Tua promessa.
SALMOS 119.27-28

QUANTAS VEZES VOCÊ SE VÊ NO MEIO DE UM PROBLEMA só pedindo: "Deus, resolve isso logo"? Pense nas últimas semanas: será que o que paralisa você é o tamanho do problema ou o fato de você não saber por onde começar? Em um conflito, por exemplo, quando você só pede que a situação melhore, a sensação é de impotência. Mas quando pede e busca entender o que está por trás, o que é esperado de você, algo muda. Entender não resolve de imediato, mas ajuda. Você compreende o que depende de você, o que precisa ser feito e deixa de se sentir rodando em círculos.

Discernimento não é automático. A clareza que você precisa para lidar com o trabalho, com a família, com a vida, não surge do nada: vem quando você para, pensa, pergunta e observa. Em vez de pedir apenas para que tudo mude, que tal pedir para enxergar o que não está vendo? No fim, quase sempre o fortalecimento que você tanto deseja vem depois de entender melhor o que está vivendo. Porque problema sem sentido esgota; mas quando você entende o porquê, encontra forças para continuar.

PENSE

O QUE SERIA DIFERENTE SE VOCÊ ENTENDESSE O PORQUÊ DO QUE VIVE?

ORE

Senhor, não quero viver pedindo fuga dos problemas, mas sabedoria para enfrentá-los com maturidade. Abre meus olhos para o que está por trás das lutas e fortalece meu coração para seguir em frente. Em nome de Jesus, amém.

PLANO DE LEITURA BÍBLICA

1Crônicas 6.16-81
Atos 13.23-43
Salmos 82.1-8

ANOTAÇÕES

O QUE VOCÊ ANDA DIZENDO SOBRE VOCÊ MESMO?

08
JUL

Do fruto da boca enche-se o estômago do homem; o produto dos lábios o satisfaz. A língua tem poder sobre a vida e sobre a morte; os que gostam de usá-la comerão do seu fruto.
Provérbios 18.20-21

Você caminha na direção das suas palavras. É simples assim. Por isso, pare de repetir coisas como: "Não sou suficiente"; ou: "Ninguém me ama". Além de não ajudarem em nada, essas frases só servem para atrapalhar você. O Senhor já o vê como filho amado, mas você também precisa começar a enxergar isso. Peça para Ele abrir seus olhos, para que consiga ver o quanto Ele se importa com você e como os planos d'Ele são maiores do que a sua miopia espiritual.

Em vez de dar atenção às mentiras do diabo, abra a boca para declarar a verdade de Deus. Palavras carregadas de fé têm força para arrancar sonhos do papel. Comece a dizer que você é abençoado, perdoado, resgatado, completo no Senhor. E já agradeça antes de ver, porque quem confia agradece antes de receber.

Creia que, mesmo que não esteja vendo, os planos de Deus são perfeitos e jamais falham. Ele conhece as suas fraquezas, mas não permite que elas sejam um empecilho. Então, pare de usar os seus erros como desculpa. Leia a Palavra, encha a mente com o que Deus diz a seu respeito e comece hoje a falar como quem crê. Porque se você não mudar o que sai da boca, nunca mudará o caminho dos pés.

PENSE

QUEM VIVE DIZENDO QUE NÃO DÁ ACABA PROVANDO QUE NÃO DÁ.

ORE

Senhor, cancela toda mentira que repeti sem perceber. Ensina-me a falar como filho amado e a viver de acordo com o que o Senhor já declarou sobre mim. Em nome de Jesus, amém.

PLANO DE LEITURA BÍBLICA

1Crônicas 7—8.12
Atos 13.44—14.13
Salmos 83.1-8

ANOTAÇÕES

09

JUL

TODO CUIDADO É POUCO

Do fruto de sua boca o homem desfruta coisas boas, mas o que os infiéis desejam é violência. Quem guarda a sua boca guarda a sua vida, mas quem fala demais acaba se arruinando.
PROVÉRBIOS 13.2-3

QUER CONHECER ALGUÉM DE VERDADE? PRESTE ATENÇÃO em como ele fala dos outros. Quem vive espalhando fofoca ou apontando defeitos alheios revela mais sobre si do que sobre a pessoa de quem está falando. Muitas vezes, o que incomoda a pessoa no outro é exatamente o que ela não consegue enxergar em si mesma. E falar da vida alheia também serve como distração: enquanto aponta para fora, evita olhar para os próprios problemas.

Gente assim só serve para uma coisa: afastar você do Senhor. Não estou dizendo para odiar ninguém; amor e respeito a gente deve a todo mundo. Mas tem uma diferença enorme entre amar e dar acesso. Escolha bem com quem você se relaciona, porque quem está mais perto influencia suas decisões.

Convenhamos, muita "amizade" não é amizade. Tem gente que não leva você para lugar nenhum, e você sabe disso, mas continua andando junto porque "ah, é só o jeito dela". Não se engane: você acha que está só ouvindo, mas começa a falar igual. Acha que está só acompanhando, mas começa a pensar igual. Daqui a pouco, quando perceber, estará vivendo uma vida que nem é sua.

Lembre-se: o diabo não aparece com chifre e tridente; ele pode aparecer como uma "amizade inofensiva". Então, seja honesto: quem está do seu lado hoje o aproxima do que você quer ser ou o puxa para o mesmo buraco onde estão? Escolha com quem anda — ou a escolha será feita por você, e do pior jeito possível.

PENSE

QUER VER PARA ONDE VAI? OLHE COM QUEM VOCÊ INSISTE EM ANDAR.

ORE

Senhor, livra-me das influências que me afastam de Ti. Dá-me discernimento para amar sem me contaminar e coragem para andar só, se for preciso, desde que seja ao Teu lado. Em nome de Jesus, amém.

PLANO DE LEITURA BÍBLICA

1Crônicas 8.13—9.34
Atos 14.14—15.5
Salmos 83.9-12

ANOTAÇÕES

VOCÊ TEM SIDO CANAL OU DEPÓSITO?

Vocês serão enriquecidos de todas as formas, para que possam ser generosos em qualquer ocasião e, por nosso intermédio, a sua generosidade resulte em ação de graças a Deus.
2Coríntios 9.11

A gente tem o costume de achar que tudo o que chega até nós é só para nosso uso. Mas basta prestar um pouco mais de atenção para perceber que quase tudo o que recebemos pode alcançar outras pessoas. Um contato que você tem pode ser o emprego que alguém procura. Uma dica que você aprendeu pode evitar que outra pessoa quebre a cara. Até as experiências que você vive, boas e ruins, podem virar conselho para alguém não tropeçar onde você tropeçou.

O problema é quando você se esquece disso e começa a reter tudo. Você guarda as ideias só para si, usa os ganhos só em benefício próprio. E o que poderia ajudar outras pessoas acaba ficando fechado num círculo que não cresce. No fim, o que a gente segura só para si uma hora perde o valor.

Vale a pena olhar para o que já está na sua mão e perguntar: “O que posso fazer com isso para o bem de outra pessoa?”. Não precisa ser nada gigante. Pode ser uma indicação, um conselho. O importante é sair da bolha do “é só meu”. A vida em volta muda quando a gente para de pensar só na gente.

10 JUL

PENSE

NADA DO QUE DEUS DÁ É PARA TERMINAR EM VOCÊ.

ORE

Senhor, livra-me do egoísmo disfarçado de distração. Abre meus olhos para enxergar o que já tenho e como posso usar isso para abençoar alguém. Que eu nunca retenha o que pode gerar vida. Em nome de Jesus, amém.

PLANO DE LEITURA BÍBLICA

1Crônicas 9.35—11.25
Atos 15.6-29
Salmos 83.13-18

ANOTAÇÕES

11
JUL

AJUSTE SUAS EXPECTATIVAS

Se alguém lhe perguntar: "Que feridas são estas no seu corpo?", ele responderá: "Fui ferido na casa de meus amigos".
ZACARIAS 13.6

NÃO EXISTE UMA PESSOA NESTE PLANETA QUE NÃO SEJA capaz de magoar você. Até quem mais ama você o chateará um dia. Essa é a realidade: somos humanos e, por mais boa vontade que tenhamos, em algum momento cometeremos erros. Mesmo após entregarmos a vida a Cristo, ainda pisaremos na bola uma vez ou outra.

O problema é que, muitas vezes, projetamos nos outros a perfeição que só existe em Deus. E quando fazemos isso, a conta chega: frustração e decepção. Por isso, jamais diga a alguém: "Não vivo sem você"; "Você é tudo para mim". Frases assim só devem ser ditas para Jesus. Ele é o único que não falha e não muda de humor conforme o dia.

Portanto, quem errou? A pessoa errou, sim. Mas talvez a sua expectativa também tenha errado de endereço. Pare de colocar nas mãos de terceiros aquilo que só devia estar nas mãos do Senhor. Libere perdão, tire esse peso do outro e de você também. E, mais do que isso, aprenda a redirecionar o coração: pessoas são importantes, mas não são porto seguro. É em Cristo que você encontra estabilidade.

PENSE

PARE DE COBRAR PERFEIÇÃO DE QUEM NASCEU IMPERFEITO.

ORE

Jesus, perdoa-me por esperar dos outros o que só encontro em Ti. Ensina-me a amar sem idolatrar, a perdoar sem pesar e a confiar meu coração apenas ao Teu cuidado. Em nome de Jesus, amém.

PLANO DE LEITURA BÍBLICA

1Crônicas 11.26—12
Atos 15.30—16.10
Salmos 84.1-4

ANOTAÇÕES

LEMBRE-SE DO AMOR DE DEUS

12
JUL

Todavia, Deus, que é rico em misericórdia, pelo grande amor com que nos amou, deu-nos vida com Cristo [...].
Efésios 2.4-5

De todas as coisas que você precisa se lembrar, tem uma que não dá para esquecer: o amor de Deus. Estou falando do amor que entra na bagunça que você chama de vida, vira tudo do avesso, limpa a sujeira escondida embaixo do tapete e ainda preenche o buraco que você insiste em tentar tampar com distração.

O dia em que você entender que é amado por Ele de verdade, muita coisa cairá por terra. Sabe esse drama de achar que ninguém liga para você? Pois é, cai. Essa mania de ficar contando história triste para justificar por que nada muda? Cai também. Quando o amor de Deus entra em cena, ele muda sua forma de enxergar tudo. Ou você acha mesmo que continuará vivendo igual depois de saber que o Criador do Universo escolheu amar justamente você?

"Deus amou o mundo de tal maneira", certo? O mundo! Não a parte bonita dele. Não a parte "digna". Não os certinhos. Ele amou gente complicada, e adivinha? Isso inclui você. Ele não enxerga a cor da sua pele, nem o sobrenome, nem o currículo, mas o coração. Portanto, lembre-se do amor de Deus. Quem entende que é amado não vive mais como vítima; vive como filho que sabe a quem pertence.

PENSE

VOCÊ VIVERÁ COMO ÓRFÃO SABENDO QUE DEUS O ESCOLHEU?

ORE

Pai, não me deixes esquecer o Teu amor, mesmo quando tudo em mim parecer confuso. Que essa verdade me cure por dentro e mude minha forma de viver, porque sei a quem pertenço. Em nome de Jesus, amém.

PLANO DE LEITURA BÍBLICA

1Crônicas 13 — 15.24
Atos 16.11-28
Salmos 84.5-12

ANOTAÇÕES

13
JUL

FAÇA A SUA PARTE

Assim como cada um de nós tem um corpo com muitos membros e esses membros não exercem todos a mesma função, assim também em Cristo nós, que somos muitos, formamos um corpo, e cada membro está ligado a todos os outros.
Romanos 12.4-5

DEUS É FIEL PARA CUMPRIR O QUE PROMETE, MAS NÃO se engane: não é mágica. Você precisa fazer a sua parte. E antes que você diga que sua situação é complicada demais, lembre-se: para o Senhor nada é difícil.

Quando você coloca em prática o que está no âmbito natural e possível, Ele age no sobrenatural. Quer ver Deus no impossível? Então faça o que dá para fazer e faça bem feito. Pare de cruzar os braços esperando o milagre bater na sua porta. Bata você à porta, e a porta se abrirá na hora certa. O Senhor já fez tudo o que tinha para fazer, agora é a sua vez.

O que você precisa fazer é ser fiel no que já está nas suas mãos. E quando sentir que chegou ao limite, que não tem mais o que fazer, não faça drama, clame ao Senhor. Aí você perceberá uma coisa que muda tudo: não é o lugar que transforma a sua vida, é a presença do Senhor. Onde Ele está, até o deserto floresce.

PENSE

QUER VER DEUS AGIR? PRIMEIRO FAÇA O QUE CABE A VOCÊ.

ORE

Deus, não quero viver esperando cair do Céu o que o Senhor me chamou para plantar. Ensina-me a agir com fé e a confiar que, no Teu tempo, tudo florescerá. Em nome de Jesus, amém.

PLANO DE LEITURA BÍBLICA

1Crônicas 15.25—17.6
Atos 16.29—17.9
Salmos 85.1-7

ANOTAÇÕES

VOCÊ JÁ SE PREPAROU PARA HOJE?

Busquem, pois, em primeiro lugar o Reino de Deus
e a Sua justiça, e todas essas coisas serão acrescentadas
a vocês. Portanto, não se preocupem com o amanhã,
pois o amanhã trará as suas próprias preocupações.
Basta a cada dia o seu próprio mal.
MATEUS 6.33-34

A VITÓRIA DE ONTEM FOI BOA? QUE BOM. CONTUDO, preste atenção: o que você venceu ontem voltará a atacar hoje. Por quê? Porque todo dia é uma batalha. Todo dia aparece um obstáculo para cutucar suas feridas antigas e tentar reabrir o que você achou que já estava resolvido. É por isso que não dá para viver do que passou, nem da força de ontem. Só quem entende isso se prepara e segue em frente sem se apoiar no que já viveu.

Então, você precisa acordar ciente de que cada dia exigirá algo de você. Haverá dia em que a batalha será controlar o que você fala, em outro será manter a calma no trânsito ou lidar com a injustiça no trabalho e um problema dentro de casa. Quando você leva a sério essas questões do cotidiano e entrega tudo nas mãos de Deus, percebe que viver de vitória em vitória é uma prática diária, feita de escolhas e perseverança até o fim do dia.

14
JUL

PENSE

QUEM BUSCA DEUS CEDO VENCE ANTES DE O DIA COMEÇAR.

ORE

Pai, não quero viver da força de ontem, mas da Tua presença hoje. Renova em mim a disposição de lutar de novo, escolher certo e permanecer firme, mesmo quando tudo tenta me desviar. Em nome de Jesus, amém.

PLANO DE LEITURA BÍBLICA

1Crônicas 17.7—19
Atos 17.10-34
Salmos 85.8-13

ANOTAÇÕES

NÃO ACEITE A DERROTA

15
JUL

E Eu digo que você é Pedro, e sobre esta pedra edificarei a Minha igreja, e as portas do Hades não poderão vencê-la.
MATEUS 16.18

O INFERNO NÃO SE LEVANTA CONTRA VOCÊ PORQUE VOCÊ é fraco. Esqueça isso. Se o inimigo está na sua cola é justamente porque você decidiu encontrar sua força em Deus. Satanás não perde tempo com quem está parado.

E não se engane com a imagem que pintaram dele, de um monstro chifrudo, vermelho, horrível. Ele não quer assustar ninguém. A estratégia dele é bem mais perigosa: facilitar sua vida. Ele faz você acreditar que está tudo dando certo, que você está vencendo, enquanto, por dentro, você vai perdendo sua fé. Você acha que está no controle, mas, aos poucos, começa a tirar Deus do centro e a colocar seus desejos lá. Quando percebe, já está andando na direção errada com um sorriso no rosto.

A verdade é que, na maioria das vezes, nossas vontades são os nossos maiores venenos. Por isso, não viva para fazer o que você quer. Honre a Deus. Obedeça mesmo quando é mais fácil seguir seu coração (porque, vamos combinar, "seguir o coração" é bonito em poesia, mas péssimo na prática). Não se conforme em viver uma vida confortável, mas aprenda a lidar com os obstáculos, pois o nível da resistência que você enfrenta é proporcional ao que você carrega.

PENSE

NÃO CONFUNDA VIDA FÁCIL COM VITÓRIA.

ORE

Senhor, não quero trocar Tua presença por facilidades passageiras. Dá-me discernimento para não confundir conforto com direção e força para resistir ao que tenta me afastar de Ti. Em nome de Jesus, amém.

PLANO DE LEITURA BÍBLICA

1Crônicas 20–22
Atos 18.1-22
Salmos 86.1-7

ANOTAÇÕES

CONHEÇA SEUS LIMITES

16
JUL

Nós, porém, não nos gloriaremos além do limite adequado, mas limitaremos nosso orgulho à esfera de ação que Deus nos confiou, a qual alcança vocês inclusive.
2Coríntios 10.13

O QUE VOCÊ FAZ QUANDO DEUS PERMITE QUE VEJA "a terra" para onde Ele quer levá-lo, mas não o deixa entrar ainda? A maioria das pessoas fica frustrada, confusa, até revoltada. Mas existe um limite colocado pelo Senhor que não tem nada a ver com punição, mas, sim, proteção. É Ele dizendo: "Daqui você não passa do jeito que está agora". E isso incomoda, porque é difícil reconhecer que, às vezes, se você entrar do jeito que está, a bênção poderá se tornar uma maldição.

Deus não abre portas para coração contaminado. Enquanto a raiva e a autopiedade controlarem você, sinto muito, você ficará correndo em círculos. Quer uma prova? Basta olhar para Moisés. Ele viu a terra prometida, mas não pisou lá. Não foi por falta de fé. Foi porque deixou a indignação falar mais alto.

Então, se Deus ainda não deixou você viver algo que Ele mesmo prometeu, é porque ainda tem coisa para resolver em você. Ele não negocia isso. Existem lugares que Ele mostra para acender esperança, mas não entrega para que você não se perca neles. Portanto, em vez de murmurar, olhe o que Ele está mostrando. O que é que precisa mudar em você para que, quando chegar a hora de entrar, você entre inteiro? Essa é a pergunta.

PENSE

PORTA FECHADA ÀS VEZES É DEUS O PROTEGENDO DE VOCÊ MESMO.

ORE

Deus, se Tu ainda não me deixaste viver o que prometeu, mostra o que precisa ser transformado em mim. Não quero me perder na bênção, quero estar pronto para ela. Em nome de Jesus, amém.

PLANO DE LEITURA BÍBLICA

1Crônicas 23–24
Atos 18.23–19.16
Salmos 86.8-10

ANOTAÇÕES

17
JUL

PARE DE SE APEGAR A QUEM JÁ FOI

Rute, porém, respondeu: "Não insistas comigo que te deixe e que não mais te acompanhe. Aonde fores irei, onde ficares ficarei! O teu povo será o meu povo e o teu Deus será o meu Deus!". RUTE 1.16

DEUS NÃO CONSTRÓI A SUA VIDA COM QUEM FOI EMBORA, mas com quem decide ficar. Entende isso? Nem todo mundo estará com você em todas as fases. E isso não significa que são pessoas ruins. Só significa que o trecho que precisavam percorrer com você chegou ao fim. É difícil aceitar isso, mas o que ajuda na caminhada não é a quantidade de gente que está à sua volta, é a qualidade de quem permanece quando não há vantagem nenhuma em continuar.

Não romantize as perdas. Se sente falta de pessoas que deixaram você, entenda que Deus não permitirá que você caminhe sozinho, mas colocará ao seu lado quem permanecerá quando tudo apertar, como Rute fez com Noemi. Lembre-se: seu destino não depende de quem se foi. Quem precisa continuar, Deus mantém. Quem precisa sair, Deus tira. Ele sabe exatamente quem precisa estar com você para que chegue aonde Ele quer levá-lo.

PENSE

COLECIONAR PESSOAS NÃO GARANTE COMPANHIA NO DESERTO.

ORE

Senhor, ajuda-me a aceitar quem precisou partir e a valorizar quem permanece. Que eu confie no Teu cuidado e siga em paz, certo de que Tu trarás as pessoas certas para o meu caminho. Em nome de Jesus, amém.

PLANO DE LEITURA BÍBLICA

1Crônicas 25—26.22
Atos 19.17-41
Salmos 86.11-17

ANOTAÇÕES

VOCÊ É LIVRE, SABIA?

Que eles deem graças ao Senhor, por Seu amor leal e por Suas maravilhas em favor dos homens, porque despedaçou as portas de bronze e rompeu as trancas de ferro.
Salmos 107.15-16

O sangue de Jesus é poderoso. E é isso que faz você vencer tudo aquilo que tenta paralisá-lo. Não existe condenação para quem crê. Então, pare de se esconder atrás da sua condição. Posicione-se! Fique de pé em vez de perder tempo chorando por qualquer coisa.

Existe um novo começo escancarado na sua frente hoje. O Senhor tem poder para quebrar qualquer prisão que o segurou até aqui. Essa prisão pode ter nome: medo, insegurança ou uma lembrança ruim que ainda dói. Não importa. Uma vez encontrado por Cristo, você é livre. Você pode até se sentir fraco, mas nenhuma cadeia é mais forte do que o poder de Deus. A liberdade está aí; agora é sua decisão sair desse cárcere.

Não dependa de torcida ou de tapinha nas costas. Você não precisa da motivação de ninguém, mas da certeza de que o Senhor está com você. É Ele quem quebra todos os grilhões que um dia o mantiveram cativo. Segure-se nessa verdade e siga adiante. Quem é livre para de repetir desculpas, aprende a resolver pendências, levanta a cabeça e vai. Portanto, pense, fale e aja como alguém liberto.

18
JUL

PENSE

TEM COISA QUE DEUS JÁ RESOLVEU, FALTA VOCÊ SE MEXER.

ORE

Deus, tira de mim toda desculpa que me prende ao passado. Se Tu já rompeste as correntes, ensina-me a viver como alguém livre, sem medo, com os olhos em Ti. Em nome de Jesus, amém.

PLANO DE LEITURA BÍBLICA

1Crônicas 26.23—28.10
Atos 20.1-24
Salmos 87

ANOTAÇÕES

19
JUL

PARE DE VIVER COMO SE TUDO ACABASSE AQUI

Mas agora que vocês foram libertados do pecado e se tornaram escravos de Deus o fruto que colhem leva à santidade, e o seu fim é a vida eterna.
ROMANOS 6.22

TEM COISAS QUE SÓ FAZEM SENTIDO QUANDO VOCÊ levanta os olhos e enxerga para onde está indo. Quem vive preso apenas ao agora corre o risco de achar tudo pesado demais e sem graça. Mas quando você entende que existe um fim preparado por Deus, seus dias ganham outro significado. Você começa a caminhar, mesmo cansado, porque sabe que não está andando à toa.

Nem sempre é fácil. Há dias em que o peso da vida parece esmagar a esperança. Dias em que a pergunta "vale a pena?" grita mais alto. Mas a promessa de Deus é que o fim é diferente para quem não desiste d'Ele. Quando tudo parece confuso e sem sentido, o que segura você é a certeza de que a história não acaba aqui.

E o que isso muda no dia a dia? Tudo. Significa viver olhando um pouco além do presente. Amar, mesmo quando dói. Perdoar quando a vontade é de se vingar. Fazer o bem sem esperar nada em troca. Significa continuar plantando sementes pequenas com a convicção de que Deus está vendo. E um dia, quando o fim chegar, você entenderá que nada foi em vão.

PENSE

NÃO DÁ PARA VIVER OLHANDO SÓ PARA O CHÃO.

ORE

Senhor, que eu não viva preso ao agora, mas com os olhos na Eternidade, firme na esperança de que nada do que entrego a Ti é em vão. Em nome de Jesus, amém.

PLANO DE LEITURA BÍBLICA

1Crônicas 28.11–29
Atos 20.25–21.9
Salmos 88.1-9a

ANOTAÇÕES

PRONTO PARA DEIXAR DEUS SER GRANDE?

Mas eles guardaram silêncio, porque no caminho haviam discutido sobre quem era o maior. Assentando-Se, Jesus chamou os Doze e disse: "Se alguém quiser ser o primeiro, será o último, e servo de todos".
Marcos 9.34-35

20
JUL

Se você conseguisse enxergar como Deus enxerga, talvez se desesperasse menos. A lógica d'Ele não é a nossa. Enquanto para nós o maior é quem aparece, para Ele o maior é quem serve. Enquanto o mundo corre para ser o primeiro, Ele escolhe o último da fila. É como se tudo estivesse de cabeça para baixo aos nossos olhos, mas para Ele está tudo no lugar certo.

Deus não se impressiona com a sua capacidade. Ele não precisa do seu talento nem das suas credenciais. Pelo contrário: Ele quer justamente o lugar onde você é fraco. Porque é nesse ponto que Ele mostra que o poder é d'Ele, e não seu. Não adianta estar em evidência se, por dentro, o coração está distante. O Senhor não se comove com a vitrine, Ele olha para os bastidores da alma.

A Bíblia diz que Ele não despreza um coração contrito. É isso que Ele procura: alguém disposto a se despir de toda aparência e rasgar o coração diante d'Ele. Não é sobre provar força, é sobre admitir que você não tem. A lógica é simples: você reconhece que é pequeno e deixa Ele ser grande na sua vida.

PENSE

VOCÊ NÃO PRECISA PROVAR NADA, SÓ DEIXAR DEUS SER O CENTRO DE TUDO.

ORE

Senhor, não quero impressionar o mundo, quero agradar ao Teu coração. Ensina-me a servir sem buscar aplausos e a depender da Tua força onde a minha falha. Em nome de Jesus, amém.

PLANO DE LEITURA BÍBLICA

2Crônicas 1—3
Atos 21.10-36
Salmos 88.9-12

ANOTAÇÕES

21
JUL

VOCÊ TEM CORAGEM DE SER VULNERÁVEL?

**O Senhor é a minha luz e a minha salvação;
de quem terei temor? O Senhor é o meu forte refúgio;
de quem terei medo?**
Salmos 27.1

Deus não tem um plano só para quando você está se sentindo bem. Quando a Bíblia diz que você não deve andar ansioso por nada, não é para sair por aí bancando o herói, mas para levar tudo até Deus. Ansiedade, aperto no peito, nó na garganta — tudo.

Pare de se preocupar com sua autoimagem. Achegue--se a Deus do jeito que você está: descabelado, cansado, chorando. Diga: "Deus, tira esse peso, esse aperto, essa dor que não aguento mais". Tem hora que você sentirá dor, e sentirá por um tempo. Mas não se esqueça: o Senhor sabe exatamente pelo que você está passando.

Você não precisa fingir que está bem. Seja vulnerável. Entregue-se e chore na presença d'Aquele que cuida de você em todos os momentos. Pegue tudo o que você tem e vá até Ele, porque até nos dias em que você acha que não está dando conta de nada Ele continua agindo. Os planos d'Ele não param quando você está mal. É aí que ficam ainda mais claros.

PENSE

ATÉ QUANDO VOCÊ VAI SE PREOCUPAR MAIS COM A IMAGEM DO QUE COM A ALMA?

ORE

Deus, não preciso fingir diante de Ti. Entrego meu cansaço, meu medo e minha dor ao Senhor. Mesmo nos dias em que mal consigo orar, continua sendo meu refúgio. Ensina-me a descansar nos Teus planos. Em nome de Jesus, amém.

PLANO DE LEITURA BÍBLICA

2Crônicas 4—6.16
Atos 21.37—22.16
Salmos 88.13-18

ANOTAÇÕES

QUANDO NADA ACONTECE

22
JUL

Quem poderá falar e fazer acontecer, se o Senhor não o tiver decretado? Não é da boca do Altíssimo que vêm tanto as desgraças como as bênçãos?
Lamentações 3.37-38

Sabe aqueles dias em que nada acontece? O telefone não toca, a mensagem não chega, aquela boa notícia tão esperada não vem. Nada acontece, e a espera se torna uma tortura. Nessas horas é que você precisa crer no Senhor. Creia hoje e repita "confio em Deus" para a sua alma até que ela entenda.

Sua alma é preguiçosa, sabia? Contudo, quando você insiste e persiste, sua fé é fortalecida. Além disso, adore hoje. Declare a bondade do Senhor sobre a sua vida, afirmando: "Deus, Tu és bom. Tu és santo". Quando fazemos isso, não pensamos no que Ele nos dará ou fará por nós, mas lembramos quem Ele é.

Por fim, lembre-se de que você é um milagre. O fato de estar vivo, respirando, com forças para tentar mais uma vez, já é prova da graça de Deus sobre sua vida. Agradeça ao Senhor por isso e se posicione em oração, adoração e gratidão, a começar pelas coisas mais simples. Mesmo que nada "grandioso" esteja acontecendo aos seus olhos, celebre o que já é real.

PENSE

ORE, ADORE A DEUS E CREIA NA SUA BONDADE E FIDELIDADE ETERNAS.

ORE

Deus, quando tudo parecer parado, lembra-me de que o Teu silêncio não significa ausência. Fortalece minha fé na espera e me ensina a adorar, mesmo sem respostas. Confio em Ti. Em nome de Jesus, amém.

PLANO DE LEITURA BÍBLICA

2Crônicas 6.17 – 8.6
Atos 22.17 – 23.6
Salmos 89.1-4

ANOTAÇÕES

23
JUL

NÃO VÁ SEM JESUS

Respondeu Jesus: "Eu sou o caminho, a verdade e a vida. Ninguém vem ao Pai, a não ser por Mim. Se vocês realmente Me conhecessem, conheceriam também o Meu Pai. Já agora vocês o conhecem e o têm visto".
João 14.6-7

PENSE

NÃO É O LUGAR QUE MUDA VOCÊ, É JESUS EM VOCÊ QUE MUDA O LUGAR.

ORE

Jesus, onde Tu estás, tudo muda. Então, fica comigo, entra na minha rotina, nos meus conflitos e transforma o ambiente a partir de mim. Não quero andar sem a Tua presença. Em nome de Jesus, amém.

PLANO DE LEITURA BÍBLICA

2Crônicas 8.7—10.11
Atos 23.7-30
Salmos 89.5-18a

ANOTAÇÕES

Não existe lugar ruim. Existe lugar sem Jesus. Pare de repetir que o lugar onde você está é um inferno, como se fosse a vítima da vez. Quer mudar o ambiente? Leve Cristo para lá. Onde Ele pisa, as trevas recuam e a bagunça vira ordem. Ele traz uma paz que não depende de salário, acordo, política ou circunstância. É a paz d'Ele.

Quer um conselho? Em vez de gastar tempo fazendo lista de tudo o que deu errado na sua vida, traga Jesus para perto. Porque quando Ele chega, você entende que não vive só de pão, boleto ou aprovação alheia. E onde Ele está, você pode até cair, mas não fica no chão.

Agora, tem um detalhe: Ele só muda ambientes depois de mudar você. Portanto, permita que Ele faça isso todos os dias. Lembre-se de se alimentar da Palavra e declarar o nome de Jesus por onde for. E jamais entre em algum lugar sem a certeza de que Ele está com você. Porque se Ele não estiver, não adianta reclamar: vai continuar sendo só mais um lugar sem Jesus.

SUA MENTE ESTÁ SOBRECARREGADA?

"Venham a Mim, todos os que estão cansados e sobrecarregados, e Eu darei descanso a vocês. Tomem sobre vocês o Meu jugo e aprendam de Mim, pois sou manso e humilde de coração, e vocês encontrarão descanso para as suas almas".
MATEUS 11.28-29

TEM GENTE QUE TEM MAIS PROBLEMA NA CABEÇA DO que na conta bancária. Passa o dia inteiro trabalhando, chega a casa exausto, joga-se na cama e, mesmo assim, não consegue descansar. Sabe por quê? Porque dentro dela existe uma guerra que não para nunca.

Preste atenção: seus problemas nem sempre estão no talão de cheque, no cartão de crédito ou no seu chefe. O inimigo mais perigoso está na sua mente. São os pensamentos que você alimenta todos os dias, sem perceber, que acabam dirigindo sua vida. Quando você perde essa guerra interna, não há vitória em nenhuma outra área. O contrário também é verdade: quando a sua mente encontra paz, tudo começa a se alinhar.

Coloque ordem nessa bagunça mental antes que ela destrua seu futuro. Expulse da sua mente todo pensamento que só veio para roubar sua alegria, matar sua esperança e destruir seus sonhos. Essa é uma responsabilidade que não dá para terceirizar: ninguém pode fazer isso por você. Mas você não precisa lutar sozinho. Coloque cada pensamento diante do Senhor. Peça para Ele mostrar o que é mentira e o que é verdade, o que deve sair e o que deve ficar. Quando Ele governa seus pensamentos, as armadilhas que antes paralisavam você perdem o poder de o desestabilizar. A guerra continua, mas agora você luta em outro nível.

PENSE

QUAL FOI A ÚLTIMA VEZ QUE VOCÊ PAROU E PERGUNTOU: "ISSO É VERDADE?".

ORE

Senhor, entra na minha mente e traz ordem onde há confusão. Mostra-me o que vem de Ti e o que precisa sair. Dá-me descanso e uma paz que vence a guerra dentro de mim. Em nome de Jesus, amém.

PLANO DE LEITURA BÍBLICA

2Crônicas 10.12—13.7
Atos 23.31—24.15
Salmos 89.5-18b

ANOTAÇÕES

25

JUL

VOCÊ CONSEGUE SER CONSISTENTE?

Ainda outro disse: "Vou seguir-Te, Senhor, mas deixa-me primeiro voltar e despedir-me da minha família". Jesus respondeu: "Ninguém que põe a mão no arado e olha para trás é apto para o Reino de Deus".
LUCAS 9.61-62

ARAR UM TERRENO NÃO É UMA QUESTÃO DE FORÇA BRUTA: é ritmo. Quem segura um arado precisa de firmeza para que o sulco saia reto do começo ao fim. É um trabalho que pede cadência e atenção. Se o passo é irregular, o traço também será. E no campo, um traço torto compromete tudo. É essa regularidade que faz diferença. Não adianta ter pressa: é uma linha de cada vez, até terminar.

Esse princípio serve para quase tudo na vida. Bons resultados não aparecem porque alguém fez algo incrível uma vez. É a soma de escolhas feitas todos os dias. Academia, leitura, estudo, economia, organização, tudo melhora quando existe consistência. Um pouco bem-feito todo dia vale mais do que muito feito de vez em quando.

Olhe para o seu dia a dia: tudo o que realmente importa precisa de cadência. Nada floresce por acaso. Você escolhe o terreno onde quer ver avanço e, então, planta. A firmeza não está em correr, está em persistir. É assim que, passo após passo, o campo inteiro um dia fica pronto.

PENSE

JÁ PENSOU QUE SUA VIDA PODE ESTAR TORTA PORQUE CADA DIA VOCÊ MUDA A DIREÇÃO?

ORE

Deus, tira de mim a pressa e a distração. Ensina-me a andar no Teu ritmo, com os olhos no propósito e as mãos no arado. Não quero parar na metade do caminho. Em nome de Jesus, amém.

PLANO DE LEITURA BÍBLICA

2Crônicas 13.8–16.6
Atos 24.16–25.12
Salmos 89.19-37a

ANOTAÇÕES

OLHE PARA O ALTO

26
JUL

Levanto os meus olhos para os montes e pergunto: De onde me vem o socorro? O meu socorro vem do Senhor, que fez os céus e a terra.
Salmos 121.1-2

Há dias em que seguimos em frente porque, lá no fundo, sabemos que tem alguém cuidando de tudo. E esse alguém não é qualquer um. É o mesmo que fez a luz existir com uma palavra, colocou cada estrela em seu devido lugar e abriu o mar Vermelho para o povo de Israel passar em segurança.

E o mais bonito? Ele não se cansa. Não perde nada de vista. Não atrasa. O socorro d'Ele chega do jeito certo, na hora certa. Às vezes, você perceberá; outras vezes, olhará para trás e pensará: "Deus realmente me ajudou aqui". E não importa se os prazos estão apertados ou se a cabeça está a mil, Deus está aí. Enquanto você dobra roupa, espera um e-mail ou fecha os olhos por dez segundos só para tentar se recompor, Ele está aí. Porque cuidar de você não é um favor que Ele faz, é quem Ele é.

Então, perguntou de onde vem o seu socorro? Exatamente, do Senhor. É por isso que você pode fazer como o salmista e levantar os olhos para os montes. Afinal, você sabe quem está lá em cima: alguém que vê tudo e ainda assim escolhe amar você. Alguém grande demais para caber em palavras. Se você pode viver sem peso, sorrir e dormir tranquilo, é porque Ele continua acima de todas as coisas.

PENSE

PARE DE TENTAR CARREGAR O MUNDO NAS COSTAS. DEUS JÁ ESTÁ CUIDANDO DE TUDO.

ORE

Senhor, quando meus olhos se perderem nos problemas, ensina-me a erguer o olhar para Ti. Que eu confie, mesmo sem ver, porque sei que o meu socorro vem do Alto. Tu és fiel em cada detalhe. Em nome de Jesus, amém.

PLANO DE LEITURA BÍBLICA

2Crônicas 16.7 – 18.29
Atos 25.13 – 26.8
Salmos 89.19-37

ANOTAÇÕES

27

JUL

NÃO SE ACOMODE NO POUCO

Àquele que é capaz de fazer infinitamente mais do que tudo o que pedimos ou pensamos, de acordo com o Seu poder que atua em nós, a Ele seja a glória na igreja e em Cristo Jesus, por todas as gerações, para todo o sempre! Amém!
Efésios 3.20-21

É curioso como, às vezes, os limites que enfrentamos não estão nas circunstâncias, mas no tamanho das nossas ideias. Você já se perguntou até onde vai a sua curiosidade? As pessoas se acostumam a pedir pouco, a achar que a vida tem de ser resumida ao que cabe no cotidiano, e não percebem que é possível aprender a enxergar mais longe. E estou falando de ampliar o repertório, sair do "só sei fazer isso" para o "posso aprender algo novo".

Quando foi a última vez que você se permitiu estudar um assunto que não tem nada a ver com o seu trabalho só para aprender? Quando foi a última vez que você conversou com alguém só para entender uma perspectiva diferente? Nós encolhemos a nossa cabeça e, com isso, encolhemos as possibilidades. Existe algo maior do que conseguimos imaginar, mas quem não exercita a imaginação continua pedindo e pensando sempre dentro da mesma caixinha. Não dá para ter resultados diferentes se o mundo que existe na sua cabeça é sempre o mesmo.

O que você pode fazer para expandir o seu horizonte? Um curso online curto, uma leitura nova antes de dormir, um hábito novo que desafie seu jeito automático de agir? Não se conforme com uma mente estreita. Ouse mais, arrisque mais, conheça mais.

PENSE

O QUE VOCÊ TEM FEITO PARA NÃO VIVER LIMITADO PELO ÓBVIO?

ORE

Deus, não me deixes viver limitado por pensamentos pequenos. Abre meus olhos para o que ainda não vejo e me ensina a sonhar, aprender e buscar com coragem o que Tu tens para mim. Em nome de Jesus, amém.

PLANO DE LEITURA BÍBLICA

2Crônicas 18.30–20
Atos 26.9-29
Salmos 89.38-45

ANOTAÇÕES

APROVEITE BEM SEU TEMPO

Quando os dias forem bons, aproveite-os bem; mas, quando forem ruins, considere: Deus fez tanto um quanto o outro, para evitar que o homem descubra alguma coisa sobre o seu futuro.
ECLESIASTES 7.14

SETENTA E CINCO ANOS. ESSA É A MÉDIA DE VIDA DO SER humano. Se você for bem-aventurado, é isso que terá: 75 verões, primaveras, outonos e invernos. Acrescente alguns aniversários, Natais e meia dúzia de feriados. Olhando assim, não é muita coisa, não é mesmo? Parece muito quando você é adolescente e acha que nunca envelhecerá. Mas pisque, e acabou. A vida passa rápido demais.

É por isso que você precisa, urgentemente, aprender a viver uma vida que valha a pena. Saia da cama como quem entendeu que cada dia é uma dádiva. Sem preguiça. E quando errar, tenha coragem de se levantar novamente. É melhor errar tentando do que passar a vida inteira se escondendo, só para no fim descobrir que o arrependimento maior vem do que você não fez.

Sabe o que mais destrói gente no fim da vida? Não são os tombos. É a covardia. É olhar para trás e ver que poderia ter feito, mas escolheu não fazer. É viver lamentando o quanto poderia ter sido fiel ao que Deus lhe confiou, mas não foi. Não seja assim. Ainda dá tempo. Honre o que Deus colocou nas suas mãos e aproveite o que Ele deu. Pare de achar que viver é esperar algo extraordinário cair do Céu. O extraordinário é hoje. Peça para o Espírito Santo quebrar a sua paralisia e fazer você enxergar que o presente é o único tempo que você tem.

28 JUL

PENSE

QUANTOS DIAS MAIS VOCÊ GASTARÁ ESPERANDO A VIDA COMEÇAR?

ORE

Senhor, não me deixes desperdiçar a vida esperando pelo amanhã. Desperta em mim coragem para viver com propósito, ser fiel hoje e honrar cada dia como um presente Teu. Em nome de Jesus, amém.

PLANO DE LEITURA BÍBLICA

2Crônicas 21—23
Atos 26.30—27.20
Salmos 89.46-48

ANOTAÇÕES

29

JUL

SEJA SÁBIO

O conselho da sabedoria é: Procure obter sabedoria; use tudo o que você possui para adquirir entendimento. Dedique alta estima à sabedoria, e ela o exaltará; abrace-a, e ela o honrará.
Provérbios 4.7-8

O silêncio é a arte dos que pensam. Pensar antes de agir é uma das armas mais poderosas que Deus colocou na mão do ser humano. Mas, adivinha? Nos primeiros 30 segundos de tensão, é justamente aí que a gente faz besteira. Fala o que não devia, promete o que não cumprirá e joga fora o que levou anos para construir. Tudo porque não sabe segurar a língua por meio minuto.

Não seja um escravo da tirania da resposta imediata. Essa necessidade de dar opinião sobre tudo tem destruído mais gente do que qualquer inimigo. Quer aprender a parar de se arrepender das bobagens que fala? Feche a boca. Simples assim. Só o silêncio dá sabedoria para segurar os impulsos e evitar que sua boca saia despejando palavras sem propósito que custarão caro.

Então, se o silêncio é a arte dos que pensam, falar sem pensar é a arte dos que fazem papel de tolo. Eu sei: ficar quieto faz você parecer um bobo. E quer saber? Melhor parecer bobo do que abrir a boca e provar que é. Use o que Deus deu a você — uma cabeça! — e aprenda a ter domínio próprio. Você não precisa responder tudo. Fale menos e você verá como isso o tornará muito mais sábio do que quem vive falando sem parar.

PENSE

NEM TUDO QUE PASSA NA SUA CABEÇA PRECISA SAIR PELA BOCA.

ORE

Deus, dá-me sabedoria para controlar meus impulsos, pensar quando tudo em mim quiser reagir e esperar quando o coração quiser resolver tudo na hora. Que eu fale menos e ouça mais. Em nome de Jesus, amém.

PLANO DE LEITURA BÍBLICA

2Crônicas 24—25
Atos 27.21-41
Salmos 89.49-52

ANOTAÇÕES

QUANDO FOI A ÚLTIMA VEZ QUE FALOU DE JESUS?

30
JUL

Como, pois, invocarão Aquele em quem não creram? E como crerão n'Aquele de quem não ouviram falar? E como ouvirão, se não houver quem pregue?
ROMANOS 10.14

SE VOCÊ CONHECE JESUS, ENTÃO PARE DE GUARDÁ-LO SÓ para você. Quem experimenta algo real com Ele não tem o direito de se calar. Conte o que Ele fez e faz na sua vida. Não viva acuado como se a fé fosse um segredo bem-guardado ou um assunto delicado demais para ser comentado. O mundo está cheio de vozes e opiniões sobre tudo, e enquanto todo mundo fala do que acha, Deus espera que Seus filhos falem do que sabem: que só Ele salva e pode mudar a história de alguém.

Conte sobre a paz e a esperança que acalmaram seu coração quando tudo parecia impossível ou perdido, a mudança que começou por dentro antes de aparecer por fora. O testemunho de alguém que foi alcançado por Jesus abre portas que argumento nenhum consegue abrir. A sua história pode ser a ponte que leva alguém a crer.

Então, no dia a dia, leve isso a sério: fale de Jesus. Não com vergonha, não como quem cumpre um protocolo, mas com alegria. As pessoas precisam ouvir, porque só assim poderão conhecer. Talvez hoje você tenha uma chance de fazer isso: um colega triste no trabalho, alguém desanimado no ônibus, um amigo em crise. Em vez de mudar de assunto, fale do que você já viveu. Porque quando você decide abrir a boca e contar quem Cristo é, o Céu se move e vidas começam a encontrar o caminho de volta para casa.

PENSE

O MUNDO FALA DE TUDO. E VOCÊ, FALA DE QUEM O SALVOU?

ORE

Senhor, que eu não guarde para mim o que o Senhor já fez em minha vida. Dá-me coragem para falar de Ti com verdade, amor e ousadia. Usa meu testemunho para alcançar quem ainda está perdido. Em nome de Jesus, amém.

PLANO DE LEITURA BÍBLICA

2Crônicas 26–28
Atos 27.42–28.16
Salmos 90.1-11

ANOTAÇÕES

31
JUL

VOCÊ VIVERÁ DE OPINIÃO?

Destruímos argumentos e toda pretensão que se levanta contra o conhecimento de Deus e levamos cativo todo pensamento, para torná-lo obediente a Cristo.
2Coríntios 10.5

Ao longo do caminho, é comum você perceber que precisa mudar a rota. Nesses momentos, você não pode se deixar levar por qualquer opinião. Não fique nutrindo tudo o que os outros dizem. Afinal, quem prestará contas da sua vida diante de Deus é você. E Ele não lida com a gente como se fôssemos um rebanho sem rosto; Ele trata cada um de forma pessoal.

Está na hora de você recuperar o controle da sua mente. A Bíblia não diz que Deus é Senhor de vítimas, mas Senhor de senhores e Rei de reis. Enquanto você não assumir o comando das suas atitudes, quem mandará em você são suas distrações, suas vontades e o que aparece pelo caminho.

Tudo o que você não governa governa a sua vida. Portanto, não seja massa de manobra. Aprenda a se alinhar com a vontade de Deus, não com a voz da maioria. Quando você vive assim, vê que o dia não é só mais um: é um presente do Senhor. E, nesse lugar, você consegue viver com alegria de verdade.

PENSE

QUEM DÁ OUVIDOS A TODOS NÃO OUVE A VOZ CERTA.

ORE

Deus, ensina-me a governar meus pensamentos com a Tua verdade. Que eu não seja guiado por vozes externas, mas por Tua voz. Alinha minha mente e meu coração à Tua vontade. Em nome de Jesus, amém.

PLANO DE LEITURA BÍBLICA

2Crônicas 29—30
Atos 28.17-31
Salmos 90.12-17

ANOTAÇÕES

A CURA COMEÇA QUANDO VOCÊ PARA DE ROMANTIZAR O PASSADO.

AGOSTO

1º
AGO

COLOQUE CADA COISA EM SEU DEVIDO LUGAR

Estes se aproximaram d'Ele e disseram: "Mestre, sabemos que és íntegro e que não Te deixas influenciar por ninguém, porque não Te prendes à aparência dos homens, mas ensinas o caminho de Deus conforme a verdade. É certo pagar imposto a César ou não?".
MARCOS 12.14

QUANTAS VEZES ALGUÉM PUXA UM ASSUNTO QUE PARECE inocente, mas na verdade está testando sua reação? Quantas vezes conversas de colegas do trabalho, familiares ou amigos se tornam um ringue porque alguém mistura o que é questão prática com o que deveria ser essencial? Jesus não entrou nesse jogo. Ele tratou cada coisa em seu lugar. E isso é algo que você precisa aprender a fazer.

A vida possui muitas camadas, e nem todas precisam ser misturadas. Existem decisões objetivas, que você resolve com calma, e convicções que não podem ser negociadas. Quando você mistura as coisas, corre o risco de levar para o pessoal o que é apenas técnico ou de tratar com superficialidade algo que é sério. Se você já deixou, por exemplo, de lidar com o que era importante porque se perdeu em discussões que, no fim, não mudavam nada, sabe do que estou falando. Saber separar uma coisa da outra evita desgaste e traz clareza.

Não se desgaste tentando resolver tudo no mesmo lugar — emoção, opinião, logística, convicção. É preciso colocar cada coisa na prateleira certa. Imposto é imposto. Tarefa é tarefa. Conflito pessoal é outra história. Em certos momentos, a melhor escolha é dar um passo para trás, enxergar o que de fato é perguntado ou exigido e responder de forma simples. Nem tudo é um teste de caráter; às vezes, é só uma questão cotidiana mesmo.

PENSE

ESTÁ NA HORA DE PARAR DE TRANSFORMAR TUDO EM QUESTÃO PESSOAL.

ORE

Senhor, ensina-me a discernir o que é essencial do que é apenas ruído e a responder com sabedoria e verdade. Que eu não me perca em batalhas desnecessárias, mas viva com clareza e paz. Em nome de Jesus, amém.

PLANO DE LEITURA BÍBLICA

2Crônicas 31—32
Romanos 1.1-23
Salmos 91.1-13

ANOTAÇÕES

COMPANHIAS ERRADAS COBRAM CARO

O anseio satisfeito agrada a alma, mas o tolo detesta afastar-se do mal. Aquele que anda com os sábios será cada vez mais sábio, mas o companheiro dos tolos acabará mal.
Provérbios 13.19-20

Querendo ou não, as pessoas com quem caminhamos influenciam a nossa vida. Por isso, é importante ter por perto pessoas que tenham mais experiência, que saibam ouvir, aconselhar e ajudar você a crescer. Afinal, existe o outro lado da moeda que precisa ser levado a sério: algumas companhias, mesmo parecendo inofensivas, tornam-se um problema. Você começa bem e, sem perceber, vai se moldando pelos hábitos, conversas e prioridades delas, até perder completamente a noção de quem você queria ser.

No Novo Testamento existe uma parábola muito clara sobre o joio e o trigo. Os dois são quase idênticos, mas quando amadurecem, a diferença salta aos olhos. Se o joio não for retirado no momento certo, ele contamina tudo. A vida funciona desse jeito. Isso não significa que você deve viver em uma bolha ou evitar gente que pensa diferente de você. Nem Jesus fez isso. Ele andou com todo tipo de gente, até mesmo os que estavam mais perdidos. Mas Ele nunca se moldou ao ambiente.

A grande questão é aprender a selecionar quem realmente faz bem a você. Não coloque seu senso de direção nas mãos de quem ainda não tem clareza nem sobre a própria vida. Não negocie seus valores para agradar. Se tiver de escolher, escolha continuar firme naquilo que dá estrutura para quem você é, mesmo que isso custe algumas companhias. No fim, isso manterá você inteiro quando o resto estiver desmoronando.

02 AGO

PENSE

NEM TODA AMIZADE FAZ BEM. VOCÊ TEM CORAGEM DE ADMITIR ISSO?

ORE

Senhor, dá-me sabedoria para escolher bem quem caminha ao meu lado. Que eu não me perca tentando agradar, mas permaneça firme no que sustenta quem sou. Em nome de Jesus, amém.

PLANO DE LEITURA BÍBLICA

2Crônicas 33—34
Romanos 1.24—2.13
Salmos 91.14-16

ANOTAÇÕES

03
AGO

VOCÊ QUER UMA VIDA DE INTIMIDADE COM DEUS?

O Senhor confia os Seus segredos aos que o temem, e os leva a conhecer a Sua aliança. Os meus olhos estão sempre voltados para o Senhor, pois só Ele tira os meus pés da armadilha.
Salmos 25.14-15

Viver na dependência de Deus é entender algo difícil de aceitar: nós não controlamos nada. Ele é quem tem domínio sobre a vida, a morte e tudo que existe. Quando essa consciência se transforma em relacionamento, Ele nos mostra o que ninguém mais pode mostrar. É como se Ele deixasse você ver além do óbvio, perceber coisas que não estão na superfície. Mas é preciso proximidade. Ou seja, uma vida que aprende a prestar atenção, para não perder os sinais que Deus dá no meio da rotina.

Quando você cria esse espaço, percebe que Ele começa a ajustar sua forma de enxergar a vida, e, consequentemente, isso muda o seu jeito de lidar com a família, as decisões, as pessoas à sua volta. Não é só você que recebe, quem está perto sente a diferença. Mas com essa clareza vem uma responsabilidade: quando você recebe algo assim, não pode ignorar. Precisa honrar o que entendeu e pôr em prática.

O convite, então, é: crie uma rotina na qual Deus tenha voz. Por que não perguntar mais vezes o que o Senhor quer fazer em você e por meio de você? Essa conexão não é para isolar você do mundo, mas para posicioná-lo. Assim, tudo ganhará outro peso. Porque você começará a perceber que nada termina em você. Cada passo dado e escolha feita tem potencial de alcançar mais gente do que você imagina. E isso começa no básico: reservar um tempo para cultivar intimidade com o Senhor.

PENSE

QUANTO TEMPO DO SEU DIA É DEUS QUEM DECIDE E QUANTO É SÓ VOCÊ?

ORE

Senhor, afina meus ouvidos para Te escutar no meio da rotina. Que eu honre o que recebo de Ti e viva com responsabilidade, consciente de que meus passos alcançam outros também. Em nome de Jesus, amém.

PLANO DE LEITURA BÍBLICA

2Crônicas 35—36
Romanos 2.14—3.8
Salmos 92.1-9

ANOTAÇÕES

VOCÊ FARÁ CERTO OU DE QUALQUER JEITO?

04
AGO

Mas, sejam fortes e não desanimem, pois o trabalho de vocês será recompensado.
2Crônicas 15.7

Nenhum esforço é desperdiçado quando investido no Reino de Deus. Mas não confunda isso com ativismo ou fazer por fazer. É sobre viver com responsabilidade diante do Senhor. Quando você se compromete de verdade com o que Ele colocou em suas mãos e decide fazer certo, cedo ou tarde essa escolha dá fruto. E sabe de uma coisa? Vale a pena.

Se você olhar para trás na história, perceberá um padrão: as pessoas que Deus usou tiveram de aprender a lidar com o tempo, o silêncio, a pressão e a frustração. Elas não foram escolhidas porque pareciam prontas. Na verdade, quase sempre eram improváveis. É como se Deus fizesse questão de bagunçar a lógica e levantar justamente alguém em quem ninguém apostaria. Nosso Salvador, por exemplo, veio ao mundo em uma família simples, num lugar esquecido. Hoje, séculos depois, são nítidos os frutos da Sua graça sobre nós.

Do mesmo jeito, você pode participar do que Deus está construindo. E não é porque você tem um bom currículo ou dons extraordinários. É porque Ele escolheu agir por meio de gente de carne e osso, gente que pega ônibus cedo, enfrenta fila, cuida de criança, paga contas, lava louça, e mesmo assim, no meio disso tudo, decide ser fiel. O que Ele coloca nas suas mãos não é para inflar o ego; é uma oportunidade para ter uma vida que faça sentido e sirva a algo maior do que você mesmo.

PENSE

GRANDES HISTÓRIAS COMEÇAM EM LUGARES ONDE NINGUÉM QUER ESTAR.

ORE

Senhor, ajuda-me a permanecer fiel, mesmo quando as coisas demorarem. Que eu enxergue propósito nas pequenas tarefas e seja constante no que o Senhor confiou a mim. Em nome de Jesus, amém.

PLANO DE LEITURA BÍBLICA

Esdras 1—2
Romanos 3.9-26
Salmos 92.10-15

ANOTAÇÕES

05
AGO

VOCÊ ESTÁ VIVO, MAS ESTÁ VIVENDO?

SENHOR meu Deus, a Ti clamei por socorro, e Tu me curaste. SENHOR, tiraste-me da sepultura; prestes a descer à cova, devolveste-me à vida.
SALMOS 30.2-3

A MORTE NÃO TEM MAIS A PALAVRA FINAL. QUEM ENtendeu o que Cristo fez tem essa certeza. A partir do momento em que Ele o resgatou, o poder do inimigo sobre você foi quebrado. Mas essa consciência precisa virar uma escolha diária de viver como quem entende que recebeu uma vida que não termina aqui.

É uma questão de perceber valor na própria existência e entender que cada novo dia precisa ser bem vivido. Há quem viva como se estivesse no piloto automático, sem perceber que tem a chance de usar o tempo para construir algo bom. Quando o salmista diz que Deus devolveu a vida, não está falando só de alguém que escapou da morte física, mas de alguém que pôde enxergar tudo com outro olhar.

Quem entende que está vivo por um motivo aprende a não se contentar em "apenas viver". A consciência de ter uma vida nova muda o jeito como você se porta. Porque o tempo é curto, e o que você faz mostra se entendeu ou não o valor de ter recebido mais uma chance. Dá para fingir que não é com você: perder tempo com coisas que não importam, viver como se nunca fosse morrer e, no fim, dizer que não sabia. Mas você também pode parar e dizer: "Já que estou aqui, não desperdiçarei minha vida". Que opção você escolherá?

PENSE

QUEM GANHOU VIDA NOVA NÃO TEM DESCULPA PARA VIVER IGUAL A ONTEM.

ORE

Senhor, não me deixes viver no automático. Que eu me lembre, todos os dias, de onde me tiraste. Ensina-me a valorizar cada dia e usar meu tempo para o que realmente importa. Em nome de Jesus, amém.

PLANO DE LEITURA BÍBLICA

Esdras 3—5
Romanos 3.27—4.18
Salmos 93

ANOTAÇÕES

ASSUNTO ENCERRADO?

Espero no SENHOR com todo o meu ser e na Sua palavra ponho a minha esperança. Espero pelo Senhor mais do que as sentinelas pela manhã; sim, mais do que as sentinelas esperam pela manhã!
SALMOS 130.5-6

NÃO ADIANTA INVENTAR CAMPANHA DE ORAÇÃO COMO se fosse convencê-lo a mudar de ideia. Troque o disco. Agora, nem todo "não" é um ponto-final. Às vezes, é só um "espere". E é aí que muita gente se enrola: força uma porta que Deus já trancou faz tempo ou, pior, fica plantado para sempre em frente a uma porta que nunca abrirá. Saber a diferença entre um "não" e um "ainda não" evita muito joelho ralado. E, convenhamos, já tem dor demais na vida para a gente sair se machucando à toa.

Sabe o que a Bíblia diz? Que a paz é o juiz das decisões. Mas não é essa paz superficial que as pessoas tentam buscar em ioga ou playlists relaxantes. É outra coisa: aquela certeza de que só pode vir de Deus. Esse tipo de paz funciona como sinal verde para avançar ou como freio quando é hora de esperar. Quando sente esse peso de clareza dentro de você, é aí que entende que não se trata de adivinhar o futuro, mas de aprender a ler o presente com mais atenção.

Portanto, não tenha medo de perder o timing. Isso só atrapalha. Preocupe-se com o que está diante de você. Procure perceber como Deus está conduzindo as coisas e preste atenção ao que Ele está mostrando por meio das pessoas, das circunstâncias e do que acontece em seu interior. É isso que ajudará você a decidir bem na hora certa e a caminhar sem se perder no meio das distrações.

PENSE

NÃO QUEIRA RESOLVER AGORA O QUE SÓ SE RESOLVE COM O TEMPO.

ORE

Senhor, que minha esperança esteja firmada em Ti, não na minha pressa. Dá-me sensibilidade para reconhecer o tempo certo e confiança para esperar. Em nome de Jesus, amém.

PLANO DE LEITURA BÍBLICA

Esdras 6—7
Romanos 4.19—5
Salmos 94.1-7

ANOTAÇÕES

07

AGO

ATÉ QUANDO VOCÊ DARÁ UM JEITINHO?

Sejam fiéis, de coração, à Sua aliança; e deixem de ser obstinados. Pois o SENHOR, o seu Deus, é o Deus dos deuses e o Soberano dos soberanos, o grande Deus, poderoso e temível, que não age com parcialidade nem aceita suborno.
DEUTERONÔMIO 10.16-17

PENSE

QUEM VIVE NEGOCIANDO VALORES NUNCA SABE ONDE ESTÁ PISANDO.

ORE

Senhor, que minha fidelidade não dependa do olhar dos outros, mas do compromisso que tenho Contigo. Ensina-me a viver com integridade, mesmo quando ninguém está vendo. Em nome de Jesus, amém.

PLANO DE LEITURA BÍBLICA

Esdras 8—9
Romanos 6
Salmos 94.8-15

ANOTAÇÕES

NÃO EXISTE ESPAÇO PARA SUBORNO QUANDO O QUE É certo precisa ser feito. Essa é uma lição dura para quem aprendeu o "jeitinho brasileiro". Tentar manipular situações a nosso favor parece esperto, mas, na prática, só aumenta a desconfiança e faz a gente se cercar de pessoas que funcionam do mesmo modo. No fim, só resta a relativização do que é justo, bom ou ruim, certo ou errado.

Quando tudo começa a ser negociável, perde-se o senso de limite. É assim que se forma uma cultura na qual vale tudo. Mas basta olhar ao redor para perceber o resultado: ambientes sobrecarregados, relacionamentos frágeis e uma convivência em que ninguém confia em ninguém.

E isso não tem nada de sobrenatural ou misterioso. Sabe quando você avisa o caixa que o troco está errado, mesmo que seja pouco, respeita a fila quando ninguém está fiscalizando ou cumpre um combinado no prazo porque sua palavra foi dada? São atitudes pequenas que deixam claro que a sua referência não vem do comportamento da maioria, mas do que Deus espera de alguém íntegro. E se você parasse de esperar que os outros mudem e começasse, você mesmo, a viver do jeito que cobra dos outros?

NÃO TRANSFORME UM VAZIO EM UM VÍCIO

O meu corpo e o meu coração poderão fraquejar, mas Deus é a força do meu coração e a minha herança para sempre.
SALMOS 73.26

08
AGO

FICAR SOZINHO NÃO É UM PROBLEMA. O PROBLEMA É quando o silêncio escancarar um vazio que você não sabe como preencher. É nesse ponto que muita gente entra em pânico: tenta se encher de qualquer coisa só para não ter de lidar com o que está sentindo. Mas o buraco continua lá. Fingir que ele não existe não resolve nada.

Quando a gente se esvazia por dentro, o risco é viver correndo atrás de qualquer sinal de acolhimento, tentando comprar paz com pequenas doses de aprovação. Só que essa busca é uma armadilha: quanto mais você corre atrás, mais dependente fica. Dependente de um elogio, de uma presença, de qualquer sensação que alivie, mesmo que seja por pouco tempo. O vazio vira um vício.

Existe outro caminho. Já pensou em dar nome ao que está faltando e cuidar desse espaço antes que ele engula você? E aqui o Espírito Santo entra em cena. Coloque tudo diante d'Ele. Você começará a encontrar equilíbrio onde antes só tinha ansiedade. O Senhor nos ajuda a reorganizar as prioridades e nos dá uma força que não se explica. Quando Ele ocupa esse espaço, a solidão deixa de ser ameaça.

PENSE

NÃO PERMITA QUE A CARÊNCIA ABRA ESPAÇO PARA AS PESSOAS ERRADAS NA SUA VIDA.

ORE

Senhor, quando meu coração fraquejar, que eu não corra para o que alivia, mas para o que preenche. Ocupa o lugar do meu vazio interior e me sustenta com Tua presença. Em nome de Jesus, amém.

PLANO DE LEITURA BÍBLICA

Esdras 10
Romanos 7
Salmos 94.16-23

ANOTAÇÕES

09
AGO
DIA DOS PAIS

HOMENS QUE GERAM MAIS DO QUE FILHOS

Pois Eu o escolhi, para que ordene aos seus filhos e aos seus descendentes que se conservem no caminho do SENHOR, fazendo o que é justo e direito, para que o SENHOR faça vir a Abraão o que lhe prometeu.
GÊNESIS 18.19

SER PAI VAI MUITO ALÉM DE GERAR ALGUÉM NO SENTIDO biológico. Deus deixou claro que havia escolhido Abraão para que ele ensinasse os filhos e descendentes dele a andarem no caminho do Senhor. Ele queria uma geração instruída. E é aqui que fica a pergunta: em um mundo obcecado por títulos e resultados, quem está aprendendo a viver melhor porque convive com você? A diferença entre deixar um sobrenome e deixar uma marca está justamente aí.

Paternidade tem mais a ver com presença do que com DNA. Uma criança observa muito mais do que ouve. E quando um pai decide ser coerente, suas atitudes se tornam uma bússola. Não são as palavras bonitas que moldam um filho, é a constância de um exemplo. O "vem comigo" fala muito mais alto do que o "vai lá".

Talvez o maior legado de um homem não seja o que ele conquistou para si, mas o que ajudou a construir na vida dos outros. Então, e se você, pai, escolhesse ser lembrado não pelo que acumulou, mas pelas pessoas que ajudou a formar? Porque o mundo já tem muito nome famoso, mas pouca referência de caráter. Gente que gera mais do que filhos, que gera caráter, fé, esperança e responsabilidade, faz muita falta.

PENSE

O QUE FICARÁ DE VOCÊ QUANDO NÃO ESTIVER MAIS AQUI?

ORE

Senhor, que minha vida ensine mais pelo exemplo do que pelas palavras. Ajuda-me a formar pessoas com justiça, fé e verdade, deixando um legado que Te honre. Em nome de Jesus, amém.

PLANO DE LEITURA BÍBLICA

Neemias 1—3.27
Romanos 8.1-25
Salmos 95.1-5

ANOTAÇÕES

COMO SE MANTER FELIZ

10
AGO

Alegrem-se sempre no Senhor.
Novamente direi: Alegrem-se!
Seja a amabilidade de vocês conhecida
por todos. Perto está o Senhor.
FILIPENSES 4.4-5

SER FELIZ NÃO SIGNIFICA ESTAR DE BOM HUMOR TODOS os dias. Parece contraditório, mas não é. Existe uma diferença entre viver com alegria e fingir que nada atinge você. Há quem confunda felicidade com uma sequência de momentos bons, mas alegria não significa ignorar problemas ou colocar uma máscara quando tudo vai mal; significa não deixar que situações ditem o tom de tudo. É o tipo de escolha que não deixa a vida ser refém de notícias ruins ou imprevistos que aparecem do nada.

Em vez de viver reagindo a tudo o que irrita você, por que não ser mais amável nas respostas, ter mais calma no trânsito, não transformar qualquer situação em uma guerra? É nesse ponto que alegria vira prática.

A vida tem outro ritmo quando você aprende a dar mais valor ao que acrescenta do que ao que desgasta. Manter-se feliz é quase como treinar um músculo: exige repetição diária. Não espere estar bem para começar. Troque a pressa pela gentileza, a ironia por uma palavra construtiva, a reclamação por um olhar mais atento ao que talvez não tenha saído como esperado. Com o tempo, você percebe que felicidade não é um prêmio que aparece no fim, quando tudo se acerta. Afinal, sua alegria não está no Senhor?

PENSE

SUA ALEGRIA DEPENDE DAS CIRCUNSTÂNCIAS OU DE DEUS?

ORE

Senhor, que a minha alegria venha de Ti, e não das circunstâncias. Ensina-me a viver com leveza, gentileza e propósito, mesmo quando o dia não ajudar. Em nome de Jesus, amém.

PLANO DE LEITURA BÍBLICA

Neemias 3.28 – 6.9
Romanos 8.26 – 9.9
Salmos 95.6-11

ANOTAÇÕES

11

AGO

O QUE VOCÊ ESTÁ ESPALHANDO POR AÍ?

A natureza criada aguarda, com grande expectativa, que os filhos de Deus sejam revelados. Pois ela foi submetida à inutilidade, não pela sua própria escolha, mas por causa da vontade d'Aquele que a sujeitou, na esperança de que a própria natureza criada será libertada da escravidão da decadência em que se encontra, recebendo a gloriosa liberdade dos filhos de Deus.
ROMANOS 8.19-21

NÃO PERCA TEMPO FICANDO IRRITADO, PRESO NO DESEJO de escapar do lugar onde você está. É fácil culpar as circunstâncias: "se eu tivesse outro trabalho", "se morasse em outra cidade", "se minha vida fosse diferente". Muitas vezes, o problema não é o cenário, mas você. Se você se preocupasse mais em perceber o que pode ser construído no meio desse contexto, sua experiência talvez fosse outra.

O que toda a criação espera é que gente assim apareça. Pessoas que, em vez de aumentar a bagunça, organizam; que não vivem para si, mas carregam algo que transforma o lugar onde estão. Acredite, sua postura pode ser um ponto de apoio para quem está em volta. É por isso que, antes de apontar para o caos lá fora, pare e pergunte a você mesmo: o que é que tenho espalhado? Reclamação ou esperança? Confusão ou equilíbrio? Porque a criação inteira continua esperando quem é filho e filha de Deus fazer a diferença. Talvez seja hora de parar de só falar sobre isso e começar a ser essa resposta onde você está.

PENSE

SERÁ QUE VOCÊ É PARTE DA SOLUÇÃO OU SÓ MAIS UM NA CONFUSÃO?

ORE

Senhor, que eu pare de apenas reclamar do lugar onde estou e comece a transformar esse ambiente com a Tua luz. Faz de mim uma resposta viva onde houver caos. Em nome de Jesus, amém.

PLANO DE LEITURA BÍBLICA

Neemias 6.10 – 7.60
Romanos 9.10-33
Salmos 96.1-6

ANOTAÇÕES

COLOQUE JESUS NO CENTRO DE TUDO

"Se alguém vem a Mim e ama seu pai, sua mãe, sua mulher, seus filhos, seus irmãos e irmãs e até sua própria vida mais do que a Mim, não pode ser Meu discípulo".
LUCAS 14.26

JESUS PRECISA SER NOSSA MAIOR MOTIVAÇÃO. SEU CÔNJUGE, seus filhos, amigos, dinheiro, igreja jamais podem ser mais importantes do que Ele. Quando Cristo é a referência, todo o resto encontra o seu devido lugar. Por causa d'Ele, enfrentamos nossos maiores medos. Ele é a razão de respirarmos, estarmos de pé, darmos o nosso melhor e vivermos de cabeça erguida sem olhar para trás.

Se você ainda hesita, tem de repetir isso para você mesmo até que entenda: "Jesus é o motivo". Porque não serão poucas as vezes em que você terá de contrariar sua alma. Quando você escolhe seguir a Jesus, não é por uma paixão de verão, um ministério nem por uma vontade, mas é por causa d'Ele. Viver no centro da vontade do Senhor implica renunciar a qualquer coisa por amor a Ele.

Por isso, olhe para você mesmo e responda com sinceridade: algo tem ocupado esse espaço e tomado sua atenção? Vale a pena abrir mão do que for necessário para que Cristo volte a ser o ponto de partida. Não porque é fácil, mas porque só assim a vida fará sentido. Quando Jesus é o primeiro, a vida deixa de ser pesada. Você começa a enxergar sentido até onde parecia não haver nada, encontra alívio onde antes só havia pressão e aprende que nada que se perde é maior do que o que se ganha n'Ele.

PENSE

QUANDO FOI A ÚLTIMA VEZ QUE JESUS FOI MAIS IMPORTANTE QUE SUA VONTADE?

ORE

Senhor, que nada tome o Teu lugar no meu coração. Se algo estiver acima de Ti, mostra-me e ajuda-me a colocar tudo de volta no eixo, porque só Contigo a vida faz sentido. Em nome de Jesus, amém.

PLANO DE LEITURA BÍBLICA

Neemias 7.61—9.6
Romanos 10
Salmos 96.7-13

ANOTAÇÕES

13
AGO

CHEGA DE CUTUCAR O QUE PRECISA CICATRIZAR

O Senhor edifica Jerusalém;
Ele reúne os exilados de Israel.
Só Ele cura os de coração quebrantado
e cuida das suas feridas.
Salmos 147.2-3

PENSE

VOCÊ QUER SER CURADO OU SÓ CONTINUAR FALANDO DA DOR?

ORE

Senhor, toca onde ninguém mais pode tocar. Cura o que ainda sangra em silêncio e transforma minhas marcas em testemunho da Tua ação. Em nome de Jesus, amém.

PLANO DE LEITURA BÍBLICA

Neemias 9.7—10.27
Romanos 11.1-24
Salmos 97.1-6

ANOTAÇÕES

Ninguém é o mesmo depois de uma ferida. Uma dor mal resolvida pode amadurecer ou deformar alguém. E imagino que você saiba que cutucar a ferida dos outros não faz a sua parar de doer. Pelo contrário, só aumenta o estrago. E tem mais: não existe "cura automática" para o que você insiste em reviver todos os dias. Enquanto você trouxer o assunto à tona, colecionar ressentimento, nada cicatrizará.

É ilusão achar que só falar do machucado já é o mesmo que curá-lo. Conversa ajuda, mas se a ferida vira o centro da sua vida, ela passa a definir quem você é. E isso adoece. Existem marcas que sempre farão parte da sua história, mas isso não é sinônimo de condenação. Elas servem como sinal amarelo: mostram onde você foi atingido, para lembrar que não vale cair no mesmo buraco nem gastar a vida travando lutas que não resultam em nada.

Quando você entrega suas dores para Deus, o processo de cura começa de um jeito estranho: primeiro parece que a dor aumenta, porque Ele toca no lugar certo. Mas é nesse toque que algo é reajustado. Por isso, não tente acelerar o processo. Não queira controlar o jeito como Ele tratará você. Deixe que o machucado cicatrize no tempo certo. Um dia, essa marca contará uma história, não de quem machucou você, mas do que aconteceu quando Deus agiu.

O VENENO DA COMPARAÇÃO

Não temos a pretensão de nos igualar ou de nos comparar com alguns que se recomendam a si mesmos. Quando eles se medem e se comparam consigo mesmos, agem sem entendimento.
2Coríntios 10.12

14
AGO

Sempre existirá alguém mais bonito, mais inteligente, mais criativo ou mais rápido do que você. E adivinha? Também sempre existirá alguém mais lento, mais atrapalhado e mais confuso. Bem-vindo ao planeta Terra. Problema é você passar a vida olhando para a régua do outro. Assim, viverá tentando alcançar metas que nem são suas. A comparação é um esporte que só tem perdedor: você se desgasta e, no fim, não ganha medalha nenhuma.

A ironia é que isso não é novidade nenhuma, e a Bíblia é prova. Deus nunca usou currículo ou popularidade como critério. Se fosse um processo seletivo humano, Noé seria rejeitado por ser "estranho demais", Moisés seria eliminado na fase de entrevistas por ser "inseguro e gago", Davi jamais passaria na triagem por ser "novo demais e sem experiência", e os discípulos de Jesus não passariam nem da análise de perfil. O Senhor está à procura de quem diz: "Eis-me aqui".

Deus não pediu que você fosse cópia de ninguém. Ele confiou a você uma história que só você pode viver. Se você fica olhando para o lado, pensando em tudo o que falta, deixa de ver o que já tem nas mãos. Quando a comparação entra em cena, o que era suficiente começa a parecer pouco. O que era bonito na sua vida fica sem graça, porque você insiste em enxergar o quintal do outro. Pare de perder tempo, a comparação só rouba suas chances de ser quem Deus sonhou que você fosse.

PENSE

QUEM DISSE QUE O RITMO DO OUTRO É O MESMO QUE O SEU?

ORE

Senhor, guarda meu coração da comparação que paralisa. Que eu pare de olhar para o lado e aprenda a valorizar o que Tu já colocaste em minhas mãos. Em nome de Jesus, amém.

PLANO DE LEITURA BÍBLICA

Neemias 10.28—12.22
Romanos 11.25—12.10
Salmos 97.7-12

ANOTAÇÕES

15
AGO

PRIORIZE A VONTADE DE DEUS

Ensina-me a fazer a Tua vontade, pois Tu és o meu Deus; que o Teu bondoso Espírito me conduza por terreno plano.
Salmos 143.10

PENSE

VOCÊ CONFIA MESMO NO SENHOR OU SÓ QUANDO AS COISAS ACONTECEM DO SEU JEITO?

ORE

Senhor, ensina-me a confiar mais na Tua vontade do que nos meus planos. Que eu pare de resistir e aprenda a seguir o Teu caminho com um coração disponível. Em nome de Jesus, amém.

PLANO DE LEITURA BÍBLICA

Neemias 12.23–13
Romanos 12.11–13
Salmos 98

ANOTAÇÕES

O mundo não gira em torno de você. A vontade de Deus, que é boa, perfeita e agradável não é uma extensão dos nossos desejos. Ela está acima, porque Ele é o Senhor de tudo. Existe um caminho melhor do que o imediatismo que a gente gosta de seguir. Enquanto você está preocupado com o que acontecerá amanhã, Deus já está lá na frente. Ele conhece o futuro e sabe como a história termina.

Esperar que tudo aconteça exatamente como você planejou é receita para frustração. Deus não segue a sua agenda. Ele não se encaixará na sua lista de "coisas que precisam acontecer para você ser feliz". Às vezes, o que você enxerga como um desvio é um cuidado que só vai fazer sentido mais tarde. O problema é que a gente vive como se soubesse de tudo, mas a verdade é uma só: você não tem a menor ideia do que Ele está fazendo. E mesmo assim, insiste em querer dirigir a própria vida.

Então, antes de se precipitar achando que fazer do seu jeito é melhor, experimente o contrário: alinhe o coração com o Céu. Reconheça que Deus está na liderança. Ele não precisa do seu auxílio, mas do seu coração disponível. E talvez essa seja a parte mais difícil: acreditar que mesmo quando as coisas parecem fora de mão, elas continuam sob o controle d'Ele. Porque a vida dá menos trabalho quando você para de lutar contra Aquele que sabe o caminho melhor do que você.

QUEM DESISTE NO MEIO NUNCA VÊ O FRUTO

16
AGO

Desde os dias de João Batista até agora, o Reino dos céus é tomado à força, e os que usam de força se apoderam dele.
MATEUS 11.12

EXISTEM MOMENTOS EM QUE TUDO AO REDOR PARECE pedir que você recue: portas que não se abrem, planos que desmoronam, dias que testam o limite da paciência. E, por mais estranho que pareça, nem sempre isso é o fim de alguma coisa; pode ser um corte necessário para dar lugar ao que ainda não existe. Assim como um jardineiro corta o galho morto e poda o galho saudável para que ele cresça melhor, o Senhor também nos poda. Mas existe uma diferença enorme entre corte e poda. O corte encerra; a poda abre espaço para que algo maior cresça. E quem já passou por isso sabe: dói nos dois casos.

Se você não romantizar a vida, perceberá que ela está mais para um campo de batalha do que para um conto. Seguir a Deus é travar lutas internas todos os dias — contra a preguiça, a autopiedade, a vontade de se vingar, o conformismo. Afinal, o Reino de Deus não se alcança na base da inércia. Você não pode desistir de fazer o que precisa ser feito quando tudo em você quer parar.

O crescimento não é imediato, mas é nítido quando se concretiza. Nas áreas mais simples — família, trabalho, relações pessoais — o resultado aparece. Não porque tudo fica fácil, mas porque você decide continuar, mesmo quando não é confortável. É assim que, pouco a pouco, Deus vai formando em você algo sólido. E não se preocupe, o Senhor não se perde. Ele constrói raízes que nenhuma tempestade consegue arrancar.

PENSE

JÁ NOTOU QUE QUEM EVITA A PODA TAMBÉM EVITA CRESCER?

ORE

Senhor, quando tudo em mim quiser parar, dá-me força para continuar. Que eu não fuja do processo, mas confie na Tua poda e cresça onde o Senhor quiser me firmar. Em nome de Jesus, amém.

PLANO DE LEITURA BÍBLICA

Ester 1—3.9
Romanos 14
Salmos 99

ANOTAÇÕES

17
AGO

DESCANSE EM DEUS

A minha alma descansa somente em Deus; d'Ele vem a minha salvação. [...] Descanse somente em Deus, ó minha alma; d'Ele vem a minha esperança.
SALMOS 62.1, 5

PENSE

TALVEZ O QUE VOCÊ CHAMA DE ESPERA SEJA DEUS ENSINANDO ALGO A VOCÊ.

ORE

Senhor, mesmo quando não ouço Tua voz, escolho confiar. Fortalece minha fé no silêncio e sustenta minha alma com a certeza de que Tu cuidas de mim. Em nome de Jesus, amém.

PLANO DE LEITURA BÍBLICA

Ester 3.10–6
Romanos 15.1-21
Salmos 100

ANOTAÇÕES

SABE QUANDO VOCÊ SE AJOELHA PARA ORAR, FALA TUDO o que está entalado e, quando se levanta, parece que nada mudou? A sensação é de que a oração não passou do teto. Você sabe que Deus tem poder para resolver seus piores problemas, mas a impressão é que Ele não está ouvindo.

Nesses momentos, a alma começa a dizer muita bobagem, como: "Deus não se importa com você"; "Você não é uma prioridade"; "Será sempre assim". Mas uma coisa que aprendi em fases assim é que o silêncio de Deus não significa ausência. Às vezes, Ele nos deixa caminhar sem sinais claros para provar nossa fé. E quando aprendemos a confiar, mesmo sem respostas, nossa estrutura interna fica mais firme.

Então, se parece que o Céu não está respondendo, não pare de crer. Você não precisa sentir para se mover. O silêncio de hoje não é o fim da história. Quando tudo parecer perdido e você achar que não tem mais forças, lembre-se de que Deus não é um espectador distante. Ele é o pastor que cuida das Suas ovelhas.

OLHE PARA OS INTERVALOS DA VIDA COM FÉ

Acima de tudo, guarde o seu coração,
pois dele depende toda a sua vida.
PROVÉRBIOS 4.23

VIGIE SEU CORAÇÃO NAS FASES EM QUE TUDO PARECE suspenso. Aqueles períodos de indefinição em que nada faz sentido. Você já não está mais no lugar onde estava, mas também não chegou ao destino. Esse "por enquanto" entre o Egito e a terra prometida é estranho. Mas não é porque você está em uma fase indefinida que deve permitir que seu coração guie suas ações.

As transições são terrenos férteis para a insatisfação. É aí que surge a tentação de achar que tudo deu errado, que não merecia estar passando por isso, que Deus errou na hora de escrever sua história. Por que, em vez de fazer isso, você não tenta suportar tudo com paciência? Talvez consiga ressignificar o "por enquanto". "Por enquanto" estou desempregado, "por enquanto" estou doente. Não "para sempre".

A vida não para de acontecer porque você ainda não chegou aonde queria. Então, quando se encontrar em uma dessas fases, proteja o coração do peso das comparações e das murmurações. Pode ser que esse intervalo, que hoje parece perda de tempo, seja o trecho mais importante do caminho.

PENSE

VOCÊ REALMENTE ACHA QUE ESPERAR É PERDER?

ORE

Senhor, que meu coração não se corrompa nos intervalos da vida. Dá-me fé para seguir, mesmo sem entender tudo, e sabedoria para viver bem o "por enquanto". Em nome de Jesus, amém.

PLANO DE LEITURA BÍBLICA

Ester 7—10
Romanos 15.22—16.9
Salmos 101

ANOTAÇÕES

19
AGO

DEUS ESTÁ NAS TEMPESTADES

De repente, uma violenta tempestade abateu-se sobre o mar, de forma que as ondas inundavam o barco. Jesus, porém, dormia. Os discípulos foram acordá-lo, clamando: "Senhor, salva-nos! Vamos morrer!".
MATEUS 8.24-25

NENHUMA TEMPESTADE É SINAL DE QUE DEUS SUMIU. A vida pode virar de cabeça para baixo, o chão pode sumir debaixo dos seus pés, isso não significa que tudo acabou. O que faz diferença não é como uma história começa, é como ela termina. Tempestades são passageiras, e, enquanto tudo se agita, Deus continua estável. A sua parte consiste em impedir que a sua alma histérica dite suas ações.

Quando tudo à sua volta está balançando, a tentação é gritar mais alto do que a situação e agir sem pensar. Mas é nesse momento que você precisa lembrar que, mesmo sem conseguir mudar o ritmo das ondas, é possível mudar a forma de atravessá-las. Há quem esperneie e há quem escolhe se concentrar no que pode fazer.

E, às vezes, fazer o que é possível agora significa algo bem básico: parar. Beber um copo d'água, sentar-se um pouco, fechar os olhos e perguntar a si mesmo: "O que realmente precisa ser feito hoje?". Talvez seja ligar para alguém em vez de se afogar sozinho. Listar o que é importante no momento e deixar o resto para depois. Por que não descansar? Sim, descansar. Sabe aquele cochilo da tarde? Não sei se já disseram isso para você, mas você não controla a tempestade. Afinal, você não é Deus. Mas Deus está com você. Por isso, não viva como um náufrago desesperado toda vez que o vento muda.

PENSE

ESTÁ NA HORA DE PARAR DE VIVER COMO SE DEUS TIVESSE SAÍDO DO BARCO.

ORE

Senhor, quando as tempestades me cercarem, silencia também o vendaval dentro de mim. Que eu aprenda a descansar na Tua presença, mesmo quando não entendo o caminho. Em nome de Jesus, amém.

PLANO DE LEITURA BÍBLICA

Jó 1—3
Romanos 16.10-27
Salmos 102.1-11

ANOTAÇÕES

PERMANEÇA EM PÉ

De todos os lados somos pressionados, mas não desanimados; ficamos perplexos, mas não desesperados; somos perseguidos, mas não abandonados; abatidos, mas não destruídos.
2Coríntios 4.8-9

Com certeza, ao longo deste ano, você já teve semanas, meses, horas ou minutos em que achou que não aguentaria. Quantas vezes pensamos que não conseguiríamos? O diabo é especialista em roubar, matar e destruir, mas você está em pé agora, não está? Está respirando? Então? Tem comida na mesa? Tem uma cama para dormir? Então? Consegue andar e falar? Sabe quantas pessoas dariam tudo para ter o que você tem e viver o que você chama de pouco?

Ainda que você possa não estar em sua melhor versão aos seus olhos, você está vivo e está aqui para contar a história. Certamente, o diabo não foi capaz de destruí-lo. Em algumas ocasiões, nós nos esquecemos do privilégio que é permanecer em pé, diante de um adversário que trabalha 24 horas por dia para nos destruir. Essa é uma das muitas razões de podermos sorrir e dizer "até aqui o Senhor tem me ajudado".

Portanto, não precisa ter medo do amanhã. Apenas permaneça e lembre-se de que os seus dias foram escritos pelo Senhor antes mesmo de você nascer. Talvez as circunstâncias não estejam do jeito que você idealizou, mas faz parte. É a vida: altos e baixos, tropeços e recomeços.

20 AGO

PENSE

JÁ PERCEBEU QUE VOCÊ SOBREVIVEU A TUDO O QUE JUROU QUE DESTRUIRIA VOCÊ?

ORE

Senhor, quando o peso da vida quiser me esmagar, lembra-me de que não estou sozinho. Que eu reconheça Tua mão me sustentando nos bastidores e encontre força no fato de ainda estar aqui. Em nome de Jesus, amém.

PLANO DE LEITURA BÍBLICA

Jó 4—6.7
1Coríntios 1.1-25
Salmos 102.12-17

ANOTAÇÕES

21
AGO

VOCÊ SÓ PROCURA DEUS QUANDO TUDO VAI BEM?

"Bem-aventurados os pobres em espírito, pois deles é o Reino dos céus. Bem-aventurados os que choram, pois serão consolados".
MATEUS 5.3-4

UM DOS MAIORES ENGANOS É IMAGINAR QUE A RELAÇÃO com Deus funciona como uma troca: se eu estiver bem, Ele me ouve; se eu fizer tudo certo, Ele faz tudo do jeito que pedi. Essa lógica é perigosa porque transforma fé em negociação. E quando o milagre não acontecer? Se essa é a base da relação, ela desmorona no primeiro "não". Não à toa Jesus disse que felizes são os que choram, porque nem toda lágrima é sinal de derrota; algumas são a forma mais honesta de se achegar diante de Deus.

A verdade é que você não precisa esperar estar bem para buscar o Senhor. Vá do jeito que está: cansado, alegre, confuso, com raiva ou seja lá o quê. Fale com Ele no quarto, no carro, lavando a louça, no meio de um dia comum. E à medida que isso se torna parte da sua vida, você percebe algo que antes não via: a alegria que você achava que encontraria só quando tudo desse certo está, na verdade, na presença do Senhor. Deus nunca prometeu um roteiro desses que você vê em filmes. O que Ele prometeu foi consolo. E esse consolo é o suficiente para você atravessar o que antes parecia insuportável.

PENSE

VOCÊ SÓ QUER DEUS QUANDO ELE FAZ DO JEITO QUE VOCÊ PEDIU?

ORE

Senhor, que eu não transforme minha fé em troca, mas em entrega. Recebe meu coração como ele está e me ensina a encontrar consolo na Tua presença, mesmo quando tudo parecer escuro. Em nome de Jesus, amém.

PLANO DE LEITURA BÍBLICA

Jó 6.8–8
1Coríntios 1.26–2.13
Salmos 102.18-22

ANOTAÇÕES

DEIXARÁ O TAMANHO DO DESAFIO PARAR VOCÊ?

Sejam fortes e corajosos. Não tenham medo nem fiquem apavorados por causa delas, pois o SENHOR, o seu Deus, vai com vocês; nunca os deixará, nunca os abandonará".
DEUTERONÔMIO 31.6

ÀS VEZES, O TAMANHO DO QUE ESTÁ DIANTE DE VOCÊ parece esmagador. Pode ser uma lista de tarefas que não acaba nunca, um grupo de pessoas mais experientes do que você em uma sala de reunião ou uma multidão de opiniões contrárias à sua. A tentação é pensar que, pelo número ou pelo peso, você está em desvantagem. É isso que paralisa muita gente: a sensação de pequenez.

Quando você se coloca em situações nas quais outros são mais fortes, mais preparados ou mais numerosos, a primeira coisa que precisa fazer é ajustar a visão. Gente que olha demais para o tamanho do adversário esquece de agir. No trabalho, sabe quando você deixa de falar porque todo mundo parece mais preparado? O resultado é sempre o mesmo: a paralisia. A Bíblia não ensina ninguém a se achar maior do que é; ela ensina a não se perder na proporção das coisas.

O povo israelita estava prestes a atravessar um território cheio de nações maiores e mais armadas. Não tinham número nem recursos para competir com quem habitava lá. Mesmo assim, foram. E isso serve para você hoje. Em vez de se encolher, considere o que está ao seu alcance. Mantenha a cabeça fria. A postura certa não diminui o desafio, mas diminui o efeito que ele tem sobre você. Não é o tamanho da questão que define se você avança ou não, é a sua capacidade de se posicionar, mesmo quando parece menor.

PENSE

QUANTAS VEZES VOCÊ SE CALOU SÓ PORQUE ACHOU QUE NÃO ERA BOM O SUFICIENTE?

ORE

Senhor, quando o que está diante de mim parecer maior do que posso suportar, lembra-me de que Tu vais comigo. Dá-me coragem para me posicionar, mesmo me sentindo pequeno. Em nome de Jesus, amém.

PLANO DE LEITURA BÍBLICA

Jó 9—10
1Coríntios 2.14—3
Salmos 102.23-28

ANOTAÇÕES

23
AGO

ÀS VEZES, É MAIS SÁBIO OBSERVAR

Sei que tudo o que Deus faz permanecerá para sempre; a isso nada se pode acrescentar, e disso nada se pode tirar. Deus assim faz para que os homens o temam. Aquilo que é, já foi, e o que será, já foi anteriormente; Deus investigará o passado.
ECLESIASTES 3.14-15

OS DIAS NÃO SÃO BLOCOS ISOLADOS. HÁ UM RITMO PARA as coisas: o que é e o que virá já foi. Ou seja, a história humana não é feita de novidades toda hora. Existem padrões que voltam, ciclos que se repetem e situações que, mesmo parecendo inéditas, já tiveram traços semelhantes em outros momentos.

Essa percepção mexe com a forma como você olha para você mesmo e para o mundo. Nem tudo é tão novo quanto parece. A sociedade tende a passar pelos mesmos cenários. Olhar para a vida com essa consciência ajuda a evitar a euforia de achar que tudo é original — como se ninguém antes tivesse enfrentado nada parecido — e corta pela raiz a ingenuidade de pensar que você não tem nada a aprender com o que já aconteceu.

E talvez esse seja o ponto mais provocador: o valor da observação. Será que você tem parado para enxergar que a sua história não é feita de episódios aleatórios, mas de conexões? Se a vida tem ciclos, talvez você precise olhar para trás antes de dar o próximo passo. Não é nostalgia: é sabedoria. Pode ser que a resposta para o que você vive agora esteja em algo que Deus já mostrou antes, mas você estava ocupado demais para notar.

PENSE

VOCÊ ACHA QUE TUDO É NOVO PORQUE NÃO PAROU PARA LIGAR OS PONTOS.

ORE

Senhor, ensina-me a enxergar os ciclos da vida com sabedoria. Que eu não despreze o que Tu já mostraste, mas aprenda com o passado para caminhar com clareza no presente. Em nome de Jesus, amém.

PLANO DE LEITURA BÍBLICA

Jó 11—13.12
1Coríntios 4
Salmos 103.1-5

ANOTAÇÕES

PARE DE VIVER PARA AGRADAR TODO MUNDO

Por Mim mesmo, nada posso fazer; Eu julgo apenas conforme ouço, e o Meu julgamento é justo, pois não procuro agradar a Mim mesmo, mas Àquele que Me enviou.
João 5.30

O MUNDO TEM BILHÕES DE PESSOAS. E A CADA MINUTO chegam mais algumas centenas. E, mesmo sabendo disso, ainda existe quem viva tentando agradar todo mundo. É um jogo perdido desde o começo. Não importa o quanto você se esforce: sempre haverá alguém que discordará e não gostará de você.

Quando Jesus esteve aqui, não foi diferente. Ele lidou com gente que não entendeu e não quis saber. E isso, mesmo depois de milagres à vista de todos. Teve gente que recebeu ajuda e, ainda assim, virou as costas. Ele sabe bem o que é ouvir um "não". E, no momento mais difícil, no Getsêmani, ouviu o "não" do próprio Pai.

Se nem Jesus agradou a todos e nem sempre teve o que pediu, por que você acha que com você será diferente? Em vez de se perder tentando convencer todo mundo ou vivendo para provar algo, alinhe suas escolhas com o que tem valor de verdade. A vida fica mais leve quando você não se obriga a caber em todas as expectativas.

PENSE

O QUE É MAIS IMPORTANTE PARA VOCÊ: SER ACEITO OU SER VERDADEIRO?

ORE

Senhor, livra-me da necessidade de agradar todo mundo. Que minhas escolhas estejam alinhadas com a Tua vontade, e não com a pressão das expectativas alheias. Em nome de Jesus, amém.

PLANO DE LEITURA BÍBLICA

Jó 13.13 — 15.16
1Coríntios 5 — 6.8
Salmos 103.6-18

ANOTAÇÕES

25
AGO

TALVEZ SEJA TEMPO DE FICAR CALADO

Para tudo há uma ocasião certa; há um tempo certo para cada propósito debaixo do céu: [...] tempo de rasgar e tempo de costurar, tempo de calar e tempo de falar.
ECLESIASTES 3.1, 7

NEM TODA BATALHA SE VENCE FALANDO. ALIÁS, EM MUItos casos, é exatamente o que faz você perder. O silêncio, em certas horas, é mais estratégico do que qualquer discurso. Saber calar não é covardia; é maturidade. Até um tolo parece sensato quando aprende esse limite. Há situações em que abrir a boca custa caro demais. Você pode até estar certo, mas isso não significa que precisa despejar tudo na hora. Ter razão não resolve nada; é preciso inteligência para medir o que realmente compensa dizer.

Silêncio, em alguns contextos, é proteção. É o que impede você de criar problemas maiores do que os que já tem. Quantas vezes a vida se complica por causa do que a gente diz? Uma palavra atravessada, um comentário feito em um momento de raiva, uma “resposta sincera” dita na hora errada. Saber quando abrir a boca e quando ficar quieto é o que diferencia quem só reage de quem age com consciência.

O desafio, então, é entender que nem tudo merece sua atenção. À medida que você começa a observar antes de responder, fica claro que algumas “guerras” são pura armadilha: não acrescentam nada, só desgastam. Esse tipo de domínio próprio preserva coisas que poderiam ser destruídas em segundos por uma palavra mal colocada.

PENSE

VOCÊ ESTÁ TENTANDO RESOLVER A QUESTÃO OU SÓ PROVAR QUE ESTÁ CERTO?

ORE

Senhor, ensina-me a discernir o tempo de calar e o tempo de falar. Que eu não me precipite, mas aja com sabedoria, guardando minha boca e protegendo o que realmente importa. Em nome de Jesus, amém.

PLANO DE LEITURA BÍBLICA

Jó 15.17—17
1Coríntios 6.9—7.7
Salmos 103.19-22

ANOTAÇÕES

VOCÊ SABE MUITO BEM O QUE FAZER

Sem fé é impossível agradar a Deus, pois quem d'Ele se aproxima precisa crer que Ele existe e que recompensa aqueles que o buscam.
HEBREUS 11.6

QUANTOS IRRESPONSÁVEIS ESTÃO DIZENDO QUE ESTÃO no limite? Ao repetir insistentemente que você está prestes a sucumbir porque nada parece dar certo, é comum dizer algo como: "não sei o que fazer" ou "estou perdido". Contudo, e as pregações que você ouviu? As passagens bíblicas que leu? E as experiências que teve com Deus? Todas não deram em nada?

Cada um de nossos momentos com o Senhor contribui para que, em tempos de crise, não nos sintamos perdidos. Você não precisa de alguém dizendo o que fazer quando as coisas derem errado. Basta se lembrar do que já viveu e das palavras que ouviu do Senhor. Elas, sim, são sua munição nas horas difíceis.

Talvez sua história pareça não mudar de imediato, mas se suas atitudes forem diferentes, sua perspectiva também será. Você sabe, sim, o que fazer. Ler a Bíblia é um bom começo. Orar é o básico que você deveria saber fazer. Não fique parado falando bobagem e sentindo pena de você mesmo. Faça a sua parte e busque o Senhor até encontrá-lo. Não tenho dúvida de que Ele não o deixará desamparado.

26
AGO

PENSE

VOCÊ TEM CERTEZA DE QUE ESTÁ PERDIDO OU SÓ ESQUECEU DO QUE JÁ SABE?

ORE

Senhor, quando eu disser que não sei mais o que fazer, lembra-me de tudo o que já ouvi de Ti. Que minha fé não dependa do momento, mas da certeza de quem Tu és. Em nome de Jesus, amém.

PLANO DE LEITURA BÍBLICA

Jó 18–20.11
1Coríntios 7.8-28
Salmos 104.1-14

ANOTAÇÕES

27
AGO

POR QUE FUGIR?

"Vá depressa à grande cidade de Nínive e pregue contra ela, porque a sua maldade subiu até a Minha presença". Mas Jonas fugiu da presença do SENHOR, dirigindo-se para Társis. Desceu à cidade de Jope, onde encontrou um navio que se destinava àquele porto. Depois de pagar a passagem, embarcou para Társis, para fugir do SENHOR.
JONAS 1.2-3

MUITAS VEZES, A FUGA PARECE O CAMINHO MAIS FÁCIL, mas não é. Tudo o que vale a pena é mais caro. Não é a pessoa mais inteligente que tem a família mais estruturada ou mais dinheiro na conta, e sim a mais disciplinada; aquela que decide encarar aquilo para o que Deus a chamou, em vez de ficar arrumando desculpa. O segredo é se preocupar com a constância.

Você não estará bem todos os dias, e não há problema nisso. O que não pode é sumir. Não fuja do propósito do Senhor. Por mais difícil que pareça, finque seus pés na promessa. Não importa se você está triste ou feliz; o importante é estar lá.

É por isso que a Bíblia fala sobre se revestir da armadura de Deus. A armadura não é um enfeite; é para você se proteger. E essa proteção exige que você suporte pancadas. "Suportar" não é a palavra favorita de todo mundo, mas ela representa firmeza. Haverá oposição? Sim. Gente tentando desanimar você? Sim. Dúvida e vontade de jogar tudo para o alto? Também. Mas não fuja. Proteja o que é valioso na sua vida como quem guarda um tesouro.

PENSE

TUDO O QUE VOCÊ TENTA EVITAR HOJE CONTINUARÁ LÁ ESPERANDO VOCÊ AMANHÃ.

ORE

Senhor, mesmo quando tudo em mim quiser desistir, ensina-me a suportar com fidelidade. Que eu não troque Teu chamado por rotas mais fáceis, mas permaneça onde Tu me plantaste. Em nome de Jesus, amém.

PLANO DE LEITURA BÍBLICA

Jó 20.12–21
1Coríntios 7.29–8.7
Salmos 104.15-23

ANOTAÇÕES

PAGUE O MAL COM O BEM

Não retribuam mal com mal, nem insulto com insulto; ao contrário, bendigam; pois para isso vocês foram chamados, para receberem bênção por herança.
1Pedro 3.9

Quando alguém ofende você, a reação automática é devolver na mesma moeda, para que a pessoa sinta um pouco do que fez. Só que isso não resolve nada; só mantém a roda girando. Reagir igual parece justo, mas no fim você só prolonga a dor de cabeça. Segurar a resposta, engolir a raiva e não devolver o golpe é mais difícil, mas é justamente isso que quebra o ciclo.

Esse tipo de postura não é da noite para o dia. É no meio das experiências, e depois de muito tropeço, que você percebe que nem toda oportunidade perdida ou rejeição é o fim. Um término de relacionamento, uma demissão, uma amizade que se distanciou, tudo isso machuca, mas também mostra que algumas coisas saem da sua vida porque já não cabem mais. É duro aceitar isso na hora, mas a vida vai mostrando que nem tudo é um saldo negativo.

Por que, em vez de ficar buscando explicações para tudo, você não prossegue? Não é que as mágoas desaparecerão por encanto, mas deixarão de afetar o seu dia. Você, então, descobrirá que perdoar é mais sobre se libertar do que sobre inocentar quem o feriu. E o resultado é prático: você conseguirá guardar mais o coração. E isso não o enfraquece. Pelo contrário, mantém você inteiro. Sabe por quê? Porque o que o move já não passa a ser mais o que fizeram contra você, mas o que você decidiu construir a partir dali.

28 AGO

PENSE

DEVOLVER NA MESMA MOEDA SÓ PROLONGA O ESTRAGO.

ORE

Senhor, ensina-me a quebrar o ciclo da dor com respostas que Te honrem. Que eu não viva reagindo ao que fizeram comigo, mas avançando com o coração limpo. Em nome de Jesus, amém.

PLANO DE LEITURA BÍBLICA

Jó 22—24.12
1Coríntios 8.8—9.18
Salmos 104.24-30

ANOTAÇÕES

ASSUMA A POSTURA DE VENCEDOR

29 AGO

Vocês não precisarão lutar nessa batalha. Tomem suas posições, permaneçam firmes e vejam o livramento que o SENHOR dará, ó Judá, ó Jerusalém. Não tenham medo nem desanimem. Saiam para enfrentá-los amanhã, e o SENHOR estará com vocês.
2CRÔNICAS 20.17

VOCÊ NÃO ESTÁ PRESO A UMA SITUAÇÃO; É A SITUAÇÃO que está presa em você. Às vezes, a gente olha tanto para um problema que ele vira um muro, ocupa todo o campo de visão e nos convence de que não existe nada além dele. Só que a verdade é que nenhum problema é o mundo inteiro. E mesmo quando parece não haver saída, quase sempre existe um pequeno passo possível: ajustar os pensamentos e voltar a enxergar além do caos. É como limpar um vidro embaçado. Em vez de rodar sem parar em volta do que dói, escolha enxergar o que pode nascer disso. Esse é o começo da mudança. O cenário que parecia o fim pode ser só a primeira linha de um capítulo novo.

Toda tempestade, por mais longa que seja, é um sinal de movimento. A resistência que você enfrenta agora não é um aviso de derrota; ela serve para mostrar que alguma coisa em você está sendo empurrada para fora da zona onde já não cabia mais. A pergunta certa não é: "Por que isso está acontecendo comigo?"; mas: "O que isso deixará em mim?". Porque as coisas podem só machucar você ou moldá-lo. E é você quem decide qual será o saldo. Então, em vez de se perder em meio a um problema, lembre-se de que, em tudo, Deus é maior. O peso que hoje parece incômodo um dia será só memória. E quando esse dia chegar, restará em você a força de quem não desistiu.

PENSE

EM VEZ DE PERGUNTAR: "POR QUÊ?"; COMECE A PERGUNTAR: "O QUE FAÇO AGORA?".

ORE

Senhor, quando tudo parecer maior do que eu, lembra-me de que és Tu quem luta por mim. Que eu permaneça firme, confiando que até o caos pode gerar vida. Em nome de Jesus, amém.

PLANO DE LEITURA BÍBLICA

Jó 24.13–27
1Coríntios 9.19–10.10
Salmos 104.31-32

ANOTAÇÕES

AS AFLIÇÕES NÃO VÊM PARA FICAR

30
AGO

"Eu disse essas coisas para que em Mim vocês tenham paz. Neste mundo vocês terão aflições; contudo, tenham ânimo! Eu venci o mundo".
João 16.33

Você leu isso direito? Ter aflição não é exceção, é regra. Jesus não disse: "Talvez vocês tenham aflições". Não é uma questão de "se", mas de "quando". Cristo não prometeu uma vida estável. Isso significa que tudo, uma hora, balançará: a conta, o casamento, as emoções. Até parecerá que tudo cairá. E sabe o que isso prova? Apenas que você continua vivo.

O problema é que as pessoas adoram romantizar a fé. Querem um Jesus que funcione como seguro contra danos. Acham que acreditar é um tipo de blindagem que as deixa imunes a atritos. Só que não. A real é que, na hora do aperto, olhar para você mesmo raramente ajuda. Olhe bem: você mesmo tem sido um péssimo conselheiro. Quantas vezes já se enrolou tentando resolver tudo sozinho? Pois é. Agora, quando você se rende ao fato de que não tem todas as respostas e encara a vida dizendo: "Confio em Deus, mesmo sem entender nada"; alguma coisa começa a se encaixar.

Talvez hoje tudo ao seu redor esteja gritando que acabou, que você está sozinho. Mas calma, é só barulho. Tenha ânimo, como Jesus disse. Afinal, Ele já venceu o mundo. Sabe o que isso quer dizer? Que a última palavra não é de nada aqui na Terra. Ou você aprende a se agarrar a isso, ou sempre será derrubado pela primeira rajada de vento. Lembre-se de uma coisa: a paz é consequência de quando você para de lutar contra a realidade e começa a enfrentar o que precisa ser enfrentado.

PENSE

NÃO ESPERE A VIDA PARAR DE BALANÇAR PARA VOLTAR A RESPIRAR.

ORE

Senhor, quando tudo parecer instável, fortalece meu ânimo. Que eu não fuja da realidade, mas enfrente cada dia com fé na Tua vitória, sabendo que a última palavra é sempre Tua. Em nome de Jesus, amém.

PLANO DE LEITURA BÍBLICA

Jó 28—30.8
1Coríntios 10.11-33
Salmos 104.33-34

ANOTAÇÕES

31
AGO

NÃO CONFUNDA A PROVAÇÃO COM O FIM

Meus irmãos, considerem motivo de grande alegria o fato de passarem por diversas provações, pois vocês sabem que a prova da sua fé produz perseverança.
Tiago 1.2-3

A VIDA TEM UMA MANEIRA CURIOSA DE NOS CONVENCER de que certas situações nunca mudarão. Um obstáculo pode parecer um decreto permanente. Uma oportunidade perdida, uma sentença irreversível. Uma fase difícil, eterna. Mas a Bíblia nos lembra de que, diante de Deus, nada é definitivo.

Quando Tiago escreveu que devemos considerar as provações um motivo de alegria, ele não estava expondo um princípio espiritual: a provação é um processo, não um ponto-final. Se existe prova, é porque ainda existe história. Se existe história, há propósito. E se há propósito, há um fim que Deus já sabe qual é.

O que hoje parece sem solução pode ser exatamente o empurrão que Deus usará para mover você. Aquilo que parece um beco sem saída pode se tornar o lugar secreto onde sua fé ganha raízes mais profundas e sua perseverança aumenta. Nada que você vive agora é estático; tudo é matéria-prima nas mãos de Deus. Ele é especialista em reescrever o que parece ser o fim.

Lá atrás, quem imaginaria que a Cruz seria, na verdade, o início de um novo caminho? O túmulo parecia selado para sempre, mas se transformou em palco de ressurreição. Se até a morte não foi definitiva para Jesus, nada que você enfrenta tem poder de definir sua vida para sempre. Lembre-se: para Deus, sempre existe um "depois". Onde você só vê ponto-final, Ele enxerga reticências.

PENSE

NÃO SE ENTREGUE À IDEIA DE QUE UM MOMENTO RUIM É O SEU LIMITE.

ORE

Senhor, não quero apenas suportar as provações, mas crescer nelas. Ensina-me a ver além da dor, a confiar, mesmo sem respostas, e a seguir ciente de que Tu transformas o impossível em recomeços. Em nome de Jesus, amém.

PLANO DE LEITURA BÍBLICA

Jó 30.9–31
1Coríntios 11.1-22
Salmos 104.35

ANOTAÇÕES

DEUS NÃO QUER
QUE VOCÊ VIVA
TENTANDO PROVAR
NADA PARA
NINGUÉM, SÓ QUE
VIVA COMO FILHO.

SETEMBRO

1º
SET

ACESSO RESTRITO

Quanto a você, porém, permaneça nas coisas que aprendeu e das quais tem convicção, pois você sabe de quem o aprendeu. Porque desde criança você conhece as Sagradas Letras, que são capazes de torná-lo sábio para a salvação mediante a fé em Cristo Jesus.
2Timóteo 3.14-15

Não dê palco para pessoas que só sabem "envenenar" você. E pare de achar que precisa manter todo mundo na sua vida. Alguns precisam ficar pelo caminho, não por maldade, mas porque não faz sentido estar ao seu lado. E por mais duro que pareça, existe um preço alto quando tentamos ficar perto de quem já mostrou que só veio para sugar.

Valorize quem ficou ao seu lado quando você não tinha nada para oferecer além de você mesmo. Essas pessoas são raras. São as que oram por você, as que seguram sua mão quando o restante já desistiu.

Existe uma diferença enorme entre ser bom e ser ingênuo. O próprio Jesus não era bobo. Ele sabia de quem era melhor manter distância. Ele amava todo mundo, mas não se deixava manipular. Afinal, amar não é a mesma coisa que se deixar usar. Ore por todos, tenha paz com todos, mas não aceite qualquer um no centro da sua vida. Se a companhia tira a paz, se o ambiente afasta de Deus, se a amizade só puxa para baixo, talvez seja hora de cortar fora.

PENSE

TENHA CORAGEM DE CORTAR LAÇOS QUE SÓ ESTÃO SUGANDO VOCÊ.

ORE

Senhor, dá-me discernimento para amar sem me deixar ser manipulado. Ensina-me a valorizar quem me aproxima de Ti e a ter coragem para me afastar do que me enfraquece. Em nome de Jesus, amém.

PLANO DE LEITURA BÍBLICA

Jó 32–33
1Coríntios 11.23–12.11
Salmos 105.1-6

ANOTAÇÕES

NÃO CONFUNDA AMOR COM AUTOANULAÇÃO

O amor é paciente, o amor é bondoso. Não inveja, não se vangloria, não se orgulha. Não maltrata, não procura seus interesses, não se ira facilmente, não guarda rancor.
1Coríntios 13.4-5

É PROVÁVEL QUE VOCÊ JÁ TENHA OUVIDO ALGUÉM DIZER: "O que for para ser seu, será". Essa frase soa bonita, mas na prática pode ser uma armadilha. Ela empurra muita gente para uma zona de espera em que a vida só passa e os dias se acumulam. Parece que tudo fica nas mãos do acaso. É uma mentira disfarçada de consolo. Gente que acredita nisso acaba se acostumando a viver de pouco, a depender da boa vontade de outra pessoa.

Em relacionamentos amorosos, por exemplo, você já viu como isso acontece? A pessoa vive como quer, faz suas escolhas, some quando quer e volta quando acha conveniente. Enquanto isso, quem está esperando se coloca como segunda opção, quase implorando por atenção. Mas Deus não criou ninguém para viver nesse lugar. Quem entende o próprio valor não aceita ser empurrado para escanteio. Não dá para caminhar com quem vive girando em círculos.

Por que aceitar viver de restos? Você não foi feito para mendigar afeto e muito menos para ser o plano B dos outros. Se você não cabe mais na vida de alguém, por mais que ame a pessoa, aceite isso e pare de insistir. Valorizar sua vida não tem nada a ver com egoísmo. Deus ama tanto você que jamais colocaria nos seus ombros a obrigação de esperar por quem não sabe o que quer. Ele quer ver você crescendo e vivendo o que Ele sonhou. Escolha viver a sua vida.

02 SET

PENSE

NÃO CONFUNDA PACIÊNCIA COM ACEITAR QUALQUER COISA.

ORE

Senhor, ajuda-me a entender meu valor. Que eu não aceite viver de migalhas por medo de perder alguém. Dá-me coragem para soltar o que me prende e viver o Teu propósito. Em nome de Jesus, amém.

PLANO DE LEITURA BÍBLICA

Jó 34–35
1Coríntios 12.12-31
Salmos 105.7-15

ANOTAÇÕES

03
SET

VOCÊ INSISTIRÁ EM SE EQUILIBRAR SOZINHO?

Quando eu disse: Os meus pés escorregaram, o Teu amor leal, SENHOR, me amparou! Quando a ansiedade já me dominava no íntimo, o Teu consolo trouxe alívio à minha alma.
SALMOS 94.18-19

VIVER COM A MENTE ACELERADA É COMO TENTAR SE equilibrar sobre um chão que não para de tremer. E, convenhamos, muitos até acham bonito viver assim, como se fosse um sinal de produtividade, mas no fundo estão só tropeçando. Os pensamentos se atropelam, as emoções ficam à flor da pele e tudo está sempre por um fio. A alma se cansa antes mesmo do corpo, e, na corrida por antecipar o amanhã, os pés começam a perder firmeza. Pode lutar o quanto quiser para se manter de pé, mas em algum momento a força acaba. E sabe o que sobra? Só você e o seu malabarismo emocional.

Ainda bem que temos um Deus que nos alcança no meio do turbilhão. De repente, o que antes parecia insuportável vai aos poucos perdendo o peso. O cenário pode ser o mesmo, mas algo muda lá dentro: surge uma paz que não depende das circunstâncias. Você não deixa de enfrentar ondas, mas descobre que não está sozinho no barco. E isso já é mais do que suficiente para retomar o fôlego e continuar.

O coração inquieto precisa aprender a parar. Há coisas que não se resolvem com esforço ou estratégia; precisam ser entregues a Deus. Quando a confiança deixa de ser teoria e vira prática, a ansiedade perde espaço. Tudo o que ocupava a mente é colocado nas mãos certas. E, a partir daí, cada passo volta a ter direção. Então, se hoje a alma está pesada, confie no Senhor.

PENSE

NÃO ESPERE O CHÃO PARAR DE TREMER PARA APRENDER A DESCANSAR EM DEUS.

ORE

Senhor, quando minha mente acelerar e meu coração pesar, ensina-me a parar e confiar. Que o Teu consolo me encontre no meio do caos e traga paz onde antes havia confusão. Em nome de Jesus, amém.

PLANO DE LEITURA BÍBLICA

Jó 36–37
1Coríntios 13–14.5
Salmos 105.16-22

ANOTAÇÕES

SONHE ALTO

"Alargue o lugar de sua tenda, estenda bem
as cortinas de sua tenda, não o impeça;
estique suas cordas, firme suas estacas. Pois você
se estenderá para a direita e para a esquerda; [...]".
ISAÍAS 54.2-3

É NECESSÁRIO CORAGEM PARA VIVER OS SONHOS QUE Deus tem para você. Coragem mesmo, e não essa disposição que acaba na primeira crítica ou dificuldade. Esses sonhos nascem dentro de nós quando as coisas parecem não fazer sentido. O desafio é justamente seguir quando não conseguimos enxergar nada à frente e tudo o que temos nas mãos são as sementes.

Se ao olhar para a sua vida tudo parece diferente do que Deus prometeu, bem-vindo ao processo. A única forma de perder é parando de sonhar. E é curioso ver como alguns, em vez de persistir, cedem e ainda tentam justificar dizendo que não era para ser. Mas um sonho de Deus não se destrói porque alguém torceu contra, falou mal ou porque a vida apertou. Enquanto isso, quem entendeu o valor do que carrega continua sonhando.

Entenda uma coisa: você encarará impostores, dores e até a sua própria tendência de se sabotar. E antes que você esqueça: Deus nunca perdeu uma batalha. Então, por que ter medo? Não seja você o primeiro a desistir do que o Céu escreveu. Ou você passa a vida inteira olhando para as barreiras, ou começa a esticar a tenda e a fincar as estacas, mesmo sem ver nada acontecendo.

04 SET

PENSE

SE VOCÊ CONTINUAR PARADO, QUEM VIVERÁ O QUE DEUS SONHOU PARA VOCÊ?

ORE

Deus, mesmo sem ver, escolho continuar. Dá-me ousadia para esticar a tenda e preparar espaço para o que Tu prometeste. Que nenhum medo me faça recuar. Em nome de Jesus, amém.

PLANO DE LEITURA BÍBLICA

Jó 38 – 39.18
1Coríntios 14.6-25
Salmos 105.23-27

ANOTAÇÕES

05 SET

VOCÊ TEM CUIDADO DO POUCO QUE RECEBEU?

"As mãos de Zorobabel colocaram os fundamentos deste templo; suas mãos também o terminarão. Assim saberão que o SENHOR dos Exércitos me enviou a vocês. Pois aqueles que desprezaram o dia das pequenas coisas terão grande alegria ao verem a pedra principal nas mãos de Zorobabel".
ZACARIAS 4.9-10

NÃO FAÇA COMO OS QUE ACHAM QUE COMEÇAR PEQUENO é um castigo e não entendem que fidelidade no pouco é o teste que abre portas para o muito. Quer crescer? Aprenda a limpar o chão antes de querer subir em um palco. Deus não promove quem não é capaz de cuidar daquilo que já recebeu.

A parábola dos talentos é bastante conhecida, mas parece que muita gente esquece: aquele senhor que entregou talentos aos servos só esperava que eles agissem. Os que fizeram algo com o que tinham viram o resultado. Foram ousados e se arriscaram. Já o que enterrou o talento ficou de fora, e, cá entre nós, quantos de nós enterramos nossas oportunidades no quintal da preguiça? No fim, não adianta chorar ou dizer que a vida foi injusta. Não foi. Você só não fez nada com o que tinha.

Então, pare de se comparar com quem começou grande. Se a porção que chegou até você parece pequena, trate-a como ouro. Comece do jeito certo: com humildade. Quem vive olhando para a grama do vizinho perde tempo e não vê o seu gramado crescer. Quer uma posição melhor no emprego? Seja o melhor funcionário que puder ser na empresa em que você está hoje. Um carro novo? Gaste menos e economize mais. Uma vida diferente? Comece mudando as atitudes que só servem para segurar você no mesmo lugar. E, acima de tudo, esqueça a mania de achar que o mundo deve alguma coisa para você.

PENSE

SEJA FIEL EM HONRAR A DEUS COM O POUCO QUE VOCÊ TEM.

ORE

Senhor, ensina-me a valorizar o pouco que Tu colocaste nas minhas mãos. Que eu não despreze os começos simples, mas seja fiel em cada detalhe, com humildade e disposição para crescer. Em nome de Jesus, amém.

PLANO DE LEITURA BÍBLICA

Jó 39.19–41.17
1Coríntios 14.26–15.9
Salmos 105.28-42

ANOTAÇÕES

NÃO TRANSFORME A MENTIRA EM VERDADE

Portanto, submetam-se a Deus. Resistam ao Diabo, e ele fugirá de vocês. Aproximem-se de Deus, e Ele Se aproximará de vocês! Pecadores, limpem as mãos, e vocês, que têm a mente dividida, purifiquem o coração.
Tiago 4.7-8

Já reparou como a mentira do Diabo é sempre a mesma? "Você não serve para nada." Ela só muda de embalagem de uma situação para outra. Quando você erra em casa e pensa: "Não presto para ser pai ou mãe". Em outros momentos, no trabalho: "Olha aí, todo mundo é melhor do que você, só você que não dá conta". Em dias ruins, até um simples olhar no espelho é usado para disparar aquela frase que você repete: "Por que eu ainda tento?". É isso que o inimigo faz: planta insegurança.

Mas aqui está a parte prática que muita gente ignora: a sua capacidade não é uma invenção sua, ela vem de Deus. Ele o criou com ferramentas específicas para a vida que entregou a você. Não é coincidência. Por isso, mesmo quando você se sentir um desastre, faça alguma coisa com o que tem. É assim que se prova, na prática, que mentira nenhuma tem poder quando a gente decide se mexer.

Quer discernir o que é mentira? Simples: tudo o que paralisa, que tira o seu senso de valor, que faz você desistir de tentar não vem de Deus. Ele nunca falará com você para esmagá-lo. Se a voz empurra você para um buraco, já sabe de onde veio. Então, a partir de hoje, comece a filtrar o que você escuta e o que diz a você mesmo. A única voz que nunca muda é a de Deus. E se for para acreditar em alguém, a escolha é bem óbvia.

06 SET

PENSE

NÃO TRATE A VOZ DE DEUS COMO SE FOSSE SÓ MAIS UM PENSAMENTO QUALQUER.

ORE

Senhor, ensina-me a reconhecer a Tua voz no meio das mentiras que tentam me paralisar. Dá-me coragem para resistir e fé para crer no que Tu dizes a meu respeito. Em nome de Jesus, amém.

PLANO DE LEITURA BÍBLICA

Jó 41.18 – 42
1Coríntios 15.10-28
Salmos 105.43-45

ANOTAÇÕES

07
SET
INDEPENDÊNCIA DO BRASIL

LIVRES PARA QUÊ?

Foi para a liberdade que Cristo nos libertou. Portanto, permaneçam firmes e não se deixem submeter novamente a um jugo de escravidão.
GÁLATAS 5.1

TODO ANO OUVIMOS FALAR DE LIBERDADE, MAS QUASE sempre associamos a palavra a fazer o que bem entendemos. É como se ser livre fosse viver sem limites, sem ninguém para dizer “não”. Mas todo mundo sabe que esse tipo de liberdade cobra um preço alto. Pessoas que vivem sem freio acabam presas em vícios, relacionamentos abusivos, dívidas. A liberdade que o mundo vende parece bonita no começo, mas no fim se torna uma prisão.

Cristo nos chamou para um tipo de liberdade diferente: não é uma independência absoluta, é poder dizer “não” para tudo o que nos rouba a vida. É a liberdade de escolher o que é certo quando o errado parece mais fácil. Você passa a ter um Senhor que o ama e não o trata como escravo. Ele o libertou para que sua vida tivesse sentido.

Então, antes de celebrar a liberdade apenas como a ausência de regras, pense no que você tem feito com ela. Você usa sua liberdade para se afastar do Senhor ou para se aproximar d’Ele? Para dizer sim a tudo ou para dizer não ao que não presta? Hoje é um bom dia para rever isso. Porque quem aprende a ser livre em Cristo não vive correndo atrás de um “faça o que quiser”.

PENSE

PARE DE CHAMAR DE LIBERDADE O QUE ESCRAVIZA VOCÊ.

ORE

Senhor, ensina-me a viver a verdadeira liberdade que há em Ti. Que eu use essa liberdade para escolher o que é certo, dizer não ao que destrói e permanecer firme no Teu caminho. Em nome de Jesus, amém.

PLANO DE LEITURA BÍBLICA

Provérbios 1–2
1Coríntios 15.29-49
Salmos 106.1-5

ANOTAÇÕES

O DIA MAU REVELA ONDE ESTÁ A SUA BASE

Que o próprio Senhor Jesus Cristo e Deus nosso Pai, que nos amou e nos deu eterna consolação e boa esperança pela graça, deem ânimo ao coração de vocês e os fortaleçam para fazerem sempre o bem, tanto em atos como em palavras.
2TESSALONICENSES 2.16-17

EXISTEM DIAS EM QUE TUDO ACONTECE AO MESMO TEMPO e você se depara com uma verdade: as dificuldades existem para mostrar que você não manda em nada. É um banho gelado na sua autossuficiência. Algumas situações expõem o quanto confiamos em coisas frágeis: a opinião dos outros, a estabilidade do emprego, o saldo da conta bancária, até aquela falsa sensação de que "comigo nunca acontecerá". Quando tudo balança, dá para saber quem tem base e quem só tem aparência.

E você? Em quem tem se apoiado? Porque todo mundo se apoia em alguma coisa. Tem gente que confia nas próprias forças até quebrar, tem quem dependa de relacionamentos para não se sentir vazio, outros vivem correndo atrás de dinheiro para fingir segurança. Só que toda essa falsa estabilidade vai por água abaixo mais cedo ou mais tarde.

Quer um caminho prático? Da próxima vez que as coisas apertarem, em vez de fugir para a tela do celular ou enterrar a cabeça no travesseiro, feche a porta do quarto e ore. O Senhor já viu o que ainda nem aconteceu e continua disposto a ajudar você, se ao menos você parar e prestar atenção. Talvez este seja o desafio: ouvir aqueles em quem realmente vale a pena acreditar. Porque talvez você esteja procurando força em todo tipo de lugar errado enquanto a única mão capaz de segurar você já está estendida há muito tempo.

PENSE

VOCÊ CONTINUARÁ FINGINDO QUE ESTÁ NO CONTROLE ATÉ TUDO CAIR DE VEZ?

ORE

Jesus, tira minha confiança do que passa e firma meu coração na Tua graça, na qual há força, consolo e esperança. Em nome de Jesus, amém.

PLANO DE LEITURA BÍBLICA

Provérbios 3 – 4.22
1Coríntios 15.50 – 16.4
Salmos 106.6-12

ANOTAÇÕES

09
SET

SUCESSO É FAZER O QUE É SEU, NÃO COPIAR

Amado, oro para que você tenha boa saúde e tudo corra bem, assim como vai bem a sua alma. Muito me alegrei ao receber a visita de alguns irmãos que falaram a respeito da sua fidelidade, de como você continua andando na verdade.
3João 2-3

Sucesso não pode ser medido com uma régua só. Para alguns, realização é ter um rancho no interior; para outros, é cultivar uma horta no quintal. Há quem sonhe com um avião particular, carimbos no passaporte e viagens pelo mundo; e tem gente que só espera o dia em que verá o filho se formando.

O problema começa quando você transforma a vida do outro em uma referência absoluta. Passa anos tentando alcançar um sucesso que nem nasceu para ter e, no fim, fica exausto. Não existe padrão ou fórmula pronta, porque ninguém vive a mesma história. Essa comparação diária só serve para roubar tempo e deixar você com a sensação de que nunca é o bastante. Você começa a achar que só será feliz quando chegar aonde o outro chegou.

Quer acertar na vida? Pare de correr atrás de sonhos alheios e olhe para o que Deus designou especificamente para você. Sucesso não é ter tudo o que todo mundo quer. Pelo contrário, tem a ver com viver o que é seu sem invejar o que nunca foi. A vida não precisa ser grande para ser plena; ela precisa ser autêntica. E talvez, se você parar de se comparar tanto, descubra que a sua vida já tem muito mais do que imaginava.

PENSE

PARE DE MEDIR A SUA VIDA PELA RÉGUA DOS OUTROS.

ORE

Senhor, livra-me da armadilha da comparação. Ensina-me a valorizar o que Tu designaste para mim e a viver com gratidão e verdade, sem invejar o que nunca foi meu. Em nome de Jesus, amém.

PLANO DE LEITURA BÍBLICA

Provérbios 4.23–6.23
1Coríntios 16.5-24
Salmos 106.13-18

ANOTAÇÕES

VOCÊ NÃO ESTÁ DESARMADO COMO PENSA

Ele é o Deus que me reveste de força e torna perfeito o meu caminho. Torna os meus pés ágeis como os da corça, sustenta-me firme nas alturas. Ele treina as minhas mãos para a batalha e os meus braços para vergar um arco de bronze.
SALMOS 18.32-34

VOCÊ PODE ATÉ ACHAR QUE ESTÁ DESARMADO, MAS NÃO está. Muitas vezes, o que já está na sua mão parece pequeno demais para fazer diferença. Pode ser um dinheiro curto que daria para começar alguma coisa pequena, um curso que você já começou e não terminou ou um papel e uma caneta para organizar as ideias. Para alguns, o que está na mão é um trabalho que não é o dos sonhos, mas que paga as contas.

É fácil se sentir sem saída quando o olhar está preso no que falta, mas é justamente o que já existe que pode destravar o próximo passo. Quem presta atenção descobre que quase nunca as coisas chegam prontas. Em vez disso, Deus coloca na sua frente algo que dá para usar agora, mesmo que pareça simples demais. A gente perde tempo porque quer viver de milagres espetaculares.

No fim, quase sempre o que pesa mais não são os obstáculos, mas a bagunça das emoções que convencem você de que não há saída. Por isso, antes de dizer que não dá, pare e pense: qual é o recurso que você tem agora? Talvez seja tempo para estudar, um celular simples que dá para vender bolo por encomenda, um papel e uma caneta para organizar as ideias. Quando você decide usar o que já tem, começa a perceber que, apesar de não ser tudo que você queria, é o suficiente para sair do lugar.

PENSE

SE VOCÊ NÃO FAZ NADA COM O QUE TEM HOJE, NÃO FARÁ NADA QUANDO TIVER MAIS.

ORE

Senhor, abre meus olhos para enxergar o que já colocaste em minhas mãos. Dá-me coragem para usar o pouco com fé e constância para avançar, mesmo sem ver tudo pronto. Em nome de Jesus, amém.

PLANO DE LEITURA BÍBLICA

Provérbios 6.24–8.21
2Coríntios 1.1-22
Salmos 106.19-27

ANOTAÇÕES

11
SET

QUEM ANDA COM TOLO SE TORNA TOLO

Mantenha-se longe do tolo, pois você não achará conhecimento no que ele falar.
PROVÉRBIOS 14.7

PENSE

ÀS VEZES, O ERRO É CONTINUAR NO LUGAR ERRADO COM AS PESSOAS ERRADAS.

ORE

Senhor, dá-me discernimento para reconhecer as companhias que me afastam de Ti. Ajuda-me a ter coragem para me afastar do que paralisa, confunde e me puxa para baixo. Que eu caminhe ao lado de pessoas que Te honram e me ajudam a permanecer firme em Ti. Em nome de Jesus, amém.

PLANO DE LEITURA BÍBLICA

Provérbios 8.22–10.23
2Coríntios 1.23–2
Salmos 106.28-33

ANOTAÇÕES

QUANDO ALGUÉM NÃO TEM CONSIDERAÇÃO NEM RESPEITO por você, a solução não é cobrar ou gerar confusão, mas se afastar. Existem companhias que mais confundem do que acrescentam. Aquela amizade que só critica; aquela pessoa que só fofoca e quer que você entre na roda. Pode parecer inofensivo, mas ficar perto desse tipo de gente vai moldando o jeito de pensar, e quando você percebe, está preso no mesmo padrão.

As associações que você faz significam algo, sabia? As pessoas certas podem ajudá-lo a ir mais longe, enquanto as erradas acabam amarrando você no mesmo lugar. É claro que você não precisa ser antipático. Dá para tratar todo mundo com respeito e, ainda assim, escolher com quem você caminha. Porque se tem alguém que puxa você para baixo com piadinhas maldosas, conversas vazias e ideias que não levam a lugar nenhum, não adianta esperar algo de bom dali.

Lembra o que a Bíblia diz? Que é melhor ser dois do que um. Porque se um cair, o que está de pé o levanta. Entendeu por que é importante pensar bem com quem você divide a mesa? Nem toda companhia é neutra. E, às vezes, a maior demonstração de amor-próprio é ter a coragem de se afastar do que paralisa você.

QUANDO VOCÊ ESPERAVA MAIS

12
SET

O SENHOR está comigo; Ele é o meu ajudador. Verei a derrota dos meus inimigos. É melhor buscar refúgio no SENHOR do que confiar nos homens.
SALMOS 118.7-8

EM ALGUM MOMENTO DA VIDA, VOCÊ PROVAVELMENTE terá a sensação incômoda de que merecia ter recebido mais amor. E dói admitir isso. Alguns prometeram estar ao seu lado e desapareceram, outros em quem você colocou confiança machucaram você, e os que deveriam proteger foram os que traíram. Isso acontece dentro de casa, nas amizades, no trabalho. Um pai ou uma mãe que nunca estiveram presentes em nada importante. Um amigo que, em um dia difícil seu, decidiu não atender a ligação. Pessoas próximas que escolhem o silêncio quando o mínimo seria defender você. Tudo isso deixa marcas difíceis de apagar.

Como consequência, muitos vivem buscando na opinião dos outros um pouco do valor que faltou lá atrás. E essa busca acaba se tornando uma prisão. Porque ninguém dá conta de carregar o peso das expectativas que colocamos sobre eles. É um terreno que cede fácil. Apoiar a vida inteira nisso é como montar acampamento dentro do leito de um rio seco: na primeira chuva forte, a água volta e leva tudo embora.

Há um jeito diferente de viver com essas feridas abertas. Você precisa aprender a viver sem esperar reparação daqueles que não souberam cuidar. Então, você descobrirá que não precisa mais passar a vida inteira tentando consertar o que os outros estragaram, e, pouco a pouco, a rejeição deixa de ditar o rumo.

PENSE

O QUE FIZERAM COM VOCÊ NÃO PRECISA DEFINIR O RESTO DA SUA HISTÓRIA.

ORE

Senhor, cura as marcas que a falta de amor deixou em mim. Que eu não busque valor na opinião dos outros, mas no Teu cuidado. Ensina-me a seguir sem depender da reparação que nunca veio. Em nome de Jesus, amém.

PLANO DE LEITURA BÍBLICA

Provérbios 10.24–12.17
2Coríntios 3
Salmos 106.34-43

ANOTAÇÕES

13
SET

VOCÊ JÁ PODE AGIR COMO VENCEDOR

Quem nos separará do amor de Cristo? Será tribulação, ou angústia, ou perseguição, ou fome, ou nudez, ou perigo, ou espada?
Romanos 8.35

PENSE

TALVEZ O QUE ESTEJA FALTANDO NÃO SEJA RESPOSTA, MAS RENDIÇÃO.

ORE

Senhor, mesmo quando tudo parece incerto, que a Tua presença seja minha certeza. Ensina-me a confiar e a descansar, ciente de que nada pode me separar do Teu amor. Em nome de Jesus, amém.

PLANO DE LEITURA BÍBLICA

Provérbios 12.18–14.21
2Coríntios 4
Salmos 106.44-48

ANOTAÇÕES

Há dias em que o sorriso aparece por fora, mas por dentro ainda existe dor. E não é falsidade, é fé. Porque a alegria que temos em Cristo não depende das circunstâncias, mas da certeza de que Ele está presente. Você não precisa esperar tudo se ajeitar para agir como alguém que já venceu.

Cristo já pagou o preço mais alto. Não é necessário esperar o Céu abrir para mudar sua postura. Você só precisa entender que quem está com você muda tudo. A presença do Senhor é o seu recurso, sua força, seu fôlego. Pare de esperar situações favoráveis para viver em paz. Quem tem Jesus tem direção.

Procure por Ele onde estiver. No silêncio do quarto, no trânsito, no meio da correria da semana. Porque é n'Ele que você encontra sentido. Quando você entrega o controle e para de tentar resolver tudo sozinho, o peso diminui. A vitória não é garantida porque tudo dará certo do seu jeito, mas porque você estará do jeito certo, com quem realmente pode resolver as coisas. Quando você não souber o que fazer, lembre-se: a resposta ainda é Ele.

MALES QUE VÊM PARA O BEM

Mas Ele me disse: "Minha graça é suficiente a você, pois o Meu poder se aperfeiçoa na fraqueza". Portanto, eu me gloriarei ainda mais alegremente em minhas fraquezas, para que o poder de Cristo repouse em mim.
2Coríntios 12.9

Nem todo problema vem para destruir você. Alguns chegam com cara de dor, mas carregam lições que só o tempo revela. Existem milagres que se disfarçam de perda, respostas que vêm em forma de silêncio e bênçãos que primeiro aparecem como interrupções. Por isso, antes de descartar o que está difícil, respire fundo. Avance mais um pouco. Mesmo cansado, mesmo sem entender. Nem toda situação precisa fazer sentido agora, mas pode estar alinhada com algo muito maior do que você imagina.

O imediatismo é uma armadilha que faz você querer abandonar o que ainda está em construção só porque não veio na velocidade que esperava. E é assim que muita gente joga fora coisas preciosas: porque estavam embrulhadas de forma desconfortável. Alguns caminhos são apertados mesmo, mas servem para alinhar o coração. E a forma como você atravessa o que está vivendo hoje definirá o tipo de colheita que o espera lá na frente.

Então, não se precipite. Não corra para resolver o que só o tempo pode curar. Há vitória que começa com uma perda, e recomeço que chega depois de uma porta fechada. Não despreze o dia de hoje só porque ele não veio como você queria. Se até agora Deus deu fôlego a você, ainda tem história sendo escrita.

14 SET

PENSE

O QUE HOJE DÓI, AMANHÃ PODE SER UMA RESPOSTA.

ORE

Senhor, quando eu não entender o que estás fazendo, ajuda-me a crer mesmo assim. Dá-me maturidade para enxergar propósito até na dor e paciência para não desistir do que o Senhor ainda está construindo. Em nome de Jesus, amém.

PLANO DE LEITURA BÍBLICA

Provérbios 14.22–16.11
2Coríntios 5
Salmos 107.1-9

ANOTAÇÕES

15
SET

PENSE

JÁ PENSOU QUE DEUS AMA VOCÊ DEMAIS PARA DIZER "SIM" A TUDO QUE VOCÊ PEDE?

ORE

Senhor, ensina-me a pedir com o coração certo. Que meus desejos não sejam guiados por vaidade, mas por propósito. Corrige minha rota, ainda que doa, e responde conforme a Tua vontade. Em nome de Jesus, amém.

PLANO DE LEITURA BÍBLICA

Provérbios 16.12–18.7
2Coríntios 6
Salmos 107.10-16

ANOTAÇÕES

SEU PEDIDO OU SUA CARÊNCIA?

Vocês cobiçam coisas, mas não as têm; matam e invejam, mas não conseguem obter o que desejam. Vocês vivem a lutar e a fazer guerras. Não têm, porque não pedem. Quando pedem, não recebem, pois pedem por motivos errados, para gastar em seus prazeres.
Tiago 4.2-3

Um dia, você ainda respirará aliviado por tudo aquilo que não deu certo. Você olhará para trás e agradecerá pelas portas que não abriram, pelos planos que não saíram do papel, por não ter sido contratado naquela empresa que parecia perfeita e por não ter casado com aquela pessoa por quem estava apaixonado. Nem tudo que a gente quer agora nos fará bem depois.

A verdade é que nem toda oração não respondida é sinal de silêncio. Às vezes, é livramento. Outras vezes, é correção de rota. Deus não está comprometido com os nossos caprichos, mas com o que de fato constrói a nossa vida. O problema é que costumamos pedir coisas mais por vaidade do que necessidade. Queremos provar algo para alguém, preencher um vazio ou simplesmente manter a aparência.

Se a resposta ainda não chegou — ou se veio diferente do que você esperava —, talvez seja a hora de parar de insistir e começar a perguntar: "Por quê? O que tem me motivado? O que estou tentando compensar com esse pedido?". Pode ser que a sua oração mude não quando Deus disser "sim", mas quando você entender que o que você pedia não era o que realmente precisava.

VOCÊ AINDA CRÊ?

16
SET

Pois com o coração se crê para justiça, e com a boca se confessa para salvação. Como diz a Escritura: "Todo o que n'Ele confia jamais será envergonhado".
ROMANOS 10.10-11

ÀS VEZES, O CORAÇÃO SE FECHA. NÃO É ALGO QUE ACONTECE de uma hora para outra. Pode começar com uma decepção, uma injustiça sofrida ou o peso do cansaço acumulado. Você continua indo à igreja, dizendo que crê, mas lá dentro tem uma revolta escondida: "Se Deus me ama, por que isso está acontecendo comigo?". Aos poucos, a fé vira mais um conceito do que uma convicção.

A Bíblia diz que é com o coração que se crê para a justiça; é aí que tudo começa. Não adianta ter um discurso bonito se o coração está travado ou cercado por uma muralha. Muitas vezes, essa barreira se forma sem você perceber. Contudo, uma hora ou outra, você precisará entender que Deus deseja verdade. E "verdade", às vezes, começa com um coração machucado, mas disposto a não se esconder mais.

Se hoje você sente que está distante, não disfarce. Fale com Deus exatamente como você está. Diga o que doeu, o que o afastou, o que o deixou frio. Não precisa ensaiar uma oração bonita; basta ser sincero. É assim que a restauração começa: quando você reconhece onde se perdeu e deixou de crer. Pode ser lavando a louça, dirigindo para o trabalho, colocando as crianças para dormir que você decida abrir o coração de novo. Mas, se for necessário, faça isso. Peça um coração novo. A rebeldia começa com um coração fechado, mas a restauração também. Quando esse mesmo coração se abre para crer novamente.

PENSE

SEU CORAÇÃO AINDA ESTÁ DISPONÍVEL PARA DEUS?

ORE

Senhor, reconheço que em algum momento meu coração se fechou, que a dor e o cansaço apagaram o brilho da fé. Mas hoje me recuso a continuar escondido. Quero abrir meu coração, mesmo ferido, para voltar a crer de verdade. Restaura em mim o desejo sincero de Te amar e confiar de novo. Em nome de Jesus, amém.

PLANO DE LEITURA BÍBLICA

Provérbios 18.8–20.11
2Coríntios 7
Salmos 107.17-22

ANOTAÇÕES

17
SET

LIDANDO COM A INGRATIDÃO

Que eles deem graças ao SENHOR por Seu amor leal e por Suas maravilhas em favor dos homens, porque Ele sacia o sedento e satisfaz plenamente o faminto.
SALMOS 107.8-9

A INGRATIDÃO TEM UM JEITO SUTIL DE APAGAR O QUE HÁ de melhor em nós. Você se doa, estende a mão, tenta ajudar e, no lugar de um "obrigado", recebe frieza ou até crítica. Isso cansa. E se você não presta atenção, começa a se fechar, achando que fazer o bem não dá em nada. Mas dá sim, porque o bem que você faz nunca depende do reconhecimento de quem recebe. Quando o ambiente estiver pesado, cheio de gente reclamando de tudo, escolha não entrar nessa frequência.

Se, por acaso, você já se sentiu usado, ignorado ou desvalorizado depois de tentar ajudar alguém, não se arrependa. O retorno pode não vir das pessoas, mas a colheita sempre chega. Continue firme. Não pare de fazer o que é certo só porque alguém não soube valorizar. Tem gente que nunca reconhecerá, e tudo bem. Sua luz não depende da reação dos outros para continuar acesa. E se for para desistir de algo, que seja da expectativa de ser compreendido por quem não tem maturidade para enxergar além de si mesmo.

Você encontrará reclamações, críticas injustas e olhares tortos no meio do caminho. Faz parte. Portanto, guarde seu coração. Não deixe que o comportamento de terceiros dite a sua caminhada. Não é sobre o que fazem com você, é sobre quem você escolhe ser, mesmo depois de tudo.

PENSE

O PROBLEMA NÃO FOI A CRÍTICA. FOI VOCÊ ESPERAR GRATIDÃO COMO TROCO.

ORE

Senhor, mesmo quando não sou reconhecido, ensina-me a permanecer generoso. Que eu não me feche por causa da ingratidão dos outros, mas continue firme, fazendo o bem com o coração livre. Em nome de Jesus, amém.

PLANO DE LEITURA BÍBLICA

Provérbios 20.12–22.8
2Coríntios 8.1-22
Salmos 107.23-32

ANOTAÇÕES

SONHOS QUE NÃO MORREM

Estou convencido de que Aquele que começou boa obra em vocês, vai completá-la até o dia de Cristo Jesus.
FILIPENSES 1.6

É FÁCIL SONHAR COM O FUTURO QUANDO ELE AINDA está distante. Você imagina o dia em que abrirá o próprio negócio, terá uma casa, construirá uma família, viajará, conquistará coisas que hoje parecem inalcançáveis. E tudo isso é bom. Sonhar é necessário. Mas chega uma hora em que você precisa parar e perguntar: o que estou fazendo hoje para chegar lá? Porque não adianta montar um futuro inteiro na cabeça se você não se mover. Deus pode ter colocado ideias grandes no seu coração, mas elas não sairão do papel sozinhas.

Mas há sonho que não precisa ser divulgado. Nem todo mundo entenderá o que Deus falou com você. Tem gente que dará risada, desacreditará ou tentará jogar um balde de água fria em você. Por isso, não desperdice visão com quem só sabe enxergar limite. O que Deus colocou no seu coração é entre você e Ele, e é com Ele que você precisa alinhar os próximos passos.

E enquanto os planos não se concretizam, preocupe-se com a forma como você vê as coisas. Prepare-se internamente antes de querer que as portas se abram externamente. Mais do que correr atrás dos seus sonhos, o mais importante é confiar no Deus que sonha com você e tem poder para fazer mais do que você planejou.

18 SET

PENSE

SE FOI DEUS QUEM DISSE, POR QUE VOCÊ PRECISA TANTO DA VALIDAÇÃO DOS OUTROS?

ORE

Senhor, dá-me coragem para agir, sabedoria para esperar e fé para confiar que o Senhor terminará o que começou. Em nome de Jesus, amém.

PLANO DE LEITURA BÍBLICA

Provérbios 22.9–23
2Coríntios 8.23–9
Salmos 107.33-41

ANOTAÇÕES

19
SET

O "X" DA QUESTÃO

Meus amados irmãos, tenham isto em mente: Sejam todos prontos para ouvir, tardios para falar e tardios para irar-se, pois a ira do homem não produz a justiça de Deus.
Tiago 1.19-20

A SUA REAÇÃO DIANTE DE UM PROBLEMA REVELA A SAÚDE do seu coração. Pouco importa o que está estourando fora de você, o que realmente determina sua postura é o estado da sua mente e do seu coração. Os problemas que você tem com seu chefe, funcionário ou vizinho, na verdade, começam com "eu".

Antes de sair apontando o dedo para o erro dos outros, olhe para o que precisa ser ajustado em você. Porque não importa onde você estiver, sempre haverá pessoas difíceis. Sempre terá alguém que provoca, que testa sua paciência, que não colabora. Mas a diferença não está em quem cruza seu caminho. Sua postura pode melhorar o ambiente ou piorar tudo. E, muitas vezes, o que Deus quer trabalhar não é o comportamento do outro, é o seu.

O mundo não ficará bom de repente e é bem provável que você não consiga ser amigo de todo mundo. Mas saiba que a sua postura nunca deve depender do que acontece, mas da maturidade que você constrói no Senhor. Por isso, peça que Ele renove sua mente e seu coração para que você se desenvolva todos os dias.

PENSE

SERÁ MESMO QUE O PROBLEMA É O OUTRO OU SÓ SEU ORGULHO FERIDO?

ORE

Senhor, transforma meu interior para que minhas reações revelem maturidade. Que eu não seja dominado pela ira ou pelo orgulho, mas tenha um coração ensinável e uma mente renovada por Ti. Em nome de Jesus, amém.

PLANO DE LEITURA BÍBLICA

Provérbios 24 – 25.24
2Coríntios 10
Salmos 107.42-43

ANOTAÇÕES

NÃO FAÇA DAS PESSOAS A SUA BASE

Assim diz o Senhor: "Maldito é o homem que confia nos homens, que faz da humanidade mortal a sua força, mas cujo coração se afasta do Senhor".
Jeremias 17.5

"Você é minha vida, meu chão, meu tudo. Se você for embora, prefiro morrer". Já disse algo parecido a alguém? É comum, quando somos jovens e imaturos, passarmos por fases de dependência emocional. Quando não sabemos quem somos, colocamos nosso valor nas mãos de outra pessoa, e isso sempre termina mal. Ninguém foi criado para ser o centro da vida de ninguém. Quanto mais você amadurece, mais entende que relacionamento saudável tem a ver com equilíbrio, não com idolatria.

É claro que amar é bom. Mas você precisa saber quem é a fonte da sua força. E essa fonte é Deus. É um erro dar seu coração inteiro para alguém achando que isso garantirá que a pessoa fique. Gente muda, erra, vai embora. E se a sua estrutura estiver apoiada em alguém assim, você desmorona junto. Ame sim, mas com limites. Sua vida não pode girar em torno de ninguém além do Senhor.

Você pode sentir falta. Pode sofrer com a ausência. Pode chorar por alguém que foi embora. Mas jamais se esqueça: só há um que sustenta a sua vida. Sem Deus, nada se mantém de pé. É por isso que quem está firmado n'Ele continua de pé. Não transfira para pessoas uma posição que só pertence a Deus. Ele é o único que fica quando todo mundo vai.

20 SET

PENSE

SUA VIDA NÃO PODE GIRAR EM TORNO DE QUEM PODE ABANDONAR VOCÊ.

ORE

Senhor, que meu coração esteja firmado em Ti, e não em pessoas. Tu és a minha base, a minha força, o meu sustento quando tudo ao redor desaba. Em nome de Jesus, amém.

PLANO DE LEITURA BÍBLICA

Provérbios 25.25–27
2Coríntios 11.1-23
Salmos 108.1-6

ANOTAÇÕES

21
SET

PENSE

ÀS VEZES, A DISTÂNCIA É O ÚNICO JEITO DE PRESERVAR O QUE AINDA EXISTE DE BOM.

ORE

Senhor, que eu saiba amar sem controlar, respeitar sem me anular e me afastar sem perder o coração. Ensina-me a manter relações saudáveis, guiadas pela Tua paz. Em nome de Jesus, amém.

PLANO DE LEITURA BÍBLICA

Provérbios 28–30.4
2Coríntios 11.23–12.13
Salmos 108.7-13

ANOTAÇÕES

AMOR NÃO É SUFOCO

Ló, que acompanhava Abrão, também possuía rebanhos e tendas. E não podiam morar os dois juntos na mesma região, porque possuíam tantos bens que a terra não podia sustentá-los.
GÊNESIS 13.5-6

ABRAÃO E LÓ SE DAVAM BEM, ERAM FAMÍLIA. MAS chegou um momento em que isso não foi mais suficiente para manter os dois no mesmo espaço. A prosperidade dos dois aumentou, o território ficou apertado e os conflitos começaram a aparecer. Quem nunca passou por isso? Aquele tipo de relação que começa bem, mas com o tempo, em vez de somar, começa a sufocar. Não por falta de amor, mas porque o ciclo mudou. E, às vezes, para continuar amando, precisamos parar de forçar.

Você provavelmente aprendeu que para amar tem de ficar grudado o tempo todo. Mas a verdade é que tem amigo que você só continua amando de verdade se parar de ver todo dia. Tem parente que precisa ouvir um “não” bem-colocado para que o respeito continue existindo. E isso não é frieza. É a consciência de que toda relação precisa de um limite saudável.

E sejamos sinceros: nem sempre o outro é que está ocupando espaço demais. Às vezes, somos nós que estamos invadindo, pressionando, ultrapassando o limite do razoável. E aí, quando tudo começa a entrar em atrito, o mais espiritual não é jejuar para Deus mudar o outro. É ter a humildade de redesenhar as bordas, colocar limites, porque amor de verdade não asfixia.

SEMPRE É TEMPO DE RECOMEÇAR

Portanto, fomos sepultados com Ele na morte por meio do batismo, a fim de que, assim como Cristo foi ressuscitado dos mortos mediante a glória do Pai, também nós vivamos uma vida nova.
ROMANOS 6.4

22
SET

O PONTO DE PARTIDA GERALMENTE ESTÁ LOGO DEPOIS do ponto final. As portas que Deus fecha são ferramentas para você chegar a um novo nível. Só depois de encerrar histórias antigas é que você consegue, de verdade, começar uma nova. Decisões como essa, apesar de não serem nada fáceis, são extremamente necessárias.

A vida nova que Deus tem para você não aceita remendos nem farelos de algo que já acabou. Você está disposto, então, a jogar tudo fora? Ou prefere perder tempo pedindo uma vida nova enquanto não larga o que o machuca?

Você pode até desejar algo novo, mas nada acontecerá enquanto o velho ainda for sua zona de conforto. De fato, é muito difícil partir rumo ao desconhecido. Muitas vezes, nós nos apegamos ao passado por questões de familiaridade. Mas só quando deixamos tudo para trás é que conseguimos viver as novidades de vida que o Senhor tem para nós.

PENSE

NÃO DÁ PARA RESSUSCITAR COM CRISTO SE VOCÊ INSISTE EM DORMIR NO TÚMULO.

ORE

Senhor, dá-me coragem para manter fechadas as portas que o Senhor já fechou. Que eu não me apegue ao que passou, mas caminhe livre rumo ao novo que preparaste para mim. Em nome de Jesus, amém.

PLANO DE LEITURA BÍBLICA

Provérbios 30.5 – 31.31
2Coríntios 12.14 – 13
Salmos 109.1-5

ANOTAÇÕES

23
SET

DEUS CUIDA DO SEU CORAÇÃO PARTIDO

Os justos clamam, o SENHOR os ouve e os livra de todas as suas tribulações. O SENHOR está perto dos que têm o coração quebrantado e salva os de espírito abatido.
SALMOS 34.17-18

UM CORAÇÃO PARTIDO DÓI COMO POUCAS COISAS NA VIDA. E, para ser bem sincero, há dias em que a dor emocional parece mais insuportável do que qualquer dor física. Você tenta seguir e parece que não tem força. Mas, então, você precisa se lembrar: Deus está perto. Você pode não entender o que vem depois, pode não enxergar saída agora, mas existe amor suficiente para reconstruir o que foi quebrado.

Não há garantias de que você não enfrentará novas decepções. É a vida. Mas o Deus que você serve é maior do que tudo isso. E Ele não despreza nenhuma dor. O que você sente hoje pode virar adoração amanhã. Parece impossível agora, eu sei. Mas, muitas vezes, o que fez você chorar será o que lá na frente gerará os seus sorrisos mais sinceros.

Não espere para se voltar a Deus. Entregue o que você tem agora, do jeito que está. Coração quebrado, expectativas frustradas, alma cansada, leve tudo até o Senhor. Você não precisa fingir que está bem. Só precisa ir. Deus não conserta quem se esconde. Ele restaura quem se apresenta.

PENSE

ENQUANTO VOCÊ ESCONDER A DOR, DEUS NÃO TERÁ O QUE RESTAURAR.

ORE

Senhor, entrego a dor que estou sentindo. Levo até Ti meu coração quebrado, minhas expectativas frustradas e tudo o que não sei como curar. Restaura o que só o Teu amor pode reconstruir. Em nome de Jesus, amém.

PLANO DE LEITURA BÍBLICA

Eclesiastes 1—3.15
Gálatas 1
Salmos 109.6-20

ANOTAÇÕES

SERVO OU SÓ SIMPATIZANTE DE CRISTO?

Acaso busco eu agora a aprovação dos homens ou a de Deus? Ou estou tentando agradar a homens? Se eu ainda estivesse procurando agradar a homens, não seria servo de Cristo.
GÁLATAS 1.10

SERVIR A CRISTO É UMA ESCOLHA, E NÃO QUALQUER escolha, mas uma que redefine suas prioridades, seus valores e a direção que você está seguindo. A frase "se eu ainda estivesse..." revela um ponto de virada, uma ruptura com o velho eu. Houve um tempo em que Paulo viveu segundo outro padrão, outra agenda, outro senhor. Mas o encontro com Cristo virou sua lógica de cabeça para baixo.

Ao se tornar servo de Cristo, Paulo assumiu um novo centro de gravidade. Tudo começou a girar em torno de sua nova identidade. Ele sabia que servir a Jesus não seria confortável, e muito menos popular. E mesmo assim, não voltou atrás. Afinal, ser servo não é uma questão de status, mas entrega. Significa abrir mão do próprio direito de decidir as coisas sozinho e declarar, na prática: "A minha vida agora é do Senhor".

Essa escolha precisa ser renovada diariamente. Nas pequenas coisas: quando você assume o erro em vez de tentar se justificar, fecha uma aba desnecessária para focar no trabalho ou não faz piada à custa de alguém. Enfim, existem muitas causas pelas quais você pode viver hoje, mas nenhuma delas liberta ou transforma como servir a Cristo. É a escolha mais corajosa e, ao mesmo tempo, mais segura que alguém pode fazer. A pergunta que fica é: você está disposto a fazê-la?

24
SET

PENSE

CRISTO JÁ É SEU SALVADOR, MAS SERÁ QUE ELE TAMBÉM É O SENHOR DAS SUAS DECISÕES?

ORE

Senhor, renova em mim o compromisso de viver como Teu servo, mesmo quando isso me custar conforto ou aplausos. Que minhas escolhas revelem a quem sirvo de verdade. Em nome de Jesus, amém.

PLANO DE LEITURA BÍBLICA

Eclesiastes 3.16–6
Gálatas 2
Salmos 109.21-25

ANOTAÇÕES

25
SET

DEUS NÃO CHAMOU VOCÊ PARA FICAR NA DEFENSIVA

A alegria do coração transparece no rosto, mas o coração angustiado oprime o espírito.
PROVÉRBIOS 15.13

PENSE

A DOR QUE VOCÊ CHAMA DE INJUSTIÇA TALVEZ SÓ SEJA O SEU ORGULHO FERIDO.

ORE

Senhor, ajuda-me a não endurecer o coração quando Tu falares comigo, mesmo que seja por meio de alguém. Que eu não rejeite consolo por orgulho ou dor, mas aprenda a reconhecer Tua voz, mesmo em meio às frustrações. Em nome de Jesus, amém.

PLANO DE LEITURA BÍBLICA

Eclesiastes 7—9.10
Gálatas 3.1-18
Salmos 109.26-29

ANOTAÇÕES

DIANTE DE DECEPÇÕES E FRUSTRAÇÕES, ALGUMAS PESSOAS se ofendem quando alguém chega com uma palavra de ânimo ou um texto bíblico. Elas dizem coisas como: "É fácil falar, mas na prática é outra coisa". E, sim, é verdade que algumas situações são complicadas. Ninguém está dizendo que o que aconteceu não foi sério.

Mas, mesmo assim, existe uma linha tênue entre ser realista e viver fechado. Nem todo consolo é uma tentativa de "passar pano". Às vezes, quem fala não tem ideia do que você está vivendo, mas está tentando ajudar. E se o que foi dito é de Deus, então vale, sim, parar e prestar atenção. Não trate consolo como afronta. Não viva preso à mágoa.

Quando você aprende a ouvir o que Deus está dizendo em vez de ficar remoendo o que deu errado, encontra alegria, mesmo nos momentos mais inusitados, e até o seu semblante se torna mais bonito. E, cá entre nós: ninguém aguentará viver sempre pisando em ovos perto de você, com medo de dizer-lhe algo que pode ajudar só porque você está na defensiva. É duro, mas é verdade. A vida não parará para esperar você. Então, pare de se ofender com a Palavra do Senhor. Aceite o que Ele pede e faça seu melhor. O que alguém diz a você pode ser exatamente o empurrão que faltava para você sair do lugar onde está.

ESPERAR É DIFÍCIL

Apesar disso, esta certeza eu tenho: viverei até ver a bondade do SENHOR na terra. Espere no SENHOR. Seja forte! Coragem! Espere no SENHOR.
SALMOS 27.13-14

ESPERAR É, SEM EXAGERO, UMA DAS COISAS MAIS DIFÍCEIS de fazer na vida. Não importa o quanto você tente espiritualizar, a espera mexe com a cabeça, com a autoestima, com a paciência e, às vezes, até com a fé. A gente quer ver resultado, quer saber o "porquê", mas, na maioria das vezes, a resposta é um silêncio que parece durar mais do que deveria.

Todo mundo tem uma lista de coisas pelas quais já esperou: o resultado do vestibular, a resposta de uma entrevista de emprego, um pedido de desculpas, um milagre. E quanto mais o tempo passa, mais a ansiedade tenta convencer você de que está sendo esquecido. A verdade é que nem tudo está parado só porque você não vê movimento. E não adianta tentar acelerar o processo, porque antecipar o que não está pronto é um ótimo jeito de estragar tudo. Você se lembra de Davi? Ele esperou 12 anos para ser rei. Abraão, 25 anos até Isaque nascer. José, 13 anos desde o momento em que teve uma revelação em sonho até se tornar governador do Egito.

A ansiedade é o sentimento mais inútil que existe. Quando você se deixa levar por ela, esquece de que quem começou a boa obra em sua vida é fiel para completá-la. Portanto, não torne o tempo de espera um campo de revolta. Existem dias em que o melhor que você pode fazer é tomar um café, respirar fundo e lembrar: ainda não aconteceu, mas isso não significa que nunca acontecerá.

26 SET

PENSE

JÁ PENSOU QUE O CÉU PODE ESTAR ESPERANDO VOCÊ PARAR DE DRAMATIZAR O TEMPO?

ORE

Deus, ajuda-me a confiar, mesmo quando não vejo nada acontecendo. Que a espera não roube minha fé, e que eu não me revolte com o tempo, mas aprenda a confiar no Teu processo. Em nome de Jesus, amém.

PLANO DE LEITURA BÍBLICA

Eclesiastes 9.11–12
Gálatas 3.18–4.7
Salmos 109.30-31

ANOTAÇÕES

27

SET

O SEGREDO DE VIVER COM LEVEZA

O fruto da justiça será paz; o resultado da justiça será tranquilidade e confiança para sempre.
O Meu povo viverá em locais pacíficos, em casas seguras, em tranquilos lugares de descanso.
Isaías 32.17-18

PENSE

NÃO INSISTA EM SE PROVAR PARA QUEM NÃO NOTARIA NEM SE VOCÊ SUMISSE.

ORE

Deus, confesso que às vezes dói ser deixado de lado, mas não quero viver preso a isso. Ensina meu coração a descansar em Ti, a me alegrar com quem fica e a liberar quem não soube permanecer. Em nome de Jesus, amém.

PLANO DE LEITURA BÍBLICA

Cântico dos Cânticos 1–4
Gálatas 4.8-20
Salmos 110

ANOTAÇÕES

Se não responderam suas mensagens, não insista. Se não o convidaram para algum evento, não faça questão de ir. Se não o incluíram em algum plano, aprenda a relevar. Se não contaram alguma notícia a você, não pergunte. Pessoas felizes não se estressam por bobagem nem compram briga à toa.

Deus vê tudo. Ele sabe quando você se sente ignorado, excluído, esquecido. Mas você não precisa viver como escravo desses sentimentos. Sua paz não pode depender de quem o nota. Sua alegria não pode ser medida pela quantidade de notificações no celular. Se a ausência de alguém o desmonta por dentro, talvez você esteja colocando peso demais onde não deveria. Quem vive em função da presença dos outros nunca se sente inteiro. Aprenda a conciliar o que realmente é importante e dê valor às pessoas que o Senhor colocou em sua vida.

Valorize quem escolhe estar com você. Quem envia uma mensagem só para saber como você está. Quem quer o seu bem. Essas pessoas são presentes do Senhor e merecem sua atenção. O resto você pode entregar para Deus. Deixe com Ele o que é confuso, o que machuca, o que parece injusto. Liberdade emocional é isto: não se fechar para o mundo, mas também não deixar que o mundo manipule você.

O SEU MELHOR CUSTA

Pois assim como os sofrimentos de Cristo transbordam sobre nós, também por meio de Cristo transborda a nossa consolação.
2Coríntios 1.5

É CURIOSO COMO SÓ QUANDO TUDO APERTA É QUE ENTREGAMOS O que temos de melhor. Quando tudo está bem, a tendência é relaxar e deixar para depois. Mas quando nos deparamos com contratempos, algo em nós desperta. Corremos, oramos e buscamos mais, ligamos para quem estava distante, fazemos o que vínhamos adiando havia semanas, meses ou anos.

Dizem que é no inverno que as oliveiras dão o melhor azeite. Por se aproximarem de uma morte iminente, produzem o azeite de maior qualidade. Afinal, aquela pode ser a última vez em que terão a chance de serem frutíferas. É claro que nós não devemos esperar o pior acontecer para fazermos alguma coisa. Tem gente que só estuda quando repete de ano, só procura cuidar da saúde depois de um susto, só trata o cônjuge com carinho quando o relacionamento está por um fio. A verdade é uma só: o que você deixa para depois geralmente custa mais caro.

Então, não deixe para depois decisões que precisam ser tomadas agora, e quando você se vir em dificuldades, não recue. Dê o seu melhor, mesmo quando tudo parecer seco. Não se feche, não se torne amargo, não se esconda atrás da dor. É preciso ser forte ou o ciclo nunca será quebrado. Confie em que os frutos virão, mesmo nas estações mais frias e secas.

28
SET

PENSE

A PROCRASTINAÇÃO CUSTA CARO, E GERALMENTE A CONTA VEM COM JUROS EMOCIONAIS.

ORE

Senhor, ensina-me a dar o melhor hoje, mesmo quando tudo parece seco. Que eu não viva por adiamentos, mas por propósito. Faz brotar fruto onde só há dor. Em nome de Jesus, amém.

PLANO DE LEITURA BÍBLICA

Cântico dos Cânticos 5–8
Gálatas 4.21–5.15
Salmos 111.1-6

ANOTAÇÕES

29
SET

A PACIÊNCIA PROVA QUE VOCÊ CRÊ

Alegrem-se na esperança, sejam pacientes na tribulação, perseverem na oração.
Romanos 12.12

É impossível vencer uma pessoa paciente. Ela não corre, não se afoba, não entra em brigas que não valem a pena. Enquanto todo mundo se desgasta por coisas pequenas, quem tem paciência não se irrita com filas, atrasos ou desvios de rota. E não é porque nada incomoda, mas porque ela entendeu que o que é certo não precisa ser forçado.

A paciência nos dá a certeza do lugar para onde estamos indo. Quando temos convicção da direção que estamos seguindo, aprendemos a lidar com imprevistos. Os dias ruins não são mais motivo de pânico. Você para de tentar antecipar cada passo e prever o futuro. Em vez de viver tentando adivinhar como tudo terminará, você aprende a caminhar um dia de cada vez.

Mas não se engane: o coração paciente não nasce pronto. Ele é forjado enquanto você vive com Deus. Conforme você conhece mais quem Ele é e o que está fazendo em sua vida, você começa a aproveitar o presente. Porque, no fundo, paciência é isto: confiar tanto em Deus que você não precisa mais acelerar nada para ser feliz.

PENSE

QUEM VIVE QUERENDO ANTECIPAR O FIM QUASE SEMPRE ESTRAGA O MEIO.

ORE

Senhor, ensina meu coração a esperar sem pressa, confiar sem ansiedade e andar Contigo sem forçar o tempo. Que eu aprenda a viver um dia de cada vez, certo de que Tu já estás no meu amanhã. Em nome de Jesus, amém.

PLANO DE LEITURA BÍBLICA

Isaías 1–3.7
Gálatas 5.16–6.5
Salmos 111.7-10

ANOTAÇÕES

NÃO DEIXE O EXTERNO MEXER COM O INTERNO

E todos nós, que com a face descoberta contemplamos a glória do Senhor, segundo a Sua imagem estamos sendo transformados com glória cada vez maior, a qual vem do Senhor, que é o Espírito.
2Coríntios 3.18

30
SET

Tem gente que basta aparecer para o seu humor mudar, para melhor ou pior. Às vezes, é um comentário no grupo da família, um colega de trabalho que só vê o lado negativo das coisas ou aquele tipo de pessoa que tem o "dom" de deixar você tenso só com um olhar. E o pior: você nem percebe o quanto isso está afetando seu equilíbrio. A paz começa a depender dos outros, e quando você percebe, passou o dia inteiro reagindo a tudo e a todo mundo, menos cuidando de você.

No meio dessa bagunça emocional, é fácil justificar dizendo que o problema é o outro. Mas a forma como você lida com o que sente diz mais sobre o seu interior do que sobre o ambiente. Quando você deixa os pensamentos soltos demais, eles criam raízes nos lugares errados. E a única maneira de ajustar isso é confrontando seus pensamentos com a verdade; não a que você inventa, mas a que Deus diz.

Não dá para viver como se cada pessoa ao redor tivesse um controle remoto do seu humor. Nem todo olhar torto ou indireta precisa de uma reação. Quando você aprende a não se moldar ao comportamento dos outros e passa a viver com base no que Deus diz, as influências ao redor perdem a força. Você deixa de ser um refém do ambiente. E que bom. Afinal, você não foi criado para viver pelos outros. Sua caminhada é com Deus, e é isso que equilibra sua mente, suas emoções, sua identidade.

PENSE

VOCÊ REAGE A TUDO PORQUE AINDA NÃO APRENDEU A DISCERNIR O QUE IMPORTA.

ORE

Senhor, que meu equilíbrio venha de Ti, e não das circunstâncias. Ensina-me a não ser refém do ambiente nem das emoções dos outros, mas a caminhar em paz, com a mente firmada na Tua verdade. Em nome de Jesus, amém.

PLANO DE LEITURA BÍBLICA

Isaías 3.8–5
Gálatas 6.6-18
Salmos 112

ANOTAÇÕES

O QUE VOCÊ VIVE HOJE É A PROVA DE QUE DEUS NUNCA O ABANDONOU PELO CAMINHO.

OUTUBRO

1º
OUT

VOCÊ É O SEU PIOR INIMIGO, SABIA?

Sonda-me, Senhor, e prova-me, examina o meu coração e a minha mente; pois o Teu amor está sempre diante de mim, e continuamente sigo a Tua verdade.
Salmos 26.2-3

PENSE

ATÉ QUANDO VOCÊ DEIXARÁ QUE PENSAMENTOS GOVERNEM SUA VIDA?

ORE

Senhor, guarda meus pensamentos e limpa meus olhos para que eu veja Tua verdade acima de toda mentira. Que meu coração seja firme e minha fé inabalável diante de qualquer batalha. Em nome de Jesus, amém.

PLANO DE LEITURA BÍBLICA

Isaías 6—8
Efésios 1
Salmos 113

ANOTAÇÕES

Diferentemente do que você imagina, a maior batalha da sua vida não é contra o diabo, nem contra gente invejosa ou um patrão difícil. É contra você mesmo; mais precisamente, sua mente. É nela que começam os boicotes e a autossabotagem. O inimigo até tenta, mas a verdade é que ele não precisa fazer muito esforço quando é você quem se sabota com ideias de fracasso e insegurança.

Se hoje o inimigo tem tentado transformar sua mente em um calabouço de ansiedade, desânimo e depressão, não busque fuga na distração nem no isolamento. A chave está no louvor, que é uma arma poderosa, capaz de quebrar correntes espirituais e restaurar a esperança.

Não perca tempo reclamando ou falando das perseguições, dificuldades, doenças e enfermidades que você tem enfrentado. Ninguém vence sem lutar. Portanto, guerreie de forma inteligente, por meio do louvor. A mente se alinha quando o espírito se posiciona. Louve, mesmo sem vontade. Porque a vitória que começa no espírito termina em transformação visível.

POR QUE NÃO UMA PERSPECTIVA DIFERENTE?

02
OUT

Lembra-Te da Tua palavra ao Teu servo, pela qual me deste esperança. Este é o meu consolo no meu sofrimento: A Tua promessa dá-me vida.
SALMOS 119.49-50

O QUE VOCÊ VIVE PODE ATÉ PARECER INSUPORTÁVEL, mas o que o afunda mesmo não é a situação, é o ângulo pelo qual você a enxerga. Tem gente que chama o silêncio de abandono, outros, de descanso. Ficar sozinho, para uns, é castigo; para outros, é alívio. Não é o que está acontecendo, é como você vê a questão. Sua perspectiva determina se o dia de hoje será uma bênção ou uma maldição.

Quando você consegue perceber o cuidado de Deus, por exemplo, as demais vozes se calam. Por outro lado, você perde o Senhor de vista quando prefere dar ouvidos ao que o inimigo diz, ao que gente irrelevante pensa ou até aos seus próprios achismos. Se você não olhar para a vida da forma certa, viverá tropeçando em promessas que estavam bem na sua frente.

Por isso, alinhe-se com a Palavra. É nela que os pensamentos de Deus sobre você estão bem claros. Ele não chamou ninguém para viver à mercê de circunstâncias, mas para enxergar tudo com olhos de fé. Quando você adota a perspectiva do Céu, até o vale da sombra da morte vira caminho para a glória. Mas você precisa decidir se aceita a visão de Deus ou continua prisioneiro da sua.

PENSE

O PROBLEMA NÃO É O CENÁRIO, É A LENTE QUE VOCÊ USA PARA ENXERGAR.

ORE

Senhor, ensina-me a ver com os Teus olhos e a manter firme a esperança que Tua promessa me dá, para que nem o vale mais escuro apague minha fé. Em nome de Jesus, amém.

PLANO DE LEITURA BÍBLICA

Isaías 9—10
Efésios 2
Salmos 114

ANOTAÇÕES

03
OUT

PENSE

QUAIS COMPORTAMENTOS INFANTIS AINDA ESTÃO SABOTANDO SEU FUTURO?

ORE

Senhor, conduz-me à maturidade que reflete a plenitude de Cristo, quebrando toda imaturidade que ainda habita em mim, para que eu viva com responsabilidade e firmeza na fé. Em nome de Jesus, amém.

PLANO DE LEITURA BÍBLICA

Isaías 11—14.12
Efésios 2.19—3.13
Salmos 115.1-8

ANOTAÇÕES

VOCÊ FICARÁ BRINCANDO ATÉ QUANDO?

[...] até que todos alcancemos a unidade da fé e do conhecimento do Filho de Deus, e cheguemos à maturidade, atingindo a medida da plenitude de Cristo. O propósito é que não sejamos mais como crianças, levados de um lado para outro pelas ondas, nem jogados para cá e para lá por todo vento de doutrina e pela astúcia e esperteza de homens que induzem ao erro.
EFÉSIOS 4.13-14

EXISTE UM SISTEMA PERIGOSO QUE DEVE SER CONFRONTADO urgentemente. Paulo já alertava sobre isso quando escreveu: “Eu falava como menino, pensava como menino e entendia a vida como menino, mas como me tornei homem deixei para trás as coisas de menino” (cf. 1Coríntios 13.11). O que ele queria dizer é que envelhecer é inevitável, mas amadurecer é opcional. Tem muito adulto no corpo, mas com a alma ainda presa na infância. Gente que ainda age como se vivesse de mesada espiritual.

Deixar para trás o jeito infantil de falar, pensar e entender a vida não é algo que acontece de forma natural ou automática. Se você deseja passar por isso, tem de romper com essa mentalidade mimada que espera que tudo venha fácil, sem dor e sem responsabilidade. Quantos adultos ainda são emocionalmente dirigidos por uma criança que mora dentro de nós?

E não se engane: deixar hábitos infantis para trás dá trabalho, sim. É um processo que incomoda e exige de você intencionalidade. Ser criança é uma bênção, mas viver infantilizado é uma tragédia. Em algum momento, você precisa crescer. Não dá para viver como se sempre fosse hora de brincar.

QUAL É O FRUTO QUE VOCÊ TEM DADO?

Como é feliz aquele que não segue o conselho dos ímpios, não imita a conduta dos pecadores, nem se assenta na roda dos zombadores!
SALMOS 1.1

TEM GENTE QUE VIVE AMARGURADA, IMPRODUTIVA E infeliz e, para piorar, quer arrastar os outros para o mesmo buraco emocional. São especialistas em terceirizar culpa e apontar erros. Cuidado: se você não vigiar, além de se aproximar de pessoas assim, corre o risco de virar uma delas. A influência é uma coisa sutil. Começa com uma conversa, um desabafo, uma opinião distorcida e, quando você percebe, está replicando uma infelicidade que nunca foi sua.

Se não fosse pela misericórdia de Deus, já estaríamos destruídos há muito tempo. Mas fomos resgatados e chamados para uma vida nova. Portanto, você não pode mais agir ou reagir como alguém que não conhece a Cruz. Não seja igual a quem ataca você. Sua reação deve ser fruto, não revanche. Quem é de Cristo dá fruto, e fruto bom.

Não gaste um segundo sequer com o que vem da carne ou do inimigo. Em vez de perder tempo rebatendo críticas, trabalhe e faça o que for necessário para gerar frutos. Trabalhe com excelência. Responda ao ataque com maturidade, e à crítica com produtividade. Porque o fruto, quando é bom, não precisa de defesa, ele fala por si. Quem tem identidade em Cristo não negocia sua paz por pequenas guerras. Ore pedindo discernimento e firmeza para que nenhuma influência, por mais sutil que pareça, roube a sua vontade de permanecer no Senhor.

04
OUT

PENSE

VOCÊ NÃO FOI CHAMADO PARA REAGIR COMO TODO MUNDO.

ORE

Senhor, guarda meu coração de toda influência que não vem de Ti e me fortalece para reagir com fruto, e não com revanche. Em nome de Jesus, amém.

PLANO DE LEITURA BÍBLICA

Isaías 14.13—17
Efésios 3.14—4.13
Salmos 115.9-11

ANOTAÇÕES

05

OUT

SEU CORAÇÃO ESTÁ FIRMADO EM DEUS?

Foi desprezado e rejeitado pelos homens, um homem de dores e experimentado no sofrimento. Como alguém de quem os homens escondem o rosto, foi desprezado, e nós não o tínhamos em estima.
Isaías 53.3

Se é a aprovação que o move, você será facilmente paralisado pela rejeição. A verdade é que, enquanto você for guiado por emoções, dificilmente sairá do lugar. Um elogio anima você, uma crítica o derruba. Um "sim" motiva você, um "não" o destrói.

O problema é quando você tira os olhos de Deus. Aí, começa a tropeçar em detalhes pequenos demais e acaba refém de sentimentos e distrações que não têm um peso eterno. É por isso que tanta gente desmonta na primeira contradição. Se você vive preso a coisas passageiras, não conseguirá construir nada. Pelo contrário, desabará sempre que o chão tremer.

Sua maior motivação precisa ser clara: agradar, honrar e glorificar a Deus. Isso muda a forma como você reage quando não é notado no trabalho, quando não recebe um "obrigado" em casa ou quando ninguém curte o que você posta. Você não viverá frustrado, porque sabe em quem está firmado. Não se preocupe em ser aceito por todo mundo. Foque em ser aprovado por Aquele que conhece seu coração.

PENSE

QUEM VIVE PARA AGRADAR A DEUS NÃO SE ABALA COM O DESPREZO DOS HOMENS.

ORE

Senhor, firma meus olhos em Ti para que minha motivação seja sempre Te agradar, e que nenhuma rejeição ou silêncio humano roube minha alegria e constância. Em nome de Jesus, amém.

PLANO DE LEITURA BÍBLICA

Isaías 18—21
Efésios 4.14-32
Salmos 115.12-18

ANOTAÇÕES

SEJA ÚTIL

"E agora, ó Israel, que é que o Senhor, o seu Deus, pede a você, senão que tema o Senhor, o seu Deus, que ande em todos os Seus caminhos, que o ame e que sirva ao Senhor, o seu Deus, de todo o seu coração e de toda a sua alma, e que obedeça aos mandamentos e aos decretos do Senhor, que hoje dou a você para o seu próprio bem?".
Deuteronômio 10.12-13

Pare de romantizar a inutilidade. Não existe nada bonito em ser inútil. Não é "humildade" viver anulando os próprios dons ou se esconder atrás da insegurança como se fosse virtude. Deus não chamou você para viver no modo "pause", esperando que a vida aconteça ou que alguém venha empurrar você para frente. E, infelizmente, muitos estão assim: paralisados. Incapazes de tomar decisões, de assumir responsabilidade, de avançar por conta própria.

Sim, todos nós precisamos de ajuda em algum momento, mas esperar que os outros façam por você o que Deus mandou você fazer é uma forma disfarçada de negligência. Quer um exemplo prático? Quando você sabe que precisa perdoar, mas fica esperando "o tempo curar", ou quando Deus mostra que é hora de mudar de atitude, mas você diz que ainda não está "preparado". A responsabilidade pelo seu chamado, pela sua transformação e pelo seu crescimento está nas suas mãos.

Você não foi criado para viver encostado em ninguém, mas para caminhar com os outros, de pé, com autonomia espiritual. Deus quer filhos produtivos, não espectadores da própria vida. Hoje, quebre o ciclo da inércia. Saia da neutralidade. Dê o primeiro passo e assuma sua parte, porque ninguém mais pode viver o que só você foi chamado para viver.

---

06 OUT

PENSE

VOCÊ ESTÁ ESPERANDO O QUE PARA FAZER ALGO? A UTILIDADE COMEÇA COM UMA DECISÃO.

ORE

Senhor, desperta em mim coragem e disposição para viver o que Tu confiaste a mim. Que eu supere toda inércia e assuma com amor e obediência o meu chamado. Em nome de Jesus, amém.

PLANO DE LEITURA BÍBLICA

Isaías 22—24.13
Efésios 5.1-17
Salmos 116.1-6

ANOTAÇÕES

07
OUT

VOCÊ QUER RESTAURAÇÃO OU UMA MULETA NOVA?

Assim diz o Senhor: "Mudarei a sorte das tendas de Jacó e terei compaixão das suas moradas. A cidade será reconstruída sobre as suas ruínas e o palácio no seu devido lugar".
Jeremias 30.18

Deus não apenas restaura. Ele reconstrói sobre o que foi destruído. Ele cura feridas, sim, mas também levanta estruturas novas onde só havia ruínas. Se você acha que já foi longe demais ou que quebrou demais, entenda: o poder do Senhor é maior do que a sua bagunça. Ele pode restaurar você de uma forma que nem a dor mais profunda, nem a ofensa mais suja, nem o passado mais torto será capaz de impedir.

Mas isso não acontecerá com uma muleta emocional debaixo do braço. Feche a porta do quarto. Entre no secreto. Dispense os coaches da fé, os discursos prontos, as pessoas que só incitam sua dependência. Quando você entender que Jesus é tudo o que você precisa, sua vida dará um giro que nem você acreditará.

Por que não buscar sabedoria para não viver mais por impulso? Pare de agir feito sobrevivente e comece a se mover como filho. Livre-se de tudo que não vem de Deus e foque em intimidade com Ele. Porque só quem ouve a voz do Pai consegue reconstruir onde o mundo só vê ruína. Ele ainda é o Deus que muda destinos.

PENSE

A RESTAURAÇÃO COMEÇARÁ QUANDO VOCÊ PARAR DE CORRER ATRÁS DE SOLUÇÕES FÁCEIS.

ORE

Senhor, reconstrói minha vida com Tuas mãos e me ensina a viver como um filho que confia no Pai. Em nome de Jesus, amém.

PLANO DE LEITURA BÍBLICA

Isaías 24.14–27
Efésios 5.18–6.4
Salmos 116.7-11

ANOTAÇÕES

NOS PIORES MOMENTOS

Por isso não tema, pois estou com você; não tenha medo, pois sou o seu Deus. Eu o fortalecerei e o ajudarei; Eu o segurarei com a Minha mão direita vitoriosa.
ISAÍAS 41.10

HÁ DIAS EM QUE NADA PARECE SE ENCAIXAR. A MENTE está acelerada, o coração pesado e a alma esgotada. A vontade é sumir, desligar o celular, evitar pessoas, fugir de compromissos ou então simplesmente se calar. Nesses dias, o melhor que você pode fazer é parar, respirar fundo e se voltar para Deus. Ele conhece cada dor que você tenta esconder dos outros. Sabe das batalhas que ninguém vê, dos pensamentos que você luta para calar, das lágrimas que escorrem no travesseiro.

Seus piores dias não diminuem o amor que Deus tem por você. Muito pelo contrário, são oportunidades para você descobrir o que é graça de verdade. Quando você se sente fraco, Ele Se apresenta como a sua força. Ele o carrega nas horas em que você mal consegue orar ou acreditar que a situação passará.

Então, na próxima vez que o dia pesar demais, não tente enfrentar tudo sozinho. Vá até o Senhor. E se você não souber o que dizer, apenas diga: "Senhor, estou aqui". Isso já basta. Lágrimas também são orações. O silêncio também é uma forma de entrega. Ele continua segurando sua mão, mesmo quando você pensa que está caindo.

PENSE

VOCÊ QUER A AJUDA DO SENHOR OU SÓ QUER PARECER FORTE?

ORE

Senhor, nos dias em que me sinto fraco e perdido, envolve-me com Tua presença e renova minha coragem para seguir, certo de que Tua mão jamais me deixará cair. Em nome de Jesus, amém.

PLANO DE LEITURA BÍBLICA

Isaías 28—30.5
Efésios 6.5-24
Salmos 116.12-19

ANOTAÇÕES

09

OUT

O PERDÃO É UM PRESENTE

Pois, se perdoarem as ofensas uns dos outros, o Pai celestial também perdoará vocês. Mas, se não perdoarem uns aos outros, o Pai celestial não perdoará as ofensas de vocês.
Mateus 6.14-15

Tem gente que vive com o coração engasgado, porque insiste em carregar mágoas. Fica preso ao que outros disseram ou fizeram. A verdade é dura, mas precisa ser dita: enquanto você não perdoar, não será livre. Talvez você já tenha ouvido isso mil vezes, mas a prática é mais difícil do que a teoria. Perdoar não é fingir que nada aconteceu. É como se você dissesse para a pessoa: "O que você fez foi errado, mas decido não carregar mais esse peso". O perdão é um presente que você dá a você mesmo. Já parou para pensar nisso?

Enquanto você não libera perdão, quem o feriu continua ocupando um espaço que já deveria estar limpo. Mesmo que você nunca mais veja a pessoa, a dor continuará corroendo sua alma. E em muitos casos a pessoa talvez nunca peça desculpas, mas perdoar não depende disso. Lembre-se: você também não merecia o perdão de Deus, e mesmo assim Ele o perdoou.

O perdão quebra correntes invisíveis que mantêm sua vida acorrentada a um passado que já deveria ter sido esquecido. Não há como mudar o que aconteceu, mas o impacto que isso tem sobre você pode ser revertido. Quando você perdoa, um peso cai dos seus ombros e a vida volta a ficar leve. Só assim você consegue viver, de fato, livre.

PENSE

JÁ PENSOU SE DEUS SÓ O PERDOASSE SE VOCÊ MERECESSE?

ORE

Senhor, ajuda-me a liberar perdão como Tu me perdoaste, removendo todo peso e mágoa que tentam prender meu coração, para que eu viva livre em Ti. Em nome de Jesus, amém.

PLANO DE LEITURA BÍBLICA

Isaías 30.6–32
Filipenses 1.1-17
Salmos 117

ANOTAÇÕES

PARA QUEM VOCÊ ESTÁ TENTANDO PARECER FORTE?

Mas, quando você orar, vá para seu quarto, feche a porta e ore a seu Pai, que está em secreto. Então seu Pai, que vê em secreto, o recompensará.
MATEUS 6.6

10 OUT

O ÚNICO TIPO DE PESSOA QUE PERDE TUDO O QUE DEUS tem preparado é aquela que finge não precisar de nada. O maior engano espiritual é viver achando que está tudo bem quando, por dentro, o coração está adoecido. Tem gente que diz com os lábios que precisa de Deus, mas na prática faz de tudo para manter a pose. Quer convencer os outros e, pior, tenta convencer até Deus.

Não adianta parecer bem no Instagram, na igreja ou no ambiente de trabalho se dentro de você tudo está desmoronando. Quem esconde a própria carência espiritual vive tentando resolver sozinho o que só Deus pode transformar. E isso cansa. É como tentar tampar um buraco no peito com distração ou religiosidade. Não funciona. Mas quando você decide parar de se enganar, fecha a porta do quarto, entra no secreto e diz: "Senhor, não estou bem... preciso de ajuda"; aí sim o socorro vem, pois Deus não rejeita um coração quebrantado.

Acredite: sua vulnerabilidade pode ser um solo fértil para o agir de Deus. Quando você para de bancar o resolvido com a vida e assume sua limitação diante de um Pai que tudo pode, a graça entra em ação. Jesus não veio para os que fingem estar bem. Ele veio para quem tem coragem de dizer: "Preciso ser salvo".

PENSE

QUANDO FOI A ÚLTIMA VEZ QUE VOCÊ FALOU A VERDADE EM ORAÇÃO?

ORE

Senhor, dá-me coragem para ser sincero diante de Ti, reconhecer minhas fraquezas e abrir espaço para Tua graça agir e me transformar. Em nome de Jesus, amém.

PLANO DE LEITURA BÍBLICA

Isaías 33–36.3
Filipenses 1.18–2.8
Salmos 118.1-4

ANOTAÇÕES

11
OUT

AINDA NÃO É O FIM

Disse-lhe Jesus: "Eu sou a ressurreição e a vida. Aquele que crê em Mim, ainda que morra, viverá; e quem vive e crê em Mim, não morrerá eternamente. Você crê nisso?".
JOÃO 11.25-26

PENSE

O FIM SÓ CHEGA QUANDO VOCÊ PARA DE CRER.

ORE

Senhor, renova minha fé para crer que nada está perdido quando Tu estás comigo e transformas cada "quase" em um recomeço cheio da Tua vida. Em nome de Jesus, amém.

PLANO DE LEITURA BÍBLICA

Isaías 36.4—37
Filipenses 2.9-30
Salmos 118.5-16

ANOTAÇÕES

"QUASE" NÃO É O FIM. O QUE ESTÁ PERTO DA MORTE ainda não morreu e o que se encontra danificado não perdeu totalmente sua utilidade. Não é porque você sente que algo está quase destruído que deve aceitar a derrota. O problema é que o inimigo sempre tenta convencer você de que acabou, que não há mais saída.

No entanto, Deus é poderoso para salvá-lo nos 49 minutos do segundo tempo, quando tudo parece perdido. A graça ainda pode alcançá-lo, mesmo no fundo do poço. É o Senhor quem dá a palavra final. O diabo quer apenas incutir em você um sentimento de desesperança, porque ele sabe que é quando você desiste que tudo acaba.

Então, pare de assinar o atestado de derrota. Olhe para Cristo e transforme esse "quase" em um novo começo. Não jogue a toalha antes da hora. O que parecia o fim pode virar um testemunho se você tiver fé suficiente para continuar crendo.

PEQUENOS COM UMA MISSÃO GRANDE

O Senhor chamou Samuel pela terceira vez. Ele se levantou, foi até Eli e disse: "Estou aqui; o senhor me chamou?" Eli percebeu que o Senhor estava chamando o menino e lhe disse: "Vá e deite-se; se Ele chamá-lo, diga: 'Fala, Senhor, pois o Teu servo está ouvindo'". Então Samuel foi deitar-se. O Senhor voltou a chamá-lo como nas outras vezes: "Samuel, Samuel!" Samuel disse: "Fala, pois o Teu servo está ouvindo".
1Samuel 3.8-10

Deus nunca subestimou as crianças. O Senhor, por exemplo, não esperou Samuel crescer, estudar ou se tornar um sacerdote para confiar a ele uma palavra que mudaria o rumo de Israel. Isso nos mostra que Deus enxerga além da idade; Ele procura corações disponíveis.

No Novo Testamento, outro menino aparece discretamente. Em meio a cinco mil homens famintos, foi ele quem ofereceu o que tinha: cinco pães e dois peixes. Não era muito. Na verdade, para aquela multidão, parecia irrelevante. Mas ele entregou mesmo assim. E nas mãos de Jesus, o pouco virou milagre.

Quantas vezes, no dia a dia, subestimamos o que uma criança pode oferecer? Seja uma oração simples na hora do jantar, um abraço espontâneo quando alguém está triste ou um comentário inocente que nos pega desprevenidos. Por isso, precisamos parar de vê-las apenas como "o futuro da Igreja"; elas já são o presente. Deus ainda fala com os pequenos, ainda usa suas mãos, orações e sua fé simples para realizar grandes coisas. Nosso papel é ensinar e encorajar cada criança a buscar a presença de Deus desde cedo. Porque quando uma criança aprende a ouvir a voz do Senhor, ela não só é transformada, ela se torna instrumento de transformação por onde passar.

12 OUT

DIA DAS CRIANÇAS

PENSE

ENSINAR UMA CRIANÇA A OUVIR DEUS É COMO PLANTAR O CÉU NO CORAÇÃO DELA.

ORE

Senhor, dá-me um coração sensível e disponível como o de uma criança, para ouvir Tua voz e obedecer com simplicidade e fé. Em nome de Jesus, amém.

PLANO DE LEITURA BÍBLICA

Isaías 38 – 40
Filipenses 3
Salmos 118.17-20

ANOTAÇÕES

13
OUT

NÃO SEJA UM ROMÂNTICO

Quem fica observando o vento não plantará, e quem fica olhando para as nuvens não colherá.
ECLESIASTES 11.4

PENSE

SONHAR É BOM, MAS SEM AÇÃO É SÓ UMA ILUSÃO BONITA.

ORE

Senhor, dá-me coragem para plantar com diligência em vez de ficar esperando. Ajuda-me a confiar que Tu completarás a obra e trarás o tempo certo da colheita. Em nome de Jesus, amém.

PLANO DE LEITURA BÍBLICA

Isaías 41—42
Filipenses 4
Salmos 118.21-29

ANOTAÇÕES

UM ROMÂNTICO NUNCA VIVERÁ SEUS SONHOS PORQUE está ocupado demais idealizando o que sonha. Como filhos de Deus, por outro lado, não fomos chamados para sermos idealizadores. Não nascemos para passar a vida fazendo planos, mas para tirar do papel os propósitos que o Senhor colocar em nosso coração. Então, se Deus já pôs em você uma missão, apenas seja fiel em obedecer e cumprir o que está em suas mãos.

Não podemos perder tempo olhando para as nuvens sem semear nada. É claro que existe beleza em sonhar, mas precisamos ser intencionais em colocar nossos sonhos em prática, fazendo o que estiver ao nosso alcance e crendo que Deus será fiel para agir em tudo o que não tivermos capacidade de fazer.

Muitos pensam que sonhar é um hábito de pessoas emotivas, quando, na verdade, o sonho deve ser racional. Por isso, não romantize os sonhos que Deus colocou em seu coração. Fundamente tudo na Palavra do Senhor. Aprenda a proteger o lugar para onde você vai e continue semeando. Você chegará lá.

O QUE VOCÊ FAZ HOJE GERARÁ VIDA?

"Portanto, quem ouve estas Minhas palavras e as pratica é como um homem prudente que construiu a sua casa sobre a rocha".
MATEUS 7.24

NO EGITO ANTIGO, A PIRÂMIDE DE GIZÉ FOI CONSTRUÍDA com mais de três milhões de blocos, cada um pesando entre três e cinco toneladas. É uma obra impressionante, um símbolo da força humana e da capacidade de realizar feitos aparentemente impossíveis. Mas o mais curioso é que toda essa grandiosidade foi dedicada a um único objetivo: armazenar corpos. A pirâmide, no fim das contas, é um túmulo. Se o ser humano é capaz de empregar tanto esforço para celebrar o fim da vida, imagine o que poderia ser feito com essa mesma dedicação voltada para algo que gera vida.

Nós não fomos chamados para construir tumbas emocionais ou espirituais. Não fomos criados para nos enterrar em qualquer coisa. Fomos chamados para o novo. Para edificar em vez de destruir. Para ser ponte, não parede. Você não está vivo por acaso e, todos os dias, pode trazer vida em vez de morte por onde for. Então, hoje, decida qual tipo de "obra" você quer deixar no mundo.

14
OUT

PENSE

SABIA QUE TUDO O QUE VOCÊ FAZ ECOA NA ETERNIDADE?

ORE

Senhor, que cada passo meu se firme na Tua Palavra e cada atitude revele o Teu amor, para que meu legado seja vida e verdade, como reflexo fiel de Ti. Em nome de Jesus, amém.

PLANO DE LEITURA BÍBLICA

Isaías 43—44
Colossenses 1.1-25
Salmos 119.1-8

ANOTAÇÕES

15

OUT

SÓ JESUS GARANTE A VIDA ETERNA

Se, porém, andarmos na luz, como Ele está na luz, temos comunhão uns com os outros, e o sangue de Jesus, Seu Filho, nos purifica de todo pecado.
1João 1.7

No Egito, existe um lugar chamado Saqqara, conhecido como a "cidade dos mortos". Ali, construíam sarcófagos elaborados para guardar os faraós após a morte. Era uma cultura voltada a se preparar para a eternidade, mas sem o Deus da eternidade. Essa preocupação revela algo: a eternidade sempre esteve no coração do homem. Desde que o mundo é mundo, o ser humano se debate com o questionamento: "para onde vou quando morrer? O que será de mim quando tudo acabar?".

O problema é que muitos ainda tentam resolver essa questão com tradições, rituais ou símbolos, quando a única resposta está no sangue de Jesus. Você não precisa de sarcófago, pirâmide ou qualquer construção humana para garantir a eternidade. A maior segurança que você pode ter não é dinheiro, influência ou fama. É saber que, em Cristo, sua eternidade está resolvida. O que você enfrenta hoje acabará, mas quem crê em Jesus nunca verá o fim. Ele é a ressurreição e a vida, e quem crê n'Ele, ainda que morra, viverá. Essa é a única certeza que importa.

PENSE

SUA ETERNIDADE NÃO COMEÇA NA MORTE, COMEÇA EM CRISTO, HOJE.

ORE

Senhor, que a certeza da salvação em Cristo ilumine cada passo meu; que eu ande sempre na Tua luz e preserve puro o meu coração, até que eu Te veja face a face. Em nome de Jesus, amém.

PLANO DE LEITURA BÍBLICA

Isaías 45—47
Colossenses 1.26—2
Salmos 119.9-16

ANOTAÇÕES

SEMPRE EM MOVIMENTO

Disse então o Senhor a Moisés: "Por que você está clamando a Mim? Diga aos israelitas que sigam avante. Erga a sua vara e estenda a mão sobre o mar, e as águas se dividirão para que os israelitas atravessem o mar em terra seca".
Êxodo 14.15-16

O cenário não podia ser pior: atrás, o exército de Faraó; à frente, o mar Vermelho. Moisés tinha tudo para entrar em pânico, mas Deus deu uma ordem: "Por que você está clamando a Mim? Diga aos israelitas que sigam avante". É como se o Céu estivesse dizendo: "Já ouvi a sua oração, agora é hora de agir". Ter fé não significa cruzar os braços e esperar as coisas se resolverem sozinhas.

A lógica humana diz: "Espere ver para crer". Deus diz: "Mova-se e, então, verá". Se Moisés e o povo tivessem parado para avaliar o tamanho da impossibilidade, teriam morrido ali mesmo. Mas um passo de obediência abriu um caminho onde antes só havia água. É assim também na vida: o medo de não ter dinheiro pode travar o início de um negócio e a necessidade de "certeza" pode impedir que você aproveite oportunidades que não voltarão. O mar permanece fechado enquanto você hesita.

Portanto, não pare. Um passo de cada vez, mesmo com medo, mesmo sem entender, porque o Deus que abriu o mar ainda abre caminhos hoje. O impossível não é obstáculo para quem caminha com Ele. O mar diante de você pode parecer intransponível agora, mas cada passo dado em fé aproxima o momento em que as águas vão se abrir. Você, então, perceberá que o caminho sempre esteve lá, esperando apenas que você começasse a andar.

16
OUT

PENSE

SEU MILAGRE COMEÇA COM O PASSO QUE VOCÊ DÁ.

ORE

Senhor, fortalece-me para não parar diante do mar fechado e ensina-me a agir, confiante de que Tua mão fará o impossível se tornar passagem. Em nome de Jesus, amém.

PLANO DE LEITURA BÍBLICA

Isaías 48—50
Colossenses 3.1-21
Salmos 119.17-24

ANOTAÇÕES

17
OUT

NÃO TROQUE DEUS POR QUALQUER "OURO"

Então o Senhor disse a Moisés: "Desça, porque o seu povo, que você tirou do Egito, corrompeu-se. Muito depressa se desviaram daquilo que lhes ordenei e fizeram um ídolo em forma de bezerro, curvaram-se diante dele, ofereceram-lhe sacrifícios e disseram: 'Eis aí, ó Israel, os seus deuses que tiraram vocês do Egito'".
Êxodo 32.7-8

PENSE

POR QUE VENDER SUA FÉ POR UM MOMENTO DE APROVAÇÃO HUMANA?

ORE

Senhor, mantém meu coração fiel a Ti, mesmo quando tudo ao redor me convida a seguir outros caminhos, e dá-me força para permanecer firme na Tua vontade. Em nome de Jesus, amém.

PLANO DE LEITURA BÍBLICA

Isaías 51—54.8
Colossenses 3.22—4
Salmos 119.25-32

ANOTAÇÕES

Você consegue imaginar como foi para Moisés, depois de receber do Senhor os dez mandamentos, voltar e encontrar o povo adorando um bezerro de ouro? Com certeza, não deve ter sido nada fácil. Isso mostra que, mesmo obedecendo a Deus e fazendo exatamente o que Ele manda, podemos nos deparar com cenas frustrantes e situações que tentam minar a nossa fé. É como voltar de um retiro espiritual cheio de esperança e encontrar em casa o caos que você queria esquecer.

Quando vivemos por algo maior do que nós mesmos, é impossível não enfrentar tribulações. Precisamos ter em nós a consciência de que haverá resistência e teremos de, muitas vezes, ser fortes para seguir, ainda que todos tentem nos convencer do contrário. Às vezes, serão colegas que fazem piada da sua integridade, familiares que não entendem as suas escolhas ou amigos que tentam puxá-lo para hábitos que você já deixou. Nessa hora, você precisará ter força para continuar na direção certa, mesmo que seja na contramão do grupo. Se à sua volta as pessoas perdem tempo com "outros deuses", que hoje podem ser status, dinheiro ou prazeres momentâneos, permaneça fiel a Deus.

SEMEANDO PARA A ETERNIDADE

18
OUT

Quando você semeia, não semeia o corpo que virá a ser, mas apenas uma simples semente, como de trigo ou de alguma outra coisa.
1Coríntios 15.37

Não subestime as sementes pequenas. Jesus disse que basta uma fé do tamanho de um grão de mostarda para mover montanhas. Isso significa que você não precisa começar com algo grandioso nem enxergar o quadro completo para dar o primeiro passo. O que você tem hoje que pode colocar nas mãos de Deus? A semente é o que você já tem — não o que ainda falta.

O problema é que, muitas vezes, ficamos tão focados no que não temos que esquecemos de usar o que já está ao nosso alcance. Quem está sempre esperando acaba não plantando nada. E se não há plantio, não haverá colheita. É como deixar um currículo parado porque acha que não é bom o suficiente, ou não começar a se exercitar porque não tem a roupa ideal, ou não falar com alguém porque acha que não sabe o que dizer. Mas o pouco que Deus coloca na sua mão nunca é “pouco” para Ele. Plante com o que tiver, como puder, onde estiver.

Com sua força e seus recursos, talvez você não consiga chegar sozinho ao lugar que Deus prometeu. E isso é ótimo, porque significa que você não chegará lá por mérito próprio. Lembre-se: o Senhor é quem dá a vitória. Sua parte é plantar e regar; a d’Ele é fazer crescer. E a fé, mesmo minúscula, é capaz de gerar resultados muito maiores do que você imagina.

PENSE

VOCÊ NÃO PRECISA TER TUDO, SÓ PRECISA DAR O QUE TEM PARA DEUS.

ORE

Senhor, ensina-me a valorizar e semear cada pequena semente que Tu colocares em minhas mãos. Que eu confie que Tu farás crescer e frutificar para a Tua glória. Em nome de Jesus, amém.

PLANO DE LEITURA BÍBLICA

Isaías 54.9—57
1Tessalonicenses 1—2.12
Salmos 119.33-40

ANOTAÇÕES

19

OUT

VOCÊ É TABERNÁCULO OU DEPÓSITO?

[...] quanto mais o sangue de Cristo, que pelo Espírito eterno se ofereceu de forma imaculada a Deus, purificará a nossa consciência de atos que levam à morte, para que sirvamos ao Deus vivo!
HEBREUS 9.14

PENSE

SE VOCÊ É TEMPLO, POR QUE VIVE COMO UM TERRENO ABANDONADO?

ORE

Senhor, purifica meu coração para que eu seja um tabernáculo santo, no qual Tua glória habita, e ensina-me a viver além do básico. Em nome de Jesus, amém.

PLANO DE LEITURA BÍBLICA

Isaías 58—60
1Tessalonicenses 2.13—4.3
Salmos 119.41-48

ANOTAÇÕES

NO ANTIGO TESTAMENTO, DEUS TINHA UM ENDEREÇO na Terra: o Tabernáculo. Era ali, no Santo dos Santos, que a presença do Senhor habitava. O acesso era restrito, havia regras rigorosas. Hoje, esse endereço mudou. Não é mais uma tenda no deserto ou um templo em Jerusalém. Agora é você. Nós somos o tabernáculo vivo, o lugar onde Deus decidiu morar.

O altar, que antes era feito de bronze e pedra, agora é o nosso coração. E, assim como o altar antigo precisava estar limpo para receber o sacrifício, o nosso interior também precisa ser cuidado. Diariamente, precisamos permitir que o Espírito Santo nos purifique e remova o que não reflete o caráter de Cristo. Tabernáculo não é lugar para sujeira, é lugar de glória.

Você não pode viver uma fé superficial e achar que está tudo bem. Vá além do básico, além das orações apressadas, além da leitura bíblica feita só para cumprir obrigação. Busque a presença do Senhor. É atrás do véu que a arca está, que a glória se manifesta, que a vida é transformada. Aproxime-se, conheça mais, entregue mais, e você experimentará a presença que salva, transforma e liberta.

RESISTA À TENTAÇÃO DE VOLTAR

Nós, porém, não somos dos que retrocedem e são destruídos, mas dos que creem e são salvos.
HEBREUS 10.39

NÃO FAÇA A BOBEIRA DE VOLTAR PARA O LUGAR DE ONDE Deus tirou você. Por mais que sofra pressão, nunca volte atrás. Quando Jesus foi crucificado, Pedro, talvez tomado pela confusão, medo ou frustração, voltou a pescar — o mesmo trabalho que exercia antes de ser chamado para seguir a Cristo. Ele voltou à sua zona de conforto, ao que sabia fazer. É o que muitos de nós fazemos quando a vida aperta. Mas o que parece familiar nem sempre é seguro. Muitas vezes, é apenas o caminho mais rápido para voltar à prisão da qual Cristo nos libertou.

E o curioso é que, como aconteceu com Pedro, mesmo o que antes funcionava pode, de repente, parar de dar certo. Ele, um pescador experiente, passou a noite inteira lançando as redes e não pegou nada. Foi justamente nesse cenário que Jesus apareceu. Ali, na praia, Pedro foi restaurado. Três vezes Jesus perguntou: "Você me ama?"; e três vezes Pedro respondeu que sim, ouvindo em seguida a reafirmação do seu chamado: ser pescador de homens.

Você nunca será bom no lugar de onde Jesus o tirou. Por mais que insista, o passado não pertence mais a você. No entanto, não importa o tamanho do erro ou a distância que você tenha percorrido, Deus sempre nos dá um novo começo. Por isso, hoje seu chamado é voltar a ser quem o Senhor o chamou para ser, sem nunca olhar para o lugar de onde Ele o resgatou.

PENSE

ZONA DE CONFORTO É SÓ UM NOME BONITO PARA PRISÃO.

ORE

Senhor, quando me sentir tentado a retroceder, lembra-me de onde Tu me tiraste e me fortalece para seguir adiante no caminho que preparaste. Em nome de Jesus, amém.

PLANO DE LEITURA BÍBLICA

Isaías 61—64
1Tessalonicenses 4.4—5.8
Salmos 119.49-56

ANOTAÇÕES

21
OUT

O PODER DA ORAÇÃO

Não andem ansiosos por coisa alguma, mas em tudo, pela oração e súplicas, e com ação de graças, apresentem seus pedidos a Deus.
FILIPENSES 4.6

ORAR PRIMEIRO É SEMPRE A MELHOR COISA A FAZER. No Getsêmani, enquanto Judas se aproximava para consumar a traição, Jesus estava orando. Ele sabia que estava prestes a enfrentar o pior dia de Sua vida; por isso, buscou forças na presença do Pai. Ou seja, a oração não é um último recurso, mas o primeiro passo de quem quer permanecer de pé.

Em meio às dificuldades, é comum ouvir, ou até dizer, frases como: "Não tenho forças, estou angustiado, não consigo orar". Mas é justamente nesses momentos que precisamos correr para Deus. A oração não é um ato de quem está no controle da situação, mas de quem reconhece que precisa de ajuda. Oramos não porque somos fortes, mas porque sem Deus não conseguimos fazer nada. Quando o peso da vida estiver esmagando você, quando a ansiedade apertar ou o inimigo bater à porta, não espere "se sentir melhor" para orar.

Seja qual for a situação, mesmo tremendo, com o coração acelerado, sentindo-se só ou rejeitado, ore. Antes de uma entrevista de emprego, de uma conversa difícil ou de receber um resultado médico, fale com Deus. Colocá-lo antes de tudo não garante que o problema desapareça imediatamente, mas garante que você não o enfrente sozinho. Então, até os momentos mais escuros se tornam suportáveis, porque você sabe que Aquele que ouviu sua oração vai com você até o fim.

PENSE

SE JESUS OROU NO PIOR DIA, QUAL É SUA DESCULPA PARA NÃO ORAR?

ORE

Senhor, ensina-me a correr primeiro para Ti em oração, a colocar diante de Ti cada preocupação e a descansar na certeza de que Tua presença me sustentará em qualquer situação. Em nome de Jesus, amém.

PLANO DE LEITURA BÍBLICA

Isaías 65–66
1Tessalonicenses 5.9-28
Salmos 119.57-64

ANOTAÇÕES

VIVENDO POR FÉ

22
OUT

Portanto, temos sempre confiança e sabemos que, enquanto estamos no corpo, estamos longe do Senhor. Porque vivemos por fé, e não pelo que vemos.
2Coríntios 5.6-7

Sua história não pode ser maior que a sua fé. Às vezes, você está há anos aguardando um milagre, uma resposta, mas ainda não aprendeu a viver pela fé. Isso, porque você espera que o extraordinário aconteça exatamente da forma como você idealizou em sua mente. Nós nos esquecemos de que Ele não se limita ao nosso entendimento e capacidade, mas vai muito além.

Fazia 38 anos que um homem esperava por um milagre. Ele ficava à beira do Tanque de Betesda, pois, de tempos em tempos, acreditava-se que um anjo passava por ali e as águas eram agitadas, de modo que o primeiro a entrar era curado. Foi naquele contexto que Jesus chegou. Lá encontrou o homem paralítico e perguntou a ele: "Você quer ser curado?". Só que, em vez de responder "Sim, eu quero!"; ele se prende ao mito: "Não tenho quem me coloque no tanque". Só que Jesus não está interessado em seguir o roteiro humano; Ele deseja restaurar sua vida por completo, superar suas expectativas. Foi o que fez na vida daquele homem.

Em nossa vida, Jesus também não quer saber da sua história. Ele já nos conhece e sabe de cada um dos obstáculos que enfrentamos. A única coisa que realmente interessa a Cristo é saber se você está disposto a responder: "Sim, quero ser curado, quero viver". Você só precisa permitir que Ele aja em sua vida para que ela nunca mais seja a mesma.

PENSE

QUANTO TEMPO MAIS VOCÊ ESPERARÁ PARA DIZER "SIM" A JESUS?

ORE

Senhor, ensina-me a viver pela fé e não pelas minhas expectativas. Entrego minha vida para que Tua vontade supere o que imagino. Em nome de Jesus, amém.

PLANO DE LEITURA BÍBLICA

Jeremias 1—2
2Tessalonicenses 1—2.12
Salmos 119.65-72

ANOTAÇÕES

23
OUT

DOMINE A VOCÊ MESMO

Como a cidade com seus muros derrubados, assim é quem não sabe dominar-se.
PROVÉRBIOS 25.28

PENSE

SUA EMOÇÃO NÃO É DESCULPA PARA VOCÊ DESOBEDECER A DEUS.

ORE

Senhor, ajuda-me a exercer domínio próprio em cada situação, para que minhas reações preservem minha paz e o propósito que Tu tens para minha vida. Em nome de Jesus, amém.

PLANO DE LEITURA BÍBLICA

Jeremias 3—4
2Tessalonicenses 2.13—3
Salmos 119.73-80

ANOTAÇÕES

VOCÊ NÃO PODE PERMITIR QUE A RAIVA DESTRUA A SUA bênção. Uma reação sem pensar, uma palavra dita no calor do momento ou uma decisão tomada na impulsividade pode custar portas abertas, relacionamentos e oportunidades. A falta de domínio próprio não apenas machuca os outros, ela mina seu próprio futuro. Quantas pessoas perderam um emprego por responderem mal a um chefe, afastaram-se de amigos por discussões desnecessárias ou mancharam sua reputação por não conseguirem se conter?

Em momentos de pressão, nervosismo ou frustração, é comum justificar atitudes que jamais deveriam ser aceitas: "Eu estava de cabeça quente"; "Não aguentei"; "Foi mais forte do que eu". Mas Deus não flexibiliza princípios para se ajustar às nossas emoções. Ele espera de nós o mesmo caráter no dia bom e no dia mau. Não é porque você está sob ataque, enfrentando uma injustiça ou atravessando um deserto que tem licença para agir de qualquer jeito.

Na prática, isso significa escolher o silêncio quando tudo em você quer explodir. Respirar fundo antes de enviar aquela mensagem, pedir sabedoria antes de responder a uma provocação e fazer exatamente o que Deus mandou, nem mais, nem menos. O domínio próprio não protege só a sua paz, protege também seu destino.

DEUS LUTA PELOS SEUS

24
OUT

A Mim pertence a vingança e a retribuição.
No devido tempo os pés deles escorregarão;
o dia da sua desgraça está chegando e o seu
próprio destino se apressa sobre eles.
DEUTERONÔMIO 32.35

PENSE DUAS VEZES ANTES DE MACHUCAR UM FILHO DE Deus. Ao ser machucado, ele pode até se afastar e, aparentemente, fugir da luta para evitar confusão. Mas não se engane: todo filho de Deus tem um Pai. Por mais que pareça indefeso, ele está debaixo da proteção de um Deus que nunca dorme.

Nós temos um Deus que nos ama e Se importa com nossa vida. Ele nos protege do inimigo e se ira quando somos injustamente atacados. A Bíblia diz que Ele nos guarda como a menina dos Seus olhos (cf. Zacarias 2.8). Quando você é alvo de fofoca, vítima de calúnia, injustiçado em uma situação familiar ou até tratado com frieza por alguém próximo, Deus está atento. Ele não deixa que você enfrente o perigo sozinho e sabe exatamente como agir para reverter situações que pareciam impossíveis.

Nunca se esqueça: Deus é justo e conhece toda a verdade, até mesmo aquela que ninguém sabe. Por isso, não perca tempo tentando se defender a qualquer custo ou revidando com a mesma moeda. Afaste-se de quem tenta ferir você, mantenha a calma e confie no Pai. Busque a presença d'Ele, entregue suas batalhas e creia: Ele não permitirá que você seja destruído. Ele continua lutando por você, e n'Ele a vitória já está garantida.

PENSE

SE DEUS É O JUIZ, POR QUE VOCÊ INSISTE EM SER ADVOGADO E CARRASCO?

ORE

Senhor, ajuda-me a confiar que a justiça está em Tuas mãos. Entrego a Ti minhas batalhas e descanso na certeza de que Tu lutas por mim. Em nome de Jesus, amém.

PLANO DE LEITURA BÍBLICA

Jeremias 5—6
1Timóteo 1—2.3
Salmos 119.81-88

ANOTAÇÕES

25
OUT

NÃO PARE

E não nos cansemos de fazer o bem, pois no tempo próprio colheremos, se não desanimarmos.
GÁLATAS 6.9

FAZER O BEM EXIGE MAIS DO QUE BOA INTENÇÃO. É FÁCIL ajudar alguém quando sobra tempo ou dinheiro, mas o verdadeiro teste acontece no dia a dia, quando o cansaço e as frustrações se acumulam. É desgastante ser paciente com um colega de trabalho que sempre responde de forma grosseira, continuar ajudando alguém que nunca agradece ou trabalhar sem receber reconhecimento. É difícil investir em um relacionamento, um projeto ou um sonho que parece não dar fruto imediato. Nessas horas, a tentação é recuar e parar de tentar.

Mas tudo tem seu tempo. Por isso a persistência vale tanto. Quem planta generosidade, paciência, esforço e honestidade está fazendo depósitos invisíveis que darão retorno. Pode ser que a gentileza de hoje só inspire alguém meses depois, que a dedicação no trabalho só seja percebida quando uma oportunidade surgir ou que a paciência com um filho ou aluno só produza resultado anos mais tarde. O problema é que muitos desistem no meio do processo, exatamente quando estavam mais perto do resultado.

A chave está em não medir o valor do bem pelo retorno imediato. Fazer o certo transforma não só o ambiente ao redor, mas também o nosso próprio caráter. Quando você ficar exausto, lembre-se: o que é duradouro leva tempo para crescer. No momento certo, a recompensa será maior do que você imaginou.

PENSE

SUA PRESSA ACABARÁ DEIXANDO VOCÊ SEM COLHEITA E SEM SEMENTE.

ORE

Senhor, guarda meu coração do desânimo e me ajuda a permanecer firme em fazer o bem, ciente de que a colheita virá no tempo que Tu determinaste. Em nome de Jesus, amém.

PLANO DE LEITURA BÍBLICA

Jeremias 7—8
1Timóteo 2.4—3.13
Salmos 119.89-96

ANOTAÇÕES

VOCÊ NÃO QUEBRA TÃO FÁCIL QUANTO PENSA

26
OUT

Assim como o ferro afia o ferro,
o homem afia o seu companheiro.
PROVÉRBIOS 27.17

NÃO CULPE NINGUÉM PELAS DIFICULDADES QUE VOCÊ enfrenta. Aprenda a enxergar as pessoas que fazem o bem como bênçãos e aquelas que fazem mal como lições. Nossos melhores amigos são responsáveis por algumas das memórias mais bonitas que temos, mas até pessoas queridas podem nos machucar. Cada pessoa que passa pela nossa vida deixa algo em nós e leva algo nosso.

Mesmo quem é mais próximo pode gerar feridas, faz parte da vida. Pessoas vêm e vão, e, com o tempo, aprendemos que nem sempre o vínculo é eterno, mas o aprendizado pode ser. Conflitos e rompimentos, por mais dolorosos que sejam, são oportunidades de criar resiliência.

O inimigo quer que você acredite que é frágil, mas a verdade é que você não quebra fácil. O Senhor é a sua rocha, e é Ele quem dá a preparação e a força para enfrentar qualquer situação. Isso significa que você pode aprender a conviver tanto com boas quanto com más companhias, sem deixar que o comportamento delas defina o seu. Sua vida não depende de como as pessoas o tratam, mas de quem é a sua fonte, e essa fonte é Cristo.

PENSE

PARE DE VIVER COMO SE VOCÊ FOSSE DE VIDRO.

ORE

Senhor, ajuda-me a ser afiado e a afiar outros com amor e verdade. Faz-me crescer em caráter. Preserva a ternura do meu coração, mesmo diante das feridas. Em nome de Jesus, amém.

PLANO DE LEITURA BÍBLICA

Jeremias 9 — 10
1Timóteo 3.14 — 5.2
Salmos 119.97-104

ANOTAÇÕES

27
OUT

PODER E AUTORIDADE

Eu dei a vocês autoridade para pisarem sobre cobras e escorpiões, e sobre todo o poder do inimigo; nada lhes fará dano.
LUCAS 10.19

PENSE

QUER AUTORIDADE? COMECE SE SUBMETENDO AO AUTOR DELA.

ORE

Senhor, estabelece em mim a autoridade que nasce da intimidade Contigo, para que eu permaneça firme diante de qualquer oposição e vença não pela minha força, mas pelo Teu poder que me sustenta. Em nome de Jesus, amém.

PLANO DE LEITURA BÍBLICA

Jeremias 11—13.14
1Timóteo 5.3-23
Salmos 119.105-112

ANOTAÇÕES

SE VOCÊ ENTENDER ISSO, NUNCA SE PERDERÁ: AUTORIDADE não é sobre quem ocupa um cargo, mas sobre quem está debaixo do comando de Deus. Muitos podem parecer no controle, mas o governo vem do Senhor. A autoridade que Ele entrega não depende de títulos ou influência política; ela nasce da obediência e da intimidade com Deus.

Sempre foi assim. Em tempos de opressão, Deus levanta pessoas comuns para fazer coisas extraordinárias. José, vendido como escravo, tornou-se governador do Egito. Ester, uma jovem órfã, foi usada para salvar seu povo de um decreto de morte. Daniel, cativo na Babilônia, ganhou respeito e autoridade por sua integridade. Nenhum deles chegou lá pela força do próprio braço, mas porque Deus estava com eles. Hoje, a mesma coisa vale para nós: viver com convicção, mesmo quando tudo está mergulhado em injustiça e corrupção.

Trono não é sinal de autoridade. A verdadeira autoridade está nas mãos de quem se dispõe a fazer a vontade de Deus. Ele procura pessoas que talvez não tenham recursos humanos ou conexões, mas tenham um coração disponível. É dessa entrega que nasce o poder para enfrentar qualquer inimigo e vencer.

DECEPÇÕES SÃO INEVITÁVEIS, SABIA?

28
OUT

Será que você não sabe? Nunca ouviu falar? O SENHOR é o Deus eterno, o Criador de toda a terra. Ele não se cansa nem fica exausto; Sua sabedoria é insondável. Ele fortalece o cansado e dá grande vigor ao que está sem forças.
ISAÍAS 40.28-29

ESPERANÇA E DECEPÇÃO SEMPRE ANDAM JUNTAS. A forma mais saudável de lidar com isso não é fechando o coração, mas entendendo que sempre há novas possibilidades, mesmo quando tudo parece perdido. Fugir da frustração não garante felicidade; pelo contrário, quem vive tentando evitar decepções acaba perdendo a chance de viver experiências incríveis.

A pessoa deixa de tentar para evitar dores e, nesse processo, acaba matando a capacidade de sonhar. Escolher "não se decepcionar" é, na prática, escolher parar de viver. A única segurança real que existe está em Jesus, não nas nossas tentativas de blindar o coração. A vida exige coragem para arriscar, mesmo sabendo que nem tudo sairá como planejado.

Portanto, não importa quantas vezes você já tenha se decepcionado, é necessário correr o risco. Não tenha medo das possíveis feridas e traumas que possam vir pela frente; encare-os com coragem. Só assim você descobrirá o que Deus tem para a sua vida. É no risco da decepção que você encontra a beleza da esperança. Escolha acreditar.

PENSE

A ESPERANÇA VALE MAIS QUE O MEDO DE SE DECEPCIONAR.

ORE

Senhor, renova minhas forças para continuar acreditando, mesmo depois de decepções, e mantém meu coração aberto para viver os sonhos que Tu preparaste. Em nome de Jesus, amém.

PLANO DE LEITURA BÍBLICA

Jeremias 13.15—15
1Timóteo 5.24—6
Salmos 119.113-120

ANOTAÇÕES

NÃO TENTE FAZER O PAPEL DE DEUS

29
OUT

Se você fizer do Altíssimo o seu abrigo, do Senhor o seu refúgio, nenhum mal o atingirá, desgraça alguma chegará à sua tenda.
Salmos 91.9-10

Muitas pessoas leem a promessa de que "nenhum mal" as atingirá e pensam que isso significa uma vida livre de problemas. Mas, no dia a dia, não é isso que acontece. Todos nós passamos por momentos difíceis — uma doença, a perda inesperada de alguém querido, um período de aperto financeiro, conflitos familiares ou até injustiças no trabalho. O que a Bíblia diz é que o mal não terá poder para destruir quem pertence a Deus.

O mal pode até cercar você e bater à sua porta, mas não tem autorização para entrar em sua casa. A diferença está no tipo de segurança que recebemos: não é a de quem nunca enfrenta tempestades, mas a de quem atravessa cada uma sem ser derrubado. Quem decide fazer de Deus o seu refúgio encontra uma proteção que vai além do físico.

O que isso quer dizer na prática? Que não precisamos viver dominados pelo medo do que pode acontecer amanhã. Mesmo no pior cenário, Deus nos guarda. Ele pode usar situações difíceis para nos ensinar algo, fortalecer nosso caráter ou nos preparar para algo maior, mas nunca permitirá que isso seja o nosso fim. Viver debaixo do abrigo do Altíssimo não significa viver sem luta; é viver com a certeza de que nenhuma batalha será capaz de nos arrancar das mãos d'Ele.

PENSE

O QUE ACONTECERIA SE, HOJE, VOCÊ REALMENTE LARGASSE O VOLANTE DA SUA VIDA?

ORE

Senhor, que eu viva todos os dias debaixo do Teu abrigo, com a certeza de que nenhuma batalha poderá me destruir e de que minhas mãos descansam seguras nas Tuas. Em nome de Jesus, amém.

PLANO DE LEITURA BÍBLICA

Jeremias 16—18.10
2Timóteo 1—2.7
Salmos 119.121-128

ANOTAÇÕES

UMA BOA REPUTAÇÃO

A boa reputação vale mais que grandes riquezas; desfrutar de boa estima vale mais que prata e ouro.
PROVÉRBIOS 22.1

UM BOM NOME É UM DOS MAIORES TESOUROS QUE ALGUÉM pode ter. Talvez você já tenha vivido momentos em que recebeu elogios ou percebeu olhares de admiração. Isso é bom, mas o que as pessoas veem em você é realmente quem você é? Será que sua reputação reflete seu caráter?

É comum ouvirmos que a reputação é o que as pessoas veem e sabem a nosso respeito, enquanto o caráter é quem somos quando ninguém está olhando. A verdade é que não basta ter uma boa imagem; é preciso haver integridade — devolver o troco que veio a mais, cumprir o que prometeu, não falar mal de alguém pelas costas ou não colar na prova. Por mais que possamos esconder coisas das pessoas, nada está oculto aos olhos do Senhor (cf. Jó 34.21).

Por isso, busque mais do que uma boa reputação: permita que Deus molde seu coração e caráter. Uma boa imagem pode até abrir portas, mas é o caráter que mantém essas portas abertas. Viva de forma que sua vida aponte para Cristo, com atitudes que falem mais alto do que qualquer elogio, porque, no fim, o que permanecerá não é o que disseram sobre você, mas o que você realmente foi.

30 OUT

PENSE

TEM GENTE QUE CUIDA TANTO DA IMAGEM QUE ESQUECE DE CUIDAR DA ALMA.

ORE

Senhor, molda meu caráter para que minha reputação reflita quem eu sou em Ti. Que minhas atitudes falem mais alto que palavras e sempre honrem o Teu nome. Em nome de Jesus, amém.

PLANO DE LEITURA BÍBLICA

Jeremias 18.11—21.10
2Timóteo 2.8-26
Salmos 119.129-136

ANOTAÇÕES

31
OUT
DIA DA REFORMA PROTESTANTE

A VERDADE QUE QUEBRA CORRENTES

"E conhecerão a verdade, e a verdade os libertará".
João 8.32

PENSE

VOCÊ NÃO PRECISA DE INTERMEDIÁRIOS PARA FALAR COM DEUS.

ORE

Senhor, que Tua verdade ocupe o trono do meu coração e que eu viva na liberdade que Cristo conquistou, livre de todo engano e firme na Tua Palavra. Em nome de Jesus, amém.

PLANO DE LEITURA BÍBLICA

Jeremias 21.11–23.22
2Timóteo 3–4.2
Salmos 119.137-144

ANOTAÇÕES

A Reforma Protestante não foi um movimento de rebeldia, mas um clamor por autenticidade espiritual. Martinho Lutero não buscava fama nem divisão; ele desejava reencontrar no Evangelho a verdade que salva. Ele tinha a certeza de que a Palavra de Deus era suficiente e de que qualquer adição humana a distorcia. Sua luta foi contra as correntes invisíveis impostas por tradições que sufocavam a liberdade que Cristo oferece.

Jesus disse que você conheceria a verdade, e a verdade o libertaria. Isso vai muito além de romper dogmas ou confrontar autoridades religiosas; é a liberdade de não viver mais escravizado pelo medo da condenação, pela ignorância da Palavra e pelo controle humano sobre a fé. Quando Lutero redescobriu que o justo viveria pela fé, ele entendeu que a salvação não se compra, mas é dom gratuito de Deus.

A verdadeira reforma acontece quando a Palavra volta a ocupar o trono do coração. Não é apenas sobre um evento histórico do século 16, mas sobre uma convocação diária para cada cristão: abandonar a confiança em fórmulas humanas e se voltar para Cristo como único fundamento. Hoje, deixe a luz da verdade expor e destruir as correntes que prendem você.

QUANDO VOCÊ
SABE QUEM É,
CELEBRA A
ALEGRIA DOS
OUTROS SEM SE
SENTIR MENOR.

NOVEMBRO

1º NOV

CUIDADO COM A COMPARAÇÃO

O SENHOR, contudo, disse a Samuel: “Não considere sua aparência nem sua altura, pois Eu o rejeitei. O SENHOR não vê como o homem: o homem vê a aparência, mas o SENHOR vê o coração”.
1SAMUEL 16.7

A COMPARAÇÃO É UM VENENO. VOCÊ OLHA PARA O LADO, vê alguém que parece mais bem sucedido, com a vida organizada, e acha que Deus deve gostar mais dele do que de você. Engano. Aparências enganam, e muito. O que vemos nas redes sociais raramente mostra a realidade. Influência pública não significa aprovação divina. Não confunda as coisas. Davi não tinha porte de rei, não era o favorito nem da própria família, mas foi o escolhido.

Quando foi à casa de Jessé, o profeta Samuel olhou para a altura e a postura dos irmãos de Davi e pensou: “Com certeza é esse!”. Mas Deus respondeu: “Não é”. Por quê? Porque o critério de Deus é completamente diferente do nosso. Ele não se importa com títulos no currículo, número de seguidores, roupas de marca ou discursos bem-elaborados. Ele não vê como o homem vê.

Pare de olhar para o lado e achar que os outros são “mais capazes”, “mais espirituais” ou “mais preparados”. O que Deus tem para você não depende do que Ele faz na vida dos outros. Foque em ser fiel com o que você tem, no lugar onde está, e no tempo certo Ele mesmo o colocará onde você precisa estar.

PENSE

DEUS NÃO SE IMPRESSIONA COM O QUE IMPRESSIONA VOCÊ.

ORE

Senhor, limpa meu coração de toda comparação e me ensina a olhar para o que Tu vês. Que minha fidelidade seja maior do que meu desejo por aprovação humana. Em nome de Jesus, amém.

PLANO DE LEITURA BÍBLICA

Jeremias 23.23—25.29
2Timóteo 4.3-22
Salmos 119.145-152

ANOTAÇÕES

A MORTE NÃO É O FIM

Quando, porém, o que é corruptível se revestir de incorruptibilidade e o que é mortal de imortalidade, então se cumprirá a palavra que está escrita: "A morte foi destruída pela vitória".
1Coríntios 15.54

Para quem está em Cristo, a morte é uma promoção. Muitos se enganam em pensar que estão bem enquanto obtiverem sucesso na Terra. A verdade é que, um dia, tudo o que temos aqui desaparecerá e essa ideia, por si só, é capaz de causar medo naqueles que aprenderam a viver apenas na realidade natural.

A Eternidade, no entanto, só assusta quem vive para si mesmo. Temos medo de morrer porque, muitas vezes, não aceitamos a ideia de que o que nos aguarda é muito melhor do que qualquer experiência que já tivemos aqui. Isso não significa que devemos viver contando os dias para partir; pelo contrário, o entendimento de que fomos feitos para a Eternidade nos faz valorizar cada segundo aqui.

Viver é Cristo e morrer é lucro, mas, claro, só para quem não está tentando transformar este mundo em sua residência oficial. A verdade é que não estamos aqui para colecionar troféus terrenos que enferrujam ou para seguir tendências que passam, mas para fazer a vontade do Senhor. E caso você não saiba, não há como levar o apartamento ou o dinheiro na conta para o Céu. Então, talvez seja hora de investir mais no que vai com você e menos no que ficará para o leilão aqui.

02
NOV

PENSE

SE SUA VIDA FAZ SENTIDO SÓ AQUI NA TERRA, ELA NÃO FAZ SENTIDO NENHUM.

ORE

Senhor, ensina-me a viver com os olhos na Eternidade. Que cada escolha aqui seja um investimento no que não perece e que meu coração esteja pronto para o dia em que verei a Tua glória. Em nome de Jesus, amém.

PLANO DE LEITURA BÍBLICA

Jeremias 25.30 – 27
Tito 1.1 – 2.8
Salmos 119.153-160

ANOTAÇÕES

03
NOV

OU O FRUTO É BOM, OU NÃO É

"Considerem: Uma árvore boa dá fruto bom, e uma árvore ruim dá fruto ruim, pois uma árvore é conhecida por seu fruto".
MATEUS 12.33

VOCÊ PODE ATÉ FALAR BONITO, POSTAR VERSÍCULOS E dizer que ama a Deus, mas o que realmente prova quem você é são os frutos. Deus é bom e misericordioso, mas também é justo. Ele não "passa pano" para falta de caráter. Ele molda nossa mente, quebra nosso orgulho e transforma o coração até que nossas ações reflitam quem Ele é. Uma árvore ruim pode até tentar disfarçar com folhas verdes, mas o fruto sempre revela a verdade.

No mesmo capítulo, Jesus alerta sobre o perigo de pecar contra o Espírito Santo. E não era uma conversa para assustar crente; é para nos lembrar de que a nossa boca denuncia o que está em nosso interior. Quem ama o Senhor não brinca com o nome d'Ele. Quem serve o Espírito Santo não solta qualquer palavra por aí.

Com o Senhor não existe "mais ou menos". Ou você obedece, ou vive em rebeldia. Não tem muro confortável para ficar sentado. Sua vida espiritual é moldada no dia a dia, nas escolhas e conversas, nos pensamentos que só você e Deus sabem. Então, preste atenção: seus frutos estão dizendo ao mundo quem você é de verdade. E eles não mentem.

PENSE

VOCÊ NÃO É O QUE DIZ SER; VOCÊ É O QUE O SEU FRUTO PROVA QUEM VOCÊ É.

ORE

Senhor, molda meu coração para que meus frutos revelem quem Tu és. Que minhas palavras e ações sejam testemunho da Tua verdade e que nada em mim contradiga o Teu nome. Em nome de Jesus, amém.

PLANO DE LEITURA BÍBLICA

Jeremias 28—30.3
Tito 2.9—3
Salmos 119.161-168

ANOTAÇÕES

DEUS SABE O QUE FAZER COM VOCÊ

04
NOV

Contudo, SENHOR, Tu és o nosso Pai. Nós somos o barro; Tu és o oleiro. Todos nós somos obra das Tuas mãos.
ISAÍAS 64.8

VOCÊ NÃO É OBRA DO ACASO, NÃO É RESULTADO DE SORTE, nem produto de uma sequência aleatória de erros e acertos. Você foi moldado pelas mãos do Criador. O diabo sabe disso e tenta desviar seu olhar, soprando mentiras para que você se sinta pequeno, culpado e inútil. Mas lembre-se: quem vive olhando para as rachaduras do vaso esquece que está nas mãos do Oleiro.

A boa notícia é que, se você já foi alcançado pela graça, Deus não está mais olhando para o que você fez de errado. Ele vê um filho amado e restaurado. A Bíblia diz que Ele lança nossos pecados nas profundezas do mar (cf. Miqueias 7.19). Então, por que você insiste em pescá-los de volta? Deixe Deus trabalhar no seu caráter, mexer onde dói, quebrar e refazer se for preciso.

Pare de se consumir pelos próprios defeitos. Coloque tudo nas mãos de quem sabe exatamente como moldar você. Os planos de Deus para você excedem a sua compreensão e vão muito além do que você pensa. Sua parte é simples: permanecer. Não fuja da roda do Oleiro. Não se endureça. Mantenha-se maleável nas mãos de Deus, e você verá o que Ele pode fazer.

PENSE

O BARRO NÃO DISCUTE COM O OLEIRO SOBRE O FORMATO QUE TERÁ.

ORE

Deus, mantém meu coração maleável em Tuas mãos. Não permita que eu fuja do Senhor. Confio no que estás formando em mim, pois sei que Teus planos são perfeitos. Em nome de Jesus, amém.

PLANO DE LEITURA BÍBLICA

Jeremias 30.4–31
Filemom 1
Salmos 119.169-176

ANOTAÇÕES

05
NOV

E SE VOCÊ FALASSE COM DEUS PRIMEIRO?

Sabes muito bem quando trabalho e quando descanso; todos os meus caminhos são bem conhecidos por Ti. Antes mesmo que a palavra me chegue à língua, Tu já a conheces inteiramente, SENHOR.
SALMOS 139.3-4

DEUS CONHECE VOCÊ MELHOR DO QUE VOCÊ MESMO. Antes de uma palavra sair da sua boca ou você fazer alguma coisa, Ele já sabe. Ainda assim, quantas vezes você corre para todos os lados — conversa com gente, pesquisa soluções, paga terapias, busca estratégias — antes de falar com Ele? Não me entenda mal: tudo isso é válido. Mas nada deve substituir a presença do Senhor. Trocar o Criador pelo conselho das criaturas que Ele criou é como deixar a fonte de lado para beber água de poça.

Nos dias de tribulação, a primeira pessoa que você deve buscar é o Pai. Ele não só sabe o que você está passando, mas se importa com você. Ter bons hábitos ajuda: cuidar da saúde, ter amigos, procurar orientação profissional. Mas nenhum pode fazer o que só Deus faz. Ele vê o que está oculto, entende o que nem você entende e já está no futuro enquanto você ainda está tentando lidar com o presente.

Jamais subestime o poder de um momento com o Senhor. Busque-o todos os dias, não apenas quando a crise apertar. Porque a vida frustrará você. As pessoas decepcionarão você. Mas Deus não. Quem faz d'Ele a prioridade não se arrepende. Ele conhece cada fio do seu cabelo, cada pensamento que você ainda nem formulou, cada detalhe do seu dia que você acha insignificante. Então, pare de colocar Deus em último lugar.

PENSE

SE DEUS JÁ SABE TUDO SOBRE VOCÊ, POR QUE NÃO BUSCÁ-LO PRIMEIRO?

ORE

Senhor, que eu nunca troque a Tua presença por soluções humanas. Ajuda-me a buscar-Te antes de qualquer decisão. Confio que só Tu conheces o meu caminho por completo. Em nome de Jesus, amém.

PLANO DE LEITURA BÍBLICA

Jeremias 32—33.13
Hebreus 1—2.4
Salmos 120

ANOTAÇÕES

SUA POSTURA REVELA O SEU INTERIOR

Assim como a água reflete o rosto, o coração reflete quem somos nós.
PROVÉRBIOS 27.19

VOCÊ PODE ATÉ TENTAR DISFARÇAR, MAS O CORAÇÃO sempre entrega quem você é. Alegria, medo, frustração, tristeza, tudo acaba estampado no semblante. Sua postura denuncia o que está acontecendo por dentro: o olhar cansado de quem está sobrecarregado, a impaciência nas respostas, o tom de voz que sobe sem necessidade. Sentir é normal. O problema começa quando a circunstância dita seu humor.

Seja honesto: quantas vezes você já agiu como uma criança mimada porque Deus disse "não"? Você faz birra, cruza os braços, evita orar, falta aos cultos, como se isso fosse chamar atenção do Senhor. E enquanto se afasta, começa a buscar satisfação em outras coisas: um gasto impulsivo para tentar se animar, uma maratona de séries para fugir da realidade ou até amizades que não o edificam em nada. Você se alimenta de coisas passageiras e depois reclama de fome espiritual.

Entenda de uma vez por todas: não existe plenitude longe do Senhor. Os "nãos" d'Ele não são castigos, mas proteção. Quem é guiado por Ele aprende a não ser escravo das próprias emoções. O semblante se transforma porque a alma descansa. O coração deixa de reagir como refém das situações e começa a refletir a paz de quem sabe que está no centro da vontade de Deus.

PENSE

SUA REAÇÃO AO "NÃO" DE DEUS DIZ MAIS SOBRE VOCÊ DO QUE SUA ORAÇÃO.

ORE

Senhor, alinha meu coração à Tua vontade. Oro para que minhas emoções não me governem e que meu semblante revele a paz de quem confia em Ti. Em nome de Jesus, amém.

PLANO DE LEITURA BÍBLICA

Jeremias 33.14–35
Hebreus 2.5–3.6
Salmos 121

ANOTAÇÕES

07
NOV

COMO VOCÊ DEVE ORAR

"Por isso digo: Peçam, e será dado; busquem, e encontrarão; batam, e a porta será aberta".
Lucas 11.9

Existem diversas interpretações sobre o que é a oração, e muitas delas estão bem longe da realidade. Alguns acreditam que, para orar, é preciso passar horas de joelhos em um quarto, com palavras formais e frases cuidadosamente escolhidas. Outros acham que não precisam falar com o Senhor; afinal, se Ele já nos conhece, qual é o sentido? Há ainda quem veja a oração apenas como uma "lista de pedidos", como se Deus fosse um atendente de balcão.

A verdade é que, embora existam diferentes formas de nos colocarmos diante de Deus em oração, precisamos d'Ele. Desenvolver um relacionamento de intimidade com o Senhor é fundamental. Ele é a nossa razão de existir. Jesus nos ensinou a orar e nos mostrou que podemos falar com o Pai sobre tudo, desde questões profundas até as situações mais simples do dia a dia. Contar sobre um medo antes de uma reunião importante, pedir sabedoria para lidar com um filho ou agradecer por algo pequeno, como um dia tranquilo. Orar é abrir o coração com liberdade, mesmo que Deus já saiba de tudo.

Por isso, não fique acanhado. O Senhor quer ouvir sua voz, mas também quer que você se disponha a ouvir a d'Ele. Separe momentos no dia para prestar atenção ao que Ele tem a dizer. Não há nada mais importante do que viver buscando compreender o que Deus pensa e deseja para você.

PENSE

SE VOCÊ SÓ ORA QUANDO PRECISA, NÃO CHAME ISSO DE RELACIONAMENTO COM DEUS.

ORE

Senhor, ensina-me a falar Contigo com liberdade e a ouvir Tua voz com atenção. Que minha vida seja marcada por conversas sinceras Contigo todos os dias. Em nome de Jesus, amém.

PLANO DE LEITURA BÍBLICA

Jeremias 36.1—38.6
Hebreus 3.7—4.3
Salmos 122

ANOTAÇÕES

QUANDO É PRECISO PARAR

"Parem de lutar! Saibam que Eu sou Deus! Serei exaltado entre as nações, serei exaltado na terra."
Salmos 46.10

O que acontece quando Deus não responde suas orações? Nessas horas, lidar com o silêncio pode ser frustrante, mas parar não é uma boa opção. Quando entendemos que Deus é soberano sobre toda e qualquer situação, aprendemos a aceitar a vontade d'Ele sobre a nossa e a confiar que Ele tem o tempo certo para todas as coisas. Tudo que temos de fazer é nos aquietar.

Diversos relatos bíblicos trazem à tona a importância de descansar em Deus. Talvez, de uns anos para cá, com tantas mudanças no mundo, tenhamos esquecido como se faz isso. Vivemos para o hoje e o agora, e raramente conseguimos esperar 20 minutos por um prato de comida em um restaurante. Quanto mais uma resposta de Deus.

Em uma era tão imediatista como a que vivemos, aprenda a descansar. Se o Senhor está no controle, não há motivo algum para se preocupar ou se antecipar. Pare de tentar lutar batalhas que não devem ser travadas no momento e aprenda a discernir os tempos. Deus sabe de todas as coisas.

08
NOV

PENSE

SE O TEMPO DE DEUS IRRITA VOCÊ, É PORQUE VOCÊ AINDA QUER O CONTROLE.

ORE

Senhor, ensina-me a aquietar o coração, a confiar no Teu tempo e a descansar na certeza de que Tu estás no controle de tudo. Em nome de Jesus, amém.

PLANO DE LEITURA BÍBLICA

Jeremias 38.7–40
Hebreus 4.3–5.10
Salmos 123

ANOTAÇÕES

09
NOV

QUANTO CUSTA SUA INTEGRIDADE?

Disse então o Senhor a Satanás: "Reparou em Meu servo Jó? Não há ninguém na terra como ele, irrepreensível, íntegro, homem que teme a Deus e evita o mal. Ele se mantém íntegro, apesar de você Me haver instigado contra ele para arruiná-lo sem motivo".
Jó 2.3

PENSE

SUA INTEGRIDADE AINDA VALE ALGUMA COISA OU JÁ ESTÁ EM PROMOÇÃO?

ORE

Senhor, fortalece-me para que eu mantenha minha integridade, mesmo quando sou injustiçado. Que meus lábios nunca se voltem contra Ti e que minha confiança permaneça inabalável. Em nome de Jesus, amém.

PLANO DE LEITURA BÍBLICA

Jeremias 41–43
Hebreus 5.11–6.12
Salmos 124

ANOTAÇÕES

Hoje em dia, é muito comum querer desistir ao menor sinal de dificuldade. Uma discussão no casamento, um conflito familiar ou uma divergência no trabalho, e o primeiro instinto é fugir. Evitamos a todo custo enfrentar a responsabilidade de resolver problemas. Mas quando não temos culpa do que está acontecendo, é nesses momentos que nossa integridade é mais testada.

A vida de Jó é o exemplo perfeito de como é possível se manter firme em meio às dificuldades, em especial quando não somos responsáveis por elas. Diversas vezes, ele foi tentado a murmurar e até amaldiçoar o nome do Senhor, como sugeriu sua própria esposa. Mas a Bíblia mostra que, durante todo o tempo de tribulação, ele não pecou contra Deus com seus lábios (cf. Jó 2.10).

Nós devemos fazer o mesmo. Quando você sente que foi injustiçado — seja na empresa ao perder uma promoção para alguém menos qualificado, seja em casa ao ser acusado de algo que não fez, ou ao lidar com consequências de decisões que outros tomaram —, não murmure. Por mais difícil que seja, escolha manter a integridade e permanecer temente a Deus. Ele continuará a cuidar de você e o ajudará a vencer cada prova.

QUEM VOCÊ É

10
NOV

Daniel, contudo, decidiu não se tornar impuro com a comida e com o vinho do rei, e pediu ao chefe dos oficiais permissão para se abster deles.
DANIEL 1.8

VIVEMOS DIAS EM QUE MUITA GENTE ESTÁ PERDIDA, E não é por falta de informação. É pelo excesso de ideias e "verdades" que tentam influenciá-la. O mundo vende a ilusão de que você pode decidir e redefinir tudo sobre você mesmo, mas essa liberdade sem Deus é só confusão. O Criador já determinou quem você é — homem ou mulher —, com dons, talentos e um papel específico. E o inimigo sabe disso. Por isso, tenta distorcer sua identidade.

Essa armadilha não é novidade. Desde o Antigo Testamento, o povo de Deus era tentado a copiar o padrão das nações vizinhas. Daniel que o diga. Levado para uma terra estranha, cercado de costumes que iam contra sua fé, ele poderia ter se misturado para "sobreviver". Mas escolheu ser diferente. E essa diferença custou caro: foi parar na cova dos leões. Ainda assim, preferiu correr o risco da morte a perder sua fidelidade ao Senhor.

Seu chamado hoje é o mesmo: ser quem Deus disse que você é, mesmo que isso vá contra a maré. O mundo lá fora tentará forçar sobre você a agenda, os valores e as modas dele. Não aceite. Não negocie. O Senhor chamou você para ser luz e sal, uma testemunha viva do Evangelho. Isso significa ousar ser diferente.

PENSE

SE VOCÊ PRECISA SE MISTURAR PARA SER ACEITO, JÁ ABRIU MÃO DE VOCÊ MESMO.

ORE

Senhor, guarda minha identidade em Ti e me fortalece para não negociar meus valores. Que minha vida reflita quem Tu me criaste para ser. Em nome de Jesus, amém.

PLANO DE LEITURA BÍBLICA

Jeremias 44—46
Hebreus 6.13—7.14
Salmos 125

ANOTAÇÕES

11
NOV

AMOR É ATITUDE

Por ser José, seu marido, um homem justo, e não querendo expô-la à desonra pública, pretendia anular o casamento secretamente.
MATEUS 1.19

PENSE

NÃO ADIANTA DIZER "EU AMO VOCÊ" SE NA PRIMEIRA PROVA VOCÊ RECUA.

ORE

Senhor, ensina-me a amar com atitudes, e não apenas com palavras. Peço disposição para sacrificar e proteger, como uma expressão do Teu amor em mim. Em nome de Jesus, amém.

PLANO DE LEITURA BÍBLICA

Jeremias 47—48
Hebreus 7.15—8.5
Salmos 126

ANOTAÇÕES

O AMOR É UMA ATITUDE, NÃO APENAS UM "EU AMO você" dito de forma automática ou para cumprir protocolo. Não importa quantas vezes você declare que ama alguém se a sua postura não condiz com as suas palavras. Amar exige coerência: se as ações não sustentam o discurso, o sentimento perde valor. E, na prática, essa decisão de amar quase sempre vem acompanhada de desafios reais e, muitas vezes, inesperados. Basta lembrar da história de Maria e José.

Segundo as tradições judaicas, o casamento entre jovens era comum, e com José e Maria não foi diferente. Mas a notícia de que Maria estava grávida pelo Espírito Santo colocou José diante de uma decisão difícil. Ele considerou terminar o noivado em silêncio para não a expor, mas, ao receber a visita de um anjo, entendeu que o verdadeiro ato de amor seria permanecer ao lado dela, custasse o que custasse. José sabia que enfrentaria olhares tortos, comentários maldosos e julgamentos injustos, mas escolheu proteger Maria.

Esse é o exemplo de amor que você deve seguir: um amor que não mede circunstâncias e que se dispõe a sacrificar pela pessoa amada. Com todas as suas falhas, procure demonstrar o amor de Deus em toda e qualquer situação, lembrando que amar exige esforço. O amor não está nas palavras bonitas, mas na atitude de alguém que se entrega sem esperar nada em troca.

FUJA DE CONVERSAS INÚTEIS

12
NOV

Não haja obscenidade, nem conversas tolas, nem gracejos imorais, que são inconvenientes, mas, ao invés disso, ações de graças.
Efésios 5.4

A Bíblia diz que devemos ficar longe da obscenidade. Isso significa que qualquer hábito ou conversa que distancie você dos princípios divinos está fora de questão, por mais inofensivo que pareça. Em um primeiro momento, nem sempre o que é errado parecerá errado. Precisamos ter discernimento para entender exatamente onde precisamos estar e de que conversas devemos participar.

Você deve ser a diferença, e isso implica, frequentemente, ter de viver no desconforto. Seguir o que é certo nem sempre colocará você no lugar mais popular, e está tudo bem. Pouco importa se o chamarão de antiquado, exagerado ou diferente; a única opinião que deve, de fato, nortear os seus passos é a de Deus.

Existem rodas de conversas e amigos aos quais você não pertence mais. Ainda que seja doloroso, é importante se distanciar. Portanto, cuidado! Não seja leviano com os princípios que você guarda ao se envolver com coisas que podem contaminá-lo. Uma pequena concessão hoje pode virar uma prisão amanhã. Seja prudente com suas palavras e seletivo com seus ambientes. A santidade não é negociável. Não se contamine só para se sentir aceito.

PENSE

SE VOCÊ PRECISA SE SUJAR PARA CABER NA RODA, ESTÁ NA RODA ERRADA.

ORE

Senhor, dá-me discernimento para evitar o que Te desagrada e coragem para me manter santo, mesmo que isso custe aceitação. Em nome de Jesus, amém.

PLANO DE LEITURA BÍBLICA

Jeremias 49 – 50.21
Hebreus 8.6 – 9.10
Salmos 127

ANOTAÇÕES

13

NOV

VOCÊ NÃO FOI FEITO PARA PARAR NA METADE

Por isso mesmo, empenhem-se para acrescentar à sua fé a virtude; à virtude o conhecimento; ao conhecimento o domínio próprio; ao domínio próprio a perseverança; à perseverança a piedade; à piedade a fraternidade; e à fraternidade o amor.
2Pedro 1.5-7

PENSE

O PERIGO DA METADE É ACHAR QUE JÁ É SUFICIENTE E ESQUECER QUE FALTA O RESTO.

ORE

Senhor, revela-me onde preciso avançar e me dá força para trabalhar nessas áreas. Que cada escolha minha hoje construa uma vida firme, madura e útil para o Teu propósito. Em nome de Jesus, amém.

PLANO DE LEITURA BÍBLICA

Jeremias 50.22–51.33
Hebreus 9.11-28
Salmos 128

ANOTAÇÕES

Cada qualidade listada por Pedro — fé, virtude, conhecimento, domínio próprio, perseverança, piedade, fraternidade e amor — é como um degrau que nos aproxima de uma vida mais madura e produtiva. Mas esse crescimento não acontece de forma automática; exige que a gente pare, observe e pergunte: "O que falta para o meu próximo passo?".

O desafio é que, muitas vezes, nós nos acomodamos com o que já conquistamos. Podemos ter conhecimento, mas sem domínio próprio; praticar a fraternidade, mas sem perseverança nos momentos difíceis. É como subir uma escada pulando degraus: pode até parecer mais rápido, mas o risco de cair é grande. Quando um "degrau" fica vazio, todo o restante fica instável.

A postura de avaliar e agir mantém nosso crescimento vivo. Não se trata de corrigir tudo de uma vez, mas de assumir um compromisso de avanço contínuo. Hoje pode ser o dia de fortalecer a perseverança; amanhã, de praticar mais fraternidade. O importante é não parar de acrescentar, porque cada esforço nesse sentido nos torna mais preparados para enfrentar desafios e mais úteis para servir aos outros. No fim, o alvo não é "ter tudo", mas continuar subindo, degrau por degrau, até que nossa vida reflita cada vez mais o caráter de Cristo.

DEUS AINDA QUER ENVIAR VOCÊ

14 NOV

Como são belos nos montes os pés daqueles que anunciam boas-novas, que proclamam a paz, que trazem boas notícias, que proclamam a salvação, que dizem a Sião: "O seu Deus reina!".
Isaías 52.7

Em meio às piores crises existenciais, as pessoas costumam se questionar sobre o propósito da vida. Mesmo sendo filhos de Deus, também estamos sujeitos a atravessar momentos de incertezas. A diferença é que, nessas horas, somos desafiados a nos lembrar do porquê estamos onde o Senhor nos colocou e da missão que Ele confiou a nós.

Questionamentos fazem parte da humanidade, mas é crucial fazermos as perguntas certas. Uma vez que você foi chamado para levar o Evangelho a toda criatura, seus pés devem levar paz por onde quer que pisem. Isso não significa que não haverá conflito, mas que o Senhor estará presente o tempo todo. É por isso que em vez de se desesperar, pergunte a Deus como pode continuar a servi-lo.

Sim, o Senhor tem planos de esperança para a sua vida, mas você precisa olhar além. Saiba que o que Deus faz não para em nós. Ele deseja resgatar a humanidade e, para tanto, quer usar a sua vida. Portanto, está na hora de voltar seus olhos para Ele e ir para os lugares onde Ele deseja enviá-lo.

PENSE

FICAR NO MESMO LUGAR PODE SER TÃO DESOBEDIENTE QUANTO ANDAR NA DIREÇÃO ERRADA.

ORE

Senhor, que meus passos carreguem a Tua paz e que minha vida seja um canal para anunciar a Tua salvação. Usa-me onde for necessário para que o Teu reino avance. Em nome de Jesus, amém.

PLANO DE LEITURA BÍBLICA

Jeremias 51.34 – 52
Hebreus 10.1-21
Salmos 129

ANOTAÇÕES

15 NOV

PROCLAMAÇÃO DA REPÚBLICA

SUA ESPERANÇA NÃO ESTÁ NO PLANALTO

O sétimo anjo tocou a sua trombeta, e houve fortes vozes nos céus, que diziam: "O reino do mundo se tornou de nosso Senhor e do Seu Cristo, e Ele reinará para todo o sempre".
APOCALIPSE 11.15

GOVERNOS HUMANOS SÃO FALHOS, MAS O TRONO DE DEUS é eterno. O Senhor é justo, misericordioso e incorruptível. O problema é quando depositamos toda a nossa esperança em figuras políticas. Reis, presidentes, governadores e ministros carregam a enorme responsabilidade de liderar cidades, estados e nações, mas, por causa da ganância, da vaidade e da soberba, podem cair em corrupção.

Em dias como hoje, é importante lembrar que Deus é o único que realmente tem o poder de transformar as nações. Isso não nos isenta, é claro, de responsabilidades; pelo contrário, exige discernimento, prudência e sabedoria para escolher líderes que governem com integridade e justiça, sem jamais colocá-los em um pedestal.

Avalie propostas e históricos antes de votar, não compartilhe informações falsas, participe de conversas políticas com respeito e, principalmente, mantenha a consciência de que nenhum governo humano é a nossa esperança final.

Você vive sob o Senhorio eterno de Cristo. Creia que Ele é poderoso para mudar qualquer realidade, até mesmo a do Brasil. Não espere que um político salve a nação da injustiça, mas ore por aqueles que estão no poder, mesmo que você não concorde com eles. Um país começa a mudar quando seus cidadãos mudam, e essa transformação começa no coração de quem entende que a verdadeira autoridade está no trono que jamais será abalado.

PENSE

SE SUA FÉ OSCILA A CADA ELEIÇÃO, TALVEZ ELA NUNCA TENHA ESTADO EM CRISTO.

ORE

Senhor, tira de mim toda expectativa no que é humano. Firma meus olhos no Teu trono. Ajuda-me a ser fiel e a agir com justiça. Em nome de Jesus, amém.

PLANO DE LEITURA BÍBLICA

Lamentações 1—3.12
Hebreus 10.22—11.3
Salmos 130

ANOTAÇÕES

QUEM ESTÁ AO SEU LADO?

E Eu pedirei ao Pai, e Ele dará a vocês outro Conselheiro para estar com vocês para sempre, o Espírito da verdade. O mundo não pode recebê-lo, porque não o vê nem o conhece. Mas vocês o conhecem, pois Ele vive com vocês e estará em vocês.
João 14.16-17

Nos dias difíceis, todo mundo quer ter por perto amigos que amam de verdade. E isso é bom. Mas precisamos encarar a verdade: por melhores que sejam as intenções, todo ser humano é falho. Ninguém consegue preencher completamente o vazio que existe no seu coração. Esse espaço já tem dono, e não é nenhum amigo, parente ou cônjuge.

O único capaz de preencher sua vida é o Espírito Santo. Quando você dá a Ele liberdade, não encontra apenas consolo, mas transformação. Ele não é só uma companhia. Ele confronta quando você erra, corrige o que está desalinhado e aponta o caminho certo. O Espírito Santo não veio para ser um enfeite na sua vida espiritual, mas para ser o centro que sustenta e molda seus passos.

Então, da próxima vez que a solidão bater, lembre-se: você não está sozinho. O Espírito Santo quer caminhar com você, dia após dia, decisão após decisão. Mas Ele só agirá se tiver total liberdade. Quando isso acontecer, você perceberá. Sua vida muda, seu ambiente muda e até quem está ao seu redor verá que algo, ou melhor, Alguém transformou você por completo.

16 NOV

PENSE

QUEM DÁ ESPAÇO AO ESPÍRITO SANTO NUNCA VIVE SUFOCADO.

ORE

Senhor, que eu não procure em pessoas o que só o Teu Espírito pode me dar. Abre meu coração para ser moldado por Ele e me ensina a depender da Tua presença todos os dias. Em nome de Jesus, amém.

PLANO DE LEITURA BÍBLICA

Lamentações 3.13-66
Hebreus 11.4-23
Salmos 131

ANOTAÇÕES

17
NOV

A CADA DIA UMA NOVIDADE

Todavia, como está escrito: "Olho nenhum viu, ouvido nenhum ouviu, mente nenhuma imaginou o que Deus preparou para aqueles que o amam" [...].
1Coríntios 2.9

Muitos pensam que viver em novidade de vida é estar sempre ocupado, como se a prova de que algo está acontecendo fosse uma agenda cheia. Em um mundo cada vez mais dinâmico, dominado pelas redes sociais e pela tecnologia, temos a impressão de que as pessoas estão desaprendendo a desfrutar de momentos de tranquilidade. Parece que ninguém mais sabe passar nem mesmo um minuto em paz.

Na vida com Deus, sabemos que é impossível viver na mesmice, mas isso não significa que devemos viver correndo atrás de estímulos. Não podemos tratar nosso relacionamento com o Senhor como tratamos nosso consumo de conteúdo, achando que Ele sempre precisa nos surpreender com algo grandioso. Sim, devemos clamar pelas maravilhas do Senhor, mas também precisamos aprender a reconhecer o jeito como Ele age nos detalhes que julgamos pequenos.

Nada do que o Senhor faz é insignificante. Por isso, entenda: todos os dias há algo novo de Deus para a sua vida. Mas você precisa abrir os olhos e ouvidos para perceber. Está mais do que na hora de parar de depender de "momentos de pico" para se sentir vivo espiritualmente. Não viva em função do que estimula sua dopamina. Aprenda a reconhecer o novo de Deus nas pequenas coisas.

PENSE

QUEM SÓ BUSCA COISAS GRANDES PERDE O MILAGRE QUE DEUS ESCONDE NOS DETALHES.

ORE

Senhor, abre meus olhos para enxergar o novo que Tu fazes nos detalhes do meu dia. Ensina-me a valorizar Tua presença sem depender de grandes momentos para reconhecer o Teu agir. Em nome de Jesus, amém.

PLANO DE LEITURA BÍBLICA

Lamentações 4—5
Hebreus 11.24—12.3
Salmos 132.1-7

ANOTAÇÕES

ALEGRANDO O CORAÇÃO DE DEUS

Felizes os que lavam as suas vestes, e assim têm direito à árvore da vida e podem entrar na cidade pelas portas.
APOCALIPSE 22.14

QUANDO ALGUÉM QUE VOCÊ AMA MUITO FAZ ALGO ERrado, você fica chateado. E se você quer manter o contato com a pessoa, conversa e resolve a questão. Com Deus não é diferente. Quando desobedecemos e ignoramos Suas ordens, Ele Se entristece. O problema é que muitos, ao perceberem o erro, preferem se esconder ou se ocupar para não lidar com a situação, como se evitar o assunto fosse fazer o problema desaparecer. Isso só piora a situação.

A Bíblia não deixa dúvida sobre como devemos viver, mas ainda assim falhamos. Quando isso acontecer, seja rápido para reconhecer o erro e se arrepender. E arrependimento não é discurso bonito nem lágrima no culto — é mudança de vida. Significa deixar que a Palavra confronte e realinhe seus passos. Deus se compadece de quem chega com arrependimento, sem desculpas ou justificativas, mas com disposição para ser transformado.

Portanto, quando errar, não fuja. Corra para Deus. Deixe que Ele lave, purifique e trate seu coração. A santificação começa no arrependimento, mas continua na disposição diária de permitir que o Espírito Santo sonde e molde suas motivações. E é justamente nessa postura que você alegra o coração de Deus.

PENSE

VOCÊ TEM FUGIDO DE DEUS QUANDO ERRA OU TEM CORRIDO PARA ELE?

ORE

Senhor, dá-me coragem para encarar meus erros diante de Ti e humildade para me arrepender de verdade. Purifica meu coração e molda minhas motivações para que eu viva de forma que Te agrade. Em nome de Jesus, amém.

PLANO DE LEITURA BÍBLICA

Ezequiel 1—3.21
Hebreus 12.4-29
Salmos 132.8-10

ANOTAÇÕES

19

NOV

O ÍMPIO E O JUSTO

O que o ímpio teme lhe acontecerá; o que os justos desejam lhes será concedido. Passada a tempestade, o ímpio já não existe, mas o justo permanece firme para sempre.
PROVÉRBIOS 10.24-25

PENSE

NÃO CONSTRUA CASTELOS DE AREIA PARA DEPOIS RECLAMAR QUE A MARÉ DERRUBOU TUDO.

ORE

Senhor, firma minha vida na Tua Palavra e me sustenta para permanecer inabalável nas tempestades. Oro para que minha integridade seja fruto da Tua graça, e não da minha força. Em nome de Jesus, amém.

PLANO DE LEITURA BÍBLICA

Ezequiel 3.22—6
Hebreus 13
Salmos 132.11-18

ANOTAÇÕES

A DIFERENÇA ENTRE O ÍMPIO E O JUSTO NÃO ESTÁ NO merecimento. Nenhum de nós é justo por conta própria, todos pecamos e precisamos desesperadamente da graça de Deus (cf. Romanos 3.23). O justo não é perfeito, é perdoado. Foi encontrado pelo amor e pela misericórdia do Senhor e, por isso, não vive mais para si mesmo. Vive para glorificar a Deus em cada palavra, atitude e decisão.

Viver para o Senhor envolve escolher a integridade, mesmo quando ninguém está olhando. Obedecer à Palavra, mesmo quando parece mais fácil fazer o oposto. Ter raízes firmes nos mandamentos de Deus, ciente de que são o único alicerce seguro. Quem constrói a vida sobre a obediência encontra força para enfrentar qualquer situação, porque sabe que não está de pé por mérito próprio, mas pelo sustento de Deus.

Quer ser considerado justo? Reconheça sua dependência total do Senhor. Não tente enfrentar as tempestades na força do braço. Quando o vento vier, quem está firmado em Deus permanece; quem não está, cai. Firme-se n'Ele e você verá que, mesmo nas noites mais escuras, o alicerce continua inabalável. O ímpio é levado pela tempestade, mas o justo permanece.

O FIM DO CATIVEIRO

Talvez ele tenha sido separado de você por algum tempo, para que você o tivesse de volta para sempre, não mais como escravo, mas muito além de escravo, como irmão amado. Para mim ele é um irmão muito amado, e ainda mais para você, tanto como pessoa quanto como cristão.
FILEMOM 15-16

NA CRUZ, A ESCRAVIDÃO PERDE O ÚLTIMO ARGUMENTO. Em Cristo, ninguém é mais ou menos valioso por causa da cor da pele, da condição financeira, da formação acadêmica ou do sobrenome. Todos nós recebemos uma nova chance e temos acesso a um amor incondicional. Por isso, não existe espaço para comparações ou superioridade. Diante de Jesus, qualquer critério humano que um dia usamos para medir valor cai por terra. Ele nos nivela naquilo que realmente importa: a graça que salva.

Assim como fomos libertos do pecado, somos chamados a lembrar que essa liberdade não é exclusiva nossa. Ela é um presente disponível a todos. Em Cristo, não existem "classes espirituais" nem portas que se abrem para alguns e se fecham para outros. Somos irmãos, iguais perante o Senhor, herdeiros da mesma promessa e participantes da mesma mesa.

Por isso, hoje, aceite o convite para refletir sobre o privilégio de ser chamado filho de Deus e lembre-se de que todos também recebem essa mesma oportunidade. A liberdade que você recebeu em Cristo não é para ser guardada, mas compartilhada, para que outros também possam experimentar a vida plena que só existe n'Ele.

20 NOV

DIA NACIONAL DA CONSCIÊNCIA NEGRA

PENSE

SE A GRAÇA É DE TODOS, QUEM É VOCÊ PARA MEDIR QUEM MERECE?

ORE

Senhor, livra-me de todo sentimento de superioridade e me ensina a enxergar cada pessoa como um irmão ou uma irmã amados por Ti. Que eu use a liberdade que recebi em Cristo para servir e compartilhar o Teu amor. Em nome de Jesus, amém.

PLANO DE LEITURA BÍBLICA

Ezequiel 7—9
Tiago 1.1-21
Salmos 133

ANOTAÇÕES

21
NOV

PENSE

SE DEUS DESSE A VOCÊ UMA CARTA BRANCA HOJE, O QUE VOCÊ PEDIRIA DURARIA PARA SEMPRE?

ORE

Senhor, dá-me um coração ensinável e cheio de discernimento para distinguir o bem do mal. Desperta-me para que eu busque a sabedoria que vem de Ti, para guiar cada decisão da minha vida. Em nome de Jesus, amém.

PLANO DE LEITURA BÍBLICA

Ezequiel 10—12.10
Tiago 1.22—2.18
Salmos 134

ANOTAÇÕES

O QUE VOCÊ ANDA PEDINDO A DEUS?

"Dá, pois, ao Teu servo um coração cheio de discernimento para governar o Teu povo e capaz de distinguir entre o bem e o mal. Pois quem pode governar este Teu grande povo?".
1Reis 3.9

Salomão foi um dos homens mais ricos da História. Tinha ouro, prata, propriedades e influência que nenhum rei antes dele havia alcançado. Mas, curiosamente, essa não foi a sua maior riqueza. O maior tesouro de Salomão foi a sabedoria. Quando Deus ofereceu a chance de pedir qualquer coisa, ele poderia ter escolhido poder, fama ou mais riquezas. Mas pediu discernimento para governar com justiça. E essa foi a melhor escolha que poderia ter feito.

Séculos depois, a tentação ainda é a mesma: correr atrás do que é visível, acumulável e, muitas vezes, descartável. O mundo diz: "junte, conquiste, tenha mais". Deus diz: "busque sabedoria". Porque o dinheiro pode acabar, a saúde pode fraquejar e as oportunidades podem passar, mas a sabedoria que vem do Alto é permanente. Ela nos ajuda a tomar decisões certas, a discernir o que é armadilha e o que é oportunidade, a viver com propósito, mesmo quando as circunstâncias não ajudam.

Por isso, entregue ao Senhor todos os seus sonhos e preocupações. Não se apegue ao que é temporário. Peça a Deus sabedoria para viver. Porque quem vive com sabedoria não se perde em excesso, não se desespera na escassez e não se corrompe no poder. E quem vive assim encontra completude e descobre que, com o Senhor, nunca falta nada.

PERMANEÇA FIRME

Contudo, quando avaliei tudo o que as minhas mãos haviam feito e o trabalho que eu tanto me esforçara para realizar, percebi que tudo foi inútil, foi correr atrás do vento; não há nenhum proveito no que se faz debaixo do sol.
ECLESIASTES 2.11

MESMO SENDO CONSIDERADO O HOMEM MAIS RICO E sábio da Bíblia, Salomão falhou. Ele tinha entendimento, mas permitiu que a complacência abrisse uma porta para a idolatria. Ao se casar com diversas mulheres estrangeiras para formar alianças políticas — algo comum entre nações pagãs —, deixou entrar em Israel o que Deus havia proibido. E o resultado foi devastador: a nação foi contaminada, e o povo se afastou do Senhor.

Infelizmente, ao ser permissivo, Salomão colocou em risco o que tinha de mais precioso: sua fidelidade a Deus. Tome cuidado! Não negocie princípios para manter alianças, evitar conflitos ou "ficar bem" com todos. O que parece uma solução inteligente hoje pode ser o início de uma ruína espiritual amanhã. Uma vez que valores são trocados por conveniência, o caminho de volta é sempre mais árduo, mais demorado e, muitas vezes, mais doloroso.

Esse é o motivo pelo qual a Bíblia nos alerta a examinarmos a nós mesmos, sem depender apenas da nossa própria inteligência ou experiência. Por mais sábio e experiente que você seja, nunca tome decisões sem consultar o Senhor. Obedeça nos detalhes, mesmo quando eles parecem insignificantes. É essa vigilância diária que mantém o justo firme até o fim.

22
NOV

PENSE

GRANDES QUEDAS COMEÇAM COM PEQUENAS CONCESSÕES.

ORE

Senhor, livra-me da complacência e das alianças que me afastam de Ti. Ensina-me a avaliar cada decisão à luz da Tua vontade e a escolher sempre a fidelidade acima de qualquer ganho. Em nome de Jesus, amém.

PLANO DE LEITURA BÍBLICA

Ezequiel 12.11—14.16
Tiago 2.19—3.12
Salmos 135.1-4

ANOTAÇÕES

23
NOV

TRÊS PASSOS PARA UMA NOVA VIDA

Então Jesus lhe disse: "Levante-se! Pegue a sua maca e ande". Imediatamente o homem ficou curado, pegou a maca e começou a andar. Isso aconteceu num sábado [...].
João 5.8-9

Não é preciso muito para alcançarmos nova vida em Cristo. O paralítico de Betesda estava havia 38 anos preso à mesma condição, esperando um milagre que, aos olhos humanos, só viria de um jeito: alguém precisaria colocá-lo na água agitada. Mas quando Jesus o encontra, a resposta é outra: "Levante-se, pegue a sua maca e ande". Três comandos. Três passos. Para o homem, parecia impossível, porque o pedido tocava exatamente na sua maior limitação. E é assim também conosco: muitas vezes, a transformação começa quando Cristo nos pede algo que parece muito maior do que a nossa capacidade.

O desafio está em nos movermos justamente nas áreas em que nos sentimos mais incapazes. Aos nossos olhos, pode parecer impossível, mas aos olhos de Deus é o caminho para o milagre. Quando damos passos de fé, Ele se faz presente, honra nossa obediência e transforma limitações em testemunhos.

O Senhor nunca falha conosco, mas nós precisamos ser ousados o suficiente para obedecer, mesmo quando não parece lógico. Não se prenda ao que você não pode; foque no que Deus mandou fazer. Ouça a voz de Cristo e aja. Cada passo de fé abre espaço para que milagres aconteçam, e o seu testemunho impactará mais vidas do que você imagina.

PENSE

O PROBLEMA NÃO É A SUA LIMITAÇÃO, É TALVEZ O SEU APEGO A ELA.

ORE

Senhor, dá-me coragem para obedecer, mesmo quando o que pedes parece impossível. Ensina-me a confiar na Tua palavra e a dar passos de fé, crendo que o Teu poder transforma limitações em testemunhos. Em nome de Jesus, amém.

PLANO DE LEITURA BÍBLICA

Ezequiel 14.17—16.43
Tiago 3.13—4
Salmos 135.5-12

ANOTAÇÕES

APARÊNCIA NÃO RESOLVE NADA

Vendo uma figueira à beira do caminho, aproximou-se dela, mas nada encontrou, a não ser folhas. Então lhe disse: "Nunca mais dê frutos!" Imediatamente a árvore secou.
MATEUS 21.19

JESUS VIU UMA FIGUEIRA DE LONGE. A ÁRVORE ESTAVA cheia de folhas, parecia promissora. Mas quando Ele chegou perto, percebeu que não havia fruto nenhum. Só folha. Nada que servisse para alimentar alguém. A reação de Jesus foi imediata: Ele a descartou. Não por capricho, mas porque algo que ocupa espaço, consome recursos, dá aparência de vida e produtividade, mas não entrega nada, acaba se tornando inútil.

Essa cena traz uma questão à tona: quantas coisas em nossa vida estão exatamente assim? Só bonitas por fora. Pode ser um projeto que já perdeu o sentido, mas que você insiste em manter porque tem medo de admitir que acabou. Uma rotina lotada de compromissos para parecer produtivo. Um estilo de vida mantido só para impressionar os outros, mesmo que esteja afundando você em dívidas. Viver de aparência é desgastante, exige manutenção toda hora e, no fim, não dá em nada.

Jesus não estava preocupado com a estética da figueira. O problema foi a distância entre o que a árvore mostrava e o que ela realmente oferecia. Às vezes, é preciso ter a coragem de fazer a mesma leitura sobre a nossa vida: o que está ocupando tempo e espaço, mas não serve para nada? É nesse momento que aprendemos a podar o que é só folha e preservar o que realmente gera fruto. Nem tudo que parece vivo de fato tem valor.

24 NOV

PENSE

VOCÊ NÃO FOI CHAMADO PARA SER UM ENFEITE, MAS PARA GERAR FRUTOS QUE PERMANECEM.

ORE

Senhor, não quero viver de aparências, quero dar frutos que Te glorifiquem. Corta de mim o que é só folha e mantém em mim apenas o que produz vida em Ti. Em nome de Jesus, amém.

PLANO DE LEITURA BÍBLICA

Ezequiel 16.44–18.13
Tiago 5
Salmos 135.13-21

ANOTAÇÕES

25
NOV

PENSE

NÃO ADIANTA SONHAR ALTO SE VOCÊ DESISTE NO PRIMEIRO CONTRATEMPO.

ORE

Senhor, ensina-me a permanecer no Teu caminho e a valorizar cada processo. Que minha disciplina seja guiada pela Tua Palavra e minha perseverança produza frutos que Te glorifiquem. Em nome de Jesus, amém.

PLANO DE LEITURA BÍBLICA

Ezequiel 18.14–20.29
1Pedro 1.1-21
Salmos 136.1-3

ANOTAÇÕES

NUNCA PARE DE SONHAR

Não deixe de falar as palavras deste Livro da Lei e de meditar nelas de dia e de noite, para que você cumpra fielmente tudo o que nele está escrito. Só então os seus caminhos prosperarão e você será bem-sucedido.
Josué 1.8

Todos querem ter uma vida próspera, mas poucos estão dispostos a ir até o fim. Sonhar é fácil; persistir é que é raro. Hoje, vemos cada vez mais pessoas que começam cheias de entusiasmo, mas no primeiro obstáculo pensam em desistir. O problema é que prosperidade não vem para quem vive de arrancadas curtas.

Prosperidade é fruto de constância. É seguir no caminho, mesmo quando o progresso parece lento demais. É continuar estudando, trabalhando, investindo e acreditando, mesmo que os resultados ainda não apareçam. Os sonhos não se realizam por acaso; eles se tornam realidade quando se transformam em disciplina diária. A diferença entre quem chega e quem para no meio do caminho está na capacidade de manter o foco até o fim.

Também é importante entender que o sucesso não acontece de um dia para o outro. Cada avanço é resultado de pequenas ações acumuladas ao longo do tempo. Quem aprende a valorizar os processos e a lidar com as fases difíceis tem mais chances de chegar aonde quer. É nessa perseverança que os sonhos deixam de ser apenas ideias e se transformam em conquistas concretas. Quem não para diante dos obstáculos inevitavelmente alcança resultados que os mais apressados nunca verão.

COMPAIXÃO QUE ULTRAPASSA BARREIRAS

26
NOV

Portanto, não julguem nada antes da hora devida; esperem até que o Senhor venha. Ele trará à luz o que está oculto nas trevas e manifestará as intenções dos corações. Nessa ocasião, cada um receberá de Deus a sua aprovação.
1Coríntios 4.5

AQUILO QUE FALAMOS TEM O PODER DE DESTRUIR OU edificar uma pessoa. O problema é que somos rápidos para julgar o que o outro pensa ou faz, mas lentos para considerar que, na mesma situação, talvez nossas atitudes e sentimentos não fossem tão diferentes. É por isso que, hoje mais do que nunca, a compaixão se faz necessária.

Enquanto esteve aqui, Jesus foi o maior exemplo de compaixão. Mesmo em toda a sua perfeição e santidade, Ele estendeu graça e misericórdia àqueles que eram considerados os piores pecadores. Isso aconteceu diversas vezes: quando escolheu ir à casa de Zaqueu, um cobrador de impostos rejeitado por todos; ou quando defendeu a mulher adúltera que, segundo a Lei, deveria ser apedrejada.

Quando lembramos que nós mesmos somos alvos dessa mesma graça, ganhamos uma nova perspectiva sobre as pessoas. Passamos a ouvir antes de criticar, a oferecer ajuda antes de condenar e a buscar restaurar em vez de destruir. Afinal, estávamos longe de merecer o amor de Cristo, e ainda assim Ele escolheu nos amar.

PENSE

ANTES DE JULGAR, LEMBRE-SE: VOCÊ TAMBÉM PRECISOU DA GRAÇA QUE NÃO MERECIA.

ORE

Senhor, ajuda-me a refrear o julgamento apressado e a agir com a compaixão que recebi de Ti. Que minhas palavras e atitudes tragam restauração, e não condenação. Em nome de Jesus, amém.

PLANO DE LEITURA BÍBLICA

Ezequiel 20.30—22.5
1Pedro 1.22—2.17
Salmos 136.4-22

ANOTAÇÕES

27
NOV

RIQUEZA VS. PROSPERIDADE

Na casa do sábio há comida e azeite armazenados, mas o tolo devora tudo o que pode.
Provérbios 21.20

PENSE

DEUS NÃO PEDIU QUE VOCÊ SE SENTISSE CAPAZ, MAS QUE FOSSE FIEL AO QUE RECEBEU.

ORE

Senhor, livra-me do medo que paralisa e me ensina a investir fielmente o que Tu confiaste a mim. Ajuda-me a ser prudente e generoso, alguém consciente de que tudo vem das Tuas mãos. Em nome de Jesus, amém.

PLANO DE LEITURA BÍBLICA

Ezequiel 22.6–23.30
1Pedro 2.18–3.12
Salmos 136.23-26

ANOTAÇÕES

Muitos confundem prosperidade com riqueza, pensando que são a mesma coisa, mas, na verdade, a verdadeira prosperidade vai muito além do acúmulo de bens materiais. Ser próspero é transbordar aos outros aquilo que geramos a partir do nosso esforço. Mais que isso, consiste em reconhecer que nada do que temos provém da nossa própria capacidade. Afinal, se não fosse a mão de Deus, nada teríamos.

Se desejamos prosperar, porém, não podemos nos acanhar. Precisamos continuar semeando e plantando, agindo com prudência e ousadia. Muitos não alcançam o verdadeiro sucesso porque não conseguem se livrar do medo e não têm consciência da preciosidade daquilo que Deus entregou. Lembre-se da parábola dos talentos: enquanto os dois primeiros servos se empenharam em multiplicar o que receberam, o terceiro, por medo, enterrou o talento até a volta do seu senhor.

Não enterre o que Deus confiou a você. Antes, seja fiel e responsável em investir tudo o que tem. Pouco importa o quanto você não se sente digno ou capaz; o Senhor não está preocupado com isso. Para Deus, o que mais interessa é a disposição do seu coração. Somente assim você entenderá o significado da verdadeira prosperidade.

MAS JÁ SE ACOMODOU?

28
NOV

Quando Abrão estava com noventa e nove anos de idade o Senhor lhe apareceu e disse: "Eu sou o Deus todo-poderoso; ande segundo a minha vontade e seja íntegro".
Gênesis 17.1

Abrão já tinha vivido muita coisa. Aos 99 anos de idade, qualquer um diria: "Esse homem já viu o que tinha de ver". Mas aí Deus aparece e diz: "Ande segundo a minha vontade e seja íntegro". Tradução? Ainda tem chão para percorrer. Ainda tem o que mudar.

A maioria de nós sonha em chegar a um ponto onde as coisas finalmente se estabilizam. Um lugar onde você "acerta o passo", acumula experiência, ganha respeito, entende como as coisas funcionam e pronto. Menos tensão, menos cobrança, menos recomeços. Mas essa ideia não existe na realidade. Você pode ter um bom casamento e ainda ter de aprender a pedir perdão. Pode ter anos de profissão e precisar reaprender tudo por causa de uma mudança de mercado. Pode servir a Deus há décadas e, de repente, perceber que Ele está apontando algo que você ignorava há anos.

A vida não se resolve com o tempo. Às vezes, o tempo só acumula camadas, e você terá de lidar com todas elas de novo, só que com mais consciência. Você pode ter 30, 40, 60 ou 99: ainda há espaço para ser desafiado. Porque o que seca a alma não é o esforço, é o tédio de achar que nada mais pode mudar. A pergunta não é "quanto tempo falta?", mas "o que ainda preciso encarar, mesmo achando que já deveria ter superado isso?".

PENSE

A MAIOR BARREIRA PARA O NOVO DE DEUS É VOCÊ ACHAR QUE JÁ VIU TUDO.

ORE

Senhor, não quero estagnar. Mesmo com os anos que já vivi, ensina-me a andar na Tua vontade, a mudar o que precisa ser mudado e a permanecer íntegro diante de Ti. Em nome de Jesus, amém.

PLANO DE LEITURA BÍBLICA

Ezequiel 23.31—25.14
1Pedro 3.13—4.11
Salmos 137

ANOTAÇÕES

29
NOV

CHEGA DE SE LIMITAR

Todos os caminhos do Senhor são amor e fidelidade para com os que cumprem os preceitos da Sua aliança.
Salmos 25.10

PENSE

SE DEUS NÃO DESISTIU DE VOCÊ, POR QUE VOCÊ DECIDIU DESISTIR?

ORE

Senhor, quebra os limites que eu mesmo coloco e me ensina a confiar no Teu tempo. Que eu não me prenda à idade ou circunstâncias, mas descanse na Tua fidelidade que nunca falha. Em nome de Jesus, amém.

PLANO DE LEITURA BÍBLICA

Ezequiel 25.15–27
1Pedro 4.12–5
Salmos 138

ANOTAÇÕES

É muito comum ouvir as pessoas falando coisas como "não tenho mais idade para isso" quando se referem a questões que parecem perdidas. Colocamos um prazo de validade para o que desejamos, e quando o tempo que imaginamos passa, nós nos convencemos de que não vale mais a pena tentar. É como quem decide que só pode mudar de carreira até os 30 anos, ou que só pode se casar até determinada idade, ou que já passou da hora de aprender algo novo. Mas Deus não segue nossos cronogramas. Ele não olha para sua certidão de nascimento para decidir o que ainda pode fazer.

Na Bíblia, vemos diversos exemplos de homens e mulheres que precisaram abandonar suas próprias expectativas para viver o que Deus tinha preparado. Abraão e Sara já eram idosos quando tiveram o filho prometido. Moisés foi chamado para libertar Israel aos 80 anos. Ana esperou por anos até que Deus lhe concedesse Samuel. Todos eles tinham motivos para acreditar que "o tempo tinha passado", mas escolheram confiar no Senhor.

Entregue tudo nas mãos de Deus e descanse. Confie que há um tempo certo para tudo e que o Senhor não está atrasado. Não se limite pelo que as pessoas dizem ou pelo que sua lógica humana afirma. O Senhor não é homem para mentir, e a fidelidade d'Ele vai até o fim.

VOCÊ SE ESCONDERÁ OU CRESCERÁ?

30 NOV

Vocês todos são filhos da luz, filhos do dia. Não somos da noite nem das trevas. Portanto, não durmamos como os demais, mas estejamos atentos e sejamos sóbrios [...].
1Tessalonicenses 5.5-6

Quando estamos confortáveis, não há tempo ruim. É fácil sorrir quando tudo coopera, mas o conforto prolongado é terreno fértil para a estagnação. O crescimento vem no atrito, no desafio e, muitas vezes, no desconforto. É quando precisamos tomar decisões difíceis, lidar com pessoas que pensam diferente ou enfrentar situações fora do controle que nossa fé é lapidada. Filhos da luz não podem viver como se estivessem adormecidos no meio das trevas.

Não existe zona neutra no Reino. Ou você cumpre a Palavra de Deus, ou se perde no comodismo. O zelo pelo Reino exige atenção e prontidão, mesmo quando isso significa abrir mão de tempo, descanso ou planos pessoais para obedecer à direção de Deus. É como parar para ouvir alguém que precisa desabafar, mesmo com a agenda cheia; servir em algo que ninguém quer fazer; ou permanecer firme quando todos à sua volta parecem desistir. A prioridade é ver Deus reinando aqui e agora.

Você não pode viver com medo das críticas ou do desconforto. Quem teme ser confrontado prefere se esconder, mas quem é filho maduro entende que o confronto molda e fortalece. Permita que Deus alinhe sua mente e seu coração, para que cada dia você se pareça mais com Cristo. Mantenha-se alerta. Não dê sossego aos seus olhos até ver o avanço do Reino. É no desconforto que a sua fé prova que está viva.

PENSE

SE VOCÊ SÓ OBEDECE QUANDO É FÁCIL, ESTÁ ESCOLHENDO FICAR ESPIRITUALMENTE FRACO.

ORE

Senhor, livra-me do comodismo e mantém meus olhos abertos para o que Tu estás fazendo. Dá-me coragem para agir no desconforto e firmeza para permanecer fiel até o fim. Em nome de Jesus, amém.

PLANO DE LEITURA BÍBLICA

Ezequiel 28—30.9
2Pedro 1
Salmos 139.1-6

ANOTAÇÕES

O DEUS QUE GUIOU VOCÊ ATÉ AQUI, JÁ PREPAROU O CAMINHO PARA O QUE VEM PELA FRENTE.

DEZEMBRO

1º DEZ

TUDO SOB CONTROLE?

Em tudo seja você mesmo um exemplo para eles, fazendo boas obras. Em seu ensino, mostre integridade e seriedade; use linguagem sadia, contra a qual nada se possa dizer, para que aqueles que se opõem a você fiquem envergonhados por não poderem falar mal de nós.
TITO 2.7-8

PENSE

QUEM NÃO DOMINA A SI MESMO VIVE SENDO DOMINADO POR QUALQUER COISA.

ORE

Senhor, reconheço que não controlo todas as coisas, mas posso escolher minhas atitudes. Ajuda-me a viver com domínio próprio e a refletir o Teu caráter em cada gesto e palavra. Em nome de Jesus, amém.

PLANO DE LEITURA BÍBLICA

Ezequiel 30.10—32.23
2Pedro 2
Salmos 139.7-16

ANOTAÇÕES

NO MUNDO EM QUE VIVEMOS, CORREMOS ATRÁS DE controlar tudo e surtamos quando não conseguimos. Estamos tão viciados em termos respostas rápidas e a vida sob medida que não sabemos lidar com o imprevisível. Achamos que se o cenário sair do roteiro, a vida acabou. Mas a verdade é que o controle total é uma ilusão; o que realmente temos nas mãos é mínimo.

No entanto, o Senhor nos ensina que, ainda que não possamos ter total domínio sobre as circunstâncias, temos a capacidade de controlar a nós mesmos. Precisamos agir de forma exemplar, mesmo quando tudo parecer fora dos trilhos. Ser um exemplo de boas obras não significa que você precisa ser perfeito, mas que deve ser equilibrado em suas atitudes.

O domínio próprio é descrito como parte do fruto do Espírito, não como um acessório opcional. Se você carrega o nome de Cristo, precisa parar de representar mal o Reino. Não se trata de bancar o religioso engomado, mas de ter a consciência de que suas atitudes falam mais alto que seus discursos. Você representa o Rei dos reis; então, não aja como quem vive sem Rei e sem lei.

SAIBA COM QUEM DESABAFAR

Derramo diante d'Ele o meu lamento; a Ele apresento a minha angústia. Quando o meu espírito desanima, és Tu quem conhece o caminho que devo seguir. [...]
SALMOS 142.2-3

02
DEZ

SE VOCÊ COLOCASSE UMA MOEDA EM UM COFRE TODA vez que reclamasse, talvez já estivesse rico, não? É impressionante como a gente gasta energia com palavras que não mudam nada. Reclamar até pode aliviar por um instante, mas raramente resolve alguma coisa. Existe o momento, o lugar e, principalmente, a pessoa certa para ouvir seu desabafo.

Não queira fazer de suas queixas um hábito, porque murmuração é como mofo: espalha rápido e deixa tudo com cheiro ruim. Quem vive reclamando não só estraga o próprio dia, mas também o de quem está por perto. A murmuração não é apenas um ruído; é um veneno que corrói a esperança. E, vamos combinar, ninguém quer ficar perto de alguém que só reclama.

Se você se encontrar em situações difíceis e sentir que precisa desabafar, vá primeiro ao único que pode realmente fazer algo a respeito: Deus. Ele terá as soluções que você precisa e poderá colocar em seu caminho pessoas com quem você poderá contar quando tudo parecer dar errado. Você não precisa reprimir o que sente, mas pode aprender a agir com sabedoria, entendendo com quem, onde e quando trazer à tona o que o incomoda.

PENSE

SE VOCÊ ORASSE O TANTO QUE RECLAMA, TALVEZ JÁ TIVESSE UM TESTEMUNHO PARA CONTAR.

ORE

Senhor, em vez de gastar minha energia com murmurações, ensina-me a derramar diante de Ti minhas dores, pois só Tu tens resposta para minhas angústias e direção para meus passos. Em nome de Jesus, amém.

PLANO DE LEITURA BÍBLICA

Ezequiel 32.24–34.16
2Pedro 3
Salmos 139.17-24

ANOTAÇÕES

03
DEZ

O QUE FAZER COM TANTO AMOR?

O SENHOR sentiu o aroma agradável e disse a Si mesmo: "Nunca mais amaldiçoarei a terra por causa do homem [...]. Enquanto durar a terra, plantio e colheita, frio e calor, verão e inverno, dia e noite jamais cessarão".
GÊNESIS 8.21-22

JÁ SABEMOS QUE DEUS NOS AMA INCONDICIONALMENTE. A pergunta que não quer calar é: o que você faz com essa informação? Muita gente trata a graça como um passe livre para viver como quiser e depois "acertar a conta" com um pedido de perdão. Só que ser alvo do amor de Deus não é desculpa para viver do seu jeito.

O pecado não é um acidente; é uma escolha. E, sim, você tem liberdade para escolher, mas também terá de encarar as consequências. A geração de Noé também achava que podia viver sem limites, até a porta da arca se fechar. Noé decidiu ser fiel quando todo mundo escolhia o oposto. E o que aconteceu? Ele e sua família foram poupados do dilúvio.

Hoje, você não precisa se preocupar com outro dilúvio. Afinal, Deus enviou Jesus para que pudesse ser salvo. Mas a decisão de permanecer fiel ainda está na sua mesa. Não se contente em ser mais um na multidão. Seja a exceção que honra a presença do Senhor. Você é prova viva do amor e da graça d'Ele. Então, viva como alguém que entendeu o privilégio que carrega, não para ser amado, mas porque já é amado.

PENSE

VOCÊ PREFERIRIA SER POUPADO COMO NOÉ OU SE AFOGAR COM A MULTIDÃO?

ORE

Senhor, obrigado porque o Teu amor não muda. Ensina-me a não usar Tua graça como desculpa, mas como força para viver em fidelidade, para sempre honrar o Teu nome com minhas atitudes. Em nome de Jesus, amém.

PLANO DE LEITURA BÍBLICA

Ezequiel 34.17—36.28
1João 1—2.11
Salmos 140.1-5

ANOTAÇÕES

MUDE AGORA, NÃO NO DIA 1º

Quanto à antiga maneira de viver, vocês foram ensinados a despir-se do velho homem, que se corrompe por desejos enganosos, a serem renovados no modo de pensar e a revestir-se do novo homem, criado para ser semelhante a Deus em justiça e em santidade provenientes da verdade.
EFÉSIOS 4.22-24

O ÚLTIMO MÊS DO ANO CHEGOU, E TALVEZ VOCÊ SINTA que ainda não se livrou dos hábitos ruins que prometeu abandonar em janeiro. Talvez nem metade da lista tenha sido riscada. E aí? Vai esperar mais um dia 1º para fazer o que já deveria ter feito? A mudança começa quando você decide parar de negociar com a própria preguiça. E se você quer mesmo mudar, o momento é agora.

De acordo com pesquisas do Instituto de Tecnologia de Massachussetts, um hábito é formado pelos estímulos que recebemos em nosso cérebro, que nos informam sobre uma necessidade; e pelo que fazemos, que se transforma em uma rotina à medida que somos recompensados por essas ações, gerando novos estímulos.[1] Cabe a nós vencermos a preguiça e examinarmos a nós mesmos para que nossa rotina seja transformada.

Não importa sua idade e as condições em que você se encontra, sempre existe uma nova chance de mudar. Reavalie o que suga sua força e entregue nas mãos de Deus, não como quem joga problema no colo d'Ele para Ele "se virar", mas como quem se dispõe a agir. Não espere a virada do ano. Desfrute hoje do que o Senhor já reservou para você.

1 MASSACHUSETTS INSTITUTE OF TECHNOLOGY. Habit formation appears to be an innate ability, fine-tuned by experience. *ScienceDaily*, 27 out. 2010. Disponível em: https://www.sciencedaily.com/releases/2010/10/101027152609.htm. Acesso em: 13 ago. 2025.

04
DEZ

PENSE

SE VOCÊ NÃO MUDA HOJE, O QUE FAZ VOCÊ PENSAR QUE MUDARÁ NA VIRADA DO ANO?

ORE

Senhor, não quero adiar a mudança que Tu já me chamaste a viver. Renova minha mente, ajuda-me a deixar os velhos hábitos e a me revestir do novo homem, que reflete a Tua justiça e santidade. Em nome de Jesus, amém.

PLANO DE LEITURA BÍBLICA

Ezequiel 36.29—38
1João 2.12-29
Salmos 140.6-13

ANOTAÇÕES

05
DEZ

VOCÊ PODE SER LIVRE

Agora, pois, não se aflijam nem se recriminem por terem me vendido para cá, pois foi para salvar vidas que Deus me enviou adiante de vocês.
GÊNESIS 45.5

SEMPRE HAVERÁ PESSOAS DIFÍCEIS, E MÁGOAS FAZEM parte do pacote chamado vida. Não tem como escapar de ser ferido, mas você decide o que fazer com a ferida. Ou ela vira uma raiz de amargura que contamina tudo, ou vira um testemunho de superação. A Bíblia está cheia de gente que precisou escolher entre viver presa ao ressentimento e caminhar em liberdade.

A história de José é uma prova disso. Anos depois de ser vendido como escravo por seus irmãos, ele teve a oportunidade perfeita para "dar o troco". Só que, em vez de se vingar, ele perdoou. Ou seja, ele decidiu não ser escravo do ódio.

Você também pode decidir como reagirá ao que fizeram com você. Já adianto que guardar mágoas não o levará a lugar algum. Pelo contrário, apenas o manterá preso ao passado. Então, por mais difícil que seja, escolha o caminho do perdão, estenda graça a quem o feriu e se liberte. Com certeza, quando fizer isso, sua vida mudará por completo.

PENSE

NINGUÉM CURA FERIDA NENHUMA CUTUCANDO O MACHUCADO TODOS OS DIAS.

ORE

Senhor, tira do meu coração todo peso da amargura, dá-me coragem para perdoar e seguir livre, transforma em vitória aquilo que tentaram usar contra mim e faz da minha vida um reflexo do Teu amor. Em nome de Jesus, amém.

PLANO DE LEITURA BÍBLICA

Ezequiel 39—40.27
1João 3
Salmos 141.1-7

ANOTAÇÕES

VOCÊ PENSA COMO DEUS OU COMO O MUNDO?

Se o sábio lhes der ouvidos, aumentará seu conhecimento, e quem tem discernimento obterá orientação para compreender provérbios e parábolas, ditados e enigmas dos sábios.
Provérbios 1.5-6

Nossos pensamentos, sentimentos e reações estão tão conectados que não dá para separar um do outro. O que entra na mente mexe com as emoções, e o que mexe com as emoções define as atitudes. É por isso que precisamos vigiar o que permitimos entrar em nossa cabeça. Tudo o que você cultiva cresce.

Os pensamentos mais frequentes são os que moldam quem você se torna. Se você se cerca de gente que vive reclamando e puxando para baixo, não se surpreenda se, daqui a pouco, estiver pensando e agindo igual. Mas se encher a mente com o que Deus diz sobre você e guardar a Palavra no coração, terá força para resistir a qualquer ataque. Sua mente é campo de batalha, mas também pode ser um terreno fértil, depende do que você planta.

A verdadeira sabedoria está em alinhar sua mente com os pensamentos de Deus. Só assim você poderá, de fato, crescer em cada área da sua vida e viver como alguém que sabe que é mais que vencedor em Cristo. Portanto, seja seletivo com o que você consome e, antes de tudo, preocupe-se em agradar ao Senhor e conhecer o que Ele pensa e planejou para você.

PENSE

QUEM PENSA COMO DEUS PENSA VIVE COMO DEUS QUER.

ORE

Senhor, guarda a minha mente em Ti. Ajuda-me a rejeitar pensamentos que me afastam da Tua vontade e a cultivar a sabedoria da Tua Palavra, para que minhas atitudes revelem quem Tu és em mim. Em nome de Jesus, amém.

PLANO DE LEITURA BÍBLICA

Ezequiel 40.28—42.9
1João 4
Salmos 141.8-10

ANOTAÇÕES

A LEI E A LIBERDADE

07
DEZ

Mas o homem que observa atentamente a lei perfeita, que traz a liberdade, e persevera na prática dessa lei, não esquecendo o que ouviu mas praticando-o, será feliz naquilo que fizer.
TIAGO 1.25

HÁ QUEM ACREDITE QUE SER CRISTÃO É O MESMO QUE viver aprisionado. A verdade é que você é livre e pode, sim, fazer o que bem entender. Contudo, a Bíblia é bem clara sobre o que agrada a Cristo ou não. E uma vez que somos salvos por Ele, este precisa ser o nosso maior anseio: fazer o que agrada ao Senhor.

Jesus não veio à Terra para Se opor à Lei, mas para trazer a graça de Deus. Ele disse que quem observa e ensina os mandamentos do Senhor será considerado grande no Reino de Deus. Como filhos, não cumprimos o que o Senhor ordena por medo ou religiosidade, mas porque o amamos e desejamos agradá-lo. É uma resposta natural que parte da nossa gratidão.

Isso é o que Cristo espera de você. Vá até Ele não à força, mas de forma voluntária e espontânea. A obediência e a liberdade caminham lado a lado à medida que você ganha uma nova compreensão do amor de Deus. Você é livre quando aprende a renunciar àquilo que não o agrada e passa a se dedicar totalmente a Ele.

PENSE

VOCÊ NÃO É LIVRE PARA FAZER O QUE QUER, MAS PARA FAZER O QUE AGRADA A DEUS.

ORE

Senhor, ensina-me a viver a liberdade que a Tua Palavra traz. Que minha obediência seja fruto do amor e da gratidão que sinto por Ti e que cada escolha revele meu desejo de agradar ao Teu coração. Em nome de Jesus, amém.

PLANO DE LEITURA BÍBLICA

Ezequiel 42.10—44.19
1João 5
Salmos 142

ANOTAÇÕES

COMO CRIANÇAS

[...] e disse: "Eu asseguro que, a não ser que vocês se convertam e se tornem como crianças, jamais entrarão no Reino dos céus. Portanto, quem se faz humilde como esta criança, este é o maior no Reino dos céus".
MATEUS 18.3-4

JESUS INSTRUIU SEUS DISCÍPULOS A SEREM COMO CRIANÇAS se quisessem entrar no Reino de Deus. Quem observa uma criança percebe que ela depende totalmente de quem cuida dela. Uma infância saudável é marcada pela certeza de que, mesmo se algo der errado, alguém (normalmente, os pais) estará lá para ajudar. Uma criança não perde tempo calculando se o pai a buscará na escola ou se a mãe preparará a próxima refeição.

Ao contrário do que muitos pensam, ser como criança não é viver de forma inconsequente, achando que tudo se resolve sozinho. A Bíblia diz para sermos prudentes como serpentes e simples como pombas. Devemos entender como o mundo funciona, tomar decisões responsáveis, pagar as contas, cumprir prazos e planejar o futuro, sem perder a fé de que Deus está cuidando de nós.

Você pode, e deve, viver os seus dias com leveza. E leveza não é ausência de compromisso, é ausência de peso desnecessário. Não se prenda à culpa que Deus já perdoou nem carregue cobranças que Ele nunca colocou sobre você. Dependa do Senhor para tudo, mas permaneça fiel ao que Ele colocou nas suas mãos. E mesmo que alguém ache que sua fé é ingenuidade, continue acreditando: seu Pai está à sua frente, abrindo o caminho.

08
DEZ

PENSE

VIVER COMO ADULTO NÃO SIGNIFICA VIVER SEM DEPENDER DO PAI.

ORE

Senhor, ensina-me a depender de Ti como uma criança depende do pai. Ajuda-me a viver com leveza e confiança, sem carregar pesos que não vêm de Ti, mas permanecendo fiel ao que colocaste em minhas mãos. Em nome de Jesus, amém.

PLANO DE LEITURA BÍBLICA

Ezequiel 44.20–46
2João 1
Salmos 143.1-6

ANOTAÇÕES

09
DEZ

NÃO SEJA LEVADO PELO VENTO

Peça-a, porém, com fé, sem duvidar, pois aquele que duvida é semelhante à onda do mar, levada e agitada pelo vento.
TIAGO 1.6

Os princípios pelos quais devemos viver já estão todos escritos na Bíblia. Não tem código secreto, não tem "revelação exclusiva" para um grupo privilegiado. Está lá, preto no branco. O problema é que muita gente prefere tentar negociar valores para ter uma vida mais confortável. Outros nem abrem a Bíblia, vivem de versículo fora de contexto e frases de efeito para justificar seu estilo de vida.

A Palavra declara que por falta de conhecimento o povo perece. Isso significa que não é só "bonito" conhecer a Bíblia, é questão de sobrevivência espiritual. Se somos filhos de Deus, precisamos nos aprofundar no conhecimento de quem Ele é. E não existe nada melhor para isso do que a leitura diária da Palavra. Esse é o pão de cada dia, não um enfeite espiritual para domingos à noite.

Quando passamos tempo meditando na Palavra, pedindo que Deus revele a Sua vontade, recebemos direção. E quando isso acontece, não temos mais desculpas. Não dá mais para ser levado pelo vento de ideologias que se opõem aos princípios do Senhor. Conhecer a verdade exige uma resposta: viver na convicção de quem Deus é e obedecer à vontade d'Ele. Porque, depois que a luz acende, a gente não tem mais como fingir que está no escuro.

PENSE

SE VOCÊ NÃO SABE EM QUE CRÊ, QUALQUER VENTO ARRASTARÁ VOCÊ.

ORE

Senhor, dá-me fome pela Tua Palavra. Que eu não viva de achismos ou desculpas, mas permaneça firme na verdade que revelaste, sem me deixar levar pelo vento da dúvida. Em nome de Jesus, amém.

PLANO DE LEITURA BÍBLICA

Ezequiel 47—48
3João 1
Salmos 143.7-12

ANOTAÇÕES

NÃO VIVA DE CONQUISTAS

10
DEZ

Então lhes disse: "Cuidado! Fiquem de sobreaviso contra todo tipo de ganância; a vida de um homem não consiste na quantidade dos seus bens".
LUCAS 12.15

NA VIDA, SOMOS PRESSIONADOS DE MUITAS FORMAS. Parece que existe uma cartilha invisível dizendo que temos de ter a família perfeita, uma carreira de sucesso, um círculo social sempre ativo e dinheiro sobrando. Quando somos dominados por cobranças como essas, acabamos vivendo no modo "corrida eterna", sempre tentando alcançar a próxima meta. Como consequência, não aproveitamos o que já temos e passamos a medir nossa vida pelo que ainda falta.

A verdade é que nada do que conquistarmos será capaz de preencher o vazio que só Cristo pode preencher. Você pode se formar na melhor universidade, ser promovido no trabalho, comprar um apartamento dos sonhos, ter milhares de seguidores e uma agenda cheia de eventos. Ainda assim, perceberá que algo continua faltando. Jesus não é só mais uma opção ou um "*plus*" para uma vida já confortável; Ele é o único caminho para a vida. Antes de buscar qualquer outra coisa, busque a presença d'Ele, porque é n'Ele que se encontra o sentido de tudo.

Você não precisa de uma vida perfeita para viver feliz. Não precisa ter o carro do ano, o passaporte cheio de carimbos ou a casa capa de revista para se sentir realizado. O que você realmente precisa é construir uma vida sólida em Cristo. Qualquer outra conquista parecerá pequena diante do privilégio que é acordar e saber que Jesus caminha com você.

PENSE

UMA VIDA CHEIA DE CONQUISTAS É MISERÁVEL SE CRISTO NÃO FOR O CENTRO DE TUDO.

ORE

Senhor, livra-me da ganância e da busca incessante por mais. Ensina-me a encontrar contentamento em Ti e a valorizar o privilégio de caminhar Contigo todos os dias. Em nome de Jesus, amém.

PLANO DE LEITURA BÍBLICA

Daniel 1—2.35
Judas 1
Salmos 144.1-4

ANOTAÇÕES

11
DEZ

COMEÇAR É FÁCIL, TERMINAR É BOM. E O MEIO?

[...] pois passamos a ser participantes de Cristo, desde que, de fato, nos apeguemos até o fim à confiança que tivemos no princípio.
HEBREUS 3.14

COMEÇAR COSTUMA SER FÁCIL. É A FASE EM QUE TUDO parece possível, cheia de expectativa e até romantização das dificuldades. O fim, quando chega, traz um senso de vitória: você concluiu um curso, terminou um projeto, alcançou uma meta, fechou um ciclo. Mas ninguém fala muito sobre o meio. É quando o entusiasmo já foi embora, mas o resultado ainda não apareceu. Nada é novo, mas nada está resolvido. Nesse ponto, muita gente pensa em desistir ou até tenta voltar ao ponto de partida. O pensamento é sempre o mesmo: "Se está tão difícil assim, talvez tenha escolhido errado". Mas não é verdade.

O cansaço no meio de um caminho não significa que você errou. Na maioria das vezes, só mostra que você entrou na parte mais real da caminhada, aquela em que a constância vale mais do que a empolgação. É no meio que você aprende a revisar o conteúdo da prova mesmo sem vontade, a manter o compromisso de cuidar da saúde mesmo sem ver resultados rápidos, a investir no casamento mesmo sem o encanto dos primeiros dias. A verdade é que nenhum ciclo vale apenas pelo ânimo do início ou pela glória do fim. O que acontece entre um ponto e outro é o que, de fato, molda você. Por isso, nos dias em que nada parece especial, em que tudo parece comum demais, lembre-se de que continuar já é o suficiente.

PENSE

É NO MEIO QUE VOCÊ PROVA SE ACREDITA MESMO OU SÓ GOSTA DA IDEIA DE ACREDITAR.

ORE

Senhor, quando o meio da caminhada me cansar e o entusiasmo não existir mais, ajuda-me a permanecer firme e a lembrar que a constância molda quem sou diante de Ti. Em nome de Jesus, amém.

PLANO DE LEITURA BÍBLICA

Daniel 2.36—4.12
Apocalipse 1
Salmos 144.5-10

ANOTAÇÕES

SE VOCÊ QUISER CRESCER...

"Acaso faço chegar a hora do parto e não faço nascer?", diz o Senhor. "Acaso fecho o ventre, sendo que eu faço dar à luz?", pergunta o seu Deus.
Isaías 66.9

Crescer dói. Se você olhar para as histórias bíblicas, verá que os grandes homens e mulheres de Deus não chegaram aonde chegaram por acaso. Todos foram testados, moldados e, muitas vezes, quebrados antes de serem usados. E quase todas essas histórias começaram em cenários nada confortáveis. Mas há uma boa notícia: cada provação possui um porquê.

Assim como as dores de parto precedem o nascimento de um bebê, na vida, bons frutos quase sempre brotam de lugares de dor. É como quando você muda de cidade sem conhecer ninguém ou perde um emprego e precisa se reinventar. Quando o desconforto aperta e parece que não aguentaremos mais, é aí que precisamos nos lembrar das promessas do Senhor. É no "quase não dá" que Ele prova que sempre dá.

Não desanime! O desconforto não vem para destruir você, mas para prepará-lo para o que está por vir. Assim como uma semente precisa romper a casca para florescer, você também precisa passar pelo processo para viver. É no meio dos obstáculos, e não na ausência deles, que você encontra as maiores oportunidades de amadurecer e se aproximar do Senhor. Só quem atravessa o processo pode desfrutar, de verdade, das promessas d'Ele.

PENSE

O QUE HOJE PARECE INSUPORTÁVEL AMANHÃ SERÁ MOTIVO DE GRATIDÃO.

ORE

Senhor, fortalece-me no meio das dores, faz-me enxergar que cada prova é parte do Teu propósito e que, no tempo certo, verei nascer aquilo que preparaste para mim. Em nome de Jesus, amém.

PLANO DE LEITURA BÍBLICA

Daniel 4.13—5
Apocalipse 2.1-19
Salmos 144.11-15

ANOTAÇÕES

13
DEZ
DIA DA BÍBLIA

ESPADA E ESPELHO

Pois a palavra de Deus é viva e eficaz, e mais afiada que qualquer espada de dois gumes; ela penetra até o ponto de dividir alma e espírito, juntas e medulas, e julga os pensamentos e as intenções do coração.
HEBREUS 4.12

A BÍBLIA ESTÁ BEM LONGE DE SER UM LIVRO MORTO. ELA é a Palavra viva de Deus que sangra, molda, confronta e cura. Às vezes, parece que as palavras foram escritas exatamente para o que estamos vivendo. Outras vezes, elas trazem à tona questões que tentamos esconder até de nós mesmos.

Quando você investe tempo para entender e refletir sobre a Bíblia, percebe que ela não é repetitiva. Um mesmo versículo que você leu anos atrás pode ganhar um significado totalmente novo quando você atravessa uma fase diferente da vida. É como receber conselhos de um amigo sábio que sempre sabe dizer a coisa certa na hora certa. Quanto mais você se aprofunda na Palavra, mais entende não só quem Deus é, mas também quem Ele o chamou para ser.

Portanto, não leia a Bíblia só para cumprir tabela ou marcar um “*check*” no devocional do dia. Abra o texto e permita que ele leia você também. A Palavra é como espada afiada que corta fundo, separando o que é certo do que é conveniente, e como espelho que revela a verdade sobre quem realmente somos. Ninguém sai ileso quando a lê de verdade. Ela incomoda porque confronta, transforma porque corrige, cura porque expõe e fortalece porque enche de esperança. E é justamente por isso que ela não pode permanecer fechada.

PENSE

LER A BÍBLIA SEM PERMITIR QUE ELA LEIA VOCÊ É SÓ UM EXERCÍCIO DE RELIGIOSIDADE.

ORE

Senhor, dá-me paixão pela Tua Palavra. Que ela penetre no meu coração, revele o que precisa ser transformado e fortaleça minha fé para viver em conformidade com a Tua verdade. Em nome de Jesus, amém.

PLANO DE LEITURA BÍBLICA

Daniel 6–7
Apocalipse 2.20–3.13
Salmos 145.1-6

ANOTAÇÕES

COLOQUE TUDO NAS MÃOS DE QUEM SABE TUDO

Esta é a confiança que temos ao nos aproximarmos de Deus: se pedirmos alguma coisa de acordo com a vontade de Deus, Ele nos ouvirá. E, se sabemos que Ele nos ouve em tudo o que pedimos, sabemos que temos o que d'Ele pedimos.
1João 5.14-15

Muitas pessoas hoje estão em busca de métodos para serem felizes. Acreditam que existe alguma fórmula específica que garantirá sucesso. Só que isso não existe na vida real. O que funciona para um pode ser um desastre para outro. Existe, porém, algo que todos podem fazer: orar.

O Senhor sempre está atento para nos ouvir. Ele sabe o que se passa no nosso coração antes mesmo de falarmos alguma coisa, mas deseja ouvir de nós. Quando nos abrimos e colocamos diante do Senhor os nossos sonhos e objetivos, Ele nos traz clareza e direção. E mesmo que pareça que outros estão "mais adiantados", lembre-se: a sua corrida é só sua, e Deus não trabalha com comparações.

Os objetivos, planos e sonhos que Deus tem para você são exclusivos. Não são cópias de ninguém, foram pensados para a sua história. Antes de você nascer, Ele já sabia cada passo que você teria de dar. Por isso, continue investindo tempo em oração, sendo sincero e transparente com Ele. Coloque tudo nas mãos do Pai e confie: no tempo certo, Ele dará as direções certas.

14 DEZ

PENSE

POR QUE VOCÊ INSISTE EM VIVER COMO SE SOUBESSE MAIS DO QUE O SENHOR?

ORE

Senhor, quero alinhar meus pedidos à Tua vontade. Ajuda-me a confiar que Tu me ouves e que no Teu tempo tudo será conduzido da melhor forma. Fortalece minha fé para descansar em Ti. Em nome de Jesus, amém.

PLANO DE LEITURA BÍBLICA

Daniel 8—10.14
Apocalipse 3.14—4
Salmos 145.7-11

ANOTAÇÕES

15

DEZ

AMOR DE FACHADA?

Devido ao aumento da maldade, o amor de muitos esfriará, mas aquele que perseverar até o fim será salvo.
MATEUS 24.12-13

MUITO SE FALA HOJE SOBRE SAÚDE EMOCIONAL E EQUILÍBRIO mental. Mas nunca vimos tantas pessoas fingindo estar bem enquanto vivem completamente desequilibradas. Vemos disputas por poder, dinheiro e status que levam o ser humano a cometer loucuras e a ignorar totalmente qualquer senso de compaixão e amor. E o pior: quem está disposto a passar por cima de qualquer um continua pregando palavras como "amor" e "caridade".

A verdade é que o amor que Jesus revelou estava bem longe de ser superficial. Pelo contrário, Ele confrontou os fariseus que davam esmolas para se mostrar bons, ao afirmar: "Que a sua mão esquerda ignore o que sua mão direita está fazendo" (cf. Mateus 6.3). Se você faz questão que outros testemunhem o quanto você é compassivo, seu amor não passa de fachada.

Seu coração precisa queimar por aquilo que queima no coração do Senhor: visitar quem está doente; ajudar financeiramente alguém que não poderá retribuir; perdoar quem nem pediu perdão; gastar tempo ensinando algo a quem está começando; abrir espaço na agenda para servir em um projeto que beneficia pessoas em vulnerabilidade; comprar comida para quem tem fome; defender quem é injustiçado, a lista é grande. Está cada vez mais raro encontrar pessoas dispostas a abandonar o próprio ego para fazer isso. Hoje, você pode ser a diferença. Ame como Jesus amou.

PENSE

SE NINGUÉM SOUBESSE QUE VOCÊ AJUDOU, AINDA ASSIM VOCÊ AJUDARIA?

ORE

Senhor, não deixes que meu coração esfrie diante da maldade. Ajuda-me a perseverar no amor verdadeiro e a permanecer firme até o fim. Em nome de Jesus, amém.

PLANO DE LEITURA BÍBLICA

Daniel 10.15—12
Apocalipse 5—6.6
Salmos 145.12-16

ANOTAÇÕES

VOCÊ ESTÁ VIVENDO?

Ensina-nos a contar os nossos dias para que o nosso coração alcance sabedoria.
SALMOS 90.12

VOCÊ JÁ PAROU PARA PENSAR QUE A VIDA NÃO VEM COM estoque infinito de dias? Fazemos planos como se sempre houvesse mais tempo disponível, mas cada manhã que chega é uma nova parcela que não volta mais. Essa consciência não deveria gerar ansiedade, mas responsabilidade. Quem entende que o tempo é limitado para de viver como se fosse imortal.

Olhe para sua rotina: quantas vezes você se sobrecarrega aceitando tudo? Essa mania de achar que dá para dar conta de tudo só nos deixa exaustos. Contar os dias é assumir que não somos máquinas, que precisamos respeitar os próprios limites, dormir o suficiente, dizer alguns "nãos" e aceitar que não dá para estar em todos os lugares.

Precisamos aprender a viver dentro do possível. Há quem viva como se fosse imortal e desperdiça dias em coisas que não se sustentam a longo prazo. A sabedoria está em entender que o tempo não se multiplica. E é justamente por ter um prazo de validade que a vida se torna preciosa. Só quem reconhece os limites consegue viver de forma mais equilibrada, sem a ilusão de que pode tudo.

16
DEZ

PENSE

O AMANHÃ QUE VOCÊ ESPERA SÓ EXISTE SE VOCÊ PARAR DE DESPERDIÇAR O HOJE.

ORE

Senhor, ensina-me a valorizar cada dia como um presente Teu. Ajuda-me a usar bem o tempo que tenho, escolhendo o que realmente importa e vivendo com sabedoria diante de Ti. Em nome de Jesus, amém.

PLANO DE LEITURA BÍBLICA

Oseias 1—5.9
Apocalipse 6.7—7.8
Salmos 145.17-21

ANOTAÇÕES

17

DEZ

PROTEJA SEUS SEGREDOS

Os líderes dos filisteus foram dizer a ela: "Veja se consegue induzi-lo a mostrar para você o segredo da sua grande força e como poderemos dominá-lo, para que o amarremos e o subjuguemos" [...].
Juízes 16.5

Sansão se parece com muitas pessoas de hoje: sem discernimento entre certo e errado, carentes de atenção e amor, como se não tivessem um Deus presente que as amasse. Parte do chamado que ele havia recebido envolvia uma ordem clara: nunca cortar o cabelo — um sinal de consagração que era também a proteção do seu povo. Esse era o segredo que ele deveria guardar, mas que tratou como detalhe.

Em nenhum momento ele deixou de manter o voto, mas seu erro fatal foi ignorar as instruções de Deus e entregar seu coração a um relacionamento que o afastava do seu propósito. A lição é simples e dura: não adianta fazer a coisa certa se o coração está no lugar errado. Nenhum romance, prazer ou circunstância vale mais do que a obediência ao Senhor.

Você precisa estar atento a cada detalhe do que Deus já disse sobre sua vida. Seja vigilante, trate o que Ele confiou a você como algo precioso. Os dons que Ele colocou nas suas mãos são incríveis, mas sozinhos não sustentam o propósito. Um chamado só se mantém vivo quando os olhos estão fixos no Senhor. Olhe para Ele e tudo valerá a pena.

PENSE

NEM TODO MUNDO PRECISA SABER O QUE DEUS FALOU SÓ PARA VOCÊ.

ORE

Pai, não deixe que meu coração se distraia com o que me afasta de Ti. Ensina-me a tratar o que confiaste a mim como precioso e a obedecer acima de qualquer desejo. Em nome de Jesus, amém.

PLANO DE LEITURA BÍBLICA

Oseias 5.10—9.17
Apocalipse 7.9—8.11
Salmos 146.1-2

ANOTAÇÕES

TROQUE SUA LÓGICA PELO DIRECIONAMENTO DE DEUS

Adúlteros, vocês não sabem que a amizade com o mundo é inimizade com Deus? Quem quer ser amigo do mundo faz-se inimigo de Deus.
TIAGO 4.4

18
DEZ

QUEM TENTA VIVER PELA SUA PRÓPRIA FORÇA ESTÁ, NA prática, dizendo a Deus: "Eu dou conta sozinho". Mesmo que essa frase nunca seja dita, a postura comunica isso. E, no fundo, é uma ilusão perigosa. Pense: o fôlego que você respira, a capacidade de raciocinar, de se mover, de aprender, de criar, tudo isso veio de onde? Do Senhor. Ele é a fonte e o sustento de cada detalhe da sua vida.

O problema é que, quando você tenta fazer tudo sozinho, acaba tomando decisões baseadas na sua lógica, na sua pressa e no que parece funcionar no momento. E é aí que mora o risco. É como insistir em dirigir para um destino desconhecido sem usar o GPS: cedo ou tarde, você se perderá. Isso pode acontecer em áreas muito práticas, como tomar decisões financeiras sem buscar direção em oração, entrar em um relacionamento só porque "parece certo" ou até aceitar propostas de trabalho que ferem seus princípios. Em todos esses casos, a autoconfiança pode virar uma armadilha.

Portanto, não permita que sua autossuficiência esconda de você a sua dependência do Senhor. É Ele quem dá discernimento para dizer "sim" ou "não" na hora certa. Mantenha os pés no chão para que suas decisões sejam sustentáveis e evite agir no impulso de provar que consegue tudo sozinho. Você não precisa agir como tolo. Inclua o Senhor em tudo o que fizer.

PENSE

SUA LÓGICA NÃO CONSEGUE ENXERGAR O QUE DEUS JÁ VIU LÁ NA FRENTE.

ORE

Senhor, não quero ser amigo do mundo nem confiar apenas em mim. Ensina-me a depender de Ti em cada decisão e a viver em obediência à Tua vontade. Em nome de Jesus, amém.

PLANO DE LEITURA BÍBLICA

Oseias 10 – 14
Apocalipse 8.12 – 9.19
Salmos 146.3-10

ANOTAÇÕES

19
DEZ

NÃO MORRA NO DESERTO

Por que o Senhor está nos trazendo para esta terra? Só para nos deixar cair à espada? Nossas mulheres e nossos filhos serão tomados como despojo de guerra. Não seria melhor voltar para o Egito?
Números 14.3

Depois de alguns anos no deserto, o povo de Israel ainda vivia reclamando e sonhando em voltar para o Egito. O resultado? Uma geração inteira parada, vagando sem destino, quando já poderia estar desfrutando da terra prometida. E é isso que acontece com quem só reclama para Deus, em vez de confiar n'Ele. Reclamar não move você para frente, só o mantém preso no mesmo lugar.

Quando focamos no que deu errado ou no que ainda não temos, nós nos esquecemos dos livramentos, das portas abertas e até começamos a achar que seria melhor voltar para o lugar do qual fomos libertos. É como terminar um relacionamento tóxico e, no primeiro momento de solidão, começar a romantizar o passado. Esse tipo de nostalgia distorcida faz a gente esquecer as dores que já superou. Assim, acabamos presos em ciclos que nós mesmos criamos e que nos afastam do Senhor.

Lembre-se: Deus tem grandes sonhos para você, mas isso exige que o passado fique no passado. Enquanto o seu olhar estiver voltado para o "Egito" que ficou para trás, você nunca chegará à terra prometida. Não deixe que a insatisfação mate você no deserto. Olhe para o que está adiante e prossiga!

PENSE

OLHAR PARA TRÁS COM SAUDADE É O JEITO MAIS RÁPIDO DE MORRER NO DESERTO.

ORE

Senhor, não permitas que eu troque Tuas promessas pelas ilusões do passado. Fortalece-me para avançar sem olhar para trás. Em nome de Jesus, amém.

PLANO DE LEITURA BÍBLICA

Joel 1—3
Apocalipse 9.20—11.6
Salmos 147.1-6

ANOTAÇÕES

O SEGREDO É PERMANECER FIEL

Somente seja forte e muito corajoso! Tenha cuidado de obedecer a toda a lei que o Meu servo Moisés ordenou a você; não se desvie dela, nem para a direita nem para a esquerda, para que você seja bem-sucedido por onde quer que andar.
JOSUÉ 1.7

QUANDO MOISÉS PARTIU, JOSUÉ SE TORNOU SEU SUCESSOR para levar o povo a Canaã. Deus deixou claro que a jornada não seria fácil! Josué era um líder novo, à frente de um povo cansado, desconfiado e, pior, rebelde. Mas havia uma promessa: se Josué permanecesse fiel, o Senhor estaria ao seu lado em cada passo e garantiria a vitória. E foi exatamente isso que aconteceu.

Com você, não é diferente. Quando você se mantém fiel e foca na grandeza de Deus e não nos obstáculos, demonstra dependência total d'Ele. O perigo é deixar que emoções como medo, desânimo ou insegurança ditem suas decisões. Josué não venceu porque não sentiu medo, mas porque foi corajoso, mesmo sentindo o que sentia. Ser forte e corajoso não é sobre ter peito de aço, é sobre confiar na Palavra de Deus mais do que nas circunstâncias.

Quando você tem a direção do Senhor, o cenário muda. Ele já prometeu estar com você todos os dias; então, por que temer? Continue, mesmo quando não entender. Os planos d'Ele sempre superam as nossas expectativas. Quem permanece fiel descobre que Deus não apenas supre as necessidades, mas surpreende com coisas que você nunca teria ousado sonhar.

20
DEZ

PENSE

SUA FIDELIDADE EXPÕE SE SUA FÉ É CONVICÇÃO OU SÓ CONVENIÊNCIA.

ORE

Senhor, dá-me coragem para avançar, mesmo quando o medo tentar me parar. Ajuda-me a ser fiel à Tua Palavra e a confiar que Tu estás comigo em cada passo. Em nome de Jesus, amém.

PLANO DE LEITURA BÍBLICA

Amós 1—5.17
Apocalipse 11.7—12.6
Salmos 147.7-11

ANOTAÇÕES

21
DEZ

SEJA UM BOM EXEMPLO

Vocês mesmos viram tudo o que o Senhor, o seu Deus, fez com todas essas nações por amor a vocês; foi o Senhor, o seu Deus, que lutou por vocês.
Josué 23.3

Josué foi um grande líder, e não porque tinha um bom discurso ou porque sabia delegar tarefas. Ele entrou em Canaã, enfrentou guerras, liderou um povo difícil e, ainda assim, não usou isso para inflar o próprio ego. Pelo contrário, pouco antes de morrer, ele deixou instruções aos hebreus e fez questão de dizer que Deus é que havia lutado por eles durante todo aquele tempo. Veja que ousadia: em um mundo onde todos querem levar o crédito, Josué devolve tudo para o Senhor.

A atitude de Josué revela algo que parece óbvio, mas que muita gente ainda não entendeu: a vida não é sobre você. Se, quando as pessoas olham para você, elas veem só você, tem algo errado. Nosso papel é ser vitrine para Jesus, não para nós mesmos. É Ele quem luta e dá vitória, mesmo quando achamos que foi pela nossa "força de vontade" ou "talento".

Pare de usar o que Deus faz para se autopromover e comece a apontar para Ele de verdade. Ao testemunharem o agir de Deus na sua vida, as pessoas precisam ser encontradas e transformadas por Ele. Você deve ser canal de bênção na vida delas de forma que elas fiquem totalmente inconformadas e tenham sede de conhecer o Senhor.

PENSE

NÃO ROUBE A GLÓRIA DE DEUS COM SEU MARKETING PESSOAL.

ORE

Senhor, reconheço que não é pela minha força, mas pela Tua mão, que eu venço. Ajuda-me a viver como reflexo da Tua glória e a dar sempre a Ti toda honra. Em nome de Jesus, amém.

PLANO DE LEITURA BÍBLICA

Amós 5.18—9
Apocalipse 12.7—13.10
Salmos 147.12-18

ANOTAÇÕES

CAMINHANDO LADO A LADO

22
DEZ

Portanto, cada um de vocês também ame a sua mulher como a você mesmo, e a mulher trate o marido com todo o respeito.
EFÉSIOS 5.33

O PAPEL DO HOMEM E DA MULHER EM UM RELACIONAMENTO é demonstrar amor. Parece óbvio, não é? Muitos, no entanto, têm dificuldade em demonstrar amor. Estão muito mais preocupados em serem amados do que, de fato, amarem. E amar exige sacrifício. Quando você decide começar uma vida a dois, não pode mais pensar apenas nos seus próprios interesses. Deve aprender a colocar as necessidades do seu cônjuge na balança.

Esse é o erro que muitos cometem ao pensar em casamento. De um lado, vemos mulheres pregando empoderamento; de outro, homens que defendem a subjugação feminina. A verdade é que ambas as visões acabam tornando o casamento uma disputa de poderes quando deveria ser sobre entrega mútua. A esposa se submete à mesma missão de seu marido, e ele se sacrifica por ela.

As pessoas perdem tempo demais discutindo quem é superior quando deveriam se preocupar em servir. Esse é o significado de amar. Não se deixe levar por debates inúteis que estão sempre tentando criar contenda. Apegue-se à verdade bíblica deixada por Cristo e busque saber, por meio d'Ele, como funcionam os relacionamentos saudáveis. Ele deve ser seu modelo de vida em tudo.

PENSE

A MEDIDA DO SEU AMOR É O QUANTO VOCÊ ESTÁ DISPOSTO A SE SACRIFICAR.

ORE

Senhor, ensina-me a viver o amor no casamento como Cristo nos amou, com entrega e respeito. Ajuda-me a servir em vez de disputar e a refletir Tua vontade no relacionamento. Em nome de Jesus, amém.

PLANO DE LEITURA BÍBLICA

Obadias 1
Jonas 1—4
Apocalipse 13.11—14.13
Salmos 147.19-20

ANOTAÇÕES

23

DEZ

EVITE COMPETIÇÕES INÚTEIS

Mas a Ana dava uma porção dupla, porque a amava, apesar de o Senhor tê-la deixado estéril. E porque o Senhor a tinha deixado estéril, sua rival a provocava continuamente, a fim de irritá-la.
1Samuel 1.5-6

Apesar de ser a esposa mais amada de seu marido, Ana vivia infeliz e ainda era ridicularizada por não ter filhos. Penina, que também era mulher de Elcana, sentia ciúmes e competia com Ana. Contudo, por mais angustiada que vivesse, em nenhum momento vemos Ana revidando as humilhações ou entrando em confronto com sua rival. Ela orava, expondo sua tristeza.

Essa deve ser nossa atitude na vida. Em situações de vergonha ou humilhação, a reação natural é querer "dar o troco" ou mostrar que estamos por cima. Mas é inútil entrar em disputas. A resposta mais eficaz não é ganhar uma discussão, e sim manter o coração no lugar certo. O lugar da nossa dor não é no ouvido de quem nos provoca, mas nas mãos de Deus.

Não dê ouvidos às mentiras de pessoas que querem humilhá-lo. A última palavra sobre sua vida não vem delas. Quando alguém espalhar comentários maldosos, tentar diminuir você ou cutucar feridas, vá ao único que pode oferecer conforto e amparo de verdade. Diante da vergonha e da angústia, o melhor a fazer sempre é ir até o Senhor. Ele conhece sua história, vê além das aparências e sabe exatamente como cuidar de você.

PENSE

ORAR SEMPRE SERÁ MAIS EFICAZ DO QUE "DAR O TROCO" NA MESMA MOEDA.

ORE

Senhor, quando eu for humilhado, ajuda-me a não revidar, mas a entregar minha dor em Tuas mãos. Consola meu coração e mostra-me que só Tua voz define meu valor. Em nome de Jesus, amém.

PLANO DE LEITURA BÍBLICA

Miqueias 1—4
Apocalipse 14.14—15
Salmos 148.1-5

ANOTAÇÕES

SILÊNCIO ANTES DA GLÓRIA

Enquanto estavam lá, chegou o tempo de nascer o bebê, e ela deu à luz o seu primogênito. Envolveu-o em panos e o colocou numa manjedoura, porque não havia lugar para eles na hospedaria.
LUCAS 2.6-7

CRISTO NÃO CHEGOU COM TROVÕES, MAS COM CHORO DE bebê. Às vezes, esperamos um grande espetáculo e acabamos sendo incapazes de reconhecer o Senhor na simplicidade. Muitos anos antes de Jesus nascer, os profetas já haviam anunciado que Ele viria de forma humilde, sem ostentação, para carregar o pecado do mundo nos ombros. Mesmo assim, quando chegou a hora, muitos esperavam um Messias triunfante, montado em um cavalo de guerra para libertar o povo do Império Romano, mas esse não era o plano.

Hoje, na **véspera de Natal**, precisamos pregar um Deus que prepara tudo em silêncio. O Salvador nasceu em uma estrebaria, em uma noite comum, e foi colocado em uma manjedoura. Nunca alguém imaginaria um cenário como esse ao pensar na vinda do Messias. Apenas alguns pastores e magos atentos perceberam os sinais e se apressaram para honrá-lo.

Talvez, hoje, você tenha dificuldade de perceber o que Deus está fazendo em sua vida. Você espera que Ele faça algo de forma grandiosa, mas é bem provável que não saiba reconhecê-lo quando as coisas não saem como você esperava. A grande verdade, porém, é que você jamais poderá perceber o agir do Senhor na riqueza e na glória enquanto não aprender a enxergá-lo na simplicidade.

24
DEZ
VÉSPERA DE NATAL

PENSE

VOCÊ SÓ VERÁ O EXTRAORDINÁRIO QUANDO APRENDER A NOTAR O SIMPLES.

ORE

Senhor, ensina-me a perceber Tua presença no silêncio e na simplicidade, para que eu não perca o mover do Teu amor nas pequenas coisas. Em nome de Jesus, amém.

PLANO DE LEITURA BÍBLICA

Miqueias 5–7
Apocalipse 16
Salmos 148.6

ANOTAÇÕES

25

DEZ

NATAL

O REI QUE VEIO SEM TRONO

Depois que Jesus nasceu em Belém da Judeia, nos dias do rei Herodes, magos vindos do oriente chegaram a Jerusalém e perguntaram: "Onde está o recém-nascido rei dos judeus? Vimos a Sua estrela no oriente e viemos adorá-lo".
MATEUS 2.1-2

PENSE

SE CRISTO ABRIU MÃO DE UM TRONO, POR QUE VOCÊ VIVE CORRENDO ATRÁS DE UM?

ORE

Senhor, dá-me um coração humilde para não buscar reconhecimento humano, mas viver para Te servir. Que a Tua grandeza molde minhas escolhas e que o Teu amor reine em mim acima de qualquer vaidade. Em nome de Jesus, amém.

PLANO DE LEITURA BÍBLICA

Naum 1–3
Habacuque 1–2.11
Apocalipse 17
Salmos 148.7-12

ANOTAÇÕES

O VERDADEIRO REI NASCEU SEM BERÇO REAL, PALÁCIO e corte. Se Jesus, o próprio Cristo, fez questão de vir de uma forma simples, por que nós insistimos em correr atrás de riquezas, status e reconhecimento? Precisamos aprender que mais importante do que ser visto é servir, como Jesus serviu.

O Natal revela um Reino que começa na humildade, mas governa com autoridade eterna. O Senhor sempre ensinou que a autoridade está em um coração humilde, disposto a se doar pelo próximo, ainda que precise sacrificar alguma coisa. Para nos salvar, Jesus entregou o que tinha de mais precioso: Sua própria vida.

Jesus quebrou todas as expectativas humanas. Ele não veio para disputar tronos terrenos, mas para reinar no coração das pessoas. E quando Ele governa, não sobra espaço para vaidade, orgulho ou autopromoção. Encontrar a Cristo é aceitar ser transformado por completo. É aprender que grandeza está em servir e que a maior vitória é quando o amor de Deus molda nossas palavras e ações.

SANTOS E SEPARADOS

Pois o amor de Cristo nos constrange, porque estamos convencidos de que um morreu por todos; logo, todos morreram.
2Coríntios 5.14

Deus nos chamou para que, a cada dia, sejamos santos e não vivamos no pecado. Diferentemente do que muitos pensam, ser santo não significa ser perfeito, mas está relacionado à separação. Uma vez resgatados por Cristo, fomos tirados do "modo de vida padrão" deste mundo e fomos separados como filhos do Altíssimo.

Mas a santificação não é algo automático; é um processo diário que depende da nossa escolha. Estou falando a respeito de desligar uma conversa cheia de fofoca, recusar um negócio lucrativo, mas desonesto, ou pedir perdão, mesmo quando nosso orgulho grita para não fazer isso. Somos transformados à luz da Palavra quando deixamos que ela influencie nossas atitudes. Quanto mais nos aproximamos de Deus, mais percebemos o que precisa mudar e mais força temos para dizer "não" ao que não o agrada.

Não se engane: ser salvo não nos torna imunes à tentação. Pelo contrário, torna-nos mais conscientes de que o pecado continua tentando nos puxar de volta. É justamente por isso que precisamos ser zelosos. Por quê? Porque amamos tanto a Deus que não queremos nada que nos afaste d'Ele. Permanecer nos caminhos do Senhor implica recusar atalhos que comprometem nossa fé. É assim que, passo a passo, nós nos tornamos cada vez mais parecidos com Cristo.

PENSE

SE CRISTO SEPAROU VOCÊ, POR QUE INSISTIR EM VIVER COMO TODO MUNDO VIVE?

ORE

Senhor, ajuda-me a rejeitar tudo que me afasta de Ti. Que o Teu amor me conduza no caminho da santidade e faça de mim um reflexo vivo de Cristo. Em nome de Jesus, amém.

PLANO DE LEITURA BÍBLICA

Habacuque 2.12–3
Sofonias 1–3
Apocalipse 18.1-17
Salmos 148.13-14

ANOTAÇÕES

27

DEZ

ESCOLHA A PORTA ESTREITA

"Entrem pela porta estreita, pois larga é a porta e amplo o caminho que leva à perdição, e são muitos os que entram por ela".
MATEUS 7.13

PENSE

SE A ESCOLHA PARECE CONFORTÁVEL DEMAIS, TALVEZ NÃO SEJA A DE DEUS.

ORE

Senhor, dá-me coragem para negar minhas vontades e permanecer firme em Ti, mesmo quando tudo em volta disser o contrário. Em nome de Jesus, amém.

PLANO DE LEITURA BÍBLICA

Ageu 1—2
Zacarias 1—2.5
Apocalipse 18.17—19.10
Salmos 149.1-4

ANOTAÇÕES

NA VIDA, EXISTEM TRÊS VOZES QUE VOCÊ ESCOLHE ESCUTAR: a sua, a de outras pessoas e a de Deus. Só que, se você não souber filtrar essas vozes, acabará seguindo a mais confortável, e quase sempre não é a de Deus. Discernir exige mais do que "sentir paz no coração"; exige mergulhar na Palavra até que ela seja o filtro das suas decisões. Ali, Deus deixa claro que o caminho d'Ele é estreito, exige renúncia, caráter e santidade. Fácil? Não. Mas necessário, se você quer chegar ao destino certo.

A salvação vem pela graça, mas seguir a Cristo significa matar o "eu" todos os dias. É muito mais simples ouvir quem ou o que massageia nosso orgulho e nos dá razão, não é? O difícil é ir contra nossas vontades e tomar decisões alinhadas com o coração de Deus.

Não pense que andar nos caminhos do Senhor é fácil. Será difícil dizer não a oportunidades que todo mundo aproveitaria. Você cansará de esperar quando tudo dentro de você quer correr. Dará vontade de parar quando ninguém reconhecer seu esforço. E, nesses momentos, você se perguntará: "Vale mesmo a pena?". Foi por isso que Jesus deixou claro: segui-lo é carregar a cruz. Ele nunca prometeu facilidade, mas o fardo d'Ele é leve porque é compartilhado. E a sua parte? Apenas permanecer fiel até o fim.

DE QUE ADIANTA CHEGAR LÁ SE VOCÊ SE PERDER?

"Não será assim entre vocês. Ao contrário, quem quiser tornar-se importante entre vocês deverá ser servo, e quem quiser ser o primeiro deverá ser escravo; como o Filho do homem, que não veio para ser servido, mas para servir e dar a sua vida em resgate por muitos".
MATEUS 20.26-28

28 DEZ

A OBSESSÃO POR DESTAQUE ESTÁ EM QUASE TUDO HOJE. Ninguém quer ficar para trás ou ser invisível. Aprendemos, direta ou indiretamente, que valer a pena é o mesmo que ser notado. E achamos que ser notado é ser o melhor.

Jesus nunca criticou o desejo de crescer. Contudo, Ele se preocupou em mostrar que a régua pode estar errada. Enquanto todo mundo pensa em subir, Ele fala sobre diminuir. Enquanto a cultura diz que os grandes mandam, Ele diz que os grandes se doam. Ele não desmonta a ambição, apenas vira a lógica dela do avesso.

No fundo, a ideia de mérito também entra em crise aqui. A gente tende a pensar que quem "chegou lá" é mais capaz. Que subir é sempre sinal de merecimento. Mas Jesus mostra que nem sempre o topo e a visibilidade são sinônimos de valor. Pense bem: um chefe pode ter uma sala bonita, mas não ter o respeito da equipe. Um influenciador pode acumular seguidores, mas não ter ninguém de verdade para ligar quando precisa. Você pode ser o melhor no que faz, ter uma lista de conquistas, estar à frente de muita gente e, ainda assim, estar medindo tudo com a régua errada. Talvez o que você chama de "crescer" seja, na verdade, só vaidade. E talvez o que parece ser perda de posição seja o único jeito de se manter são.

PENSE

SER VISTO POR TODOS NÃO VALE NADA SE VOCÊ NÃO FOR CONHECIDO POR DEUS.

ORE

Pai, que meu coração não se prenda à vaidade, mas que eu aprenda a crescer servindo, entregando e amando como Cristo fez, pois só assim encontro o verdadeiro sentido da vida. Em nome de Jesus, amém.

PLANO DE LEITURA BÍBLICA

Zacarias 2.6–7.6
Apocalipse 19.11–20.6
Salmos 149.5-7

ANOTAÇÕES

29
DEZ

QUEM DISSE QUE ACABOU?

[...] e entrou no deserto, caminhando um dia. Chegou a um pé de giesta, sentou-se debaixo dele e orou, pedindo a morte: "Já tive o bastante, SENHOR. Tira a minha vida; não sou melhor do que os meus antepassados". Depois se deitou debaixo da árvore e dormiu. De repente um anjo tocou nele e disse: "Levante-se e coma".
1REIS 19.4-5

MUITOS MILAGRES ACONTECERAM POR MEIO DA VIDA de Elias, e ele tinha uma ousadia de outro mundo. Estamos falando de um homem que enfrentou sozinho 300 profetas de Baal, ainda debochou deles no meio da batalha e viu fogo cair do céu. Mas bastou Jezabel ameaçar, e lá estava ele, pedindo a Deus para morrer. Parece exagero? Pode ser que sim. Até você lembrar da última vez que uma crítica, um "olhar torto" ou uma conta inesperada fez você querer largar tudo.

Talvez você tenha passado por circunstâncias nas quais chegou até a questionar a razão da sua existência. Em períodos assim, nós até ficamos mais introspectivos, e não há problema nisso. O problema é que quanto mais tempo você fica no "modo caverna", mais sua mente fabrica mentiras sobre você e sobre Deus.

Sentimos a necessidade de nos afastar, mas precisamos lembrar que deserto não é moradia, é passagem. E, como fez com Elias, o Senhor cutucará você (às vezes, literalmente) e dirá: "Levante-se e coma". Traduzindo: "Pare de drama e se alimente da Minha presença, porque ainda tem caminho pela frente". Deus está com você e colocará no seu caminho pessoas que vão lembrá-lo quem você é quando você esquecer.

PENSE

QUEM DECIDE MORAR NO DESERTO ACABA ESQUECENDO QUE EXISTE PROMESSA.

ORE

Senhor, quando me sentir sem forças, toca em mim como tocaste em Elias e renova meu ânimo para prosseguir no caminho que ainda tens para mim. Em nome de Jesus, amém.

PLANO DE LEITURA BÍBLICA

Zacarias 7.7—10
Apocalipse 20.7—21.8
Salmos 149.8-9

ANOTAÇÕES

VOCÊ NÃO É O SEU TRAUMA

Por isso digo: Vivam pelo Espírito, e de modo nenhum satisfarão os desejos da carne. Pois a carne deseja o que é contrário ao Espírito; o Espírito, o que é contrário à carne. Eles estão em conflito um com o outro, de modo que vocês não fazem o que desejam.
GÁLATAS 5.16-17

GERALMENTE, O TRAUMA OCORRE QUANDO ALGUÉM É esmagado por experiências que ultrapassam seu limite emocional. E, sim, pode vir de algo grande ou de algo aparentemente "bobo". Uma frase maldosa na infância, um professor que disse que você nunca seria bom em nada ou um amigo que traiu sua confiança. Muitos ainda carregam traumas herdados, padrões de comportamento, vícios emocionais e crenças que parecem estar no "DNA" da família. Mas cuidado: não confunda herança genética com herança emocional que você escolheu manter. Às vezes, a "maldição de família" é só teimosia repetida por gerações.

Talvez, como resposta a experiências ruins, você tenha passado anos acreditando que a sua vida não tem valor ou que é impossível superar o que aconteceu. A verdade? Isso é só uma forma sofisticada de se apegar à vitimização. Em Cristo, você é nova criatura. Se Deus já libertou você, não faz sentido se acorrentar de novo.

Aprenda a declarar a realidade dos Céus sobre a sua vida. Viver pelo Espírito significa escolher a nova identidade todos os dias, mesmo quando a carne esperneia para voltar ao velho padrão. Nenhum trauma tem o poder de definir quem você é, porque a sua identidade já foi totalmente renovada em Jesus. Você não é o que aconteceu com você; você é quem Deus diz que você é.

30 DEZ

PENSE

NÃO TRANSFORME FERIDAS ANTIGAS EM DESCULPA PARA UMA VIDA ESTAGNADA.

ORE

Senhor, não deixe que os traumas ou padrões antigos definam quem eu sou. Lembra-me todos os dias de que, em Cristo, sou nova criatura e ensina-me a viver no Espírito. Em nome de Jesus, amém.

PLANO DE LEITURA BÍBLICA

Zacarias 11—14
Apocalipse 21.9-27
Salmos 150.1-3

ANOTAÇÕES

31
DEZ
VÉSPERA DE ANO NOVO

PENSE

O PRÓXIMO ANO SÓ SERÁ NOVO SE VOCÊ DECIDIR VIVER DE UM JEITO NOVO.

ORE

Deus, entrego minhas dores e frustrações ao Senhor. Faz novas todas as coisas em minha vida e me ajuda a viver este novo tempo com esperança e fé. Em nome de Jesus, amém.

PLANO DE LEITURA BÍBLICA

Malaquias 1—4
Apocalipse 22
Salmos 150.4-6

ANOTAÇÕES

TEMPO DE NOVOS COMEÇOS

"Ele enxugará dos seus olhos toda lágrima. Não haverá mais morte, nem tristeza, nem choro, nem dor, pois a antiga ordem já passou". Aquele que estava assentado no trono disse: "Estou fazendo novas todas as coisas!" [...].
APOCALIPSE 21.4-5

É COMUM QUE, NO ÚLTIMO DIA DO ANO, VOCÊ ENTRE NO modo "retrospectiva", como se um filme começasse a passar na sua mente. Cenas de vitórias, derrotas, alegrias e arrependimentos. Você se lembra das promessas que fez em janeiro e não cumpriu, das conversas que gostaria de ter tido, dos lugares que queria ter visitado e não conseguiu. E mesmo que algumas coisas não tenham saído como esperado, a boa notícia é que sempre é tempo de recomeçar. Mas entenda uma coisa: a virada começa no coração, não no calendário.

Quando um ano termina, outro começa, mas nada mudará se a sua mente continuar presa no mesmo lugar. Antes de escrever a lista de metas, ore, peça direção e tenha coragem de entregar a Deus tudo, até mesmo as frustrações, as oportunidades perdidas e os sonhos que não saíram do papel. Talvez seja hora de perdoar alguém, de se perdoar ou de parar de carregar mágoas. Deixe o que aconteceu para trás e permita que o Senhor conduza sua vida no próximo ano.

Lembre-se de que um ano novo começa daqui a pouco, mas a verdadeira mudança é interna. Solte o peso que talvez tenha paralisado você, alinhe sua visão à perspectiva de Deus e mantenha os olhos fixos n'Ele. Não existe forma melhor de virar o ano do que com o coração leve, a mente renovada e a certeza de que você está começando na direção certa.

MINHAS ANOTAÇÕES

MINHAS ANOTAÇÕES

MINHAS ANOTAÇÕES

[illegible]

MINHAS ANOTAÇÕES

Esta obra foi composta em *Expo Serif Pro* e *Bebas Neue Pro*
e impressa por Gráfica Leograf sobre papel
Offset 70 g/m² para Editora Vida.